中國文言文年鑑

甲辰卷

《中國文言文年鑑》編委會 組編

長江出版傳媒 湖北人民出版社

圖書在版編目(CIP)數據

中國文言文年鑑（甲辰卷）/《中國文言文年鑑》編委會組編. -- 武漢：湖北人民出版社, 2024. 10.
ISBN 978-7-216-08944-9

Ⅰ. H109.2-54

中國國家版本館CIP數據核字第202472UT02號

責任編輯：胡　濤
封面設計：董　昀
責任校對：范承勇
責任印製：蔡　琦

中國文言文年鑑（甲辰卷）
ZHONGGUO WENYANWEN NIANJIAN JIACHENJUAN

出版發行：湖北人民出版社	地址：武漢市雄楚大道268號
印刷：武漢中遠印務有限公司	郵編：430070
開本：787毫米×1092毫米 1/16	印張：27.5
版次：2024年10月第1版	印次：2024年10月第1次印刷
字數：476千字	插頁：2
書號：ISBN 978-7-216-08944-9	定價：98.00元

本社網址：http://www.hbpp.com.cn
本社旗艦店：http://hbrmcbs.tmall.com
讀者服務部電話：027-87679656
投訴舉報電話：027-87679757

凡例

一、本年鑑爲本年度世界範圍内本編輯部所能收集之文言文作品彙編。

二、本年鑑之作者以省市排列。省市之順序以國務院令（2018）第704號《行政區劃管理條例》所編製之行政區劃代碼而順序之。

三、一省市之内作者又以年齒爲序。若作者生年未詳，則列本地區之末。

四、編輯委員會及編輯部人員之排列，委員和編輯以姓氏字母爲序，其餘排名則不分先後。

五、本年鑑稿件均來自作者投稿，多數嘗刊於文言紙刊《文思》雜志。《文思》爲省内刊物，今裒爲一集，公開發行，以示本編輯部重視國學之意云爾。

序

王財貴

夫《文思》，乃當今兩岸三地唯一之文言雜志也。乃荆州張公棟翁建言發起，並主編之者。其創刊於二零一八年一月一日，豎排，方中華書局《史記》五十年代之版式，古香熏蒸，娟娟可愛，捧而讀之，誦之，玩賞之，無不可也。一時爲之撰稿者，上自大學之博導，中爲庠序之師生，下至山野之引車賣漿，雖地位有殊，而文采一也。行之六年餘，以雙月爲期，都三十一期，得古文一千二餘篇。其中獲一二三等獎者二十有八篇，僉唐宋八家之亞也。後以編輯之地遷徙，由越之魯，《文思》之刊物不行，是所謂越雞不能伏魯卵也。編輯部遂謀以網絡版瓜代之。瓜代之不足，復謀以《中國文言文年鑑》賡續之。是今《中國文言文年鑑》之所由來也。

按吾國之文言文，其肇始於《論》《孟》《左》《史》，發揚於唐宋八家，繼響於歸袁方姚，而清末民初之林紓、章太炎、梁啓超之徒，亦克肸布餘芳，作黄鐘大吕之撞。然近世以降，耆老凋零，文字鄙倍，吾國三千年之華彩，莫之有傳。吾《文思》及《中國文言文年鑑》，欲奮而振起，以繼我古聖先賢之烈也。吾國自孔氏及曾有游夏師徒，文言乃成形制，後之作者，不論散駢詩歌，率以文言。故孔氏而後，典籍著述皆暢順可讀，華族之智慧所以流衍不替，民心之所以團聚不散，雖亡國而無不旋踵即復者，以其智慧民心存乎典籍著述，古今可以沿習承傳也。故吾每謂文言之文者，長壽之文也，不唯作述得以史垂而不朽，亦保我華族永壽長視之干城也。振振斯言，亦我《中國文言文年鑑》之志也。皇天后土，實所共鑑。是爲序。

目録

湖北

湖南

廣東

北京

趙伯陶

生於一九四八年，北京人。中國藝術研究院文藝研究編輯部編審。專治中國古典文學，撰論文、書評百餘篇。著有《船山詩草》《古夫于亭雜録》《人中書》《三言》等。

三國志選注譯後記

孟子曰：『春秋無義戰。』竹帛三國，直相斫書耳。伐謀伐交，無非揚湯止沸；立功立德，何如曲突徙薪。是故『保邦於未危，制治於未亂』，書已先言矣。漢末之世，太阿倒持。先是閹豎弄權，上下顛覆；繼而庸伍執柄，良莠不分。廢立擅行，皇權摧朽於奸佞；榮枯自用，王綱幅裂乎倒君。野血早溢於玄黄，攙槍即行於碧落。藏舟竟難固，隙駒盍不留。善惡紛拏，是非瞀亂。鼠憑社貴，無非具臣；狐藉虎威，盡是冗將。鄭則耎國，趙屬孱王。閥閱蝟張，咨嗟於道路；庶民鹿駭，顛沛乎山原。問流民咸食肉羹，狼突豕竄；知百姓早成芻狗，虎視鷹揚。末大必折，或暫息軍旅之旌鼓；尾壯難掉，更難免齊民於干戈。想悲殷之麥秀，思憫周之黍離。方稱先幾，賈誼言船覆而發長嘆；可觀後效，徐樂論土崩而冀深察。閏位揚揚，乃因利以乘便；駢拇惴惴，被逐北而追亡。孫伯符真有可觀，劉季玉都無足采。滄桑萬古，增無限之情懷；陵谷千年，鮮不遷之運會。

是時也，孤臣墜心，壯士扼腕。縱有翹關之勇，倚天之劍難揮；即令扛鼎之威，駐日之戈安在？甕牖繩樞之子，可啓行而執殳；鐘鳴鼎食之家，惟先驅以負弩。皆成肱股，同爲腹心。虎嘯風馳，願借籌而覆楚；龍興雲屬，甘蹈海以拒秦。田疇不賣盧龍，俠義自見；臧洪力拒袁紹，氣節有加。蓋君貴審才，臣尚量主。騰翥有時，父老何自爲郎乎？惟利是圖，竪子不足與謀也。或露鍔而遭忌，或韜鋒而幸全。李廣不遇高皇，相如生同漢武。因時立志，冀銘功景鐘；投隙建侯，求書名竹帛。何來知己，竟意在青蠅；長驅壯懷，更名標白馬。或因戰守異勢，而致成敗分殊。於是吴制荆揚，蜀有岷益，魏據中夏，鼎峙勢成。力造乾元，蕭曹絳灌之徒再世；心追妙有，孔陳應劉之輩更生。殊途同歸，異代接武。萬騎辟易，終有逝騅别虞之歌；一代雄豪，何出分香賣履之語。情之難已，千古一揆。先主卧百尺樓頭，陳王馳千里任上。煉石再輝於天際，焦桐重識於竈中。去危就安，季文再思即可；轉禍爲福，南容三復白圭。志如虎貔，既平隴後光武帝；心同木石，不思蜀時安樂公。蓋盛衰無常，榮枯有象。昭彰天理，能無懼乎！物换星移，曾幾何時。吴會之風流已去，中原之豪士稍衰。枉尺直尋，當塗終成典午之美。至於郿塢之計，易京之籌，梟首燃臍，徒爲天下後人笑矣。

晋靈不畏天命，趙盾猶懼史官。班固受金，陳壽借米，雖曰誕妄，亦見古人衷情，誠有所畏懼焉。《書》曰：『民惟邦本，本固邦寧。』是以彌窺競於未萌，啓宣和之耐久。《易》云：『其亡其亡，繫於苞桑。』乃知息未然之患於無形，建必取之功於有道，有由然矣。裴松之有言：『畜德之厚，在於多識往行。』今人披覽三國，三隅自反，當亦有所會意耳！

繼選注《徐霞客遊記》之後，中州古籍以爲拙作差强人意，副總編輯盧欣欣女史命予馮婦再作，選注譯《三國志》。予平生本疏於史學，且年逾『從心』，漢人所謂炳燭之明聊勝於昧行而已；而清人轉以『臺上玩月』喻老年讀書，稍勝於少年之隙中窺月、壯年之庭中望月，以其閲歷有加也。行百里者半九十，本書殺青之際，適逢寰宇大疫，衆心惶惶，坐困書城，雖心悸亦自有樂。其間又欣聞吾家建新兄即再揮郢斧，幸何如之！

是爲記。

袁宏道小品後記

《詩》曰：『常棣之華，鄂不韡韡。』其公安三袁之謂乎！而馬氏友於，自當以中郎爲白眉。一放一收之間，何須棒喝；三玄三要之際，更見禪觀。萬里崖州，一口吸盡西江水；十方世界，五家參詳要路門。非風非幡，何曾用心作力；認名認句，不免執藥爲常。動弦别曲成機鋒，居然法喜；捫籥思日在空相，畢竟圓通。字逐情生，日日是好日；情隨境變，年年即佳年。綜理劇繁，不乏濠濮之想；端居幽寂，亦多南皮之游。登山蘊性靈之機，臨水抒智慧之雅。有青山惠我蒼翠，崚嶒萬年；是緑水遺予漣漪，浩渺千里。澄懷觀道，寥廓以暢幽情；金篦發蒙，蔥籠更極遠目。睹錦帆之舊迹，蒙周已喻藏山；尋蘭亭之流觴，尼父猶嘆逝水。春秋代序，既然方死方生；日月常輝，朅來亦終亦始。登臨勝概，固有超乎大千之外者耳！孟子所謂『獨樂樂』，何必同而後快，有由然矣！

嗟予薄祜，遭家不造。幼孤失學，躋身梓人。日親泥水，十有餘稔。幸值黌門再辟，壯歲薄采其芹。器固窳陋，曷若晚成。倏忽耄朽，夫復何求？庚子仲春，百餘萬言《三國志選注譯》殺青，本欲就此偃旗息鼓，又蒙中州盧欣欣副總垂青，紹介梁瑞霞女史邀作中郎小品注析，雖非折枝，亦賴有舊徑前轍。而明道之見獵，更具典型，故秣馬厲兵，已在本初弦上。嘗慕夫子忘憂，不知老之將至；無奈桑榆云晚，亦已焉哉！

是爲記。

蒲松齡小品後記

夫著述之基有常，而發抒之路不一，其聊齋先生説部、文章之辨乎！北轍南轅，居然並詣；春花秋月，曷若同天。閎誕怪言，逞才子之健筆；倜儻正論，效學人之聖徒。或質或文，江山蘊千古襟抱；亦憂亦喜，人物稱六朝胸懷。積蠹恣睢，固當問廬陵米；孽骨滅迹，毋須吃趙州茶。縞紵争投，真得厚齋眷顧；簪裾競爽，幸有漁洋垂青。不屑伏鸞，何功就而身死；有懷隱豹，必毛豐而章成。尋機石於河源，探驪珠於頷下。江上解珮，原是交甫相誇；望中登墻，豈非子淵自炫？志異既享譽萬古，表裏相持；雜著亦彪炳千秋，詳略交互。雲譎波詭，手中煙霞生；地老天荒，腕底風霜凜。齊諧志怪，寓意在相吹；鄒衍談天，寄慧於先驗。『文之佳惡，吾自得之』，陳思以爲達言美談。聊齋亦當深韙此論。

繼《袁宏道小品》之後，責編梁瑞霞女史令愚再賈餘勇，成此小書，黽勉同心，敢不盡力！《志異》之書早年即享譽海内外，《聊齋詩集》《俚曲》亦有注本行於坊間，唯其文集整理者鮮，迄無注本。出版策劃者舉重若輕，以爲拈其篇幅修潔者，注析兼施，或可如潁考叔取鄭伯之旗蝥弧，與夫『異史』短章相輔相成。總名爲『小品』，亦晚明文壇之流亞也。半勺之盛，雖無補於鯨飲；一莛之叩，或可擬於蛙鳴。《易·乾》曰：『君子終日乾乾，夕惕若厲，無咎。』孜孜矻矻，幸不辱命，於大疫再襲長安之際，前期月餘蕆事。坐擁書城，南窗寄傲，『無懷氏之民歟，葛天氏之民歟』？是爲記。

庚子孟秋，趙伯陶記於京北天通樓。

悉檀寺徐霞客古道祭並序

庚子孟冬，徐霞客研究會副會長劉先生瑞升告予曰，大理賓川偶然掘現一段石鋪古道，位於悉檀寺舊址附近，最深處距今地表達兩米，出土有瓦當、素瓷碗等，當係徐霞客駐足雞山往來悉檀、大覺諸寺之舊道。日居月諸，曾幾何時，蘭若未毀於舊時兵燹，反葬身華夏浩劫，能不慨然！憶昔霞客萬里遐征，兩入雞山，窆靜聞遺骸於文筆之麓，供奉其刺血所書法華於梵唄，完生死交之夙願。又修《雞足山志》於斯，惜乎身膺瘴氣，兩足俱廢，遊記之終篇亦於斯。追思曩時，不禁『眷言顧之，潸焉出涕』。劉先生致力重走霞客之路有年，於悉檀寺古道情有獨鍾，屬予作文以祭之：佛因有路，雞山傳燈。微妙玄門，靈山示衆。正法眼藏，破顏印心。實相古摩揭陀，無著南詔大理。後拖一嶺，有山神鍾靈；前伸三峰，現酉足呈相。萬曆建寺，記麗江壽母之木增；崇禎貯經，來江陰借榻之霞客。四法普度，辟玉宇之輝煌；三乘行修，連瓊樓之輪奐。緣覺法界，遍施衆生。往古荒唐，無奈厄稱三武；近世瑣碌，絶非劫在一宗。遊聖曾經，曷迷茫於煙嶺；悉檀嘗在，竟湮没於遠山。天命如斯，亦云悲矣！

橋稱勝水，早開萬里鵬程；志在鴻鵠，遥接千年夢寐。南皮之遊休矣，升峻嶺以徜徉；金谷之樂渺然，趣遐途於俯仰。啓明戒旦，瞻漣漪而增歡；長庚告昏，睹巍峨而生喜。動往來於無限，屢入溶岩；紛上下其靡常，曾躡雲海。養心樂志，尤喜沐雨櫛風；砥節礪行，更在披荆斬棘。陵阜相屬，固非路通山陰；岡巒糾紛，安能泥塞函谷。與白雲同榻，一任緩步之盤桓；同綠樹連襟，更騁遊目之舒朗。徒慨嘆於疇昔，歷春秋而不更；空咨嗟於尋常，踐寒暑其無輟。古月曾照古道，經盛衰而常存；清潭常沐清風，去因革之驟易。

鏗爾放聲，人各有志：或名山寓世，或馬革裹尸；或逍遥濯泉，或款段御馬。或附黨結儔，或捨生取義；或空門入道，或窮閭安貧。至於『粉白黛綠者，列屋而閑居，妒寵而負恃，争妍而取憐』之奉侍，則『居廟堂之高』者所享，非『處江湖之遠』者所思也。孟子曰：『仁，人心也；義，人路也。捨其路而弗由，放其心而不知求，哀哉！』其悉檀寺徐霞客古道之謂乎？

是爲祭。

庚子仲冬趙伯陶撰於京北天通樓。

王愛華

生於一九七三年，北京房山人。江南明社副社長，白雀獎終評評委等職。曾獲『江南紅豆杯』全國詩詞大賽一等獎、永定河詩詞大賽金獎。

告弟子文

余爲詩久矣。少不更事，輕薄爲文，但資一笑耳。然磨杵卅年，塗鴉千幅，亦不可謂無毫髮得於心。諺云：我有瓊琚，君子共之。所得雖鄙，亦思與有緣者共。適余於網路，浪蕩遊娱，所識者頗衆。偶有二三子，或愛余文字，或賞余言行，求爲弟子。此所以謬任師名之始也。

余最初之弟子名翡鳩。時余居海上，方而立，多餘暇。鳩尚高中，呼余師，遂漫應之。鳩靈氣盈溢，爲詩險仄，意境幽奇，實非源於吾者。師徒云云，反是課其數理爲多。凡交往三四年，鳩遂絶迹網路，於今不復見矣。嗚呼！鳩初遇我時，青澀少女耳，想今已中年，宜相夫教子爲事也。余甚思之。

後五六年，余居南非，旅寓之慨益深，偶發數作於網路，有名步月者喜之，遂結師徒。步月稟賦過人，情致深切，氣味與余最近。深厚不如余，而靈秀過之，今亦卓然一家矣。且尤重情義，每與余言，如幼弟之慕長兄。嘗晤於京，身長體健，赳赳偉丈夫也，而傍余如孺子然。步月家境不裕，每因口腹奔走南北，頗與余類。今成家，想奔勞更甚矣，亦數年不見於網路。噫，才人多貧，奈何，奈何！

其餘子心、乘舟、水心諸子，凡十餘人。余以經年奔走，飄泊勞碌，身心無定，而所遇多舛，雖托師徒之名，而實無所教之。故諸子有成者，余不敢居功焉。且世途紛繁，人各有故，後因道之不同，或氣之不合，或生計之所迫，或學術之相背，於今多星散矣。時陪左右者，惟水心一人。想余初收弟子，多亦一言以決，實未深考，後亦放任不拘，未曾多誨，故爲弟子者，或但遊戲視之，或責余不稱，或忙於俗事，有明告以决者，有不告而退者，漸無蹤矣，斯誠余之過也，當爲後者戒焉。

丁酉初，余以家事歸居，事父育子，不得遠離，遂外事日稀，稍得暇於詩。復時有好學子問詩於余，余以舊故，不敢遽允，恐不稱其名也。然年齒益增，思見逾廣，且觀夫時風之變易，感詩道之日新，頗有不能隱忍於胸者，思欲一吐以快吾志。由是遂有正門立言之意。噫，余豈敢爲師者！方名家輩出，高門巨派動以十數，余相較何可以道里計！然才之厚薄者，力也；爲不爲者，職也。續風騷、存斯文，吾輩之職也，余不敢以力不足拒行其職焉。是故勉懸幡幟，欲以述往聖之遺意、申一孔之淺見耳，非敢與諸君子爭鋒也。

子曰：人之過也，各於其黨。又曰：勿友不如己者。諺云：近朱者赤，近墨者黑。《易》云：本乎天者親上，本於地者親下，則各從其類也。人之交，可不慎乎？且夫師、弟子，一體也，父子之亞也，友且如是，况於師、弟子乎？是故來遠人者，才也；合友朋者，情也；同所趨者，約也；成遠志者，道也。是故師、弟子者，因道以立約，持約以固情，守約以成才。故道者，本也；約者，綱也；情與才者，目也。故兹與諸弟子立約曰：

《詩》云：他人有心，予忖度之。孟子曰：無惻隱之心，非人也。是故見不平而不怒，遇病弱而不憐，逢不幸而不憫者，無人心者也，不可以爲爾友，遑論爲吾弟子。

人生耳，欲以有聞也；生目，欲以有觀也；生口，欲以有言也。是故閉目不睹，掩耳不聽，噤口不言世上之事，專一吟風弄月、炫技示巧者，頗愧人之形也，何足爲爾友哉，遑論爲吾弟子。

蜀昭烈帝劉備惟賢惟德，可以服人。勢，時也；財，運也，何足以傲人？以勢欺下，以財傲貧，狂傲無禮者，不可以爲吾弟子。

《禮》曰：知不足然後能自反也。子曰：知之爲知之，不知爲不知，是知也。人皆人也，非神也，有所不知，有所不能，常也，何足耻哉？所以明知不知者，取賢以齊不足者，必辯於理實。是故與人言，必源於實，據於理，而是非乃見。無理者，不可以爲吾弟子。

汝既虚心向學，知師之有所長也。苟必以己爲是，何拜師爲？是故學之初，必以師言爲訓。自是者爲友何礙？然不得爲弟子。

師徒者，亦人倫之大者，禮不可廢也。師師徒徒，敬而不疏，親而不狎，禮之常也。無禮者不得爲吾弟子。

人於世間，不知者衆矣，知者寡矣，必存敬畏，乃有向學之誠。妄辱儒學、基督及其餘名教者，無學力而貶損大家者，輕薄兒耳。豈有千年之惡教哉？豈千年賢者之智，不及汝小兒哉？輕薄子不得入吾門。

子曰：有餘力，則以學文。是故無餘力，勿强爲也。且詩實無用之學，上不足預邦國之政，下不足饜口腹之欲，苟無餘力，何自苦而苦人哉？得吾技者，爲吾弟子；同吾道者，即吾徒也。無餘力者，何礙於友哉？必欲學，伺有餘力時可也。

是故苟從此數約，師道自存，何慮弟子之無成哉？何慮多而不能及哉？然余且爲教，猶竦然自驚，如臨深淵，如履薄冰，恐負衆望而去余初心也。噫，大勢如斯，非一人一門可移，但各盡其力而已矣！余爲此篇，欲與諸君共勵焉，願同心稟道，以完佳事也。

遂以詩爲結，曰：

據堂豈敢妄爲尊，祈助斯文一脉存。玉樹惜吾非謝氏，瓊花免汝立程門。述而不作詩家戒，德必有鄰夫子言。臨帳懷慚三屏息，恐將粗鄙誤雛鵷。

天津

程濱

字子潯，號矯庵。生於一九七八年。畢業於南開大學，任教於南開中學。私淑葉嘉瑩先生，習古詩文及戴君仁先生吟誦調，又從尹連城先生習書法。著有《矯庵語業》《矯庵集》《迦陵詞稿注》。

擬南開中學校鐘銘

天以其公生萬物，人以其能成百藝。允公允能，日新月異者，其惟天人乎！伯苓張公秉公能之精神，痛神州之陸沉。乃興天津南開學校，爲中學，爲大學，爲小學，井井然一脉相承。晚近欲以教育振衰世，其堂廡之大者，海内無出其右。建庠以還，雄才輩湧。進爲中流之砥柱，退爲構厦之棟梁。然公者必銜於私小，能者必嫉於凡庸。故我南開之精神，内爲民賊所憂，外爲敵寇之患。遂有日匪陷津，轟炸殆盡。校舍雖一毁於兵燹，精神乃長存乎血脉。人世代謝，倏忽百年，我南開亦與時推移。融會文理，陶鑄英傑。故爲此鐘，一歲凡六鳴：國慶鳴國運之昌隆，春節鳴民族之悠遠，開學鳴氣象之更新，結業鳴學業之小成，校慶鳴師生之黽勉，警示日鳴國耻之殷憂。欲以追往事，礪今人，啓來者。其銘曰：

重則威，虚則容。鳴厥能，守厥公。巍巍然，其大宗！

吴冠臻

字子玄，自號晦犖。生於一九九八年，天津人。北京師範大學歷史專業肄業。幼承庭訓，長事師長，其後下帷益苦。

器論

天下之事物無不可器之也。人之爲器，則大器晚成云者；國之有器，則不可輕示於人云耳。蓋以材用而稱爲器也。孔子云：『君子不器。』是君子無用乎？非也。厥惟士君子其任也遠，其責也重，不可專一器也。君子之器，不器之器也。言不器者，不囿一術也。卒言器者，終有裨乎國家天下也。

夫洞簫者，吹而嗃嗃；劍首者，吹而吷吷。洞簫所以别乎劍首者，聲不同也。聲既不同，而後知其器矣。器既定矣，而後知其材用。材用既知，而後必不能濟其急也。管不能斬，劍不能樂。用必由其材而定矣，雖欲變通，豈足可乎？故一旦危急，誠不可措手足也。養生者取乎庖丁，讀書者取於輪扁，使庖丁與輪扁爲天下，必亂也。所以爲此者，精一術而不知有天下也。士君子必不器，而後足備萬方。《詩》云：『就其深矣，方之舟之；就其淺矣，泳之游之。』謂君子之於道也。大船膠於淺，小舟覆於海，縱泛於江河湖海，其奈山谷何？此可爲君子之器乎？故士君子既準的於道而不一懈，遂盡方法，竭器用以爲之。

何以稱不器而又竭器用？必善使也。人不能皆耕耘，故市於農；不能取百貨，故市於商；不通一術，故使善此術者爲之。世不出全能之才，然自古數人坐論而治天下者，非獨其才高，必善用人而處其分也。漢高祖之於項籍，兵不若，勇不侔，計不比，勢又不可同日語之。所以有全漢者，功臣多而善用也。魏武之有天下之三二，猶不棄盜嫂受金之輩於野，知用人之要也。東郭子綦之教顏成子遊曰：『夫吹萬不同，而使其自己。』既贍於儲備，用則自己，不亦類此乎？

或曰：『君子但使人，便安逸以待成功，可乎？』曰：『不可。』君子雖使人以試萬端，猶不可謂之安逸也。人之相與也難矣。余聞嵇康語曰：『君子百行，殊途而同致』，途既殊異，欲自期同致而相勸，難之又難也。必有卓見高德者從而導之，諷勸引領，足以稱一時表則者也。不修德行，不卓見識，其足當之與？君子之大器，道德也，卓見也，引領也，用人也。凡君子者，居廟堂則舉天下從之，用之以利，國家日强；居鄉里則申道德教化，用之以禮，故風俗日淳；居家族則使修睦齊家，用之以孝悌，故家聲日亮。《書》曰：咸有一德，能盡匹夫匹婦之心。蓋士君子之謂也。余讀古今之史，靡不如是。

於戲！《易》云：『天下之器大矣，其爲務多矣。治之而不謬者，其惟同人乎？』同人者，求同而合人也。合人而用之，天下莫之當也。君子之責任，俯仰之不愧，必以國家爲念，天下爲慮，思萬民之所需，濟當今之所急，而圖萬世之謀畫也。其欲專一器，可乎？故曰：君子之爲器，不器之器也。

河北

李維立

生於一九五六年，河北唐山人。現居北京，河北唐山市群衆藝術館原副研究館員。

損益論

損者，減之謂也；益者，增之謂也。孔子嘗謂『益者三友，損者三友；益者三樂，損者三樂』。老子嘗謂『爲學日益，爲道日損』。孔子所謂益者，乃道之增上緣也；所謂損者，乃道之減下緣也。老子則反之，其所謂益者，乃道之減下緣也；所謂損者，乃道之增上緣也。二者所謂損益，貌似相異也。

損者，既減亦增；益者，既增亦減。夫子所謂『三損友』，於減之以直、諒、多聞之際，亦增之以便辟、善柔、便佞；夫子所謂『三益友』，於增之以直、諒、多聞之際，亦減之以便辟、善柔、便佞耳。『三益樂』『三損樂』亦如是。老子所謂益，乃進其所能，增其所習。進能與增習之際，道力亦減矣。老子所謂損，乃減其欲，去其習耳。減欲與去習之際，道力亦增矣。孔子與老子所謂損益，貌似相異，實乃殊塗而同歸。

爲學日益，故日有所增。增之又增，以至於不堪其負；爲道日損，故日有所減。減之又減，以至於恬淡清净。益者終於有，損者終於無。老子云：『有之以爲利，無之以爲用。』『益、有、利』，三者皆得道之具也。爲道，譬如渡水。舟與橋，皆渡水之具也。渡水已，或舟或橋，皆須棄之。若已達彼岸而沈緬於舟，豈非同於未達乎？若已達彼岸而流連於橋，則猶屬未達也。

益者去道遐。益字者，象形（或會意）也。下器上水以爲其形。表器中水滿而出。《書》云『滿招損』，可爲益字訓。水滿而增之，益之終，損之始。故知益亦有損義。學然後知至。然但學而無顧其外，是爲偏。偏其途而弗察，豈學之愈富，去道愈遐乎！故曰『益者去道遐』。知之外，尚有思與行。子曰：『學而不思則罔，思而不學則殆。』陽明先生謂知行合一。

損者去道邇。子曰：『生而知之者上也。學而知之者次也。困而學之又其次也。困而不學，民斯爲下矣。』斯之字指道。有生而得道者，有學而得道者。老子幾不言學而常以爲字語之。儒鮮語爲道而常以學道言之。如『君子學道則愛人，小人學道則易使也』。老子所語爲道日損，儒或將以學道日損言之。於修道之塗，非生而知之者必以學。竊以爲，老子爲道日損，蓋就學而知道者言。生而知道者，孔子、老子皆以之爲上。次者必以上者爲其圭臬。上者無知而得道，次者則以學而有知，復至於無知，終止於道。是乃爲道日損之謂也。學者先益後損，損之又損，終至聖境，故損者去道邇。

孔子並老子謂損與益，皆於形上言之。其言損益，乃謂或體，或性，或識，或情之增減也。

讀許慎解六書記

許慎《文解字序》謂六書云：『《周禮》八歲入小學，保氏教國子。先以六書：一曰指事，指事者，視而可識，察而見意，上下是也；二曰象形，象形者，畫成其物，隨體詰詘，日月是也；三曰形聲，形聲者，㠯事爲名，取譬相成，江河是也；四曰會意，會意者，比類合誼，㠯見指撝，武信是也；五曰轉注，轉注者，建類一首，同意相受，考老是也；六曰假借，假借者，本無其字，依聲托事，令長是也。』夫六書之六，謂六法，書謂以聿刻形於木竹。聿者，今曰筆。六書乃藉筆依六法畫形以成文字也。

夫象形乃文字之始也。古者造文字『近取諸身，遠取諸物』。近有人、口、目、手諸形；遠有日、月、草、蟲諸形。不可勝舉。宀者一形，豕者又一形。宀中有豕名家。家乃事而非形，然始於形。西夷造字非以形而以聲也。Man無男之形而因聲成字。Sun無日之形亦藉聲成字。中國古聖則因形生字。不惟因形生字，乃至俾無生形而得字。無者，無其形也。如道如理，如有，如無，如真，如假，如仁，如義，皆無形者也。古聖知無即道。道生一，一生二，二生三，三生萬物。是知無中生有之理。依是理，俾無生形。於無中刻長畫，因指或天，或地，或物。上著短畫，視形可知有處天、地、物之高者，因有上字。下著短畫，視而可知有處天、地、物之下者，因有下字。

子曰：『視其所以，觀其所由，察其所安，人焉廋哉！』視造字之所以，法焉廋哉！象形以形；假借以聲；指事、轉注以事以意；會意以誼；形聲則凡形、聲、事、意、誼，莫不所以也。目之所及曰形。物之外表也，故必與物肖，所謂『隨體詰詘』。聽之所及曰聲。未有文字，因聲指物諭事表意。所謂『依聲托事』。物之所動曰事。口者，静物也。以口乾上，物動而有言。畫一象天，静也。天氣降而水下，天動也，故有雨。不以視聽而因心感曰意。

日、月、口、羊、牛、豕諸字非以理，不名事，畫成其物，『隨體詰詘』成之。其以形。視其形，賦其聲，以得物名。蓋象形者，以名物也。

『以事爲名，取譬相成』，事必以物動，名必以聲發。譬者，諭也；諭者，告也。故知譬乃聲也。事既名，名上之聲，其意明矣。是謂『取譬相成』。江河，水名其事，荆、揚語大水，聲之以工，水上之工成江。青、豫語大水，聲之以可，水上之可成河。抓、抖、撓、推、想、情、感、忿、怒，莫不如是。『以事爲名』之事者，乃一事而非諸事。形聲之形雖一，而因聲各專其事。如議與認，皆以言爲形，然因聲俾事不同。或詰之曰：『江河豈不相類耶？』答曰：二者雖同屬水而皆歸海，然一出昆侖，一源蜀地，究非同事也。形乃本，聲爲末。其形一，聲也多；各因聲，事也衆。江、河、涇、渭、淮、洛，皆屬水；性、想、情、感、忿、怒，皆自心……斯形一之謂。諸水異處，布派九州，譬流名派，必各以其俗聲之。心或静，或动，或高，或卑，或喜，或哀，各諭以異聲。同心者，以生諭之曰性，以咸諭之曰感，以非諭之曰悲，以相諭之曰想。斯聲多之謂。諸字其形雖一，然事各異，故以聲别之。性者心静，情者心动，想者心觀，忿者心分。畫手形，静物也，動之則其事不可勝數。以爪而動之有抓；以斗動之有抖；以堯動之有撓；以隹動之有推。斯形一而事衆之謂。

象形、指事、轉注、假借，或名物，或譬事。會意則『比類合誼，㠯見指撝』。意者，非以耳目而以心識者也。物動有事，物交有意。一物動見事，多物交見意。誼即宜。義者，宜也。異類諸字交，意與道義合，是爲會意。止戈交（武），合不殺之義。止戈、各因耳目知，不殺之義唯心得。人言交（信），合誠真之義。人、言各以耳目知，誠真之义唯心得。眉、中交（省），合察微之義。眉、中各以耳目知，察微之義唯心得。爻、子、攵交（教），合上所施下所效之義。爻、子、攵各以耳目知，上所施下所效之義唯心得。指撝謂會類所得之誼也。義由道生，合義者庶幾於道耳。人言或真或僞。聖賢君子之言真，合義而爲信。小人不肖之言僞，悖義而非信。

轉注者，『建類一首，同意相受』，要在同意相受。意異者非屬轉注。依轉注所成者，形聲異而意同。非唯意，其事亦同。如考老，二字聲形異而意同。學覺亦是。形聲之形亦屬『建類一首』，然聲形也異，其意也專。

文字者，聲先而形後也。有事意而無聲形，藉某字名之，是謂假借。欲謂年高者而無字。長，久遠也。故托事於長字之聲形。『本無其字，依聲托事』，非唯依彼聲，復依彼形也。

字本於象形。指事、形聲、會意、轉注爲末。一以爲本，乃有上下之末；水以爲本，乃有江河之末；以口以目爲本，乃有信省之末；爻以爲本，乃有學覺之末。

徐章明

生於一九六三年，河北廣平人。中華詩詞學會理事，上海華亭文社社員。師從上海陳鵬舉先生，所作詩文詞賦，輯有《天一盧集》。

賢哲在邇序

粤若齊魯，仲尼之所誕，諸儒之所望焉。孔治六經，王道彰乎周召；齊倡諸子，鳳鳥鳴乎稷宮。是以五色雜英之土，宜出瓊枝；三千曲禮之鄉，必崇聖學。邵子盈午，托郛山之秀骨，置講席於彭師。初師彭城名宿時有恒，後薄遊京師，以詩古文辭問學於文懷沙，并從葉紹鈞、錢夢苕、錢默存、周振甫諸賢游。殆如是集所哀者，或馳以錦鯉，期蘇門之長嘯；或叩以庭教，聆弦曲於杏壇。層城玉樹之露，挹奉春醅；千里扶風之謁，但求經義。桃葉歌成，始得臨流之和；性情所至，惟見天地之心。太學有云：欲正其心者必先誠其意，其是之謂乎？

時蘭簃未刊，齠膝在途。詩得諸賢之和，四始日臻；學揭蘇柳之諦，兩論鵲起。故於述記，頌賢哲以盛德，感春温於筆端。夫賢哲在世，譬猶飛龍之騰乎天宇，花萼之振於林薄。窺異代之流變，立昆侖以管錐，而知玄知默者，錢公默存也；示詩文以例話，成《周易》之新詮，而苟非吾之所有，雖一毫而莫取者，周公振甫也；綿國學之運祚，掌東南之祭酒，處偃蹇而憂戚家國者，錢公萼孫也。至於其他賢哲，也是各領春風，並被恩澤。蓋髦士之所經，正邵子之所欲親者也。問學之途，拾爲修身之階；化德之日，已叩聞道之門。至於所述交惡諸事，其録也直，其意也真，未爲尊者之諱。此夫子之謂信言乎？子之文德可見矣。

若夫記人之文，蓋以史班爲宗，而審以繁省之別。太史公之記傳，『其文也史，其情也騷』。至於謀篇，家法悉備。蕭曹孟荀之列，歷叙生平；管晏伯夷之什，載其逸事。推之邵子，蓋因無立傳之意，有抒慨之心，故於後者，多所取資。昔錢子泉先生論文，有寫處，有做處。人皆云云謂之寫，我獨云云謂之做。諸賢生平，人多云者也；諸賢逸事，我獨歷者也。故人多言者略寫之，我獨歷者詳做之。此殆非取材之囿，實謀篇之異也。唯其如此，則邵子眼中之諸賢乃出，格局乃見，精義方申。劉彦和之謂篇之彪炳，章無疵也，今邵子得之，得無聆此神諭而成此篇耶？

若乃稱頌賢哲，雅言爲尚。雅者，正也。考其規式，辭必清礫，藻發揄揚。敷寫似賦而不尚華侈，敬慎如銘而異乎規戒。匪特與體相諧，要是衍一國之化，正四方之風，其重殆莫若是。方之邵子，頌賢贊哲而出以語體，褒德顯容而同其歸旨。運文言之梅鹽，調白話之和羹。於是國風大雅之詞，采其青緑；雜佩偶奇之句，叩其金聲。陸海蘇潮，舒卷行文之氣；詩詞翰劄，往還織錦之梭。雪泥鴻踏，莊生蝶化。白而不覺其白，散而不覺其散。類乎錢默存近代散文鈔中所倡之家常體。固於神采未圓，然也庶幾不乖其旨趣。此得力於邵子久浸典藉，有此厚積。嘗以大著蘇曼殊新論致函錢先生默存，先生許其

『文采斐然，具徵學有根源』。以錢公之內深，應非輕下此語，也足證邵子文言之工。梅鹽既調，雅味乃出，殊不失語體雅化之正鵠。

贊曰：噫嘻賢哲，穆穆髦英。玄黃彌德，文思欽明。維天之命，求道之平。山隱四皓，有子心縈。其容若何，清出塵表。其言若何，蘭杜其藻。其學若何，江海灝灝。但申心儀，若奔清廟。徂彼玄圃，道險且長。日棲昧谷，抱此堅芳。俟圖出水，俟閣止凰。惟寂惟寞，在棲在遑。爰漱典墳，駿惠爾誨。華服粲兮，卿雲以佩。《九韶》歌兮，醇化萬類。章而明靡，報以殿最。

歲次戊戌四月十八日於天一盧。

魏新河

號秋扇，齋號孤飛雲館。生於一九六七年，河北河間人。執教於空軍大學。自幼研習詩詞書畫，尤致力於詞學，旁及小學經籍。著有《秋扇詞》《孤飛雲館詩集》《秋扇詞話》《論詞八要》等。

漣漪集序

楚凌嵐小友，武陵人，負笈長沙『右學』。雅好吟咏，於詩書畫篆樂舞靡不涉獵，所得皆有可觀，顧所鍾愛，尤在倚聲。今歲大蘇前遊赤壁之夕，出示漣漪集一帙，快讀之餘，深嘆其詞心宛轉，情韵芳華。其爲詞也，有秦晏之深情，具姜張之超逸。太康之英，宗陸平原綺靡瀏亮；永明之冠，愛謝宣城圓美流轉。異日臻於沉鬱，造乎新奇，定卜符合，可期實行。其爲人也，至情至性，真率朗言，重交喜酒。嘗於春日爲海棠執傘障雨者終夕，又讀余光中《鄉愁四韵》，輒擬蹈海往謁，將欲行，以詩中所及之意象，而竟爲實之，蓋取白門之土，長江之水，雪花之片，海棠之蕊，臘梅之英，貯之冷室，將以禮獻。似此癡絶，當今當世，何得多覯。初無俗韵之愛，迥出凡流之常。所可奇者，生當斯時，而能沉浸於螢窗雪案之間，寢饋乎經史詞章之内。每當雨夕風晨，樽前月下，輒爲刻燭催吟，聽鐘應令。吐屬淵雅，賓客交稱。而素懷煙霞之癖，久耽古迹之好。野徑叢林，神往深山古寺；斜陽煙柳，盤桓蓼浦蘆江。遠志幽情，遽爾不能自已；風懷逸趣，悠然即付獨行。而楚楚年甫二十，稟天資，親風雅，修藝事。才情華贍，不唯揚葩瀟湘；文采風流，已見挺秀儕輩。豈云情眷吴山越水，惟是文鍾楚客湘靈。尤以既笄芳年，抗志希古，好之樂之，不廢寒燠。茫茫人海，不圖浮華斯世，而有素心斯人；漂漂萍迹，乃獲因緣邂逅，復修師弟之誼，豈非數哉？

夫詞至南宋始極其工，要眇宜修，幽約怨悱，至情至美，允粹允全。元明以還，振興於有清一代；朱陳之後，集美於樊榭老仙。張茗柯出，寄托顯，詞體尊。而蔣鹿潭殿其後，嗣王朱鄭况蹈揚之。降至民國，勝流輩出。國初諸老，猶能超邁樹立，流風不泯。而其後庠序之間，率皆述而不作，此豈探源之爲哉！頻年以來，爲之扼腕者再四，於兹不可不謂禮在於野。爾來六十餘載，耆宿凋零，風雅式微。今者雖云壇坫煌煌，而世則風移俗易，人則性替心凌，所謂吟壇，判非初服，其質不同矣，此又甚於賈傅之痛哭太息者也。由是觀之，則楚楚之奇出，必謂有宿世之緣也。

曩予年十八，沽上夢碧老人嘗賜齋號曰孤飛雲館，今予竊效前修，拈「素笛軒」三字爲楚楚顔其居。素者，繪耶？仁耶？抑素以爲絢耶？笛者，蔡笛歟？桓笛歟？抑梅花之笛歟？書以遺之，用額其室。筆次，忽憶余客長安，二十有六年，於是得集《毛詩》一聯云：惟楚有才，於幽斯館。先賢遺文，差可切吾二人者。於戲！載陽小草，方期綿綿遠道；承露靈根，待歷漫漫生涯。他日有功詞林，則吟笳詠絮，烏足喻也，跂予望之。今值《漣漪集》即付剞劂，素笛飛信商序於予，余不敏，略述如此，用弁簡端。蓋向時所作，過而存之，聊以志悲歡、紀年月云爾。知明如素笛，想當不河漢鄙意焉。

旃蒙協洽中秋前十日，河間秋扇魏新河於京師西山黄葉村畔孤飛雲館北窗。

冀凌雲

生於一九七零年，河北成安人。卒業於邯鄲師專中文系。中國楹聯協會會員，成安作協副主席。詩聯數十在全國比賽中獲獎。著有《天馬行空》。

竹園記趣

甲午年秋，吾校自故地遷之新址。時所建未止，高樓既立，林木未植，課餘閑望，荒蕪不堪。後兩年，移來法桐百餘，植於道旁；後又移來海棠、玉蘭、銀杏、臘梅等百餘，雜植樓前舍後。至夏，則緑葉葱蘢，花香四溢。彼時也，止有諸生宿地間，空無緑植，望之禿然。

又年餘，吾信步院内，偶見緑島浮現，近觀之，乃一叢緑竹也。時因新植，竹多被斬顛裁枝，唯餘竹身並寥寥枝葉，以利其生。此時也，竹間朗朗，目可盡穿也。然望之，竹葉片片，風拂葉動，似揮似招，亦可喜也。

後吾校校刊《文星苑》復刊，吾肩其任也。計將善屬文者集於一社，以壯聲威。諸生皆曰：『何以名之？』吾遍思校内新植，而尤喜新竹也，且清畫文兼工之怪才鄭燮有詩曰：『新竹高於舊竹枝，全憑老幹爲扶持。下年再有新生者，十丈龍孫繞鳳池。』今以『新竹』名之，豈不宜乎？諸生聞之，皆悦，遂相携於竹前留影，信可樂也。

明年春，既雨，吾閑步竹前小徑，見嫩筍破土而出。竹下筍尖竟拱，如塔似傘。余憶及吾校曾爲人譽之『冀南小寶塔』，遂賦詩曰：『攢力三年暗舉鞭，移來蒼翠樹千杆。新園更喜及時雨，嫩筍紛紛冒塔尖。』吟餘，頗自得也。

時吾校名師訪談於邯鄲電視臺『名師有約』欄目，吾之小詩亦被提及。問曰：『汝校竹園妙乎哉？乃爲汝師如此譽之。汝校復興指日可待也！』

而今，兩月有餘，老竹之間，新竹競生，千枝萬杆，竹葉融融。微風拂之，枝摇葉動；明月之下，竹葉婆娑。閑暇之餘，信步其旁，吾常思緒翩翩：新竹者，如吾校之萬千學子也，新竹競起，生生不息，亦如吾校之學子力争上游，延續不止。如此，寶塔興之有望矣，是爲記。

潘洪斌

生於一九七二年，河北青縣人。滄海詩社社長。著有《中山聯話》，任青縣古代詩詞選執行主編。

知微廬文鈔序

曩者河間紀昀以『閲微』額其堂，自云『讀書如遊山，微言終日閲』。夫人心惟危，道心惟微，非潛心深慮，不能得古人之微言妙旨。學而時習之，於世相顯微闡幽，辨物證言，漸臻於天人物我之境。厚德博學，開物成務，斯可謂讀書得道者也。

今者滄州孫建以知微名其廬，蓋取管窺錐指，知之甚微之意。然聖人預知微，智者能知微，君子知微知彰，則言外有聖賢自礪之志。余識孫君日久，其人温藹醇粹，誠摯謙和，其學精微廣大，融會貫通。秦大夫子明稱公子縶之『敏且知禮，敬以知微』、晋袁宏贊三國名臣之『應變知微，探賾賞要』之言，皆堪移贈，是孫君無愧於知微之名也。

文鈔共收録碑傳、歌賦、序跋等古文若干篇。略依《古文辭類纂》之例編而排之。余獲先睹之榮，感觸良深。自胡適之倡白話以來，古文式微，錢默存歸道山之後，肆力於此者愈鮮矣。孫君腹笥豐贍，文筆敏捷，故能顯好身手，得大自在，洵個中之翹楚也。

觀其《莊子顯靈記跋》，於范增先生大作議論品題，溯源稽古，廣徵博引而無祭魚之病，舉重若輕而無絶臏之虞。《蘇州一中古藤記》《遠水無波自奔騰》等篇，紀人記物，語必雙關，文題緊密，渾如生鐵鑄成。劉怡庵先生像贊並序，洋洋百句一韵到底，睹像興悲而行文記樂。終篇之『時當仲冬，歲次壬午，晚學敬撰，於知微廬』。押韵自然，尤其妙不可階。子曰『言之無文，行而不遠』，惟其鏤玉裁冰，庶乎蜚聲遐邇。此孫君之文采也。

又滄州戴氏王夫人家傳、滄縣馬連坦玉春周公暨元配温太夫人墓表諸作，深情綿邈，悃愊無華。歷來碑傳文字，每多揄揚過當之病，韓愈文起八代之衰，尚不能逃諛墓之譏。而孫君之墓志碑銘，勿論華素壽夭，皆爲褒頌紀載，秉筆直書，各符其人。《滄州賦》雖爲應制之作，而絕無希旨之心，不溢美，不虛飾，宏麗雅馴，大方得體，較時文之侈陳辭藻、直白敷凑者，非可同年而語也。美物者貴依其本，贊事者宜本其實，惟其方直不阿，庶乎信今傳後。此孫君之質實也。

子曰：『質勝文則野，文勝質則史，文質彬彬，然後君子。』觀孫君之古文，不謂其爲君子可乎？君子知微，是遥知鄉賢閱微之玄旨，而復知故里細微之軼聞，孫君之知，何其巨也！

甲午肇秋 潘洪斌序於青縣。

王 博

號雁陣驚。生於一九九一年，河北石家莊人。復旦大學中文系漢語史方向博士。作品散見於《菊齋論壇》及《臺北乾坤詩刊》。

與旁堪先生書

旁堪先生足下：

久未奉書，正深馳念。聞公旌旆又過江南，瞻企之思，日增飢渴。滬上近多梅雨，想道路泥滑，鴻足少便。因一城之隔，雖距非遥，亦止能仰跂高軒，遠懷杖履而已。

去夏吴中一晤，得接清談，論及前賢詩文，莫不生蘭亭陳迹之感。此則雖寄慨之辭，亦不無自憐之態。伏念春風懸榻，慚非徐孺子之材；雪夜買舟，難訪戴安道之境。始知清才清福，兩不如古人矣。

雖然，當知志趣所趨，亦有鵬鷃之辨。何也？

愚嘗謂不如古人猶可，不知古人則甚矣；不知古人猶可，不知古人而欲廢古人之言則甚矣。禮言先人六歲受經，十歲就傅。辨物執禮，以事經師；鋪采摛文，爰及詩賦。則執今人手筆，欲就古人辭章，已失天時。此之謂不如古人也。至若釐訂濁清，材推沈宋；發明音律，調始齊梁。雖脣齒稍殊，而聲類迥異，時人或不察。此之謂不知古人也。乃更有芟正時音，巧立名目者（指時下推行《中華通韵》一事）。無異於持下等才猷，較遜於前；尋古書文軌，竊附其後矣。信哉！曲園先生所謂『復古而中興，則知變古必至於中衰』者也。無乃既失天時，更殃人禍乎。此之謂不知古人而欲廢古人之言也。

近世好事者每談辭章，必宗唐宋。焉有詩尊唐宋，而韵不尊唐宋者。不啻憑將白雪郢歌，甘若湌英；唱作村謳巴曲，味同嚼蠟。此非局中之人不易知也。

嗟乎！一世微名，徒羡臨川之筆；半囊詩稿，難買下潠之田。梁園賓客，能吟八九；鄴架遺書，未讀二三。塵勞物理，浪迹詞場，念之能無感乎。

近作小絶三首，嘗論及兹事，並録奉一哂。文字疲苶，無足觀覽。愧愧！弟再拜。

忍見千家纂一經，每將文字誤形聲。洋洋滿紙疏離甚，愧負前朝老伏生。

魯魚亥豕轉相通，辨字真輪訓詁功。舊學全盤荒廢盡，一朝經史兩胷空。

編摩萬卷屬尋常，刺取前賢校勘方。經傳疏箋無所用，眼中功業太郎當。

卞佳運

生於二零零一年，河北保定人。闕里書院文言寫作班學生。

荀子辯

亡是公讀《荀子》，彌月不知肉味。已而烏有先生來，公謂之曰：『偉哉，荀卿之淹學也！使後世有繼之者，其爲中國之福乎！』烏有先生聞之，啞然曰：『荀卿之學，先儒闢之數矣。其爲説也，主性惡而非思孟，尊禮法而殺詩書，篾本源之論，逐枝末之辨。至若以桀紂爲性，以堯舜爲僞，此異端之徒、楊墨之輩尚且不敢言者，而荀子忍言之，宜乎李斯、韓非之任法物民、焚滅舊典而不顧也。故暴秦之禍，荀卿已先唱其聲矣。今君猶惜其學之不傳，吾未見其然也。』亡是公曰：『聞君之言，於荀學之本末，似可謂之達矣。敢問君治荀學幾年矣？所本何家之註邪？』曰：『荀子之書，唯「勸學」可觀，故曾反復玩索其中，其餘諸篇，時或見於群註所引。僕嘗覽東坡所爲《荀卿論》，其文本儒家之正道，斥荀卿之以桀紂爲性而以堯舜爲僞，其説順理而成章。宋明之際，老師宿儒亦多以荀子爲不諦之學，此僕説之所本也。』亡是公喟然嘆曰：『有是哉，君之誕也！昔者夫子嘗言曰：「多聞闕疑，慎言其餘，則寡尤。」恐一言之不慎，而長見笑於大方之家也。又曰：「道聽而途説，德之棄也。」今君聞荀子之學也，止乎「性惡」，誦荀子之書也，未及「修身」。而掇大儒之牙慧，劫之以己意，其言之似有故，其持之似成理，放言高論，適足以欺惑愚衆矣，使君生乎荀子之世，必不免爲其所非矣。夫東坡之文，非荀子之性桀紂而僞堯舜，是所謂望文生義，不明荀子所謂性僞之旨也。荀子曰：「生之所以然者謂之性；性之和所生，精合感應，不事而自然謂之性。性之好、惡、喜、怒、哀、樂謂之情。情然而心爲之擇謂之慮。心慮而能爲之動謂之僞；慮積焉，能習焉，而後成謂之僞。」又曰：「不可學，不可事而在人者，謂之性；可學而能，可事而成之在人者，謂之僞。」又曰：「性者、本始材樸也；僞者、文理隆盛也。無性則僞之無所加，無僞則性不能自美。」故荀子所謂性者，自然食色之謂也；所謂僞者，人爲禮義之謂也。自然食色之性，初無善惡之判，但人易順是而無節，則争奪殘賊淫亂之禍生，而卒歸於暴，故名之曰「性惡」，以警世人也。是故起禮義之僞以化其性，遵師法之教以節其情，貫之以誦數，通之以思索，真積力久，則漸靡之而躋於道也。案孟子自孺子入井言惻隱，進而言羞惡、言恭敬、言是非，以證心善，但使人自反而求之，乃知四端者我所固有，非由外鑠，苟能擴是心而充之，則盡心知性知天，而人皆可以爲堯舜矣。荀子自心之虚壹而静以可聖王之禮義，然後極誠敬以服之，積善而不息，篤行而不捨，加日懸久，長遷而化其性，則塗之人皆可以爲禹矣。以今語言之，孟子所謂性者，秉彝好德之道德性也；荀子所謂性者，非善非惡之自然性也。孟子所謂心者，道德理性之超越心也；荀子所謂心者，認知思辨之現實心也。故孟子主性善，其學注心於擴充；荀子倡性惡，其教措意於積習。今東坡同荀子之心性於孟子而斥之，其論南轅而北轍也宜矣。』

烏有先生曰：『孟荀心性之辨，既得而聞之矣。前言暴秦之禍，原乎荀子，君將何以論之？』亡是公曰：『暴秦之禍，肇乎韓非，而成乎李斯，二子之學，皆紹荀子性惡之説，而流於狠愎陰刻者也。秦之虐，謂之濫觴於荀子則可，謂之荀子唱之則不可。蓋荀子自儒而韓、李自法，其論學之本終不可不辨也。韓非論政，以尚法任術爲主。法者，明頒於官署，廣敷於四境，以畏黔首。術者，潛藏於胸中，暗察於九門，以御臣工。故法莫如顯，而術不欲見。故《韓非》曰：「明主之行制也如天，其用人也如鬼。」行制如天，則人主之權勢無敵也；用人如鬼，則君上之喜怒莫測也。故其之論君也，則曰：「主道利周。」蓋人君自處以幽隱周密，恣愛憎以爲法，執黜陟之術，操殺生之柄，寂處其位而不見其所欲，則群臣不能雕琢以先君之意，是以悚懼乎下，而莫敢不循法矣。荀子於是説深惡之，故其曰：「主道利明不利幽，利宣不利周。」人之生不能無群，既群矣，而不能無分，夫勢均則不能相事，位齊則不能相使，故立君以明衆分而辨治之，則百姓以安而萬事以理。故君者，善群者也。是以爲君之道，莫要修己，莫重愛民，莫急尚賢。君者，民之儀也。夫國君既端誠宣明以臨下，則群臣吏民皆仰而效之，夫子曰：「上有好者，下必有甚焉者矣。」是以治國之道，在於修身，身壹修而國定矣。《詩》曰：「其儀不忒，正是四國。」此之謂也。夫君者，舟也；庶人者，水也。水則載舟，水則覆舟。故明君之於民也，厚本節用以生養之，置官明分以班治之，論德量能以顯榮之，序爵差等以藩飾之。臨事接民，而以義變應，寬裕而多容，恭敬以先之，政之始也。然後中和察斷以輔之，政之中也。然後進退誅賞之，政之終也。故一年與之始，三年與之終。用其終爲始，則政令不行，而上下怨疾，亂所以自作也。《書》曰：「義刑義殺，勿庸以即，女惟曰：未有順事。」言先教也。如是，則其民皆貴之若帝，親之若父母，爲之出死斷亡而不顧也。《詩》曰：「豈弟君子，民之父母。」此之謂也。禮者，治之體也；法者，治之用也。孟子曰：「徒善不足以爲政，徒法不足以自行。」禮法具矣，又需君子以行之，其知足以通統類，其才足以應變化。傳曰：「有亂君，無亂國。有治人，無治法。」故禮法者，治國之端也，君子者，禮法之原也。選賢任能，人君之先務也。擇賢之道，惟德惟能，地位之崇卑不足議也，傳曰：「賢能不待次而舉，罷不能不待須而廢。雖王公士大夫之子孫也，不能屬於禮義，則歸之庶人。雖庶人之子孫也，積文學，正身行，能屬於禮義，則歸之卿相士大夫。」如是，則朝無尸位，野無遺賢，國家以治，朝廷以和。《詩》曰：「濟濟多士，文王以寧。」此之謂也。致明誠而愛百姓，隆禮義而尚賢才，斯荀子之所謂君也。韓、李蔽於幽而不知明，蔽於術而不知賢，蔽於法而不知禮，其異於荀子也明矣。」

烏有先生曰：『荀韓君主之辨，既得而聞之矣。夫荀子既以天與之性爲惡，則亦不能論儒門於穆不已之天矣。然而荀書三十二篇，猶有《天論》之章，何也？』亡是公曰：『凡天下學問之言天者，略有三義：曰道德也、宗教也、自然也。孔孟證其一，基督示其二，其三則近世之科學有以取之。荀子之視天也，醜乎科學。傳曰：「天行有常，不爲堯存，不爲桀亡。」言天循其定常之軌以運之，而無繫於人世之治亂，人若循禮義以治世，則天或報之以凶；非禮義以亂世，則天或報之以吉。故吉凶者，非天報之也，人爲之也。傳曰：「道者，非天之道，非地之道，人之所以道也，君子之所道也。」夫日月星辰之照，風雨霜露之潤，春秋冬夏之行，是天功也。草木之暢茂，魚鱉之蕃盛，五穀之嘉美，六畜之醇厚，是地財也。皆不見其事，而見其功。唯君子則務治其然，而不求知其所以然，夫是之謂不與天爭職。傳曰：「天地生君子，君子理天地。」故君子別萬物而辨之以統類，亂人事而壹之以禮義。不窮知於天之所以生而裁成於其所生，明乎天人之分，夫是之謂知天。夫日月之食，四鎮五嶽之崩，彗星之儻見，此天象之罕至者也，以爲怪則可，以爲凶則不可。雩而雨，卜筮而決疑，此人世之成俗也，以爲文則可，以爲神則不可。凡此諸論，皆以自然之天視之，而無道德宗教之義也。唯荀子之論天也，其的總歸於利用厚生，非以天爲物而欲服之也，故其亦終不能啓中國科學之端也。』

烏有先生曰：『荀子之天論既得略而聞之矣。君言荀子之學所堪繼者，盡於此乎？』亡是公曰：『非也，夫荀子之學有補於中國者，尚有其正名之論焉。』烏有先生曰：『其詳可得略説乎？』亡是公曰：『名者，上下之所以互通志意者也。名定則實辨，實辨則言順，言順則志通，志通則事成。是以聖人爲政，首重正名。世衰道微，聖賢不作，名約寖慢，名實寖亂。時則惠施、鄧析、公孫龍之徒，蜂出並作，各治琦辭，以駭天下之耳目。荀子憂之，故做正名之論，以放淫辭，而原名之所以作也。夫天下之成名也，略有三種：曰商之刑名、周之爵名、禮之文名。皆聖王所制，而炳然成章者也。至於萬物之散名，則從諸夏之平易雅馴者而稱之。詳夫制名之準有三：一曰所爲有名，二曰所緣以同異，三曰制名之樞要。所爲有名者，所以制名之由也。當事至物來之時，若無名以應之，則事物之疇類雜沓不理，尊卑之次第眩惑難明。聖人患之，故分別爲之制名以指實，上以明人間之貴賤，下以別品物之同異。如是則志無不喻之患，事無困廢之禍矣，此所爲有名也。所緣以同異者，萬物所以因之而辨同異者也。事物之來也，何所緣以別同異哉？曰：緣天官。天官者，耳目口鼻心也。是以緣目可以辨顔色形狀之異，緣耳可以判五音六律之別，簿而記之，以證於心，心依其疇而類之，所以別萬物之同異也。此所緣以同異也。制名之樞要者，順物之同異而名之，同則同號，異則異稱，不可亂也。指馬之形而名之曰「馬」，是單名也；又兼其色而名之，則曰「白馬」，是兼名也。名白馬曰「馬」，可；名馬曰「白馬」，亦可，單名兼名同指一實而不相違，是共名也。循是三者而推之，以考物之同異，同則同號，異則異稱，不可亂也。其次有共名別名之序。夫萬物雖衆，有時而欲周舉之，則謂之「物」，物也者，大共名也。推而共之，共則有共，至於無共之「物」而後止。有時而欲偏舉之，則謂之「鳥獸」，鳥獸也者，大別名也，推而別之，別則有別，至於無別之「彼此」，然後止。是則「物」永爲共而「彼此」永爲別也，至若其間「鳥獸」之類、「牛馬」之儔，則具共別之稱而兼有之。是共名別名之序也。夫名實之際，初無固宜，所制之名亦無定然之實以應，然而衆皆謂之，約定而後俗成也。制名之要，平易而不僻，明白而不晦，謂之善名。傳曰：「名無固宜，名無固實，名有固善。」此之謂也。物有同狀而異所者，二馬是也。雖同類，而實爲二，則謂之二實；有異狀而同所者，蠶化蛾也，雖異狀，而實無別，則謂之一實。是之謂稽實定數也。是制名之樞要也。三準者備，然後名實定，詭辯亡，邪説破而王治興也。』

烏有先生曰：『甚矣，荀學之富也！雖然，其學終失大本。夫人之善行若皆自外鑠而不由内發，則其所謂外王之道，禮憲之統，勢皆淪爲義外而無根，而衆人之行義與否，壹皆繫於其才氣之高下而無與於性分之固有。如此，豈非鄙夷生民甚矣哉？』亡是公聞之，嘿然不應，隱几撚髯而沉思之，良久，嘆曰：『然哉！然哉！夫荀子所重之統類，固孟子所略，而孟子所立之善性，正荀子所不可頃刻離也。荀子疾百家之各蔽於一偏而解之，然未知己亦蔽於殘賊争奪之惡性，而不悟一念不忍之善心也。後世宋明講學，判義理氣質之性而二之，以天命之心性變化自然之氣質，是暗合孟荀爲一而不自知也。荀子内聖心性未透之憾，前人已疏而通之矣。至於外王制度粲然大備者，吾人敢不盡心乎？』

諸葛武侯論

昔者魯定公問於孔子曰：『君使臣，臣事君，如之何？』孔子對曰：『君使臣以禮，臣事君以忠。』夫君臣相與之際，天下之至難處者也。若夫文臣掌樞機之權，武將握靖國之兵，或主任而臣貳，或臣忠而主疑，至於功乏一簣，取敗垂成，使後世徒扼腕痛惜者，多矣。然我華夏五千載之浩浩，豈無穆穆棣棣之君臣哉？

余讀《諸葛亮集》，至二出師表，未嘗不廢書而嘆也。曰：嗟乎！如諸葛公者，乃真儒者也！公起於微末，卒遇先主，即慕其興漢之志，遂與先主厚相結納，解帶寫誠，輸肝瀝膽，情比關張，而公亦不負先主之望，連孫吴，破曹魏，收江南，下成都。縱横荆益，跨帶二州，遂成鼎足之勢。先主外膺，公居成都以充軍實，足食足兵，故先主常以蕭何目之。後先主登遐，托孤於公，公涕泣拜，誓必竭忠以輔。居周公之位，行輔成之事。立教明令，循名究實，微善必賞，纖惡必貶。奬不避仇，罰不諱親，開誠納諫，從善如流，用心至平而勸誡綦明，是以彭羕、馬謖，殁而不怨，李平廖立，廢而無謗。權傾國中而主上不猜，位極廟堂而群下不妒。內伐蠻越以定南疆，外聯仇吳以安東土。公又慮漢賊不兩立，王業不偏安，普天之下，莫非漢民，一夫有死，皆己之過。於是治戎講武，爰整六師，龍驤虎視，進圖中原。竭江海之才，力扶孱弱之主；據一州之地，思抗華夏之國，而蜀郡乏頗、牧之將，中原多孫、吳之儔，加之衆寡不敵，攻守異勢，天不假年，遂不能建興復之奇勛。然公在之日，孫權屬盟，司馬斂手，黎民安堵，戎伍勁强。夫北伐之舉，審時勢者皆知其勝機之微也，然而公猶爲之，成敗利鈍，非所逆睹，鞠躬盡瘁，死而後已，誠以不忍漢民一日而困於曹魏豺狼之吻也。而今之論者，以爲白帝之托，乃先帝試探之語；北伐之舉，是武侯奪權之謀。以一己悖逆之奸心，度前賢赤誠之義行，其迷妄亦不足與言也。

《華陽國志》載：『建興十二年，亮卒，後主素服發哀三日。邈上書曰：『呂禄、霍禹未必懷反叛之心，孝宣不好爲殺臣之君，直以臣懼其逼，主畏其威，故奸萌生。亮身杖强兵，狼顧虎視，「五大不在邊」，臣常危之。今亮殞殁，蓋宗族得全，西戎靜息，大小爲慶。後主怒，下獄誅之。』史稱後主庸弱之君，親宦官而荒政事，以自取其敗。然因其專信，武侯得以盡節於當朝而傳名於後世。其托國於賢，始終不疑，則又雄猜之英主所不及也。

惠民樓記

竹里地處遠僻，不通於世。雖具桃源之美，然乏先覺之人，教化不行，泮宮蕪廢。陳君宜昌，祖籍東甌温嶺之人，爲香港興昂實業之董事，偶行至竹里，既驚其山水之奇，又復嘆其庠序之衰。忖曰：『此誠大塊別眷之所，得此地靈，寧無人傑出乎哉？』遂有捐資興學之念。請於官署，官署咸嘉其意；百姓聞之，皆子來其事。於是擇其中行端表正、善土木營造者，使卜地鳩材，度日草創。辛巳初落成。顏其庠曰『惠民樓』，又勒諸建築之始末於石，以志陳君之善行也。

昔者夫子教子張爲仁之道，曰：『能行五者於天下，爲仁矣。恭則不侮，寬則得衆，信則人任焉，敏則有功，惠則足以使人。』魯莊公、鄭子產亦以爲然，故衣食以分之，乘輿以濟之。而皆爲士者所笑，以其惠小也。然則何如斯可謂之大惠耶？曰：以先知覺後知，以先覺覺後覺也。人之初生，其心其才，大率皆趨義而好善，然或有禀賦之偏，習氣之染，當物之來，屏心官而接以耳目，然後好惡形焉。好惡無節於内，知誘於外，而悖逆争奪之事起矣。是之謂飽食、暖衣、逸居而無教，則其違禽獸不遠矣。故聖人曉之以人倫，而民知愛敬；導之以禮義，而民知辭讓；告之以性善，而民皆鼓舞以自求作新焉。故夫子曰：『君子學道則愛人，小人學道則易使也。』振鐸於四方，敷教於天下，垂憲於後世，此夫子所謂惠也。陳君遍歷閩浙，孜孜興學廿餘載，雖曰未學聖人之道，吾必謂之已學也。

癸巳仲春，文禮書院遷於竹里，暫駐是樓。院長季謙先生見惠民樓之碑文，乃詢陳君之事迹於土人，土人一一爲具言，先生嘆曰：『陳君之心，與我文禮之志，途殊而歸同也。百年以來，國難頻仍，時人求强無路，轉羨泰西之美。凡我中華之故，皆疾視而蔑棄之。後荆棘迭生，革命踵至，幾文滅而節絶。方今之時，夫子之桴漸歸於陸，明君力倡於上，賢達風行於下。然若繼往聖之絶學，合中西之旨要，則捨吾文禮之士而誰也？小子其勉哉！』

余適在傍，聞先生之言，念先生之志，慨然期之以終身焉，故作此記。

孫佳慧

生於二零零一年，河北滄州人。闕里書院文言寫作班學生。

論　學

余謂人之學者，有二焉。一者以不知至有知，此之爲效；再者，求放之知而歸於知，此之爲覺。此二者，可盡言學矣。

若夫效而可知者，灑掃、進退、射、御、書、數、百工技藝、以至於黼黻皇猷，曆象、蓍、龜，皆效而能知者，如學而不知，勤而弗勉，惟天賦之隽劣不濟，造物之定奪有數焉。且夫進而可知者，莘莘庶物，不知何幾，人之生也，大抵不去百載之間，若窮其數載以求學至於知，是以有涯隨無涯，可謂殆矣。此學之務末也。

若夫覺以知之者，非由外鑠，我故有之也。無天賦之不儕，造物之主意，皆求而得之，捨而失之，若夫求而不得者，私欲閉塞，虚靈隱没，嘗夫棄其嗜求，捨諸縲紲，逆而求之，無有不得之者。夫物，存之於心，養之於知，仲尼曰仁，孟軻曰義，老聃曰復，陽明曰良知，余識其唯發於心，而不可鑠於外，故字之曰覺。覺者，明也，明己之故有非效於外也。效也者，法於外物而仿之以爲己知，非本故有也。若夫覺者，非效於人，非效於物，非效於賢聖至人，祇是昭昭然見其本心也，故不言效，以覺稱之。人卒求己之放心以歸於心者，是人之爲學之務本矣，弗取非人也。

於呼！古之聖人教人以覺而輔之以效，立本於仁義而發之以禮樂，是以古之君子覺之，不放其心也。然夫今之君子，去聖人之世，棄明覺之教，以效學方圓内外之衆庶，終身役役而不得成功，苶然疲役而莫之能止，棄諸本心，忘其明覺，形開而魂交，惴縵以老洫，是之謂不知學也。

樂文賦

余喜觀樂，聞之忘乎左右，歡豫不能自已。一日，有友疑之曰：『此何聲也？卒使汝喪其形骸而相和之，此何聲哉！』余對曰：『噫！夫樂者，天地之和鳴，人文之化成，其存於天者以無聲，存於地者以萬竅，存於人者以絲竹管磬，羽籥干戚，未嘗見以言辭相告者。况乎音聲也者，生於心而感於物也。幾成聲而彰於音。聲也者，幾動之變也；音也者，聲之相應也，比音而合之，配干戚羽旄以成樂。樂也者，其本於人心幾動之間也，故以哀心感之則噍而殺，以樂心感之則嘽而緩，以喜心感之則喝而散，以怒心感之則疾而厲，以敬心感之則直而廉，以愛心感之則和而柔。此六者，先聖作樂所隱，况其感之深窔不盡者，豈方術之言足答之乎？雖然，嘗試言之。』

『余觀於樂，始作之以管笙，錚錚然有碎玉，和條悠越；繼和之以絲弦，調調噦噦。泠泠然如泉石，球鍠激韵；寥寥然似林籟，竽瑟結響。夫罄音皎潔，升降閑閑；竹響飄零，蕩疊班班。似見月歌，如聞霞舞，鏦鏦疾厲如霜雨聲，浩浩砰湃似江漢語。其後衆聲驟和，萬騎疾嘶，忽如鵬至南溟，怒擊水三千；又好似大塊作樂，參方圓以作弦。時金鐵相鳴，墜石驚雷；鐘鼓合奏，鴻飛獸來。值音漸終，瑟聲蕭蕭，琴動纖纖，如日將憩而方耀，星將稀而瞻瞻；又若飄雨初歇，霓虹隱顯，其聲漸柔，其音將安。若夫萬物併振山河，載諸九州；天光盡繫日月，藏之玄穹。衆音並合，同歸寂然已矣。」

友聞之曰：『異哉此聲！是足喪其形骸也。請問相和。』

余對曰：『惜乎！樂者，出乎天地，生於人心，交相繫也。夫先王教民，首教之以五聲，復作之以八音，五聲不亂則庶民易良，八音不絶則百官恒祥，此樂所以繫人心者深矣。余方觀樂，聞嘽啞相隨者，便泠然和暢，喜不能勝；於諸激越交厲，金鐵鏘鏘者，遂振鑠神思，凝夫志意。嗟乎！若夫哀切凄凄，浩邈上下，凛然如見天地慘淡、山河寂寥者，余既不禁悲懷泣涕，淚落無聲。』

爾友驚異曰：『豈謬矣哉！夫樂通之至乎？未聞之也，果其異哉？吾不得信之。』言畢，拂袖而去。少頃，余嗟嘆曰：『夫仲尼聞韶，三月不知肉味；季札觀樂，欣欣然喪其辭。子以謂我欺之，且古人又豈欺我與！』

子思子傳

孔伋者，字子思，生於魯國鄒邑。其先宋人也，曰孔防叔。防叔孫曰叔梁紇。紇生孔子，孔子生鯉，鯉生伋而卒，年五十。伋幼失怙，學從於孔子。孔子卒，遂師曾參。

子思少好學，通《禮》《樂》《尚書》，兼讀《春秋》，達《儀禮》，善言辯。哀公二十八年，適於宋。宋大夫樂朔與之言學。朔曰：『《尚書》虞、夏四篇，善也。下此以訖於秦、費，效堯舜之言耳，殊不如也。』子思答曰：『事變有極，正自當耳。假令周公堯舜更時異處，其書同矣。』樂朔曰：『凡書之作，欲以喻民也，簡易爲上。而乃故作難知之辭，不亦繁乎？』子思曰：『《書》之意兼復深奥，訓詁成義，古人所以爲典雅也。昔魯委巷亦有似君之言者，伋答之曰：「道爲知者傳，苟非其人，道不傳矣。」今君何似之甚也。』樂朔不悦而退，曰：『孺子辱吾。』其徒曰：『魯雖以宋爲舊，然世有仇焉，請攻之。』遂圍子思。宋君聞之，不待駕而救之。後適齊，宣公戮其臣不辜。謂子思曰：『吾知其不辜，而適觸吾忿故戮之，以爲不足傷義也。』子思曰：『文王葬枯骨而天下知仁；商紂斬朝涉而天下稱暴。夫義者不必遍利天下也，暴者不必盡虐海内也，以其所施而觀其意民乃去就焉。今君因心之忿，遷戮不辜，以爲無傷於義，此非臣之所敢知也。』宣公聽而受之。

悼公二十一年，子思居於衛。三十七年，悼公卒。門人使乎衛，聞喪而服。謂子思曰：『子雖未臣，魯，父母之國也，先君宗廟在焉，奈何不服？』子思曰：『吾豈愛乎，禮不得也。請問之。』答曰：『臣而去國，君不掃其宗廟，則爲之服。寄公寓乎是國，而爲國服。吾既無列於魯而寄在衛，吾何服哉？是寄臣而服所寄之君，則舊君無服，明不二君之義也。』門人曰：『善，吾未之思也。』

穆公元年，子思歸魯。魯公以禮事於子思，亟問。某日，公問於子思曰：『何如而可謂忠臣？』子思曰：『恒稱其君之惡者，可謂忠臣矣。』公不悦，揖而退之。成孫弋見，公曰：『鄉者吾問忠臣於子思，子思曰：「恒稱其君之惡者，可謂忠臣矣。」寡人惑焉，而未之得也。』成孫弋曰：『噫，善哉言乎！夫爲其君之故殺其身者，嘗有之矣。恒稱其君之惡，未之有也。夫爲其君之故殺其身者，效禄爵者也。恒稱其君之惡者，遠禄爵者也。爲義而遠禄爵，非子思，吾惡聞之矣。』穆公聞成孫弋言，亟餽鼎肉，子思復不悦，乃摽使者出諸大門之外，北面稽首再拜而不受，曰：『今而後，知君之犬馬畜伋！』蓋自是後，公無餽也。

子思性至孝，忠貞信廉，誠明於身。初，孔子燕居喟嘆，子思年尚幼，問曰：『以無子承業乎？』孔子訝然，問其故。子思答曰：『父伐柯子無不負，伋當承父業，無不勤勉。』孔子欣然而笑曰：『吾無憂矣！』後子思嘗困於宋，免而曰：『文王困於羑里作《周易》，祖君屈於陳蔡作《春秋》，吾困於宋，可無作乎？』於是作《中庸》。

子思年八十二，卒於穆公十四年己卯。元至順元年追謚，號述聖公。生子白，字子上。子上生求，字子家。其後大盛，德才巍然，皆百世。

宗聖曾夫子墓志銘

先生諱參，字子輿，姓曾氏，其先禹後，封於甑。魯襄公六年，邾人莒人滅甑，世子巫出奔魯，嘆曰：『號亡己邑而除之。』遂去鄫字之邑爲曾，定於武南，巫生子夭，夭生阜，阜生點，字皙。定公五年而生曾子。悼公三十一年，寢疾，翌年病卒，歸葬於南武。

先生幼學篤志，隨父點習詩書，伏案勤讀，躬耕於泰山之下，偶雪旬日不得歸，思父母故，作梁山之歌，藉梁以念親。年十六，師孔子，善學而樸。又事父母孝，謙躬唯諾。嘗仕於莒，得粟三秉以養父母。點嗜羊棗，參常備，及父卒，淚如湧泉，水漿不入口者七日，故讀喪禮則泣下沾襟，終無復食羊棗。再仕於楚，行之，先生曰：『吾及親仕，三釜而心樂；後仕，三千鍾而不洎，吾心悲。』孔子聞之，曰：『既已縣矣。夫無所縣者，可以有哀乎？彼視三釜三千鍾，如觀雀蚊虻相過乎前也。』

哀公十六年，孔子卒，托伋於參，年二十有七。三年之喪畢，門人以有若似孔子，强之，先生不悦，曰：『不可。江、漢以濯之，秋陽以暴之，皜皜乎不可尚已！』遂拂袖而去。

先生嘗衣敝衣以耕，魯君使人往致封邑焉，曰：『請以此修衣。』先生不受。反復往，又不受。使者曰：『先生非求於人，人則獻之，奚爲不受？』先生曰：『臣聞之，受人者畏人，予人者驕人，縱子有賜，不我驕也，我能不畏乎？』年五十，時齊聘以相，楚迎以令尹，晋迎以上卿，皆不應命。

先生之學，皓然澄明，懇懇一貫，兢兢爲恭，秉仲尼忠恕之道，作《大學》以明誠意正心；志存孝道，述《孝經》以體先王心懷。傳道子思，授業孟軻，正儒宗之大統也。嘗言曰：『士不可以不弘毅，任重而道遠。仁以爲己任，不亦重乎？死而後已，不亦遠乎。』亦曰：『吾日三省吾身：爲人謀而不忠乎？與朋友交而不信乎？傳不習乎？』

悼公三十二年，寢疾而歿，年七十有一。咸淳三年，宋度宗升其爲郕國公，居孔廟正位之西，面東。至順元年，元文宗加封曾參爲郕國宗聖公，並顏、思與孟，以配先聖。雍正三年，清世宗書宗聖殿額聯，謂之曰：道傳一貫也。曾子長子元，元生西，西三子錫生芬，其三子舉，仕楚爲令尹，舉子道，襲父職，遂居湖北，生二子曾和、曾秋，皆衍荆州，盛百世。先生終生循義，躬身體道，洋洋乎如赤陽之熱，巍巍乎似泰嶽之重。今之學者，得先生之明義彰，禀先生之道性篤，不可謂不大臧乎！銘曰：

宗禀忠恕，一之以貫；慎述誠正，百世彝焕；惠我光明，斯學無斷；煌煌君子，爲嚮爲燦。

徐文欽

生於二零零二年，河北邯鄲人。闕里書院文言寫作班學生。

百竹園記

竹里之鄉，山苞爛漫，最爲勝者，百竹園也。竹箭駢植，多可百種，故以名也。以竹爲門，尋門而上，皆鵝卵石道路，寬可二武。忽遇天雨，纖纖拂面。仰觀其叢，竹多筆挺，有衝天之勢。園之東南隅，坐一廉史館，温州第一狀元、進士，皆列於此，詳其姓名，叙其生平。園之西北隅鄭公克柔静立，鄭公生前畫竹，愛竹。此地之盛者、美者，竹也。故設鄭公石像立於此，爲鎮園之神。石像之上，又一廉史館，張師戲曰：『若人人守法，何來廉官，何來貪官？』復東行，一觀景臺，可觀四周山水，美不勝收。至孔雀屋，見人於此，疾走而來，如乞食。孔雀爲高傲之禽，雖乞食於人，亦昂首挺胸，不失高冷。

陸象山曾言：『某雖不識一字，亦要堂堂正正做人。』竹爲廉潔、清高、正直之物，孔雀爲善良、高潔華貴之動物，百竹園設一孔雀屋，寓意爲人應正直，不隨意屈服於人，即使未能功成名就，亦要昂首挺胸，堂堂正正做人。

予隨張師，同古文三班師友，於孔元二五七二年十一月四日，游於百竹園，歸，作文以記之。

與如水函丈書

如水夫子函丈：

晚生再拜，山川間阻，別來日久，甚以爲懷，不知夫子身心安康否，諸事和順否？念念。

粵東晚春，桂花初開，香氣四溢。遥想辛丑孟秋，夫子引古文三班四十二諸生始上古文課。當是時，正直桂花齊开，每一念此，夫子音容如在目前。思而不見，豈不哀耶？昨日拜讀夫子之文，涕泗横流。聞夫子已去書院之職，雖職已去，然師生之情永存。古人云：『一日爲師，終身爲父。』夫子昔日授之課文，愚不敢忘也，日記不敢棄也，古文不敢不讀也。此區區之意，可報夫子昔日授業之德乎？

祈望珍攝，敬頌誨安。晚春寒竊，夫子玉體，千萬無恙。授業徐文欽再拜癸卯春仲月廿五。

谷旭瑞

生於二零零四年，河北唐山人。闕里書院文言寫作班學生。

如水公文言寫作教材序

文之爲德也大矣，與天地並生者，何哉？夫品物之滋，出天地之造化，養陰陽之精靈，華而萃秀，茁乎其間。聖哲賢雋，仰而觀之，見於曜星之流行；俯而察之，明乎山川之運動。爰乃慨然奮書，五典三墳，浩然昭昭，以待後世之學者，所以視諸天地之道，而輔弼之人道云爾。《易》曰：觀乎天文，以察時變；觀乎人文，以化成天下。嗚呼！物得天地陰陽以遂，人資聖賢人文以成也，斯天地之生與夫人文之成，其固有以異乎？

蓋文者，載道之器，前修之道貫，點化之經綸，悉寓之於文，而含之於六經也。太史公曰：究天人之際，達古今之變，士子之意在其功者，弗能爲文，其可乎？乃文者，雅言也，匹夫而爲百世師，一言而爲天下法，具屬之以雅言也。雅言者，大雅之言，近世之所謂文言者也。

熒惑守心，古風飄零，五四以降，白語登崇，教者不復以此爲教，學者不復以此爲學也。落落乎先言之道隱，冉冉乎邪辟之心生，逮及近世，維夷貊之爲是，魑魅之爲聽，甚者暴語横綱，亦步亦趨，滔滔者天下皆是也。以此，顧用敝國之文淵，學問之道迫，而庶楚人咻之，仙凫莫之引，雅者可得而生乎？蓋不獨賤之寡陋，斯亦滅天理而窮人欲者也。

五百年必有王者興，其間必有名世者。先生慟周道之既没，人倫之流亡，遂乃劃然籲呼，拔芸編於沉覆，起讀經於毫芒，已而立書院，號文禮，以開青雲之學士。荆南沐浴，楝翁如水公會聞之，乃與内曰：曷歸乎來，吾聞浙南先生之善養老者。於是欣然徂而教之以古文。己亥桂秋，余入書院。越二年，始師公治學。公過花甲，星星白髪閃躲鬢垂，恂恂儒雅者也。而每與課，言之文言興衰之際，但目其辭氣軒昂，餘音瀏亮，不覺龍鍾也。竊探其中，先止以爲風人騷客，及燕私往復問學，悚然敬乎公之懷天下也，遂爰心形俱肅。其心蓋貞於古道，文言直發之於子衿文學如此。嗟乎！處事爲人，將視之所以而察之所安與？

癸卯仲夏，教材之課畢，大喜，復反之教材之序言前言，方讀之，不覺忻慨萬千，更感公之志意，遂爲之作序云爾。余良不似，無以光教材《文言寫作教材》之淵藪，輝公之孤懷，故敢以竊言。公名俊綸，曰楝翁，曰如水者，其自號也。

孟子好辯辯

古今辯者衆，而舉天下之尤好辯者，世莫不以孟子爲冠首。其門公都子者亦疑，問之曰：外人皆稱夫子好辯，敢問何也？

余獨曰不然。夫辯之爲言治也。《説文解字》云：『辯，治也。』段玉裁注：『治者，理也。』是知其意在明是非，辨情僞，正其不正以歸於正者也。若孟子者，謂之善辯則可，謂之好辯則不可也。蓋所謂好辯者，漠其事理之當然，徒逞口齒之利，巧舌之簧，其心在大過人也，是言汪洋汗漫而無所止，唯愜於心而已矣，若公孫龍、惠施之類是也。《莊子》曰：『桓團、公孫龍辯者之徒，飾人之心，易人之意，能勝人之口，不能服人之心，辯者之囿也。惠施日以其知與人之辯，特與天下之辯者爲怪，此其柢也。』『以反人爲實而欲以勝人爲名，是以與衆不適也。』斯人弱於德，强於物，彼塗狹矣。是之謂好辯者也。

若孟子者則弗然。孟子自謂：『予豈好辯哉，予不得已也！』。方孟子之時，天運剥極，聖人不復，諸卿僭竊以成其私，處士泛論以禍其直。楊朱、墨翟之言充塞天下，滔滔者皆是，不没於楊則隕於墨。孟氏曰：『楊氏爲我，是無君也；墨氏兼愛，是無父也，；無父無君，是禽獸也。公明儀曰：庖有肥肉，厩有肥馬，民有飢色，野有餓莩，此率獸而食人也！』孟子恐天下之人落於邪佞而不自知，謬於習俗而不明察，是以區區之心，辨王霸，明人禽，講義利，離夷夏，是其思維欲『正人心，息邪説，距詖行，放淫辭，以承三聖之峻烈也。其憂後世之深矣、遠矣，可謂之好辯乎？故余曰善辯者也。

余每讀孟氏之書，莫非感慨其中，知其心之仁且大矣。識其謨勛無卑禹矣。若孟子之辯之也，其諸異乎人之辯之與？

劉紫文

生於二零零四年，河北石家莊人。闕里書院文言寫作班學生。

前溪記

竹里雲溪賓館之南，有前溪焉。其始於莊惠，終於韓憑，其嘗可得七百餘步，寬可三丈。其水清流急湍，速流不洄。民四橋其上，余最喜莊惠，樟木爲欄，步其上，觀紅鯉，若見曩昔莊惠雄辯之景也。

俯其下，溪中多怪石，不能言狀，錦鯉嬉藏其中，樂陶不疲。日出照水，水光多粼粼，耀人眼目以久不得見。賓館前有三叢若煙花狀草，名曰五節芒，八方而綻，不示含蓄。其葉垂於水，水過而潤。亦見荇菜薛莎兩岸而起，各相争鳴，蔚蔚然不得一間，咸潤於此溪。然水未曾有言語，直伏下而利萬物也。余嘗聞『今夫水，一勺之多，及其不測，黿鼉蛟龍魚鱉生焉，貨財殖焉。』今見此溪，莫不如是，育多生物而無怨求，豈不偉哉？

嗚呼！前溪於此而無人問，畬民亦莫知護。屠狗宰羊，以血染涇港之碧；殘羹餘肴，以濃肥破溪之清透。念己亥初入時，溪水潺緩清見底，然今俯河流，卻見污油漂其上。余見此景心悄悄，唯願政者填填慎處斯事也！

辛丑九月初二得前溪，見其水平如白練，良多趣味，又望政客嘗心繫於此，故記之。同游者，張師如水，文言寫作三班諸生。辛丑九月初六記。

山西

吴陽

字仲煊，號山中老圃。生於一九九一年，山西石州人。静秋詩社會員。

崇文軒詩稿後叙

右卷者何？崇文軒詩稿也。作之者誰？彭城石修也。斯人好讀書，尤邃《文選》，爲文精深雅奥。喜作詩，自云學鮑照、陰鏗，能得其端莊流麗，靈氣往來。乃結社静秋草堂，日以詩歌自娱，提携後進。所與交遊者，皆一方知名之士也。

僕本石州鄙人，竊好詩文，思從文學者遊。初入網路，所遇詩家不爲少，觀其詩，往往多虛譽。久之，意遂餒，聞有善詩文者，輒睥睨之，致懟於天下無才。其後有人爲予言：『有静秋草堂者，堂主石修雅善詩文。』予初不值，爲人强要，不得已而詣焉。既至，訥無一言，將伺隙稍貶其意氣。何期群風迥異，衆君子皆崇實行，斥浮華，不尚虛聲附和。其所言談，大抵皆能得詩文之旨要。而石君時時所言論，尤卓然高絶，不類流俗。予始斂容折服。復求其詩詞展讀，乃喟然長嘆曰：『向之人不余欺也！』遂傾心交接其風流。石君亦以禮遇之，不吝所藏。於是僕得以覽觀文章之盛，學問益進。居久之，尤與石君、霍君重慶、渠君芳慧交遊日密。三君者，皆彭城人也，俱以能文著稱。予竊思之：天下之所謂善文者不易得，而彭城二三百里間，何其侈也，豈非鍾靈所鬱哉？而石君尤以詩著於邳、睢間，瑰麗奇偉，章章如是，可謂盛矣！世果無才耶？徒在人所不能識也。每思及此，深愧前聞之陋。

戊戌春三月，聞詩將梓，敢不賀耶？聊綴數言，用旌其功，以賀淮揚文苑雅事。至於集中之詩，瑰麗沉鬱、善惡臧否，其覽觀者皆有所重，而會其意旨，予又何加焉。

張公達

字無爲。生於一九九五年，山西大同人。安徽師範大學博士在讀。曾於《荆江文學（文言版）》發文數篇。

王玉琴小傳

王君玉琴，安徽廬江人也。體態娟秀，明眸含水。性温良恭謙，呼人多以敬稱。大學三年，課業悉列前茅，人以『學霸』呼之。其學而復習，紋絲不苟，又學而不厭，盡日處一室之中，心無旁騖。丁酉夏，吾班九人試講林黛玉進賈府，其授課如行雲流水，或如雨急下注，或如烈焰騰噬，忽拍案驚座，復厲聲高呼。室中僅吾九人及師，乃以之爲一班之生，盡展師表之風範。遂知其不獨處女之嫻静，亦有脱兔之俊奔。後聞侯君言，王君數日備課，日每五過。無爲因生愧怍、思齊之心。文憲公言：『其業有不精，德有不成者，非天質之卑，則心不若余之專爾，豈他人之過哉！』丁酉秋，聞王君讀蘇州大學研，其學問之進，正未可限量也。

樂學記

或曰：『爲學其難矣乎！』愚對曰：『雖然，爲學亦樂矣哉！』愚自遠赴庠序，孑然一身，所好唯嗜卷帙，家君亟言『一門深入，决定成就』，然貪飲衆流，乖離上旨，未能精持文章，自毀光陰。然爲學亦有可樂者也。

今士子多失鴻志，或爲財利誘逼，無意所習，或求名列前茅，空誦枯紙。彼實苦也，此其難者一。向使好之，自可行之；繼而樂之，歡喜充盈。愚幸從己志，好古敏求，學文覽史，希聖向賢，此可樂者一。

魏文帝言：『富貴流於逸樂，貧賤攝於飢寒。』人多不堪簞食瓢飲、蓬户桑樞，或誘以華堂重褥、膏粱醇肥，則委身趨降，難企有成，此其難者二。余居此天地間廿年，所食雜糧五穀，牛羊豕魚，無非日飲食三，飽腹乃止；所居數丈之室，不過户牖可避風雨，卧榻能容微軀，已出顔子、原憲百千倍，久而失抱冰握火之心，亦不得學問之髓。然幸入釋門，守五戒，行善業，大節無虧，俯仰無愧，此可樂者二。

古訓云：『保家莫如擇友。』爲學亦如是。人生二十内外，漸遠父母之教，初離師保之嚴，乍得友朋，投契締交，甘如蘭芷。德性未定，識見未純。脱有匪友側其間，遊戲徵逐，恐爲所移，耗精神而荒正業，廣言談而滋是非。尊長誡諭，反生嫌隙，滋益乖張，此其難者三。愚幸聞擇交之方，直諒多聞，三二好友，不至岑寂。此可樂者三。

孟子云：『父母具存，兄弟無故，君子一樂也。』此愚幸於無怙無恃者也，又堂上非皆能助力，如仲永之傷，此其難者四。愚雖不及上智，駑馬十駕，功在不捨。曾文正公詩云：『君看十人中，八九無倚賴。人窮多過我，我窮尤可耐。而況處夷途，奚事生嗟慨。』此可樂者四。

孔仲尼美子淵之德，曰不遷怒，不貳過；黄石公惜子房之才，譽孺子可教，皆師教也。《通鑑》云：『經師易得，人師難求。』此其難者五。愚昔問曰：『爲學何事？』師曰：『孟云：「學問之道無他，求其放心而已矣。」爲學求仁義之心耳。』仁義之心何在，微而憐蛾吹燈，大而民胞物與；編册是爲四書，版録撰成五經。愚幸從今賢，依止明師，點引教化，探經墳之精術，識賢哲之睿思，求孔顔樂處，修敬以安人，不見古人之面，而見古人之心。此可樂者五。

爲學誠樂矣哉！覽者目愚説而存之，亦將有得於吾樂也。

侍坐章論札

夫聖人之學如秋陽，其暴也皜皜乎不可尚；聖人之云如宫墻，其阜也喁喁然無得目，是以子貢嘆曰：『夫子之言性與天道，不可得而聞也。』七十二賢沐其光而聞其鐸，尤不得窮究其義，子路、曾皙、冉有、公西華侍坐，子邀各言志而獨與點，聖人之意何哉？歷代考研，莫衷一是。漢包咸解曰：浴於沂水，風凉於雩臺，歌咏先王之道，歸夫子之門，此春遊也，夫子嚮之，故喟然嗟焉。鄭玄有注：『歸』古作『饋』，獻酒食也，非包氏之説。王充進曰：魯有雩祭於沂水，涉沂水，咏歌而祭，調和陰陽。唐徐彦、孔穎達附焉。梁皇侃援道入儒，大開玄風：三子以進仕爲心，唯點以逍遥爲心，樂道知時，超然獨對，三子陋而曾生逸。此漢唐三説也。迨及宋明，皆以曾點上達堯舜，譽其内聖。朱熹《集注》云：『即其所居，樂其日用，而胸次悠然，直與天地萬物上下同流。』三子者各爲器用，氣象自不相侔。他學者許曾點，或曰中心和樂，胸懷如春；或曰優遊聖門，境如羲皇，所言數矣，而元人附焉。明儒解經多入心學，周宗建商評點直恁自在，略無意必，弄水乘風，從容受用，心性功名不作二，用世出世化爲一。劉宗周學案以點仁者不憂，無往不樂，夫子許其用之則行，捨之則藏，志趣超遠，進於道矣。下迨有清，棄宋入漢，轉經爲史，或備集前説，或細考古法。宋翔鳳專訂禮制，以風舞咏饋爲祓禊，三子之言，禮節民心也，曾點之志，樂和民聲也，樂由中出，禮自外作，高下判矣。又劉寶楠《正義》：雩祀以諷時禮教不行，故夫子善之。其本乎《論衡》，列爲公論。獨程廷祚發新聲：『夫子與曾點以化三子之膠柱，重三子以療曾點之空疏。』要之經世濟民不害堯舜氣象，各取所長補其所短。

諸家精義，紛雜萬千，聖人之意，孰爲明察？『風』之爲『諷』，『浴』近乎『沿』，『饋』記作『歸』，版本文字之累，固已難辨；世遠言約之弊，益困後學。若以『舞雩』爲祭，然則《顏淵篇》『樊遲從遊於舞雩之下』，其非祭明矣。又宋人多言性理，好屬宏論，而曾點事迹無多，是何以知之？縱觀上下，雖無千古之平議，然可窺見漢宋之隙，漢傢俱有根柢，失之在泥；清人效之，言必稱據，失之瑣屑；宋儒深入精微，失之在逸；明人繼之，啓以哲思，失之空談。夫解經如射鵠，古今射者衆，即有不中，去之不遠。向使合於内聖外王，皆可側而取之，雖群説紛紜，亦將不失其宗矣。

内蒙古自治區

歐陽蕭逸

字濯纓。生於一九九七年，内蒙古通遼人。十三歲始讀於在謙學堂，能誦四書、《易經》、《詩經》、《莊子》等中文二十餘萬字，《聖經選》《仲夏夜之夢》等英文五萬字。十七歲之英倫讀高中，十九歲入讀文禮書院。後考取牛津大學，就讀西方古典學本科。

平定送密雲小友序

太行西麓，晋冀之交，有縣曰平定。昔趙簡子疾，五日不知人。扁鵲診之，言中其夢。簡子驚乎其神，故賜良田四萬畝，蓋平定之鵲山也。又有明末之醫聖傅公青主，嘗隱居平定，登臨冠山，於清泉之側，巨石之上，篆題『豐周瓢飲』四字。縣内有古村焉，名西鎖簧。環之皆丘陵。院落林立，依丘勢而建，青磚石瓦，錯落有致。村人皆宿窨洞，務農經商，而尤重文教。雖家貧之人，亦讀夜校識字，故全村老幼無一白丁也。近代之醫家李公茂如，生於斯，長於斯，勤學諷誦於斯。而後入京城之西鶴年堂製藥，受業於名醫趙公樹屏之門。歷民國以迄共和，懸壺奔走，濟生無數。又撰録《海醫津》，考鏡源流，辨章學術，爲中醫文獻目録學之先驅也。家慈執教於北京中醫藥大學，請命整飭李公之遺物，故適太原謁李公之子孫，又共造平定訪李公之舊居，吾亦隨之。

同行者密雲小友，李公長女若鈴之孫也。年方總角，明眸如星，入庠序而常居榜首，其聰敏慧智，頗具李公少時之風。然今之學童，善試者滔滔皆是，謙遜知禮者寡矣。密雲則兼善。一日衆人共膳，粥菜未至，密雲斟水奉客，見者無不稱贊。又一日，宿於平定之逆旅，密雲寢前濯襪，翌日未乾。祖母曰：『乃著吾襪，毋受寒也。』密雲曰：『不可。若我著祖母之襪，祖母何著？我不願祖母無所著也。』乃數度翻其囊篋，終覓得一對新襪，喜而著之。祖母有小壺者二，以儲熱水隨時而飲。凡入舍館酒肆，密雲必爲祖母斟滿二壺。若不見熱水，亦懇請店家煮沸少許。足見其孝心有恒，而能發著於微，無絲毫惰怠之迹也。同行者趙先生懷舟，乃李公之門人，潛心中醫文獻，兼善懸壺之業。吾與家慈常就李公之遺著求教於趙師，趙師每問必答，常詳述文獻目録學之門徑。言及李公學問之精妙處，則愈加嚴謹而入微。密雲在旁，側耳恭聽，凝神炯視，徜徉其中而無倦意，毫不以學術討論爲晦澀。觀此静定之能，今之成人猶鮮可及也，況總角之童子乎？趙師常携一青囊，以置書卷及隨身之物。行路途中，密雲則伴於趙師左右，與趙師游戲説笑，爲趙師提囊，若己之囊也。吾見之慨然。入孝出悌而無邀譽，澤及他人而能樂之，若此美善，豈矯厲文飾所能爲歟？必誠於中而形乎外者也。趙師曰：『余時與密雲共誦《黄帝内經》，密雲樂之，其一二篇幾能成誦。余亦授之以方劑些許，密雲聰敏，能明其理而記於心。今歲初，大疫始作之時，密雲嘗爲祖母自撰「防疫方」一則，蓋已初具規模，學有所得也。』吾少時學於塾館，深知諷誦之樂，聞密雲亦得誦經籍，吾甚慰也。

嗟乎！後生可畏也。昔香九齡而能温席，融四歲而能讓梨。吾長子十又四年，觀子之灑掃進退，猶自嘆弗如。然子天縱之慧，既有家學，又得名師相授，子何其幸耶？期以時日，吾亦趨於子之後也。平定一别，不知何日再會。望子繼李公之精神，勤勉於學，躬身於行，諷誦不絶，弦歌不輟。望子習醫之餘，更讀儒典，以固子之性善也。牛山之木何其美矣，勿斧斤以伐之。雖有風雨，毋摇毋懼，咬定青山，堅石猶可破也。平定一行，得以識子，吾之幸甚。見子之福慧，則知今朝之萌蘖，必他日之棟梁也。

辛怡然

生於二零零三年，内蒙古通遼人。闕里書院文言寫作班學生。

古柏記

竹里鄉府之旁，爽塏之上，有古柏焉。高數丈，二人合抱而未能，今已五百歲矣。其幹蒼勁，其枝偃蹇，自上科至下根分而爲二，或曰乃因雷破故，吾觀之，未見焦痕，故知未可盡信也。葉似針而粗，翠濯濯可玩，撫其末，有棘刺之感。柯色如黛，或直或曲。上覆碧蘚，有藤蜿蜒環而垂之。其下有板鋪地，蓋鄉府之人見其根突走連結曝於地，恐遊人踏之而傷，故爲之。然藏榾柮於地，結板於上，雨潤足而日暖缺也。鄉人此舉，或利乎？或害乎？吾不知也。人以己之所欲强加於彼，真可行乎？

遼寧

徐長鴻

字鳴遐，號無慮山人，又號塞北昆侖。生於一九五四年，遼寧北鎮人，現居遼西。平生以經史、辭章、碑帖、山水爲樂事。有《枕石廬詩稿》及《遼西三家詩》等行世。

龍門山莊記

北鎮城西北行十餘里，乃間山幽閬峻秀處。山阿有村曰龍崗，曰大龍灣，契丹國龍興之地也。邑人劉君忠仁偕其内子張鉞女史貨殖經年，積金得道，於斯買山構園，名之龍門山莊，屬予爲之記。

蓋古人修築園墅，必擇風水景物佳勝之地，此江南易得之，而塞外殊難求矣。天厚龍灣一帶，青巒翠岫如蒼龍夭矯，煙雲杳靄在有無之間，大龍潭千畝碧波倒映峰影，若虬龍潛伏焉，真祥瑞之象也。而山莊構處，又獨占洞天，四圍青峰，屏立如黛，僅東開一谷可入。峰迴路轉，路旁楊柳婀娜，時拂車窗。仰見煙蘿間紅樓掩映，客至有仙境之嘆焉。

既入，見修廊曲折，邐迤北上，窈窕朱欄，移步成趣。循廊及巔，有亭翼然矗之，曰碧落亭。小佇亭欄，忽涼風襲袖，目愈曠而情愈怡。下望樓閣亭榭俱依山勢布列，錯落回環，極見匠心。亭下一池，水碧如染，曰小龍潭。遠眺乃城郊之野，雙塔玲瓏，田塍如畫，而村墟遠近映帶焉。循階下西峰之脚，有樓臺抱岩而築，松影撲窗，清流繞檻，主人爲指曰：此煮石山房也。當春秋佳日，邀良朋三五，烹雪煮泉，啜茗洗心，息勞生而脱塵鞅，遣幽懷以追古人，其清遠閑放，庶可謂浮生之至樂哉。層樓之上，闊得十數丈餘，置古梨巨案，每有四方通人雅士來聚此堂，觴咏間作，酒香墨彩，會心於山光水色也。徜徉莊院，煙樹鬱蓊，園中廣植四時花木，梨雪桃霞，瓜棚豆架，頗見田園之趣也。

余夜卧莊中，山翠濕窗，泉流聒枕，想洪厓、赤松卧煙霞而飲沆瀣，仙家生涯抑或如是耶？因有感焉。當世之名山勝地梵宇林園，盡作紅塵擾攘之地。得棲隱之地者而無棲隱之志，有棲隱之志者而不得棲隱之地也。世事難能兩全，得兩全者，何其幸哉，何其樂哉，張鉞伉儷庶幾得之矣。

鄉人告曰：張鉞伉儷自乙酉歲入山，歷十年寒暑，開創維艱。其時山谷爲舊年采石所破，叢林毀伐，岩骨裸露，嵯岈狼籍。遂以車運土無計，重被草木，而復蒼鬱如初焉。則君不獨自善，又兼有所濟矣。乙未徂夏，無慮山人徐長鴻撰記。

歲寒集序

世頗以關外蠻荒，夙無詩人。是矣。蓋北地舊多遊牧族群，喜逞驍勇賭命於刀光血影間，非有文學傳家之習。況冰天雪窖，邊草蒼茫，亦不比南國雨壑煙巒、花香竹影詩料之多也。雖然，元之耶律楚材、清之納蘭容若、王瑶峰輩亦有詩詞爲一代之英，聲名不廢。彼吴兆騫固江南才子，然非謫譴塞外，則綺靡於花月之間，安得有《秋笳集》之卓然高標？則又蠻荒有能厚於詩者矣。

及今海宇承平，車書一統，交通便利，南疆北地當無多異矣。況浩劫毀後，秦火焚餘，已鮮世家矣。居無南北，習詩者皆自拓蠻荒也。

己卯仲夏，選入《海岳風華集》者集會湖湘，諸省或得一二子，或闕如，唯我遼東六子連袂而至，時呼『東北軍』，江南諸子不復輕言關外無詩人矣。

時逾十數載，余每望關東吟壇異軍迭起，每以發見清才爲至樂。辛卯春暮，凌水諸君結集，索余一言。余喜見集中有王軍者，爲詩藻密姿妍，清深藴藉，迥出其間。及接席而談，知其承攬工程謀爲生計，日履黄塵百丈之間，而貌朗神清，謙和警慧。余暗奇之。君年初逾不惑，於唐宋以還諸大家名家無不涉獵，尤規模於飛卿義山。持論多與余合，同邑緣慳，知之恨晚矣。君告曰：遼西尚有二友，頗具軼才，與之酬唱有年。一爲凌源李君俊華，號不學居士。一爲北漂劉君鐵民，號偶然和尚。且三友同庚，亦奇事。某日，偕王君旗亭把酒，得李、劉二君翩翩來聚。李君修眉朗目，藹然君子也。宦海累年，未染絲許習氣，則知詩入骨髓矣。及酒酣耳熱際，誦歷代詩家名作，河傾海瀉。而月旦評章，公允愜人意。君長於近體，清切嚴整，錘煉功深。頗得劍南家法。至友朋酬酢，意行卧遊，筆振而情高，酒悲而夢愕，其真詩人情性歟！及觀劉君，狂放不羈士也。光頭便裝，好飲酒，善鼓琴。當三杯傾罷，新月初升，撫弦一曲，鬼神來聽，極哀感頑艷之致。君性暢達，胸無塊壘。風華超逸，博覽旁收，所作古風近體皆私淑坡仙，音和而節雅，深入庭廡。尤擅七絶，清逸流轉，典雅精工，如杏靄輕霞，空山蘭芷，誦之餘香在口。

昔劉向有云：『十步之澤，必有香草。』豈有千里關山無詩人耶？三君世居遼西征戰之地，李、劉二君尤在遼西窮僻之邑，而含英咀華，高吟朗嘯，又豈獨讓於江南諸子？況梯航四達，呼吸萬里，更何妨涉三江踏五嶽而牢籠萬象耶？今三君各選佳什二百，裒成一集，名曰《歲寒集》，以存同道之誼，復勵同修之志。余憶昔時，嘗與寒白老震結集遼西三家詩，稍傳海内。歲月遷延，余已鬚髮飄蕭，皤然老矣！今復得三君結隊開來，登樓遠望，能不爲之一振乎？三君尚值盛年，他日閱歷學養日富，筆力日充，廣其題材，擴其境界，則其成就，又豈斯集所可限歟？丙申中秋。無慮山人徐長鴻序於屠何故郡。

養怡書畫院賦

辛卯三月既望，養怡書畫院主人史君金任邀諸子雅集於葫蘆島。時關東名士黃公秋聲偕莊微女史自都門歸里，更倡以玉蘭吟會焉。是日也，花天雨過，暖日晴融。嬌蘭舒蕊，芳氣襲襟，良辰美景，樂事賞心。天高而地迥，主雅而客尊。瓊樓之上，古墨飄香，瑶箏悦耳。堂額養怡二字，固出曹孟德詩：『盈縮之期，不獨在天。養怡之福，可得永年。』予乃命筆成此賦，以記其盛也。辭曰：

聞芳訊以清遊兮，滯彼仙洲。邀良朋以嘉會兮，登此庾樓。辟康衢之南去兮，接榆關以高丘。撫軒楹以東眺兮，放滄海之飛舟。階覆餘痕兮，滋苔衣以藻飾。座凝微靄兮，散沉檀而香幽。得重華之熏風兮，迓芳春以開牖。排鄴架於粉壁兮，向南面而稱侯。鸞鳳諧鳴兮，聽孫登之長嘯。瑶琴繞梁兮，伴小蘋之清謳。效南山之隱豹兮，收心而斂迹。喚北海以傾罇兮，終日其淹留。

於是揮麈以清談，辯訛而穎悟。鳌僞而歸真，知新以温故。玉壘蕭森，追七子之風標；神龍夭矯，崇二王之法度。物我相忘，入摩詰之輞川；林泉高致，倚淳夫之春樹。列周彝商鼎，披漢簡以縱横；收近水遥山，展鮫綃而指顧。此縱入草之驚蛇，彼振梟汀之野鷺。觀劍舞而悟癲張，絶蕉林以稱狂素。固有千岩墜石，萬壑崩雲；列宿參差，水靈震怒。飛霞而散綺，畫沙以垂露。信原道而遊於藝，皆出新而稽乎古。致幽眇以舌端，又論量乎乙部。共四座而放懷，亦一時之獨步。

及乎玉醪初醉，筆陣將開。欲伸毫而染翰，復乘興以登臺。主人博雕龍之雅，仙客抱吐鳳之才。既奉四寶以驅使。便傾八斗而低回。其研也，方如地象，圓似天常。紫雲一片，秋水半塘。鏤金以結彩，磨麝而沉香。媧皇遺補天之石，龍伯失鎮海之藏。其紙也，玉版如綾，銀光似練。敲冰弗如，裁雲可見。積雪以成箋，散花而若霰。薛濤汲蜀王之井，西子浣越溪之絹。其墨也，色不染手，香而盈襟。錦囊貯璧，黛浪沉金。浮煙一縷，入木三分。輕渲而成靄，漫皴以染岑。其筆也，瀟湘竹管，中山兔毫。柔而不屈，舐而可操。雲煙脱腕，獸錦奪袍。雖千軍以横掃，盡萬物而籠牢。於是調濃淡，運丹青。極超逸，見峥嶸。騰醉草於素帛，横疏梅以翠屏。放青虬於玉案，梳玄鶴以新翎。倚馬高才，亦拋觴而作賦；屠龍小技，試勒石以爲銘。驅風雲而是用，馭山水而通靈。

嗟夫！天道輪回，文運多舛。利海沉迷，商潮横捲。禮樂崩頽，儒生偃蹇。善哉史君，清才漫展。摹帖耽碑，夙興夜勉。仗劍以遨遊，登樓而睇眄。古道以憑扶，斯文之待衍。於是嚶鳴以求友，潛修以絶俗。悟莊生老氏，論道以開襟；紛鐵畫銀鈎，揮翰而成軸。法帖備矣，啓後學以模規；寶墨存焉，步前賢之軌躅。凌渚以忘機，偕孤島之雪鷗；扶雲而振翼，望一鳴之鴻鵠。高韵彌軒，雅人推服。其志其心，以熏以沐。則養怡之福莫大焉。遂作頌曰：

亦書亦畫，養性怡情。人之品相，國之修明。硯田靡税，利市無争。煙霞鶴夢，湖海鷗盟。虚以守道，静以長生。滌塵洗慮，海碧天青。

壬辰孟春無慮山人徐長鴻作於白浪河畔。

李旭東

號夢烟霏。生於一九七零年，遼寧錦州人。湘天華詩社副社長，喜讀書，愛詩詞。

爲詩説

詩者，言志之所在。上古先賢，采風於蒿萊，振聲於廊廟者也。藝文敘曰：『感物造端，材知深美，可與圖事。』所謂於斯，可見詩之易得也。然造端之力，實則學養之識。雲嵐海氣，春紅秋實。充盈於見地之中，蓬勃於體物之外。此又詩之難爲矣。昔者譚復堂曰：『聲之發越，依情而見。情之繫屬，涉物而化。聲百變不窮，必其情百變不窮，物百變不窮者也。』亦足見爲詩之難處。余尚後生，茫茫然哉所謂者畫虎十餘年矣，所得者前輩之萬一，所悟者無外『真』之一字。所謂『真』者。情性間曰真，觸感處曰真，體物者曰真，寄托者曰真，與人書者何嘗不一真字而自存。人境盧『我手寫我心』者如是。古人云『持與其志，無暴其氣。』詩亦一含蓄之章法矣。『昔我往矣，楊柳依依。今我來思，雨雪霏霏。』哀而不傷，此一冲和之氣。『信誓旦旦，不思其反。反是不思，亦已焉哉。』怨而不怒，此一忠厚之思。是以故，詩並一忠淳之物也。世入公元，海内承平，然此忠淳之業漸亡，體物之格日失。誠不痛哉。别裁僞體，雜質其中。此置先賢之業於何地。發後世之憾於何時。六藝九流，家法如如，後來承學，傾乞於安雅之君子乎。友沈君塵色勸爲文一二，聊爲此記。並作吾之所感矣。

姚鐵飛

生於一九七一年，遼寧建平人。現供職於建平縣教育局。詩詞聯賦多次獲國家級大獎。

馬賦

哂罡風之肆虐，披驟雨而縱横。高岡陟其偉岸，玄谷達乃精誠。每執著於壁壘，寧佇立於旄旌。畢顯鮫筋，備具靈虬之態；悉張電目，疑標逸虎之形。脊扛岱嶽，蹄踐殘星。耳聆今古，鬣貫雷霆。扼邊陲休提生死，騁沙場自淡衰榮。俊腹藏貞，揆自然以造化；旋毛隱慧，描社稷之清平。瀚漠前邊嘯傲，夕陽影内嘶鳴。汗血來時，實漢武之執鋭；驊騮去日，雖龍雀而希聲。百世山河，錦勒多陳俎豆；千尋水陸，瓊鞍卻隱刀兵。

豈可囿以羈韁，蟄乎厩櫪。捭闔方駐柳營，奔波復臨朔地。始徘徊而鳳翥，轡裹丹心；終沃若而鴻驚，纓存矢意。藐鏑類毫飛，聆鼙鼓如雪霽。時經偃蹇，飲烽煙以直行；屢歷滄桑，餐水火而砥礪。劍花蹈於莽塞，猛士揮鞭；弓影埋於羅帷，英雄引淚。故而每遠是非，總臻仁義。肺腑盈以温恭，乾坤秉其正氣。蓋爲懿行而生，當因聖德而蔚。且馭天際奔飆，遂肇民生期冀。

况且負瑞圖以彈徵羽，出渥窪而凜鷹雕。驤首樓蘭，金甲築絲綢之路；擢足西域，佛經在萬里之遥。穆王之八驍競日，太宗之六駿追潮。擐甲檀溪，固可盈於碧宙；揚鑣長阪，仍然鑠以青霄。忍嘆烏騅，怎弭烏江之舸；曾悲赤兔，將凌赤壁之濤。隨天驕而踐歐亞，藉伯樂而抑孫曹。於是韓愈文摛翰藻，悲鴻筆恣奔飆。循驥騄之騁騖，裹尸骸而雄豪。俯仰炎凉，豈慕紅塵錦綉；飆馳遠邇，須攄陋埒簫韶。

由是且鍛殊姿，獨標駿骨。常鄙夷於功名，更追求於氣節。驅馳九域以徐行，往返六合而縱躍。允謂干戈之首，吃苦耐勞；洵居禽畜之先，揚波嘯月。甘食蓋草，城頭豈羨鯤鵬；久卧石槽，垓下長存哽咽。誠知海嶽猶寒，和平待澈。必搗黄龍而彰，洵鏤燕然而烈。守望相助，達五洲而忘劬勞；一往無前，睦華夷而朝天闕。既團結以勇武，堅毅同山；終奮鬥而拼争，擔當比鐵。秉精神之堪孚，圓夢想而甚愜。惟駕奉獻之鑾輿，鏡清寰宇而永悦。

王禹同

生於一九九八年，遼寧錦州人。高中畢業，現自讀於家。主攻國故經史，好詩詞，亦好古文。

遊柳子廟記

從柳廟西行，過愚溪、西山，南尋朝陽岩，皆若蕪莽不可辨。岩西北二里有門，故三十年物，從此入，所見草伏樹斷，瀟之在左，尚得深清。詢之土人，岩圮久矣。又往觀子厚所記，或廢或失，或屏人不可入。復詢香零之山，亦不能得也。土人告之瀟之東香零村者，恐非是。度水而北行，欲尋萍洲，既出市朝，復行荒莽數十里，漸罕人語，柚橘漠漠，繁於木上。村墟古木，幽凉淑峭，鳥鳴時下。近午無余食處，遄行水涘，見瀟湘古街。街五代所建，永氓傍瀟築居，今但存十餘間，淒然不見人，然幸不爲毁敗。又北數里，方隔江見萍洲，煙秀林蒼，今有書院居之。訪居人問渡，皆云今無舟，指點紛疑，又謂自柳祠下有舟，余來時問之，并言不可。延佇既久，念疲且病，不欲深往。乃反舊蹊茅竹間，始見土賈負擔，買食而行。乘車又數里，望見零陵樓，逆旅冉、瀟間，再行三五里可至。憩於思柳亭，昏熱困倦，足力敝憊。永之爲州，亦緣山附水，故人得清淑，士秉靈秀。子厚之謫居也，遂稱佳邑。趙宋以來，瀟湘景物，傳於世俗，詩文之士，題咏之篇，亦多矣，文氣滋通，儒雅緣飾，亦久矣。北抗衡岳，南接九疑，蒼梧之外，零陵之内，余好慕而來遊，所見大半丘墟，雖異諸衡、潭之劫餘，子厚行化，今果何在？永之人鑿山起室，斷江爲田，天雨火，水浮村，而猶貧瘠薄惡無富貴者，蓋爲治之者不用術也。

起子厚之居玩，浚子厚之川石，諭以子厚之政，教以子厚之文，廢者興，亂者治，不教而成，不勞而得。土人既見余，曰：永之地，今之遊者鮮矣，人不知其風物，民不變其習俗，多貪暴之鬥。余觀永地之蕭艾而悲，撰爲此文，子厚有知，庶不吾異哉。

舜源峰賦 以『連峰接岫競秀争高』爲韵

重湘天盡，九柱雲連。見一峰之神秀，朝百巘而高顛。土隨風而捲霧，地因瘴以含煙。石積爲梯，忽千尋之翠仗，林開向日，猶一朵之孤蓮。原夫依鶉尾之星槎，靈分斗紀；望衡陽之草樹，服隘荒年。宇宙孕炎歊之異態，瀟湘會深曲之回淵。若松竹雜華，叢圍瀑外；蟬蠅引類，聲聚岩前。

況乎雙林助勢，二女怡容。雄奇有洞，清淑爲峰。蒼梧之野曠，營道之霜濃。豈非爽氣彌多，欲揚塵而迥出；晴光無際，似奔浪而遥從。煙薄增鮮於菡萏，斧刀削瓣於芙蓉。思稅駕於南荒，能招絳鶴；望回旗於北極，空悵蜿龍。路入儷圖，果惑群碁之布黛；人移明鏡，偶逢絶壁之書彤。固知妙典來時，胡床可覓；太芝去後，古器無蹤。

觀夫九溪流，五山接。景昭融，物和燮。洞庭息去岸之鴻，雲夢下驚波之葉。樵風卷鬟，霜天響蕉鹿之謡；漁浪掀巾，寒夕鼓潭蛟之楫。寄微身於冉曲，有遺址之青磚；肆眇目於濂溪，僅劫灰之粉堞。門墻幽邃，山輝逗荀丈人輿；池館清虚，夜燭吹阮先生屧。

於時蒸溽方收，秋光左右。喧瀑垂岩，枯藤懸岫。束帶輕囊，麻鞋小袖。啾啾古木之獼猴，漠漠芳洲之橘柚。乃據石南頭，登亭東首。黝雲涌而忘歸，攢陰奔而猶覆。方廣傳經，妙高披綉。蒼崖丹穴，金鐘玉笋之英華；霞洞蘭碑，秘譜奇書之句讀。竟迷反而留連，延椒杯與桂酎。

率土淳風，山村惠政。苗氓安勤儉之功，瑶俗重昏喪之娉。彼則罕華言，習夷咏。去浮僞，絶紛競。雖奔豨聚蟻，終古難羈；養老尊賢，一人有慶。户傍虞祠，家居孝行。湘濱魁樸，同肄澤於今賢；楚奥豐閑，俱端心於先聖。

考山圖之所在，既已度其高卑；何古記之初無，則罔知其新舊。元子曰：以昆崙爲西極，華乃邊陲；以兹山爲南封，衡如苑囿。采芝之叟，已迷石檻渾圓；探卵之童，豈識朱明孤秀。念漢碑之泯滅，斷土斜陽；憐宋墨之殘存，磨崖苔甃。秋風鷺下，碧落湯鄉；日暮猿啼，紅塵齋堠。秦皇望梧野之祠，漢帝有零陵之狩。

微乎哉！翠華一去，韶舞無聲。黄蓮廟在，青澗壇更。杞梓泛舟而踽踽，芻蕘伐木而丁丁。伊昔感宿姚墟，思雙親之永在；君臨雷澤，憶下土之曾耕。竄四凶而不慝，舉八愷而無争。宣言以薰鳳之紓儀，簫韶齊奏；保育以南風之阜曲，琴瑟偕鳴。仙駕來巡，衣冠猶拱；重瞳既葬，德孝長旌。由是投渚之妃，泣秋蘭而生色；涉江之女，化斑竹以交横。

余嘗細憑陵樹，遠眺寒高。想虞王之知，吟屈子之騷。唯盛德之能昌，是以饗時於宗廟；豈離心之可合，固將沉石於波濤。榮枯曰逝，清濁焉逃。指陳迹而云來，感余懷之索索；求蕪源而獨往，嘆余志之勞勞。世既多機，慕鴻陞於木末；國無知者，甘肥遯於蓬蒿。

讀古文説

余不事古文，所好亦與君子異。南渡諸文，如朱晦庵之雅正，陸放翁之圓潔，葉水心之雄贍，陳止齋之堅密，其意必發於事外，而學養最厚，議論最重，殆異乎險詭矜誇浮乏，獨得於經濟者也。

余見人之論文也，乃必云三代西漢。是人也，心不能知六經之賾奥，身不能爲西漢之事功，取義法之似，變之而夸當世，從學之徒既衆盛，天下之視聽始亂矣。殊不及周漢一下吏，通經百日，習律旬月，其言也附於經則以爲傳，附於史則以爲論，如此。若七十子多有其篇，守聖道之正也，董仲舒、揚雄之徒，懼聖理之乖析，紛而作文，糅於經子。前有魯太史因《春秋》記事，《國策》因《列國》記言，後有司馬遷、班固之書，中有公孫固、陸賈、賈誼陳成敗治亂之言，其文也裁融六經，自出機軸，視之古人爲雄深，後人云西漢文，謂是。東漢尚辭采，六朝競對偶，於是文有駢體矣。韓愈誦六經子史，仿之爲文，舉幟反俗，於是文有古文矣。究其根本，在於字句，其辯也矜怪，其説也敷衍，然使人讀而師之，冠綏袍笏不啻西漢。范仲淹、歐陽修、司馬光稍以儒術政事振之，規箅宏大。於時柳開之艱澀，宋祁之膏馥，視愈猶不及。蘇氏於經史之外，別創波瀾一法，荆公逞駁難詭僻之論，舉世標以新奇。然則愈之古文，周漢之下吏耳。汴宋之古文，愈之下耳。

今世之所謂古文之學，曰平正也，奇變也，奔注也，盤旋也，使人不測也。韓愈首倡之，歐蘇再倡之，七子再倡之，桐城再倡之。於是治經史爲學者，治文章爲文家。判然其不類，孑然其兩途。余夙謂人曰：意思能足，文幅雖長，何勞削潔，使意思不能足，義法雖在，豈潔與不潔所知。意不從經史來，何必爲古文，無補於治亂安危，意安得謂出經史哉。聞者乃摇首笑之：子之説，狂誣駭怪，未之聞也，譬遠失邇，未足信也。余反讀古文，撰數言以説之，益信所知，聞者之言不足沮也。

吉林

魯立智

字彌睿。生於一九八三年，吉林長春人。就職於山西師範大學文學院。

紅崖峽谷記

紅崖峽谷，入山之景最奇。兩山對出，絕壁千仞。枝葉錯雜乎上，不見天日；溪水湍徹於側，山氣驟寒。循谷前行，抬眼則根莖盤繞，如虯如筍；下視若構木居巢，匪鶚匪鳶。白石粼粼，如何不樂；流雲出岫，難擬無心。於是跳澗攀松，隨徑屈盤。又復乘車顧盼，景過流連。時已日中，逡巡山腰。妻女於斯，升乘索道。兄弟二人，跨山追奇。欒羊腸之崎曲，較九折而多一。采靈芝於崖頭，聆禽鳥其鳴幽。嘆石牛之卧水，仰瀑布之垂流。既而一衆聚首，共入野甸。山花雜色，芳草無邊，天地間唯十數人而已。共牛羊其出没，怨羲和之迫急。

於是小子有感焉。余定居於晉，已歷八稔，慣常擁書自蔽，不喜尋勝探幽。聽論神州樂處，藏蜀隴桂；見聞假日出遊，瓊鄂湘滇。豈知如斯景致，衹在目前。何我晉地山水，無聞至此乎！是誰之過與！存積一日之歡，轉成刹那之嘆。書生無力，夫復何言。仍欲聞者遍知：紅崖峽谷者，晋中靈石，太岳西麓也。

張　諶

生於一九九八年，吉林人。吉林大學地質工程本科畢業。

論三國志武帝紀評

維漢之季，梁、董指鹿，六合既壞，九鼎將遷。時之志士，乃有太祖、張邈、臧洪、橋瑁之類，爲徠義士，以作檄移，馳天下之人衆，以圖再竟朱虛之業也。豈知或懷趙佗之志，或抱淖齒之心，是以諸侯自掣其師，而謀神器於天下之一隅也。及董卓覆亡，諸侯相併，是遭祝聃之箭，而漢土九州之地遂坼也。由是率土之濱，方寸之城，莫不思取漢而代之者。唯汝南袁氏，海内望族：弟則擁兵於淮南，兄則屯師於冀北，跨跱江漢，以成秦齊之形焉。然袁公路之倨傲不臣，勒兵不整，遂使袁紹坐大，以有幽、冀。當是時也，殺公孫，威漠北，臨官渡，嚇遼東，其有一師而敢抗於其威者乎？

太祖自貶謫之後，肄習韜略，雖有其奇，然變化陰陽，行軍用兵之道，不可謂不冠於一時也；至於制兵統權，廢儒利法，屯田安民之策，仿佛申、商，不可謂不易一時之風也；及其任用唯賢，不念舊惡，故郭嘉、杜畿之用，畢諶、魏種之原，納仇讎於宛城，燒私書於官渡，不可謂不爲萬世之法也。然後奮其夙志，卒躋帝王。陳孔璋曰：唯非常之人，然後行非常之事。

微太祖而誰謂乎？雖然，其用庶人而廢禮，處夷漢以安邊，因肇晋宋三百歲之禍，不得不咎其政令也；所謂韓、白、申、商，豈不亦刺其凶戾乎？其矯情而含怨也，族孔融，考楊彪。考楊彪不竟，而遺怨以誅其子。其戮邊讓也，張邈、陳宫畏而叛之；其刑崔琰也，而西晋之季，猶爲寃之，不得不稱内懷怨望也。所謂不念舊惡，豈不亦刺其矯情乎？其以臣而躋君也，殺伏后、滅忠良，反覆項梁之心，竟踵王莽之續，不得不標其懷詐也。洪業之大，誰能克成之？皇機之重，誰能總御之？既無桀、紂之罪，又鮮伊、霍之志，惡能成業而御皇機哉！所謂超世、非常，豈不亦刺其不臣乎？

雖然，有以刺曹氏，非無以刺司馬也。其兵法策謀，既不能及；而酷虐變詐，良有甚者。考其武功，則用人制兵之質異；察其封禪，則居臣篡君之形同。我聞良史家以古之道義，刺今之昏主；陳壽繼春秋之續，豈不亦班、馬之徒乎？

黑龍江

鄒仁武

生於一九六三年，黑龍江友誼人。係中華詩詞學會會員、雙鴨山詩詞協會理事。曾在紙媒詩刊《中華詩詞》《中國詩詞》等刊發詩詞。

鳳林古城賦

鳳林古城兮，始發三江。距今千載兮，贏名八方。新刻竹史兮，威赫名揚。肩比渤海國之深厚，並起金上京之蒼涼。同例龍江古城三甲，共開朔北歷史一窗。

在昔，茫茫世界兮，森森洪荒。天遺弱水兮，盡言淒涼。猛獸威武兮主宰，野草遮蓋兮慘光。濁浪泛溢兮無阻，惡鷹哀鳴兮長翔。愁謂人間兮狴犴，堪稱鬼魅兮僻壤。談之兮，當損膽滑。從之兮，如欲命傷。非也，實不哀惶，《三國志》典實要略，《後漢書》册載查祥。周稱肅慎兮，漢名挹婁。庚續勿吉兮，延血靺鞨。時同漢魏兮，可讀文章。

若夫，乾坤初化，源有迹彰。有木爾哈勤汗，號挹婁之先王。率土民兮，開域疆。人遷集兮，初形邦。愛子木竹林兮，堪英武好兒郎。箕裘續任兮，護國寧康。前途蹭蹬兮，無畏擔當。騎人鰉魚兮，溯七星河浪。四德斗相助兮，一長劍馘敵亡。西征漫漫兮，仰慕不咸山，掀波松花江。東歸得得兮，韃鞨聞戰鼓，勇士回家鄉。凱歌戎旃兮，明月照甲裳。八極靜塵兮，四海服納降，皆攻關而拔寨兮，擴疆圖而稱王。

至若，求上蒼圜道兮，賜佳地吉祥。擇平原林皋兮而定城，臨豐水長畔兮而食漿。施真子午綫兮測平秩，當坐西向東兮迎暾陽。鋪曲尺穴窨兮而居住，飽春温冬暖兮而夏涼。人居鳳林城北兮，神敬炮臺山南兮。望柄斗兮而遥拜，觀星圖兮而激昂。劃九分区兮格城池，圈六千米兮繞周長。垄通衢兮而達杳杳，栽瓊樹兮而蔭昌昌。列斧鉞兮而拂星月，聚搢紳兮而議廟堂。衆販商往來車馬，渺卿雲飄蕩柴窗。卷卷兮奎旗漫舞，鐺鐺兮腰鈴清揚。巍巍兮角樓連宇，僮僮兮馬面凸墻。舉石斧兮披荆斬棘，采韌柳而編簣筐。響皮鞭兮頂風冒雨，牧曠野而牛羊。支陶甑兮沸水煮豕，滿室和祥。駛樺舟兮抛叉逐波，漁歌悠長。策良駿兮草枯蹄疾，漫雪牽黄。駕神鷹兮弓嘯風失，驅虎雲蒼。田疇廣袤兮，扶穀而緑緑。河水澎湃兮，載舟而湯湯。折柳爲笛兮，吹佳人黄昏後。動情爲愛兮，佩玉蟬木橋旁。婀娜兮而夕照，靄靄兮而晨光。騰騰兮而篝火，醉醉兮而歌唱。灼灼兮而華裾，親親兮而爹娘。如世外桃源兮絕迹，似香格里拉兮天堂。不知秦漢兮歲月，亦納禹迹兮一方。

嗟夫！文明兮遭踐踏，富裕兮惹盗强。惡賊兮偷睥睨，亂世兮維國綱。光陰似箭，歲月如霜。太和義事，順勢主張，遠征扶餘兮，滅犯境咎殃。走向中原兮，融興盛輝煌。根紮兮厚土，葉散兮濃香。秉延兮傳女真、鄂温克血脉，復遺兮注赫哲、鄂倫春族鄉。肇興兮滿清王朝，祚運兮天下中央。一城區區兮雖小，萬古綿綿兮流芳。

今秋來兮，百念回腸。披商風瑟瑟兮而啓遊步，飄枯葉悠悠兮而撫垣墻。望征雁嗺嗺兮而思桑梓，聽河水浩浩兮而動歌觴，濁淚兮隨風而酸楚，情愫兮憑鳥而頡頏。念我是苗裔兮，怎不泣濕衣裳。

上海

嚴大可

別署華判簃主人。生於一九八八年，先世居婁東，生雲間。畢業於香港中文大學，主修中文，副修藝術。嘗拔詩賽頭籌，有《未濟詩艸》《未濟詩艸乙編》。曾任報館編輯、博物館研究員。

題逨盤墨本

考此盤歷數西周自文王起至今王，計十二王之名，中與史異稱如昭王作邵王、共王作龔王、孝王作考王、夷王作徲王、厲王作剌王，而『王者若曰：則繇唯乃先聖祖考夾召先王』云云，當是宣王口吻也。單逨枚舉列祖佐周王者八人，然自單公輔佑亖方、公叔奠亖方萬邦、新室中柔遠能邇、惠中盠父撲伐楚荊之後，再無明文建樹。或亦齵昭穆而降，宗周漸弱之事。單氏一族於此則儼然世家，肉食而求賚錫，與後世無異，殆不可知也。又論者以斯盤及墻盤俱不述及周公，故以周公攝政稱王七年致成王者無信，獨不知周公原無稱王，太史公便宜喻諸而已。核之《汲冢書》成王元年，云『命冢宰周公摠百官，七年復政於王』，是知周公攝政而未稱王者審矣。

戊戌二月，雲間嚴大可謹題。

梁君偉鴻書畫捐贈大馬公教中學序

粵以鄭氏下西洋，華夏孳蕃，殆遍六合，季清以降，聚南洋者尤多。雖養毓異域，操華言、學華文者尚衆，是以未忘本者也。而心繫國粹者亦不尠，蓋書畫俱六藝生衍，邦家禮樂，賴茲而傳矣。夫書者心畫，畫者心聲。古者學詩以言，今者藉書畫而溝通文化、求其友聲也。

梁君偉鴻，生長大馬，幼即學書。臨摹北魏，入手龍門。及後負笈四海，拜入名家鉅公之門，書畫兼修，轉益多師，其磊砢者如本慧上人、黄君璧翁、王己千翁。南北融鑄，寫鑑同工，極一時之秀耳。所作方出，輒得瀛寰争藏，識者激賞也。

今返大馬，每念青衿情誼，擬投桃報李，雖皈釋氏，而不忘公教中學之栽育，欲自捐書畫，即儒諺謂滴水之恩湧泉相報者，可稱善矣。夫出本生心地觀經推報四恩，衆生因緣，不減父母，亦若《釋氏要覽》所謂教授經業，師恩舉重者，得相報也。至於基督奥義，重感恩、不徒受者，梁君俱可副也。三教無礙，通人所能。今將捐贈，托序於余，敢辭讓耶？乃爲箋文，用蒇吉事。戊戌孟冬，雲間嚴大可序於滬上時倚裝將返香島。

六合詩影序

夫百越天南雄據，俗異中原；炎州五嶺獨偁，形同化外。洎乎劉漢設郡南海，恩威始播；趙佗霸譖粤王，民産寔殷。文名迭起，首著楊孚異物；聖教權輿，更番上國衣冠。巨唐詩軌，曲江逾庾嶺以名重；皇宋文脩，三傑渡伶仃而義兼。韓文公祭鱷魚以祠饗；米海嶽題藥石而迹存。超脱程朱，白沙詔譽大儒；調和漢宋，蘭甫泳涵學海。蓋宇内名士，蓁嶺嶠以濟濟；粤東文聲，蜚禹州而彬彬。及至簪纓世家，時有南渡；經濟巨閥，亦傳諸書。十子紹子壽之遺風，分派前後；三家變因陳之習氣，不拘宋唐。人文淵藪，代芒英傑；大手翰章，卓有可觀。而已順邑居乎粤中，猶夥吟咏操觚之士。夫順德者，舊稱咸寧，地屬南海。楊隋編制，趙宋肇聲。碧江粼粼，産紙楮以著史册；膏壤沃沃，阜魚米而載方志。順天明德，寄厚望於朱明；秀士淳民，敦古風於質讓。人號富庶，俗多詩書。鳳嶺雲梯，杏林之業丕煌；容桂太艮，科試之功弗絶。是以聿興藝文之德也。爾聞吾友將有展事於斯地北滘，六合詩影，四方雅賓。固有粤中佳客，摹草木以贊方物；尚招嶺表知音，鋪騷吟而狀幽情。絲欄妙墨，入晋出唐以自成體格；餖飣華箋，融真變籀而匋鑄性靈。林下優遊，物外清興。頌炎方之紅荔，賦江南之丹橘。素馨槦鬢，前我莼思之常及；金爵玉卮，今吾嘉辭之用賚。穆穆大雅之會，名羡東南；戔戔蕪言之篇，爰呈企慕。

雲間嚴大可謹序於滬濱華判簃，時丙申花朝。

尹偉傑

生於一九九七年，上海人。上海大學中文系學生。中學時聆聽王財貴先生之《一場演講　百年震撼》，始以讀經之法學傳統文化，獲益匪寡。

重德樓記

世間之樓宇楹棟，不可盡數矣。其中逶迤參差，曼瓦飛紋者，佳麗之所歌舞，富貴之所依怙，待其數十年後，雖殘瓦石猶不可尋，至於藤蔓之所罥，狐虺之所伏。此何故哉？以其無德之存也。

上海之西，循肇家浜而下，乃鬧市商賈之區，人所謂徐家匯也。人肩相摩，歌吹相應，燈火如晝，不夜之居。其繁華一時之盛，未可以言語。而匯學立其旁。凡匯學立百有六十年矣。

其初，西方之士來焉，建教堂以虔敬上帝。見民之飢饉而户求食者，憫曰：『我與彼皆上帝子也，奈何我食有餘粟，而彼不厭糟糠？』於是建樓，以濟飢民。其中年少者輒納之，教以詩、書、曆算之事，欲其成才自立也。此乃愛民以德，而建樓利之也。

予少聞諸長者，欣然慕之。及入，適其百六十年校慶。匯學有四樓，曰重德、尚學、崇思、礪行，而重德樓又特拔乎其中，蓋向時西方之士所建焉。於是稍葺之，保其原貌，益頳其垣，使不失古而煥新。既成，師生相慶，書以祝詞，而請予爲記。

予於是與衆人登樓而望：俯則學子嬉戲相逐於其前，草木蔽天争長於其後，笑語誦聲，如雅俗之並作；仰則崇思、尚學、礪行之樓相倚，如鼎足立，而教堂之尖頂，若峭險之青峰，出没霧靄間。蓋其歷百餘載，而貌更豐焉。下樓而周之，則又見人爲洴澼灑掃之事，且樂曰：『吾匯學人也，固當僮僕侍之。』忽見一老姥，持相片，問之，則告予曰：『此處曾如是，彼處曾如是。』又曰：『吾兒孫輩皆自匯學，今已成人矣，而不敢忘匯學之德，使予先觀其新盛焉。』

噫！夫建樓者豈念斯樓可以存百有六十年乎？但念濟民育幼耳。而其德不絶，是以民皆擁之。至遇兵燹之難，文革之亂，其旁闤市樓宇幾經廢興，而斯樓巍然以立。昔魏武侯觀於西河之上，嘆山河之固。吴起對曰：『在德不在險。若君不修德，舟中之人盡爲敵國也。』今匯學修德，而世之可以摧連綿者，竟不能損斯樓之形。匯學之德，一至此乎？人葺而欲長存之者，又可不重德乎？

尚學樓記

匯學重德樓東二十步，見方正如郭者，尚學樓也。遠望之，則以爲穆然長者，默不敢語；稍近之，則見下多童子遊戲，皆子孫也。其廣可容千人，而其高可目百尋。即而望矣，西則重德樓之所立，其瑰偉不可侵，參差不可盡，而其德不可窮其所蘊；東則長廊之所縱，其上有棚以避雨，下有磚石以鋪路，左右銅板以著匯學之史，遊人可覽知焉；南則教堂之所依，其錯落之瓦礫，分天之鋭頂，皆可晰辨之；北則崇思樓之所駐，其中歌舞之所興，可盡憑欄遥賞。凡匯學之人多學於此。其神憊則倚几以息，其目勞則臨臺而望。《禮》云：一張一弛，文武之道。斯樓之所以行也，匯學子之所以適也。

其後有小園，方數十丈。匯學子欲親花草蟲鳥，則必憩此地。春則櫻花如雲如霧，其盛也可坐而觀，其謝也可拂風而嘆；夏則草木優長，其灌木可以及人，其椅桐梓漆可以觸臺上之人；秋則落木踏步碎有聲，殘花暗紅如陳丹，霜風凄厲，凉而不寒；冬則梅雪居，松柏傲，人皆團雪以相鬧。蓋其風雨之際，四時之陰，景隨人變。

予待其櫻花之盛，獨往遊之。見一少女隱於樓下，言未發，而目已相交。似前世之曾識，眉未應而心許。女吟曰：『且往觀乎！洧之外，洵訏且樂。維士與女，伊其將謔，贈之以勺藥！』予笑而應曰：『「今夕何夕，見此邂逅？」雖無芍藥以贈之，猶有櫻紉以佩之。』於是背而折櫻，復轉，已不見其人，乃悵然而歸。芍藥與櫻花盡零，唯邂逅之念長存。

嗚呼！方其學時，人苦悶而欲去，歲月未之可也；及歲月之駿奔，雖復其一瞬猶不得，而況溯其逝者乎？今予幸而學於是，又幸而與君學於是，又幸而同得四方之望，四時之景。此蓋匯學之相許，而尚學樓之所贈。豈徒邂逅然哉？其俯仰之中皆是也，可不惜乎？於是灑然曰：『君其櫻花之仙歟？抑匯學之靈歟？』斯二者，予未可以辨。

廖愷萱

生於二零零八年，上海人。闕里書院文言寫作班學生。

太子太傅李長源墓志銘

李泌者，字長源。屬趙郡李氏，其先遼東襄平人，乃西魏太師太保、八柱國李弼之六世孫。於開元十年生京兆府，自幼精穎，七歲能文。玄宗嘗令其和張説而咏方圓動静。其答曰：『方如行義，圓如用智；動如逞才，静如遂意。』在座無不大驚。自此玄宗及張九齡等器之。

家學深厚，藏書數萬卷。其博涉經史，精究《易》象，善屬文，尤工於詩，有《李泌集》二十卷，今已佚。今讀存詩其數首，其佳者乃《長歌行》，蓋咏志之詩也。其自負乃王佐之才，操尚不羈，恥隨常格仕進。於弱冠後已精儒釋道三家之學，以道立身而兼儒風。常遊嵩華於南間以參道法，久之，遂隱嵩山，絕粒棲神。

天寶十年，奏《復明堂九鼎議》，玄宗念之，令其講經而入奉東宮，太子李亨待其深厚。然楊安等嫉其才辯而構之，故以習隱自適。

值安史之亂，肅宗尋長源以咨天下之事，而其促膝一一解之。肅宗大喜，願拜爲相，而長源卻之，自稱山人，爲賓而從。然其入朝議政，肅宗小大之事，悉以咨之。其後以挫鋭解紛之韜而復兩京，天下稍安。而長源功成弗居，再隱衡山。閲數年，肅宗繼玄宗而崩，代宗又召之，除翰林。因聞其談神仙怪誕之言處世，而迫其還俗。後首府元載妒之，故貶之於地方，使其入幕少遊，又欲害之。而長源淡然處之。後元伏法，代宗終知其才，然長源又爲新相所忌，故之蘇杭興水利。其績甚佳，自此民足於水，而井邑日富。

於德宗時始致身宰輔，匡正時弊，其時雖短，然績甚佳。長源重分土地，巧抑暴亂；修國史，選賢舉能，以正褒貶；其於内調和皇室，數十次死諫德宗廢太子之事，合父子君臣以解内憂；於外困蕃，降回鶻，聯回紇、大食，而成『貞元之盟』，以護邊陲。

數載之後，於貞元五年三月二日薨，終年六十八，歸葬衡山。追贈太子太傅，賻禮有加。

常聞兼德才者難見矣，有德才而逢時者又鮮也，逢時爲政而善終者又鮮也。長源一生三進三退，歷四朝，輔三宗，或隱居山野，或身居廟堂，然終能保身全生盡年。身逢亂世，然修法、報國兩不誤，常以山人之身挽大唐將覆之危。長源其人，得此天縱之德才智命，其幸也。能輔大唐，實乃大唐之幸也。

其銘曰：皓皓長源，如蘭如玕；終身以道，濟世匡亂。

中秋望月序

是歲八月之望，余在海上，闔家共度。祭月畢，與父母漫步橋上。是時，廣寒在東，徐冉飄升：初在檣間，宿鳥皆起；後停枝上，輪輝照彩；忽在雲間，天地朧忪；復出之時，明華更盛。而青雲絲絲，覆於其上，若桂娥之水衣；月上星點，一一隱微，乃常儀之行迹。至此，燈火黯然，唯見星月；行者佇足，靈禽忘飛。陶冶感發，悠然而起，陡然而升，則文人提筆，俠者舞劍。又有抹弄丹青，繞梁玉振者，其難言喻哉！憑檻而瞰，見緑水琉璃，映影空明，二月遥契。碧華高挂，重華側伴，雲樓虚渺。此景之至，能不咏乎？

遥想夫文禮山巔之嬋娟，或緹或赤，巨若赤璧；今滬上之月，青黄玉盤，雲騰其上。又或有清泠之雪月，若似凄戚悲離。然此時天涯與共，縱處九垓八埏，情有悲喜歡憂，能詮其至景至理者，伯安之『吾心自有光明月，千古團圓永無缺』是也。於是隨興而吟，遇景則抒，皆笑晏也。故序以記其樂之甚云。

紫杉賦

余院之中有紫杉，亭亭於道旁，是余之手植也。日月朝暮，四時迭代，含露舒葉，抽叢日長，恍七載矣。每倦案之時，則啓軒可觀，養生生之機，是可樂也。感之而作斯賦，其詞曰：

彼其有杉，蓁臻其葉；灼焯其美，碩蒴其實。本其根幹，實其枝翮；擢其貞芳，止其蠹螌。甚卞和之原石，微藏真之書帛。芝蘭膏露，稟質津澤；煙芳萋蕤，時燠昔莫。山杜若而蔭松筠，連海氣而萬壑闢。聚天地之瓊英，覽朱明之輝精。歲寒之節，冬夏青青；嵩丘之姿，春秋冥靈。

數載沉寂，天賦奇華；一朝凌霄，青雲可加。碧瑚紅璢，緑葉素華；細草蔓絲，雜樹紅發。是以同日月華耀，暈艷芬葩；河漢含彩，緑藹介霞。聞夫唐仙人茱萸之杉，千五百歲，郁乎蘢葱。仰止古帝鴻陵側之柏，五千其壽，茀郁隆嵂。又千載後，或萋萋，或落落，或蔽芾不再，而盈拱日永。表卉木，體鳳物，均育齊致，屋谷竹麓。

嗣宗嗜酒，裴旻癡劍，彭澤咏菊，營道愛蓮。傾杯對歌，臨溪而泉；怡情抒志，歸逸盎然。不求見智於君上，未達位列於卿相。比商丘百丈之高，幺於蜉蝣；類樗椿千萬之壽，未及春秋。人曰：取杉實紅豆，采擷思泄；折春色煙柳，青新傷別。我嘆：渺瀚海闌干，滄茫一芻；悟五湖行吟，天地沙鷗。然追聖以澤民，思古以成仁，咏物之用也。千古志士，其若是哉？

江蘇

李金坤

生於一九五三年，江蘇金壇人。江蘇大學文學院教授，惠州經濟職業技術學院聘請教授。從事高校古代文學及美學教學卅餘年。出版專著廿餘部，發表論文三百餘篇。獨立完成國家社科專案一項，省、市社科專案八項。教餘雅好辭章。

復建北固樓記

北固樓者，因山名也。山踞城北，城以山固，遂曰北固。梁武帝蕭衍幸山北望，慨嘆壯觀，易名北顧。北固山志載，梁武帝嘗題『天下第一江山』，後亡佚。今見者，乃南宋吴琚所書也。

兹樓由征北將軍蔡謨於東晋咸康五年首造之。隋唐以降，迭有興替，至清末盡毀矣。應各界人士之建議，公元二零零九年市委、市府決議復建。市園林局力主其事，歷時三載，厥功告竣。此乃仿宋十字脊頂、三重屋簷之閣樓建築，主材柚木，典雅莊重，屹然絶頂，氣象壯麗。輪焉奂焉，焕然一新。且與多景樓東西相望，一雄一秀，各領風騷，空前奇觀也。

若夫登樓遠眺，俯仰天地，則滿目欣然：長江畫卷，一展雄風；三山如珠，項鏈天成；東港矢篙，名城史明；南郊諸峰，排闥送青；西津古渡，慈航救生；江河交匯，形勝鍾靈。此則『滿眼風光北固樓』之賞心悦目者也。至若憑欄神思，感懷英傑，則一腔奮然：孫吴鉄甕，坐斷江東；寄奴横戈，梟勇虎熊；紅玉擊鼓，巾幗稱雄；稼軒憂國，氣貫長虹；海齡抗英，義薄天宫；辛亥趙聲，先驅譽隆。是乃『生子當如孫仲謀』之壯懷激烈者也。嗟乎！吾儕誦辛棄疾《南鄉子》《永遇樂》。北固絶唱之雙璧，猶自盪氣迴腸，慷慨激昂。故登斯樓也，則有覽物暢神，懷古勵今，愛我中華，自强不息者矣！

兹樓復建，寓旨良深；樂爲之記，是以勖勉。

彭玉平

生於一九六四年，江蘇溧陽人。中山大學中文系教授、博士生導師，長江學者特聘教授，珠江學者特聘教授。於《中國社會科學》《文學評論》《文學遺産》等刊發論文一百餘篇，出版著作多部。獲省部級科研獎多次。

趙福壇海山居序

吾從趙公福壇先生遊十餘載矣，或春秋佳日侍以訪花，或冬日祁寒聚以烹茶，或康園醉飲，或雲山低唱，古君子所謂詩酒風流，趙公曷嘗讓之！余以不才而得叨陪左右，則何其幸也！

初余以耽詞故，時趨水明樓問學，得聞趙公令名，知公精研文論，兼擅詩詞、書法與攝影，乃以爲異人。嘗於水明樓展玩公書法，風姿秀逸，才不可掩；又曾觀覽公影集，嘆其眼力獨特，往往迥出常境，其中影花數幀，更有不可形容者在焉。然書藝影事實不足以盡窺公之神采，學術與詩詞方爲公平生著力之處。公之學術涉獵甚廣，尤於翁山、表聖用力深至，馳譽海内，卓然成家，此固學界所共知也。若詩詞者，則知者尚鮮。余捧讀海山居詩詞，始知公數十年間雅好詩詞，未嘗中輟，古體、新體，並騁其才；言情、紀事，各臻其妙。既可見公一人之行歷性情，復可睹一時之風雲際會，於『忠實』二字，允稱無愧。

公著籍臺山，乃川島人也，故時以『川島客』自稱，亦眷眷故土之意也。余嘗陪遊島上，其地草木清嘉，水天一色，令人頓生塵外之想。昔子瞻賦《八聲甘州》，有『有情風萬里捲潮來，無情送潮歸』之句，此天然好句，人所共知，然未曾身歷其中，或於子瞻之意，不免有隔矣。余嘗於薄暮黄昏之際，於王府洲前凝神觀海，但見潮來潮去，未嘗稍息，始於子瞻之句心有戚戚焉。蓋世事之有情無情，誠在一念之間。若潮水者，來者自來，去者自去，其情之有無，乃流露於不自知耳。吾人萬感横集，悲懷其中，亦自囚其心而已。若壇公者，雖平生多罹憂患，而遊藝之心不絕，一意暢神。豈天水之苗裔，而獨得於子瞻之遺意乎？

庚寅五月，倦月樓主人彭玉平識。

沈塵色

原名沈雙建。生於一九六九年，江蘇南通人。曾獲中華詩詞研究院詞組屈原獎。著有《清名家詞傳》五册。詩詞散見於《詩書畫》《中華書畫家》等。

清溪集序

古之詩人，或行吟澤畔，或采菊東籬，皆見本心。張九齡詩云：草木有本心，何求美人折。雖曰感遇，於詩何獨不然？否則，以太白之高，王介甫猶自譏之；老杜之厚，王船山猶自誚之。何以言之？惟其偶有詩篇，不見本心耳。故歐陽公晚歲删訂，無他，惟恐見笑於後人也。

昔歐陽公牧守揚州而建平山堂，曰：行樂直須年少，尊前看取衰翁。牢騷語也。東坡曰：休言萬事轉頭空，未轉頭時是夢。亦牢騷語也。此二公者，但有獲罪，徜徉山水之間，便有牢騷文字，蓋不肯失諸本心耳。

揚州周君，繼踵前賢，名傳海内，今方中歲，詩詞結集，已爲删汰。蓋平生文字，或有失諸本心者，終不肯存也。

周君謙謙便便，命序於余，余不敏，稽延至今，而周君亦不趣促之。今偶中夜夢醒，忽念守其本心，何其難也。無論古今。若吾等後生小子，但能加以删汰，或亦爲堅守耳。通州沈塵色謹序。

秦　鴻

號濡需生，又號軍持。生於一九七六年，江蘇泰州人，今居上海。曾獲中華詩詞青年詩人獎。杭州留社社員。

履錯堂文稿（四題）

留社叢刊序

吁咄哉！雨雪雱兮，而欲駐景於虚空；江河泯兮，而欲存脉於汪洋。此人力可勉爲之乎？久矣哉！詩道之霣零也。方其發軔乎風騷，椝矱乎漢魏，成乎六代，盛乎唐，深乎宋，而拗怒乎清季也，浩浩湯湯，湧躍灃沛，誠千秋之壯觀也。今文遽興如濁浪排空，喧騰沆瀣，爲時不過百年，而詩道遂衰。猶江河入海，晚景戀岫，挽之無計，留之烏能。

而留社因之作焉。癡於詩者代有其人，如經凋落，猶待欣榮，如病夏暍，尚懷春冰也。留社諸子豈可多得乎。其作也，雖未臻凌躍超驤，亦足蜿蟬揮霍；其肇也，托根東南文氣鬱勃之地，而萼聯海内外群賢。噫！留社之可興，可知矣。

詩者五色，人者素布；人之不織，詩其焉附？故撮言留社大旨曰留者，存古雅淳樸之人本，以當紛繁倏忽之世界。猶河伯之見海若，雖不言其大，亦可自傲其自家面目也。

海未揚塵，則其爲水也必然；水之存焉，則雲蒸霞蔚、氤氲升騰也必然。要之以文，則漢語音節苟存一日，文言詩詞必不能廢，詩道所存，又何難哉。留社諸子其共勉之。

添雪韵痕跋

秋波漪兮，尚可匜之，而添雪其詩不可揆也；反景溥兮，若可摶之，而影青之詞不可搴也。難矣哉，窘乎哉。恍兮惚兮，莫辨其蹤，窅兮藐兮，莫之能從。方吾以析薪奮臿讀桰竹、出車諸章，復眩出海、辜月之松姿電目也；適吾以薜帷荷蓋擬魘語、星座之辭，忽悵采蓮、惘情之乘雲歸浦也。屈指數度晤於滬上、於膠澳、於都門，每晤則必飲，而吾必醺然忘與言别。噫，此何人哉！夫大塊噫氣，吹萬不同，添雪其竅幾何哉！吾知其近乎鷇音也。己丑菊月，雪泥齋。

三十歲前詩跋

始予之晤胡僧也，與錢唐蒓客俱，在癸未冬暄之下、常熟方塔之側，君詩『古劍森其廓』之所也。同登虞山，薄暮謁言子墓，君詩『言公碑上斯文漶，况與閑人共落暉』之時也。明日蒓客歸杭，予二人續爲抵掌夜談，君爲誦一紙行，風生於座。此後或滬或京或蘇，屢晤皆無隻語及於詩也。所言者何？言風土，言皮黄，言美食，言體育，言友朋，懸河泄水，注而不竭，古人所稱言談之林藪，予見之於君矣。每言友朋，必及於蒓、碰、嘘，言訖靡不相對掩口撚耳也。顧予雖未嘗以詩人目之，又恒常搜其新作，亟欲讀之而後快，以君凡有作，林無静樹，川無停流，響出昊天，心苞萬物，特令想見其豐厖俊乂耳。今君編三十歲前詩成，計當而立之際，五柳尚未命子，少陵始歸東都，是古大詩人之猶待於時哉，予知君固非蘭波者流也。己丑菊月辛卯，雪泥齋主人跋於滬瀆。

春痕集跋

予不敏，頗好爲人師。諸弟或師友所薦，或舉稿自投。獨於若藍，告之曰：求爲汝師，以切磋詞法，或可略有助益一二。此亦無他，天份者詞人之材，而若藍端然璞玉也。既得首肯，若藍每以新詞見寄，而予每束手讀之而已。此復無他，璞玉無以攻之耳。

詞，讀之易溺，塡之易滑者也。春痕一集，誠澡於情而復遲於篇者也。以其不溺，故能泳之洄之；以其不滑，故能遲之緩之。噫！春其有痕乎？掇而不得，揾而不滅，而若藍寫之栩栩然也。

庚寅正秋辛卯，吴陵秦鴻跋於新安旅次。

王雪峰

生於一九七六年。江蘇泰州人，今居無錫。初九學舍舍員。

觀蠶

東土有蠶，其始爲卵，秉氣而生，棲於扶桑之木。扶桑者，同根偶生之木也，其枝上接戾天，其根下臨三泉，一葉而千里之廣，日出之所焉。

蠶之生，其形如蟻，食於扶桑之葉，顧謂雄雞曰：『吾將吞食天下。』雄雞笑曰：『吾啼而日出，翅而風起，遺矢爲沃土，咳唾爲雲雨，千秋萬世，尤不敢言天下。汝之身不足一喙，歲不過一季，且夫有言「夏蟲不可語冰，井蛙不可語海」。不識天時，不知地厚，辱其言哉！』曰：『夫千秋不奪一時，地廣不棄一壘。吾之生也如蟻，吾之長也日倍，三日過蓰，一季而倍蓰將盈於天地。』

二十日，扶桑爲之奪；又十日，天地納，身外無物；再十日，宇宙俱滅，唯其獨。乃吐絲作繭，絲盡爲蛹。名曰『混沌』。

徐晉如

字康侯，號胡馬。生於一九七六年，江蘇鹽城人。中山大學古文獻學博士，嶺南著名學者陳永正教授弟子，深圳大學文學院副教授。

古公愚詩文選序

梅縣公愚古先生，固余私淑之師也。先生早負斡天旋地之氣，康國隆民之志，而終以其學行名世，晦顯之際，不其天乎？先生字公愚，蓋取意於柳柳州《愚溪詩序》。柳州以寧武子邦無道則愚，是智而愚者，顏子不違如愚，是睿而愚者，皆不得謂真愚焉。遂自姍曰：『今余遭有道而違於理，悖於事，故凡爲愚者，莫我若也。』嗚呼！柳子之幽志，深可慟矣。先生繼千百年而後起，其才其學，不下柳子，其文之傳三古而籠百家，横行闊視，亦與柳子相埒，而其愚尤相若。新進學者，闒然群趨，習爲媚時之語、動衆之論，高名盛譽，一一隨之。先生固執成言，嚴守方寸，硜硜然以古道自任，荆棘塞其門而澮如，真所謂愚公矣。擁皋比者，多相勖以温柔之道，欲相濟美也，遂坐視豎子成名，神州沉陸。先生峻然挺起，大張孔子始誅之義，雖千萬人讎之詈之而不顧，此非得謂爲真愚者乎？於時海濱鄒公，獨愛其才量無雙，乃延聘上庠，請主任中文系務。先生本以相臺五經，援以《史》《漢》《昭明》，以淵懿之文教群弟子，於舉世沉淪昏昧中，棹一舟而點一燈，斯文固長在兹矣。余向以校訂先生主編《文學雜志》，遂並誦其《層冰文略》正續編，剛直正大之氣，令人心折，惜不得從先生游也。先生所謂文學者，蓋謂孔門四科之一，不止文章爲難，文身飾性，以臻君子爲難耳。今先生哲嗣成業公，選古直詩文選成，辱問序於余，余豈敢序先生之文，蓋以發先生之愚而已矣。

王　飛

號棲墨、棲園。生於一九七九年。江蘇贛榆人，居上海。任職於某國有公司，高管。喜詩詞書畫，曾展於成都寬窄巷子美術館。詩文見諸《詩刊》《上海詩人》《劍南文學》等。有文集《蜀中記》。

香港侯王廟記

港西南有離島，大嶼山葱蘢隱雲霧中。背山面海有侯王宮，古侯王廟也。廟踞沙咀頭上，西面東湧灣。

侯王者，宋末國舅楊亮節也，官封處置使。德祐二年，元兵南下，端宗趙昰即位於福州，福州淪陷，又立廣王趙昺爲帝，亮節護帝南奔，避硇州大嶼山中。崖山兵敗，少帝及全朝文武將士十萬，投海殉國，一朝沉淵海中。亮節其生時封爲侯，死後封爲王，故稱侯王。

侯王廟在東澳古道外灘塗上，古木蔭蔽，榛莽叢生。屋三楹二進，孤對海天，屋脊彩塑棲鳳盤龍及臺戲圖，並『宣統二年，九如安造』款，額金鎸『侯王宮』，左右聯『侯德如山重，王恩似海深』，『萬古沛恩膏自昔人民藉蔭，千秋存廟貌於今俎豆常新』。門内復朱門，畫門神，一老犬卧門下，驅炎吐舌不止。右壁下置鐘鼓，擊之鏗然。内一堂，左右輔室，堂壁嵌東源碑志，供侯王坐像，黑面華衣，峨冠垂簾。黑面者，忠臣也。左右立文武官，握筆執錘，衣貌宋制。案上駁雜，香爐、香燭、瓜果紛然。重帷疊幕、案鋪榻跪輒朱砂色，望之幽燦。左右輔室又各供神仙像，有重修侯王宮開光碑志記廟之興廢及捐修功德。其記宣統二年重修，然不知始建於何代。

堂室竟有籤筒、簽解，是邑民以侯王爲神也，若關公廟者。乃壁志曰：『萬物化生，皆由天造；人民康泰，還賴神扶。』侯王以德行爲民崇仰，儼然爲一方神仙也。

偶見壁貼記古廟看護事。有阿龍者，前歲繼其父爲此地廟祝，豢犬二，日日開門燃燈上香，斟酒茶，擊鐘鼓，解簽，侍奉神明，迎待來客。是此廟香火不絶，神有宮舍，民有托付也。

廟南近數百米有東湧炮臺，清末駐兵，以抵海盜及鴉片泊來。

嗚呼！宋末藏帝於此，北馬鐵蹄踏來，一朝絶亡。清末設防於此，海外堅船登岸一朝又亡。英人占港時，港内不過三千民，今則七百萬矣。任千年鼎革改朝，人事遷變，而山海依舊，山海之間草木依舊，草木之間此侯王古廟依舊。廟中一廟祝焉，日復一事，使侯德不滅，客至曉千秋大義，庶拜被後世之蔭，廟祝之功德焉，下於侯王者哉？

構樹記

唐人段成式謂『穀田廢，必生穀』，此穀則構也。構樹荒郊野岸隨所見之，此鳥携之功也。其又隨遇而安，逢土必生，春夏必長，不數年則樹成，碧葉疊疊，蔭如幢蓋。即受人刀斧，亦螻拿而生，益發有態。其幹褐銀相間，生斷紋若蟒，望若蛟龍。葉有卵形、爪形，或合生一樹，亦奇觀也。葉背白，密披絨毛，葉面碧而僵，觸之若砂紙，刮之有聲。其皮韌若麻，細若棉，爲造紙之良材，唐人言『正復躍見楮墨間』，楮墨者，紙與墨也，楮以代紙。皮極易剝，光枝滑淨若白骨，嗅之清香。

又其果也，出枝丫間，粒粒若青楊梅，每折裂即出濃乳，乳收之可擦療癬瘡。綠果著秋風即紅，周身乳突抽出，端銜細實針眼大，累累一樹，形色絶如楊梅，而甘蜜勝之，更可清肝明目、補虛助陽，然少爲人知，無采食者，爲果蠅螞蟻所齧，每見零落。

惠子嘗向莊子道：其有樗樹，大本擁腫不中繩墨，匠人不顧。莊子言，此樹無所可用，不夭斤斧，物無害者，安所困苦哉？

今構其可爲用也，根葉以爲良藥，皮之以爲淨宣，實之以爲佳果。然輒樹之於無何有之鄉，寂寞之野，雜處榛莽中，胡無用若惠子之樗而至此乎？每彷徨其側而太息。

伏蟲記

秋夜，有幽蟲鳴於桂下草坡，聲亢如金石，百步可聞。循音而去，清光中俯身竟辨而獲之。捉其翅，無拒意，温和如馴。於燈影下細觀之，此螽斯也。善樂者爲雄，體甚碩健，色鐵褐。眼黑，闊腹，六足，股長且壯，須直細可等身，覆翅下有穴，此發音處也。

《詩經》有云：『螽斯羽，薨薨兮。宜爾子孫，繩繩兮。』知此百日之蟲已繁衍響奏千年矣！欲豢之堂中而獨享其清音，又念其定遠思草木而早卒。乃全其一生，放歸乎花葉之下。

嗟乎！物命有短長，然此屈指之蟲竟可合鳴金風而無畏霜之將近，擒諸敵手少惶懼而猶處之泰然，此何等之大義！爲人亦復無所羞歟？絶知世間萬物皆爲人之師也！

張　政

字伯先。生於一九八一年，江蘇彭城人。中國辭賦協會會員、徐州文史會員、尋烏縣歷史文化研究會客籍會員。致力於徐州八屬地方歷史文獻之挖掘、搜集與整理。

雲龍書院賦

宅傍山靈兮，垂以雲龍之名。功紹鹿洞兮，施以教養之情。叩秘境於何處，奠茅岡而命形。乃時焉姜公群謀，義學首倡；李公俸助，書院始營。復以康公恢拓，曰度曰經。抱回波而揖疊翠，拱北極而占離明。李宫保之鴻徽，薪傳玉琢；曾文正之茂烈，德化賓興。溢目則彬彬儀範，盈耳則朗朗書聲。博今古以儲其才，人修至道；究義理而通其旨，士篤實行。乃知我雲龍書院，巍巍哉其功尤大，洋洋乎其德永馨。

偃仰疇昔，追懷懋績。側聆艮齋傳經，環列金壇設席。花敷講榻，排蘿牖以紅流；風起經筵，曳筠簾而翠積。復有南豐丹黃，東涯金石。潑錦綉以銀毫，走龍蛇於彩帙。雙梅五桂，祁漢雲之奕奕華章；八索九丘，王劭宜之煌煌椽筆。高標如韓石隱，力挽危局於裂寰；貞幹則徐鐵珊，獨全金甌於完璧。其繪素能文、博雅廣識者，凡百其倫，詳諸載籍。自非靈秀攸鍾，名流贊弼，焉能挺秀質之並榮，何以招俊逸之咸集？曾幾何時，少微隱熠。欃槍兆凶，祝融覬隙。吊贊宮於亂莽，誰念遺蹤；悵學館於寒煙，空懷故迹。而今小康有獲，國運實隆。匡復用展，詩禮式崇。歲書以玄黓，律占曰夾鐘。薦禎休於徐土，煥規制於雲龍。鳥革翬飛，郢匠鼎新華柱；竹苞松茂，魯殿式仰神工。斯則三百年名勝，重藉雲龍靈氣，再續盛漢雄風。

當夫五陽初昇，百花鬥俏。燕翻剪於新枝，蝶弄妝於細草。垂髫總角，趁曦暉而興遊；鶴髮童顔，弄碧桃而顔笑。至於荷蓋擎陰，榴光如燎。泛湖影於窗前，拂山風於木杪。半掩柴扉，雜幽篁以徑遮；小憩石床，枕餘霞之夕照。若乃桐葉乍飄，天孫乞巧。簪菊英以蹁翩躚，目雁行之杳渺。天澄銀漢，萬種詩情依依；露白清光，一輪月明皎皎。爾其水咽冰凝，霜滑風峭。喜綻雪之墻梅，争蛩聲於芹藻。九峰一色，擁書覺吟興頓清；萬籟齊喑，呵筆則文心俱老。凡此種種，季迭更而景迭新，山含情而水含妙。雲龍固地勝而氛氲，書院實人傑而焯耀。

嘗聞天心文心，惟道是親。人道文道，以德爲鄰。乃其庭彰異彩，室款殷勤。招青鸞於昆圃，垂懿範於彭門。爰見碩彦俊傑者升講座，闡經綸。麈揮雨露，字挾風雲。喜陳言化腐，嘆舊語翻新。戛玉敲金，往來多倚聲才子；閎中肆外，談吐皆抱學達人。怡情處不必在遠，會心時自得其真。固知物者耳目之所接，身臨則物現；理者精神之所會，心至則理存。

爾乃紅日低煙，飛津流細。揣逸興以情欣，却塵勞而慮靡。攝衣既往，其意則悠悠無極；揮手再期，其心猶戀戀不已。

惟我淮海新天，古彭福地。渢渢兮楚風之激揚，周窮土宇；湯湯乎漢韵之澤流，旁無涯涘。斯境之幽雅如是者，非第供遊賞之殷殷，將欲萃人文之濟濟也。吾人發向學之願，躬踐而勤修；書院奮雲龍之名，聲歸而實至。夫湖山之有情如斯，雲水之有光如此，我心感矣，乃爲歌曰：毓秀兮靈山，擅秘境兮城之南。辟院宇兮繼前賢，風丕變兮流有源。洪波轉兮群峰旋，鹿鳴食野兮鶴在天。時有代兮運有遷，維功德兮永蘊遐年。

霍重慶

号蘧廬。生於一九八二年，江蘇徐州人。供職於廣州市規劃勘測設計研究院。愛好詩詞古文書法。

觀山水圖

嘗觀梅花道人山水，愛其巉岩高古，木石蕭落，園廬軒爽。耽之如涼颸拂面，使人熱心一冷，忘懷傒幸。夫象大者心亦大，迹遠者思亦遠，泉清則足纓易濯，天高則塵埃自小，乃知葛仙、希夷諸輩，非必有利根而自忘，誠由物忘耳。若吾屬者，躍身炎冷，逐迹光塵，曝面雌風，趨足浮沫，何恃而忘者？

以此意達某先生，彼渾不然，質我曰：『夫一葉一花、一丘一壑者，固屬小致；即遮天碧嶂，灌海驚川，其如須彌何？而一芥藏之。

『且夫湖山有俟，與子結廬，虛一白日，坐忘春秋；縱南山堪卜，東籬可屋，不居煙火，曷寄斯形？采薇耶？掇果耶？守一耶？抱元耶？飲露餐風耶？吞星服日耶？抑且凡不擇決，但得果之蔽之耶？將無支木空山，煮米乾坤耶？乃即不論，何爲而住是？欲師盧生終南捷徑耶？欲效眉公山中宰相耶？欲拜赤松大羅神仙耶？』

『借若果遂超拔之想，云乎將以物忘者，竊亦非之。若是拔身遠迹者，心中尚有廬落湖山木石之物，詎爲忘也？君子性無苟容，蕭然其形，灑然其抱，不殢於俗，翻縛於雅矣。況物外猶物也。佛且一空，不著色求，而大塊窈冥，誰其內外？倘有物可空，孰爲不內？倘無物可空，孰有可外？然則吾子本心已失，安敢復言乎忘？』

有頃，余嘿然。

二零零七年春三月，蘧廬主人霍重慶識。

孝善樓記

善莫大乎孝也。

賢者式之，而麻城孝善樓用是作矣。

巍巍麻城，維孝之藪。自文楚守親、孝感盜蹠，麻姑拯民、義蓋父愆，靈風所扇、霖雨所霈，傳之謳歌、列在竹帛者凡百其倫。居高則聲自偉，所以標樹者，亦浩浩皇皇，如風其遠，如曜其遍。況祀接南中，胤開巴蜀；人倫所繫，祖壟所鍾。宜其式海内之車，攬天下之望，奕葉重光，斯文不墮也。

惟道不常夷，時無永泰。十年之間，衣冠寖廢，大義澆危。且祖靈牒譜、廟貌松祏猶在劫灰之餘，安問孝之有無哉？即今曲想南風，人懷北顧，百廢待舉，十義是張，誠烈士著鞭、英雄攘臂之秋也。然求其亟可重恌輕、厚澆薄、振傾頽、起崩墜者，其孝也夫？況在國曰忠，在鄉曰悌，爲德之本，爲善之先乎！然則斯樓舉孝善而爲義諦者，亦宜運世應期，將擅恢恢乎奕代耶？

夫樓閣者江山之眼，義諦者樓閣之心。不得其眼，如冥瞽夜行，雖拔同泰岱、危若妙高、綺似雲羅、焕如星斗，與塵埃一寂。得其眼，斯然温犀而鑄禹鼎，雖羅網光黄、衣帶漢沔，牢籠二楚、驅駕三湘，吞吐大别、呼吸雲夢，猶指顧間耳。不得其心，如泥舟冰釜，雖崇若章華、窈若阿房，聊以熾秦煙而炎楚炬已矣。得其心，斯懸華於日月，雖山河有帶礪之期，竹帛傷磨滅之歲，苟三辰不墜，太一不移，則大道生生，則大孝烝烝，則斯樓毋替也。

今所以爲心者，孝善也；所以爲眼者，孝善樓也。憑欄向遠，俯仰輒眼豁江山，談嘯輒心開天地。雖厠身冥漠之都，不是過也。復令登樓之人，皆得眼其眼而心其心，使域周邊腹，裔遍華夷，曜之所及，孝之所及，則環海混一，遐荒不二，治臻大同，天下一家，得拱手致矣。然後知五伯不足六、七雄不足八，雖復抗三王而肩二帝，不遑多讓者，豈第敦其倫而厚其俗之爲揚詡也哉！

戊戌年六月初二，秦地觀太居士書。

石任之

字安措，別署盟虢室。生於一九八二年，江蘇彭城人。從迦陵葉先生受博士業，國家圖書館古籍保護中心博士後，揚州大學教師，研治詞學及近代詩詞。有《予生未央集》等。

溪山餘事重刊瘦碧冷紅詞序

倚聲誠小道也。大鶴山人負蘭錡家世，裘馬麗都之盛，乃抱詞人之名，侶鷗鷺以終老，寧不憾承平年少，一覺而東京爲夢華哉？倚聲誠非小道也。以大鶴山人之豐才博學，其披蕙握荃，有訓詁考據之擅，兼金石書畫之長，恃岐黄以自給，又以飲饌古器自娱，而卒因詞作詞學見稱，身前慧悟甚深微妙，豈知身後皆倩倚聲而傳也。

大鶴之於詞學，非止裁雲爲骨，剪水爲思，又非止遑唇吻評騭之能，是丹非朱而已。自言於琴中得管吕論律之本旨，觀其手批夢窗詞，黜斥毛杜，於上去之外尤重入聲字例，非妄言也。忍寒居士嘗謂：『取唐宋以來之燕樂雜曲，依其節拍而實之以文字，謂之「填詞」。推求各曲調表情之緩急悲歡，與詞體之淵源流變，乃至各作者利病得失之所由，謂之「詞學」。』才情富艷者盡可以炫詞才之能，然詞學實文學史家之事。此王朱鄭況所以爲四大家也。

易哭庵序《瘦碧詞》云：『故嘗論其身世，微類玉田。其人與詞，則雅近清真、白石。』狂童之狂也，是語洵爲知言。瘦碧爲大鶴夢遊石芝崦所見石上之文。以姜堯章客武康，鄰白石洞天以自號，乃循其例。堯章歌曲，玉田身世。精蕪去取之際，體潔旨遠，句妍韵美，以其意境格趣，適與白石爲近。而慭遺一老，此固玉老田荒變徵之哀音也。《瘦碧》《冷紅》二集，爲大鶴廿餘歲至卌一歲所作之詞。後合爲《樵風樂府》，多所删汰，此刊乃可見一斑。法度可得而老成，然少壯情志不可復致，是知不必盡廢少作也。大鶴以爲不足存者，未必不足存。『魚雁沉沉江國』可傳，『近身花氣如潮』豈不可傳乎？

先生自言，年十一有句『衣篝香裡夢江南』，及廿五歲以幕客就食吴中，猶念念於清真衣潤費爐煙之物理。不第二十餘年，癸卯間遂絶意進取，自刻小印曰『江南退士』。於姑蘇通德里置地五畝，不知種芝耶抑種玉耶。吴下羈旅三十年，以貴公子孫而爲諸侯殘客，蒼煙觸目，白露在懷。淺水蘆花，寒汀眠雁。大鶴北人也，挾名士風耽山水癖，而終爲江南一退士。此誠吾國舊士人之文化心理也。江南之於國人，地理之外更有一心理之江南。簾間調燕，花底停驂。春塘泛泛，朱鷺翩翩。白蘋紅蓼之濱，偶剥芙蕖一孔，即可爲避世逃禪之所。而詞之於國人，可爲歌筵酒會之娱，更可爲陶寫哀樂之具。既睹故國之漸漸爲荒丘，而此身白頭江南，藉詞爲遣，亦何必爲檀唇玉管之謂，纏綿莫解，托之而已。

大鶴每自謂拙於生事，不欲丐人，以其與吷庵知交之厚，得雪茄之贈，猶云：『珍謝無已，得此已悉其售处，不敢煩源相濟也。』今人爲詞，得網絡之便利，蒐匯之功彈指間百千萬倍於古人矣，倘研習積年，不患造語之不類。然所處之時空，恐名利一語不能盡意，復拈出『成功』二字，熏人欲狂。試呵一氣，肺腑中孤雲未出而雨焦霞滅，豈容有退士乎？

耽古樂，退士早銜天爵。人世寒煙瀰大壑，恨無金匕藥。慢煮江南輕嚼，瘦碧冷紅同蕚。已戴霜頭如白鶴。萬花須一落。

右調謁金門。

戊戌立春後一日，彭城石任之序於盟虩室。

潘静如

字拜石，號統寅。生於一九八六年，江蘇灌南人。北京大學中文系博士畢業，現供職於中國社會科學院。

與如水先生論學者不文箋

如水先生道席：客歲猥蒙擢拔，置甲等，且賚以尊集一部，似以静如爲可與言此道者。比復舉今歲賽事所收稿而示之，使與於文章衡，謂如故事。何先生愛我之厚耶！如未嘗學文，慚非其人，然不敢慢，亟出而讀之。望之炳炳烺烺，而中意者寥寥，亦無以異先生向者之所嘆。因念先生伏處江湖，不以衣食爲懷，獨毅然以文章倡天下有年，從而游者遍江南北，其所造就亦云多且善矣，而猶歉歉不自足，居則蹙然以憂，出則惕然寡言笑，若無以得其心之所安者，竊有以喻之矣。辱知愛，敢不盡言。夫所謂文章，不朽之資而穆然之業，由其經國體、翼經史、養性情、鳴氣類也，古人不容不貴，然特舉其極而言之，圖其效，嗤之者固十七八，矧今茲耶。道之不行既百年矣，何有於文？輓近石遺翁所謂荒寒之途，惟自娛爲有餘。先生以今人愛憎於文者幾何？文章無他，因於人而已。今彀中之士類在學院，多儕流之挺出者，既不暇不願爲，其外於是而孳孳求焉者可云篤且敬矣，而生計未足自托者往往然，其足自托矣又或心力凋耗於奔走喘息之間，無由窮其志於文。其未盡副先生望，豈不昭昭有以然。間聞彼聚而謀曰：『學者之流，擅庠序之席，糜利禄之贍，乃不能文，何由知古人？但取其文，弟靡排比，巧設其意而已。不大可羞耶！』先生以其言爲何似？必曰有是有不是。今之學者，才性有高下、敏鈍之不同，然豈必無豪傑之士挾其鞭霆掀海之不易才以起，勃然與古人相頡頏哉？直無取焉耳。不足以肥我，奚其爲？彼固精於算計。斯舉其情狀，非貶之也。鮑爾之所謂帳簿社會，與韋伯之所謂科層、職業相表裏，爲政學一體之證。現代云者，舉其微，如是而已。學者寧獨外耶？雖然，學者不以內化爲能，如之忝爲一員也，亦不能無疑其學之果足以知古人與否。夫以學者之人衆才美而多暇如此，日穿穴於古人之編又如彼，而不聞有肯一挂心者，徒賴三五篤古之老師宿儒相與砥礪磨礱，又多淪隱林藪不爲世重，文章誠岌岌乎殆哉。今先生孤撐於摧扤之餘，恐雖唐退之、宋歐陽無能爲役。然竊以未來不可知者也，其望未必絶，當以不望望之。誠願先生日敷其文教以爲天下德，退而杖一壺，遊乎無礙，肆其筆於竹里之丘壑。若然，先生其必熙熙然有以樂乎。竹里一隅耳，浙之佳山水以千計，如且幸其遇先生於機心機事充塞天地之日。叨在知愛，敢以誠對，瀆言之如此，先生其恕之。

清華園王觀堂紀念碑

夫買山而隱，無水而沉，皆非公有。公以一介儒生，撰著之餘，猶復心繫皇輿，而未或審通變之理，致貽塵謗，傷哉！張天如嘗怪儒者有博物之長而無謀身之斷，竊亦惑焉。公之於遜清，義不作貳臣。顧考其實，有難言者矣。何者？勢異也。以公之睿哲才穎，豈不省耶？蓋人情有所不能自已者焉。

昔史臣之傳潘安仁，有『天之所賦，何其駁歟』之嘆。吾於公亦云爾。王粲奉觴以賀，傅亮拊髀而嘆，視舊主如敝屣，皆美新勸進之流，非公儕類。雖百世而後，不以觭見，必羞稱之，不待觀公之考汪元量事可知也。蓋身當板蕩，剥喪至極人，郁離以熄，儃佪罔適。雖西臺之慟哭，東海之蹈義，莫或加之。少而失怙，老而喪子，茫茫天地，曾不容一老啜泣也。晚乃坐施絳帳，拂繫絶纆，豈非以當是時棟折榱崩、丹黄零落，靡有起而振之者，少帝亦僅同公羊所謂『失地之君』、管子所謂『托食之君』，雖欲出門西笑而不得耶？古之遺直者耶非耶！

及觀公遺書，雖不明著一怨字，吾知公之怨也溢於言辭矣，而實非言辭之所能一二也。傅咸有言：『古有死而無柔。』高風不墜，於焉見之。歷陽之都，一夕變而爲湖。疇昔總總，並爲灰土。筆之削之，抑之揚之，皆無累公本度。反顧天下，闤闠之間，方寸地耳，或以喜，或以悲，或以啼，或以笑，億萬年來，夙夜如之。公之泐名，雖萬世稽仰，以天眼觀之，亦等是耳。然人情所不能自已者，乃遂一於公見之。此人情所不能自已者，即古聖賢之道，而公之所謂人間也。然則謂公昧於時勢者，蓋猶有蓬之心也夫，曾何足以喻此。

抑余猶有進焉者。公所業，恢恢乎其無崖，上逮流沙墜簡，下至説部叢殘，又無不淬之簸之，酌焉而不盡，注焉而不竭，倜乎非數米簡髮之拘拘小儒所望也。因念陳先生寅恪序公遺稿，期後之讀公書者能探其隱懷，予愧非其人焉。顧曩者閲公小詞，三復泣下，則有之也。以爲公者，即以詞人丁未造，亦將平視況、王、朱、鄭諸公，而上追納蘭，相與掉臂遊行於翰苑詞場間。然則公之慧也如是，豈果不省區區世情者？詆公者、惜公者，其殆可以息也。

嗚呼！延陵之劍，秣陵之書，皆歿後而始奉，非必曰靈神可感，古之道固若是也。余之生，後公百祀餘，固未嘗一接謦欬，然讀其書而想其人，奚必以形骸爲貴。今者過公之墓，但見冢木萋萋，闃無人聲。因念眉山蘇氏之過潮州也，作《潮州韓文公廟碑》，既爲文以寄其思，復綴以詩，使潮人歌而祀之。余意有未竟者，亦將於詩乎見之，公其鑑旃！其辭曰：

如公該洽亦何尤？率土儇媚公所羞，一朝沈冥地下遊。是夜病鶴走神州，寒江之潮沍不流。經籍零落無人收，眇焉誰與紹其裘。謫見於天洗雙眸，從天乞埋無乃疣。憶昔束髮弄翰柔，三餘還自發咿嚘。操觚不與謬者侔，鑑無滯頤曲盡幽。呻其占畢信邃綵，汲古長恨綆不修。芻蕘之子過節樓，旦夕望之欲乘輶。就試胡能閟牽韝？管城一擲不少留。軒軒空負文如彪，秋士無言翻百憂。九洲之外更九洲，茫茫禹畫哀筌篌。曾經十萬驅貔貅，而今四夷覬珍饈。碧眼胡兒跨鴻溝，津河洛角恣虔劉。鬱壘鴟張縱戟矛，不見黃胄亢其讎。玄圭盡輸五牙舟，隔海迢迢去如飅。一去不回職何由？他年回首泣萬牛。人生容易厠熏蕕，揭來滬上渺一漚。唾落九天甫出喉，四座驚之失喧啾。勢猶鋸屑與蟠虯，一丘一壑迴無儔。丈人投袂禮猶猶，乃欲鐫此荆之璆。丈人自有書如邱，嫏嬛珍奇未煩搜。拔之儕類爲之庥，傳之詩書與之紬。如飲秬鬯如盤遊，旦暮相遇衹軻丘。決疑快似酣張觩，一發嚆矢克中侯。更復起視稽敻艽，須臾掃盡商與周。東南大府邃無㕣，海國新書萃其尤。相須左右互攻求，三十能通二西郵。一夕乾坤換兜鍪，天街踏骨驚冕旒。乘桴東向每懤懤，宅之殊方意自羞。偶與流人競冥搜，下帷墳素肆探摟。魯魚蠋鞠正其侜，忽然西向望松楸。歸來一瞬幾春秋？破甑塵起百丈頭。愁深一遣致書郵，來與故老詩相酬。周以長筵款同仇，與客爵之泯萬愁。刳蟆之硯古所鎪，滿飲三蕉筆底遒。可憐遺臣計綢繆，影壞猶思七寶修。九落韜光蔽羅睺，枉將末命付螟蝨。戮力空慚對楚囚，相獻磨蟻不自周。老傍金鑾弁俅俅，日日傅之禱天休。托食之君何所求？青陽左个小於篝。如駒在轅魚在罶，君臣差比淳髡優。爰從名園受束脩，投壺講藝高名彪。何意蒼頭起戈厹，直驅天子到畿陬。一人諫之衆人咻，蛇隼乘時各有攸。或意東狩客琉球，獨望天南鬱不瘳。塵海窊黷爾安投？無那平地亦摧輈。大鈞存亡伊誰謀？廓落無人一借籌。天道推還寓休浮，公乎公乎獨殢留。平生詎是談天鄒？蕭騷苦恨無嘉猷。王霸渾似貉一丘，刀頭仁義腥所疇。寥天萬古何悠悠，下俯七尺鬚眉愁。天風浪簸萬竅嘈，昆明湖畔潺且幽。一老硉兀骨如鈎，塊然獨立氿瀾收。但聞馮夷咽還抽，北斗孤懸長安頭。

近現代李商隱集句詩彙編小箋序

義山集句，宋明有之，然特集唐之支流，偶而湊泊，汩沒百家，未能自別其間。清人始張大之。蓋有清以異族入主中原，環伺海內，果於殺戮，士惕焉無所用其心，乃相率逃於故紙堆間。夫既無所用其心，奚有於學？彼固自審之矣。故藏焉而富，必有所以泄之者。江河之盈而溢，瓜果之熟而落，勢也，惟學亦然。泄之不一途，或以歌，或以哭，或鑑水而驚魂，或據梧而養心，爲僧、爲俠、爲顛、爲隱、爲畸人、爲秋士、爲殷之頑、爲秦之客，要必見諸文字，始足稔來者。彼其逞才學以效於集句之戲者，蓋莫不冥契天人，嘽有餘力矣。文字之奇，侔於造化，百祀而下，猶旦暮遇之。倉頡造字，天雨粟鬼夜哭，豈徒然哉！

考之載籍，清之前中葉，倪廣文、王汝璧、祝百五、周頤慶輩間爲之，顧皆散篇，瑣瑣弗足道。惟《留春》《飣餖》二集，頗見妙裁。然勒爲專集，若世之集杜、集陶者然，殆自乾隆間王啓焜《獺髓集》始；勒爲專集且刻板單行者，殆又自光緒間史久榕《麝塵集》始。或曰：此有說乎？曰：有。光緒中葉以還，海宇不靖，人情詭譎，宮禁遺事，尤多綽約。士之鬱悒者，捲舌莫敢言，乃翩然有集義山之作以抒其隱衷者矣。逮於民國，流風未泯，覯閔既多，翻極其工。惜世變日亟，迅於轉轂，五紀之間，蠻觸紛紛，讀書人自顧性命之不遑，尚何論於區區末技。雲孫巧錦，世遂莫有知者。文人珠玉，堙沒不彰，余竊憂之。爰以暇日，掇彼遺翰，箋而識之，稍存梗概。再閱星霜，粗蕆其役，凡撮録三十九家，爲篇千三百有奇。

箋既竟，七情交作，涕淚橫出。余喟然嘆曰：人之所以爲人，難矣！中外聖哲固數數言之，曰倮蟲，曰蘆葦，莫不有以洞其賾。顧士之所以爲士，不尤難乎！不尤難乎！士者，以其聰而知天下幾，以其誠而蒙天下忌，以其勇而受天下禍。跋胡疐尾，上下交非，君既疑其壹於教，民或病其異於己，猜焉梶焉，處之危地，驗之古史，吾見其事矣。然而雖百死其猶未悔者，以其健而與天下同休戚也。非爲天下也，爲己也。晦庵不云乎：『盡己之謂忠，推己之謂恕。』帕森斯（Talcott Parsons）、普拉特（Gerald M.Platt）二子亦有言：『知有天職（calling），不知有人事（job）。』論其志也，非士人歟而誰歟？丮殘守闕，義不徇俗，世無耦合，絶其學、畢其命而已。雖然，命自天賦，行己有術，爲剛爲柔，視乎其人焉。犯顔而諫，不免於黜，此大勇也，然而有譎諫存焉。直筆而書，不免於戮，此大勇也，然而有曲筆存焉。之二者，無所論其高下，各從其志焉爾。獨念先河後海、朔廢羊存，皆古哲所允，不達屈伸之理，將精氣莫傳矣。或曰：儒者，柔也。此之故也歟？是柔之與健，初不相悖，皆士之道也。何以見之？余見之《義山集》句矣。

士生丁亂世，事多忌諱，綴玉既成，作者固懼人知，尤懼人之不知，故循卷而下，雖幾微莫測，而消息可參。彼西人所謂『隱微書寫（esotericism）』，庶幾乎是。藏頭露尾，爲計之拙耶？抑計之巧耶？世當有能燭其隱者。原其心術，貌若可笑，實可憫可敬之至。不有其人，心史莫寓，而士之爲士，將絶焉而莫得其徵矣。晚清庚子之役，西太后之私也，五大臣以抗顔死，而王夢湘、胡德齋、汪袞父、徐少逵、曹君直輩相率集義山句以寫其事，西太后之穢，五大臣之勇，以逮立嗣之謀、德宗之囚、珍妃之死、拳民之愚、聯軍之酷、東南大吏之識，一皆於焉見之。辛亥以還，數十年間，侜張猶昔，一時詩人，同承此志，各表其隱。嗚呼！此何世也？士之表其志也，不以舌而以筆，不以直而以曲，余敬之矣，而復悲之，悲其無所容於世也。士之爲士，詎不難乎！士之命也有極，苟賦命不辰，抱其器而無所用，有其懷而莫得遂，不幾幾與草木同腐耶！哀之大者，蓋莫過於是。必明乎此，乃始悟古人先河後海、朔廢羊存之爲不得已、無奈何，然而亦遂可敬可風，萬古凛凛有生氣矣。吾儒有天行健之説，又有順事之説，一者進取而貞愨，一者堅韌而夷曠，足以慰天下士於寂寥之中。子曰：雖小道，必有可觀。集句之戲，寧外於是。

抑余猶有進焉者。義山詩，其詞綽約，其旨迷離，向稱難解，乃復集義山句以申綺懷、述朝事，作者且在可不可、達不達之間，讀者欲達其旨，不戛戛乎其難哉！夫南華非僻，相公有所不知；蜀道縱奇，論者每失於鑿。徵諸西人，亦有同概。古者，羅馬帝國維吉爾集句（Virgilian Centos）盛行，無名氏De Alea一篇，辭俱可徵，而事有異説，或以謂藉彼壯語，況兹角鬥（a battle in an amphitheater），或以謂莊詞諧用，巧狀擲骰（an actual game of dice）。千載之下，作者泯然，誰爲定其是非者？既知人事昧昧，情辭杳杳，吾人安得遂以謂得其神解？董生云：『詩無達詁，文無達詮。』固也。然苟能本其世以逆其志，雖不中，不遠矣。請以此繩是編。至於偶涉穿鑿，自所難免。蓋人心我心，雖不遠而亦不齊。抑豈惟人心我心，即我口我手，亦多參差。故予爲此編，有事則箋，無事則闕；既爲之箋，但舉其大，不徵其細。雖然，未敢自必也。莊生曰：『吾安得夫忘言之人而與之言哉！』有是哉，有是哉！在識者宥之。

唐顥宇

字海棠，齋號小狐仙館。生於一九九一年，江蘇南京人。南京師範大學文學院博士。

水彰五色賦 以『渥彩彰明必資乎水』爲韵

星落空江，日昇大海。光以波激，精隨浪載。蓋滋色而錯生，因擢神而旋改。倒映諸天，吞吐百態。廣而物皆能涵，清而顏莫不溉。故知至净者能麗三光，至澄者能鮮五彩。

時疾時徐，或碧或朱。亦飛亦濺，如玉如珠。圓可增腴，潤可澤枯。亮可鑒影，潔可滌污。一滴著處，萬象俱殊。流光溢彩，竟在斯須。閑潭柳摇，玉液滑過岩嶼；小池萍碎，緑晶飛上菰蒲。敖岸之山兮多金赭，河林之北兮有夫諸。自應無損益也，何爲變盈虛乎！

淡可描濃，疏可補密。艷可添華，清可益逸。究之無方，用之是必。隨處可觀，概莫能匹。青衿雋立，深林幽微泉滲；粉靨端垂，仙卉涓滴露溢。如宣正雅之音，泠泠幾聲；如寫名山之法，寥寥數筆。

當其共雲飄生，化雨降成，循天道而焕黼黻之鮮明；毋乃緣德見志，藉形顯異，變地文而昭涵容之譬旨。本自空瑩爲質，居然絢爛呈美。所以無上者莫過於因勢佐象，至高乎誰勝於折光照水。

况有蒼苔發於陰壁，碧蘚滋於古碑。濡白沫於王氏山館，漾霞漪於謝家園池。養物於無恒之態，結葩於不定之規。最奇於飛流急轉，長擅於橫漲縱垂。藴巨力於隨滅，含深情於用資。

澄明兮纓可濯。摇蕩兮月不可捉。構想兮如夢之幽，沾顔兮如丹之渥。浮花而紅蓮愈嫵，浸境而紫竹先覺。瀲灧而幻景陸離，森沉而迷澌斑駁。驚散神思，混同清濁。鼓舞風煙，潛藏鱗角。

夫水之含象實大，於物之潤色何長。衆生也皆能育，五色而咸可彰。焕爛兮文章，錦綉兮鴛鴦。叶同兮陰陽，變换兮露霜。海波兮潮光，佇立兮凝望。萬類兮煌煌，莫不離兮水之襄。

駱越短劍賦

首山之銅兮何青青，言鑄爲劍兮耀寒星。維越人之古製，鎮方國之王庭。其利可以激義，其威可以處寧。彈劍入聽，蕭蕭露零。下指三土，上通萬靈。以自重致天下重，化無形爲衆有形。

其時短刃猶興，長鋏未設。狀容端肅，式製樸拙。搏金作柄，裂玉爲玦。格弓莖圓，精騰氣決。爾其爲用也，符元聖之聿修，昭武德之熾烈。静塵氛而守安，吹毛髮而飲血。揮兵戈之鋒鋭，一將手挈；耀禮器之莊嚴，萬民心折。

或有人面爲雕，傳栩栩之鍛鍊；羽衣作飾，動翩翩之霓雲。渡水而煙嵐遽合，圍畋而車馬乍分。投足而皆成舞蹈，揚手而齊運斧斤。太一遥降，風雷驟聞。鱗甲錯落，火烈紛紜。藏匣内之陽彩，射天南之夕曛。銘其歌與其祀，秘韞櫝以成文。

至貴至堅，爰乎爰化。氣衝漢流，神逼宇下。啓洪爐之鼎沸，召名匠之歐冶。爍目如吐月於空宵，盈掌如生霜於寒夜。逕撫而星爛中天，直劈而花飛大野。光質鏗鏘，火雨斜飛；金聲交錯，水精亂灑。剸割謀獵，將有事於山林；指撝定邦，乃畢功於王者。

今何幸也，得覽古兵。帶陸離兮斑駁，含凜冽兮青熒。觀其容之肅穆，想其祚乎休明。巍巍巨嶺，赳赳干城。發匣以視，鋒無光而自怒；臨風有懷，刃不動而長鳴。老龍掠空，鍔開青芝；明燈照脊，鐔攫碧泓。蟲齕霜蝕，猶能奪補天之色；世换時移，蓋莫雕衛士之情。

嘉夫寶劍之威，衆目咸仰。越人之德，流芳是廣。所以傳萬代，繼歆饗。固永寧於此鄉，葆長樂於斯壤。願載綏兮載福，敦所來兮所向。至矣哉！古之禮器，今宜勿罔。

時鵬飛

生於一九九三年，江蘇淮安人。就讀於南京大學。

先大母周氏墓志銘

先大母姓周氏，諱玉梅，淮安府順河鎮人，年十九，歸家大父。大父少失怙恃，鞠於後母，鄉人甚之曰：『非所出，徒費束脩。』遂不得終學。未幾，後母亦見背，因夏畦終生。結褵之日，室如懸磬，旋舉三子一女，大父以己少而失學，遂發憤使三子從學，雖倉無擔石之儲，食有朝夕之憂，未嘗斷其廩供。家大人少病弱，伯叔又皆屢舉不上，大父每倒倉傾困，夫推車，婦扶轂，轉販十數里外，大母且繼以織紝，始卒供其月食。大母性和易，居家數十載，未嘗出一言詬詈。伯母强悍，嘗捽其髮而批其頰。大父素威嚴，聞之大怒，因輦柴草數十車塞其門，欲焚其廬，且水漿不復入於口，積有數日，家人大恐，不知措置。時家母已許聘而尚未歸，大母因私使家大人迎之，爲婉轉説之，大父不忍拂其意，遂稍出飲食，其事因解。鄉人以爲善處家人女媳間焉。又好與人接，大父中年病胃，不復能事産業，家大人遂奉之入城。家大人居十數年，鄉里多有不能名其人者，自大母至，里社南北數里，至其門無有不倒屣相迎者。西鄰植古度樹，高者丈餘，其枝葉闌入比鄰者，輒剪伐使不長，不欲使果墜他人園也。及大母至，輒啓鑰相謂曰：『任爾取之。』自仕宦商賈，至乞兒馬醫，無不與交，大母殁，有乞婦叩門攜貲爲賻，余弟兄以長者之禮事之，哭拜稽顙，因撫門垂涕，稱『積善之家』者再三始去焉。大母自奉極薄，而含育諸孫，温淳甘毳，脭醲厚肥，未嘗不應其所欲，罄囊橐不惜焉，故諸孫之歸赴其喪者，無不望門而泣，雖行道之人，見之亦爲動容焉。大母少好馬吊之戲，而貧不得爲，自家大人奉至城中，不復事生産，乃得遂其初志，日與閭巷博戲爲事。某日，樗蒲之間，忽曰：『此何時也？』言終，遂仆不復起，諸人視之，已無氣矣。家大人業醫，每飲泣嘆恨曰：『吾一生所學，竟不及施諸吾母。』鄉里長老或謂之曰：『汝何知哉！如吾諸人，日薄西山，非朝即夕，委順可也。然痼疾嬰內，藥餌加外，藥餌不效，開顱剖胸，誠非所堪。汝母之臨歿也，猶行樂焉，是帝之解其懸也！帝何報之厚歟？汝又何知哉！』天祚善人，其言或然歟？元儒王魯齋謂婦人附夫，特志婦人，非古法也。又謂婦人可書者，不過閫內之碎事，然歸震川之志女婦也，以一往情深之筆，書二三瑣細事，使數百載之下猶如見其人之生面，黄梨洲云：『古今來事無鉅細，唯此可歌可涕之精神，長留天壤。』誠哉是言！志之云者，非志官爵，志精神也，何魯齋之不知變乎！大母壽七十三，卒於丙申六月四日。子三，長春成，次家大人，次其成。六月七日，歸葬於順河鎮時廖莊北。孫男鵬飛爲之銘。銘曰：

大化流行，何勞形焉。生者順事，死則寧焉。帝之懸解，翔杳冥焉。於穆門庭，子孫型焉。富貴浮雲，惟德馨焉！

王心釔

生於一九九六年，江蘇無錫人。南京大學文學院漢語言文學系本科學生。南京大學國學社社員，南京大學林下詩社社員。

談玄録選

伍氏女

金匱陳生某，祖籍東粤。有一妹，眉目盈盈，有冰雪之姿。極憐愛之，不幸十五而夭。生扶棺南歸，一夕忽見妹子來前，嚴妝輕袂，飄颻若仙。泣向生前，自云已投生餘杭伍氏家，生死無會，再逢有時，約以十年爲期。生且悲且喜，苦留之不住，乃自解其佩繫於妹頸：『是信也，則吾妹存之以爲志。是妖也，則請退去，勿玷亡妹芳名可也。』妹徑出不顧，生泣而趨之，不得。恍然而寤，則陋室頹壁，脂芳猶在，輕呼妹名，渺渺然無所回音矣。

期十年，依約而往，遍尋城中，更無一伍氏者家。蹇留日久，盤資蕩盡，乃宿吴山子胥廟中。時唯仲夏，蟲蠅滋繁擾甚。生不能寐，中夜起行。見庭有一樹白梅正盛，柔芳冉冉，裊然輕動，如聞笑語焉。寺人語生曰：辛巳冬此梅已枯，十五年而復生，今又十年矣。衹葉不花，是歲乃開，繁盛過昔。問其日期，則生至之日也。仰首猶見一瓊玉隱現枝上，旋然欲動，仿佛有聲。

擁爐者曰：枯而復起，敗而重榮，女莫非逸世之老梅，凡心偶熾耶？入世凡十五年而復歸，來去自由，余嘆羨之，但苦汝兄一生世也。然十年不花，以待兄來，亦非無情者也！余代爲兄言之：汝妹乃故吴伍相家梅女也。

薜荔

陝西李生長軒，以諸生寓於金陵。金陵六月多雨，又以其時梅子皆熟，故稱梅雨。往往一雨十日，勁風摧折，草木或有平地而起者。

一夕風雨大作，忽聞户外有女子啜泣聲。生驚，隔窗遥望，依稀有薄影纖纖，弱不禁風，次第叩户，若求宿然。迤邐而行，曼聲而哭，而絶無一人應之。生大憐之。漸次近户，乃一麗人，髮長際地，水流如瀑，滴滴點點。至門而仆，旋然遽滅。生疾出視之，並無一人，且悲且疑，枯坐達旦。

平明雨霽，出門視之，見薜荔數蔓，附於院墻，不知是何處吹來。柔條滴翠，宛若玉人臂，然横遭風雨，視之猶拖泥沾水，淋灕狼藉，焉不可憐。於是移之以盆，攀之以架，固之以籬，且慰芳心。期年滿墻，開白花細碎。後數十年終無他異。

瑞香

具區馮生字審言，余幼時同窗也。好草木，滿庭葱蘢，經冬不凋。室中惟植瑞香，臘月乃開，其香徹骨，生極愛之。余嘗戲語之曰：『君其待若解語花來邪？』相視一笑。

乙未秋，朔風驟至，草木摇落，寒酷過於往昔。方交白露，天大雨雪，紛紛熙熙，六出亂飛。生乃盡移諸木於西厢，獨置瑞香於案頭。盡日闔户，瑞香前置琉璃一盞，默誦至夕而已。逾數日，案頭瑞香忽開，花皆作深紅色，骨朵聯攢，如墜瑪瑙焉。有奇香沁鼻，爐火融融，並郁一室。生居臨衢，過往行人皆皺衣酸臉，摇頭縮手，紛繁而過，生獨臨案而誦，悠然自足。

乃致余來觀，曰：『既有「絳雪」臨案，何必「香玉」執炊。室有佳友如此，豈謂不能解語，又何必附之以一麗人，染絳裙，亂披髮，履塵世，如妖異相似！况吾聞林和靖梅妻鶴子，豈真待一梅美人鶴居士爲伴邪？』燭火盈盈，映花株明潤如玉，簌簌微摇，若有所語。

是夕忽得一夢，有麗者身長不盈寸，身披紅羅，似幻若仙，蓮步來前，笑向枕邊曰：『君言誠不虛。』言訖而隱。奇而告余。余問曰：『願聞形狀。』生苦思而不復憶。共付一大笑，乃爲之記。

秋月

金匱有生某，亡其名，姓白氏。生少孤，母爲娶焉，不幸殂謝。後三年母以病逝，生以是獨居久矣。深好文章，然無心仕宦，嘗自笑吾有南田一畝地，是願足矣。往往而晨起荷鋤往，俯仰天光，嘯咏若旁無人者，人多謂之癡。而生每施施然自得。

乙未秋，生夜讀。屋敝久不修，有月如流，瀉於案上，竹影梧風，往來摇映，居然成趣。生稍釋卷，欲將觀玩，忽有女子攬一縷月而下，薄衣纖帶，立於案前。其高不盈尺，秀目蛾眉，略不施脂粉，而沁潤入肌骨。容非絶世，而嫻雅可觀。然極纖弱若不勝風，風來則裳動袂拂，摇曳欲飛。流眄顧盼，則愈可憐愛矣。

生稍窘，伏卷後不敢視。少頃，忽以襟掩口而笑曰：『此郎訥訥似癡兒！』自起趨生案上。其行動飄忽若仙，然觸物皆作聲，鏗然一響，如鳴金玉。案苦不甚低，女若將傾，生乃抱之案上，即以書卷爲座席。其手温凉，纖骨冰肌，腕下有玉釧一雙，質欺霜雪。於是暈生雙頰，低眉斂衿，久之，乃妍媸一笑。生益且憐且喜。

初，生尚惶懼，疑其爲狐，將爲祟患。言語之間，漸漸心定，更憐其扶風柳態，殊無不安矣。然猶存疑焉。戲詰其姓氏，自言盧氏秋月，復問何來，不答。久坐，漸聞兩袖下有異香，非熏非麝，鬱而不膩，清而絶遠，乃謔之曰：『卿狐香透袖矣。』女改容含嗔曰：『便汝家窺墻之狐婢子！』旋而復笑：『便實從鄰家狐姊來。我有佳釀，藏之久矣，適與狐姊同酌，今君若不棄，願與盡餘醅。』乃自脱腕下玉鐲，隨手擲去，化爲二玉杯。生顧視女身無所長物，乃笑曰：『酒將安出？』秋月曰：『尚需借君家清水一瓢也。』生益不信，然終予之。秋月乃盡傾之入玉杯，水高而不溢。試飲一鍾，則佳釀也。生益奇之。二人對飲達旦，且話温凉。東方既露，秋月乃復援一縷月如初，欲去。生急趨捉之，不得。猶聞簷上笑語云：『个郎果是癡兒。妾與君逾十年之相交矣，何必若此。』生乃住，然遍思平生相交，未嘗有此奇女子。惑終不解，旋釋然也。

是夕聞人叩户，視之果秋月也。於是每夕而至。初止携酒共話而已，既而相約弈棋，更共坐觀詩文。秋月身頗嬌小，生乃置之膝上，爲之誦書。久之漸成密友，然每語其『平生相交』何謂，一笑而已。

期年，寇大至。生以居所偏僻，殊不以爲意。一夕方與秋月共坐，忽聞喧嘈之聲不絶於耳，未及趨牖視之，燈杖明火已至門矣。生念身無長物，止此一屋，料不被禍，獨恐秋月之不能全也，慌遽之中，匿之案下，則寇已破門入矣。爲首者謂生曰：『方聞室中嬌笑之聲，其人何處？』生不答，便加刀斧。忽聞案下嗚然作響，清越之聲，雖高漸離擊築不能及也。生驚顧視，但見白光一練，自地而起，秋月乃自以身投寇首，中額，立仆，血流盈注，奄奄將斃，途寇皆驚走。白光如碎如星，於空浮動，光耀一庭，而滿屋皆流異香。久之乃落，自空委頓，滿地流光，疑傾銀河，而聞之皆有酒氣。漸次而滅，則滿地碎白瓷而已。中有一片，纖纖如美人臂，玉鐲二枚，歷歷在焉。生怛痛欲絶，再呼秋月，則渺然無回音矣。

初，生少年時，有友過之，遺以佳釀曰壚邊月，生愛其瓶細長若美人，瓷質細且潔，不忍遽飲，遂藏之，十有一年矣。時生細思平生，大驚曰：『得無秋月即爲此乎？』發篋視之，果然失卻。於是哀慟極切，自分相知一年，雖不成伉儷，亦爲膩友。十年之識不虛，而一朝臨難，乃以命易之，雖古之遊俠不過如此。乃瘞其碎瓷於庭前柳下，親爲之志，其迹今猶存焉。

後數十年，生固老矣，猶常當風臨窗坐，冀秋月之再至。一日忽見秋月，著舊衣裳，含笑而入。生喜，起而迎之，則委卷於案，溘然而逝矣。

戴啓飛

生於一九九七年，江蘇南京人。擅長校勘、訓詁學，參與點校《徐霞客遊記》《明穆宗實録》，合作出版《海錯圖譯注》。曾獲『聶紺弩杯』全國大學生中華詩詞邀請賽二等奬。

求真賦

以『格物窮理，即事求真』爲韵。

求真之要，一曰探賾。追蹈歷賢，瞻臨前迹，厥名昭昭，厥功赫赫。碩儒提耳，程朱立身；東野賦詩，昌黎避席。於惟稽古之道，必先發山之石，長銜鏤金之志，不忘懷璧之白。登書院以陶才情，正本心以披經籍，懸羽筆以傳鶴書，修風操以顯松格。不耽豫遊，不慕黼黻，不以榮貴，不以武屈。苕水湯湯，斯文鬱鬱，思乘槎乎中流，莫寄意乎外物。

求真之要，二曰變通。勢易則法不繼，時移則術不同。苟自牢於換世，實抱缺於持中。三墨分家，鉅子之恐學絶；西狩獲麟，仲尼之嗟途窮。取鑑他鑣，援材諸史，辯證所以鼎新，闡言所以明理。既漸悟以深參，寧朝聞而夕死。皓首執經，春秋不改少年；丹心承詔，禮樂堪徵吉士。

求真之要，三曰卓識。勤補天資，學無遺力，何煩名世，自以造極，鴻生不失九思，愚者或有一得。逆知則能慮遠，捷給則能用博，若體備以藝高，固意超而語特。龍門可望，桂殿在即，踵師傳以究懸案，懷王佐以謀匡國。一憂一樂，可施揚棄；三仕三已，可通物事。深省求是，大道旋彰；多聞闕疑，真詮必至。

是故謙謙之德，君子所慕；昭昭之理，宿儒所求。從師道之馬鄭，譬人倫之孔周。樹蘭蕙於百畝，播聲名於千秋。與乾嘉以爲友，與經籍以爲鄰，奮英姿以天挺，揚今學以日新。陶公行知曰：『千教萬教，教人求真；千學萬學，學做真人。』此之謂也。

存異不必交惡與友商榷書

僕聞『君子周而不比』，是人之異趨不可强聽，而未嘗黨其私也；又聞『止謗莫如修身』，是己之外譽不可强沽，而敦誠篤行或能自白也。故漢高抒懷，同鄉睥睨，孔明輟耕，時莫之許；人見其一，即言其一，不能言其二也。異見既顯，異説遂興，論敵鬩於目、非議充乎耳，設若旁徵據典以自明，播德垂範以喻之，則事猶可待乎來兹，不致睚眦之虞也。而不通有無、不陳己聞，必欲鉗口而後快，可乎？

春秋别派蜂起，他鑣並駕，號曰百家，相與擯斥，而漢歸於『外儒内法』；有唐三教相詆，滅其二不能扶其一，而理學歸於『陽儒陰釋』。蓋論争所由雖遠，必舉其禮、循其轍，合流有法，就正有道，是以見博而日進焉；苟相輕於字句之内、譏薄於唇舌之間，固不能相增減，亦非盛世所宜有也。

僕自視軨才，不若諸君也甚，每獲指摘，常自唯唯，先省人長我短，再慮持論異同，又重之措辭委曲，庶幾和光數載，寡悔寡尤。而果無交惡者乎？有之，其後所言不涉恩怨，所行不偏親仇，即悵悵然終不能釋，付諸詩文而已矣。比見吧友亦然，昔之論辯，皆意贍可玩，雖挾褒貶臧否，不出文學，此其可取。而帖下紛如聚訟，各銜宿恨，群情澆漓，語逮慈嚴，此其不可取也。願自今兩寬，毋累大德。

聊述陋思，姑爲商榷。或有一中，幸冀擇采。陳思酒友。己亥四月廿二。

徐凝碧

生於一九九八年，江蘇句容人。居蘇州工業園區中國人民大學蘇州校區校内。

遊古隆中記

癸巳秋八月，余經鄂境。十一日，至襄陽，慕武侯之風，遂遊古隆中。隆中在鄂省襄陽西二十里，漢時屬南陽之鄧縣。《輿地記》云：『行其上隆然有聲，故名之曰隆中。』觀覽既畢，因有記焉。

是日也，微雨方歇，秋意愈濃。余棄車緣石徑行，須臾，至一石牌坊，坊高二丈、長三丈許，爲四柱三牌式。上書『古隆中』。究其款識，乃知爲清湖北提督程文炳於光緒十九年立。背書『三代下一人』，蓋言武侯乃夏商周以來唯一人耳。又鐫杜詩爲聯，曰：『伯仲之間見伊吕，指揮若定失蕭曹。』又行須臾，突兀高樹大丘，導遊曰：『此即卧龍岡也。』遂駐足細賞，但見山不高而秀雅，水不深而澄碧，地不廣而平坦，林不大而茂盛，誠如羅貫中氏所言也。

拾級而上，可見隆中書院，初爲元時所建，一九八七年重建，當爲武侯時所無。出書院，越階，便至三顧堂，此即先主問計於武侯，而武侯慨然策對之所也。堂前有古柏蒼天，傳昔時先主繫馬焉。

出三顧堂，相鄰即武侯祠。祠建隆中東山梁之上，勢極雄壯，内塑武侯銅像，供遊人瞻拜。上有四字匾額，爲董老必武所書，蒼勁有力，曰『卧龍遺址』。又有三義殿，乃劉、關、張之合祠也。斯人遠逝，而君臣魚水之情長駐人間矣。

出祠堂而下，即至草廬亭。亭爲清康熙間重建，明襄簡王朱見淑墓傍依之。按此地乃草廬故址，襄簡王貪慕隆中風水，毀廬建陵。康熙末，鄖襄觀察使趙宏恩彰武侯之功，於故址修亭，復草廬舊貌。曩者漢末擾亂，民弗能生。武侯從叔父玄往依荆州劉表，躬耕隴畝，不求聞達，豈非居此廬乎？及遇先主，乃出。方此時，武侯年二十七，風華方茂，以逸群之才，建言獻策，東聯孫吴，合周瑜軍大破操軍於赤壁，悉平江南，中國震恐。遂輔先主據荆州，征西川，定益州，與魏、吴成鼎足之勢，三分天下而有其一。則此廬功莫大焉，安能毁之哉？

山麓有老龍洞，洞口泬而爲潭，澤清而荷香，鯉戲其間，怡然自樂，不知遊人之觀己也。此潭，昔武侯躬耕之時以爲溉苗也，逾二千年而不涸竭。余因有感焉：武侯晚年，值關羽兵敗，先主傾覆，及至受孤白帝，乃獨支危局。方其攝舉國之政，事庸弱之君，專權而不失禮，行君事而國人不疑，乃見君臣百姓悦服戴之也。武侯卒後百年，蜀國人尚歌思，一如周人之思召公也。余疑老龍洞之潭水，莫非武侯之遺澤乎？

王姝文

生於二零零零年，江蘇徐州人。闕里書院文言寫作班學生。

沉水廊道記

雲龍湖之南蜿蜒若伏蟒者，沉水廊道也。廊道入水八尺，長數十丈，自西南循階而下，七步一迴，九步一折。舉目而視，瑩波漫衍於上，藻荇勾延連絡，迎波而動，人矮於下，一時恍若已是水中生物。兩側石柱成列，玻璃爲屏，每進之，則游魚曳尾而來，有鼓進之向者，乘勢之巧者，激者，躍者，鰭者，掩者，壯而肥者，精而美者，紅黄相映，爛若天工錦綉。指之，則翕頰欲食；目之，則迎面相覷，幾不知乃人賞魚否，抑或魚戲人邪？廊道之中有一島，方可四畝，廣生植被，有香樟玉蘭之屬，金盤石楠之類，不可辨別者百十餘，雜生青岩累塊之間，葛蔓交縈，草木蓊蒽。又以板石爲徑，彎還曲狹，一人堪過之。島勢而高，可觀雲龍疊巒綿延數里，可收廊道幽遐奇趣。余每至之，必流連於此，共樂仁人智者之樂也。

或曰：廊道之設，是以人力毀天成也。余則謂雲龍之水，美則美矣，然静有餘而靈不足也。若得一技之巧者，可增水之粼色、波之輕躍，又何而不爲邪？蓋《中庸》曰：『贊天地之化育』，意在斯也。

癸卯正月，彭城王姝文記。

殷術人傳

魯之薛地，有善易者，姓殷氏，人稱之曰殷術人。泯然衆人，不覺其有異；比臨之，則見其雙目凌然若將破物，洞然若可窺人之腹心也。自力學於邵氏梅花易數，屏妻子父母，獨居一閣房。折曌至子時乃卧，而聞鷄鳴即孳孳起。其妻置饔食於門外，飢時取而食之，如此年若月乃出。邈絶疇類，聲名噪於一鄉。商賈富紳争延至其家，匄術人爲之易，多有價數萬而不惜者。

嘗與道友飲於酒肆，術人笑曰：『而能知一時間幾人客於此乎？』友不吝讓，起卦筮，術人止之曰：『如此其煩乎？』音落，環視一遭，默識肆内之格局與物之錯落，嶄然曰：『必六人也。』有頃客至，徒壯者三，孺者二，凡五也。其友哂之。術人詰之曰：『汝豈未見彼婦人乃有身者邪？』友瞠目而愧其弗如也。

術人嘗一學塾，從學者百餘人。有小子夜半而逃，助師皆驚，急告術人。術人安然曰：『待吾寤時决之。』寤，使助師往西南追之，果得於數里外。人問其故，則不答。而其名隨之益加，門庭旋踵閙不乏奇人善士。

吾父嘗與術人游，吾因多聞其事。其克勵篤學之志，窺機察變之能，多爲吾所道。然惜其卓犖之才，屈於一術而足矣。古之人有言曰：『善易者不卜。』術人亦引此而自多之曰：『噫！吾非善易者歟？未嘗卜而無不知也！』如此豈合古之意哉？吾不知其可也。

又聞術人工於武事，揮九節鞭於嶺巔谷崖，響重山而不絶；鬥，數十人莫能敵之，亦世之傑士也。

曾祖妣孫孺人世蘭墓志銘

曾大母孫氏，諱世蘭，彭城人也。少未受學，然具貞懿之質。年二十歸曾大父，育二女，其仲則吾大母也。民國三十八年，曾大父從國民軍退臺灣，委家事於孺人。當其舅姑傴僂無依，二女提携之年，皆仰孺人而生息。數年來家窶貧，常盎無儲粟，裄無完衣。共和國十年，國行公社之制，公事畢乃可營己業。家舉無三尺之男，獨孺人能勞。每日晗而出，沿野塗攈拾糞肥留溉私田；日仄而歸，則持家治事，凡甑爨烹食，薪蔬百物，悉由其手出。所得餉糧，必先其舅姑，再即其女，有餘，方掇而食之。

後十餘年，其長女歸里鄰之良人。既已安之，孺人執其仲女曰：『汝姊今已嫁矣，汝若嫁，則汝家無後嗣矣。吾雖不通理義，然亦知無後乃不肖之大也。汝父素孝謹，吾不願污其名。欲留汝於家，待招賢婿以繼吾家之後胤。』時吾大父顛躓過彭，遇孺人。孺人喜其敏言善行，又軫其幼失祜恃，煢孑無依，遂以大母許之。日存視嘘問，待之若己出。吾大父自此未一日忘其恩，每思之，必潸然而曰：『吾自幼流離，本意如此踽踽終生，不遑他求矣。寧期至長忝得母恩，吾何其幸也夫！何其幸也夫！』

孺人數十年長持勤儉，伶俜苦辛，而未有逆怨意。共和國五十二年，曾大父自臺歸。至故家，人物莫得而識，獨認孺人，時二人皆已耄耋矣。得知孺人已善終其父母，善歸其二女，又見四世之孫，熙然同堂，自謂了而無憾矣。次年曾大父腦疾發，彌留執孺人之手曰：『今世乃吾家承汝恩也！吾願報汝，已不及矣！若信有來世之説，斷不負汝也！』

孺人暮年愈寡静少言，常倚於堂前，默默終日。國五十九年無疾而終，合殮於曾祖之墓。享年八十有四。

余猶記幼時嘗繞膝於曾大母側，至其音容，多已墜失矣。今得聞其嘉言懿行，亦恐世代推敓，將堙没無聞。遂慙慄秉筆，書所聞之一二，而爲之銘。

銘曰：『惟賢之煦，履艱益著；淵淵坤儀，邦家承露！』

送邱敬恒序

吾聞夫邦國之勢，承平久而安，安久而驕，驕而淫，淫而亡，亡斯惡矣。故爲國爲家者，不患鄰鄙之搔擾，而患士民之荒耽。故三代創制，壯者與于役，君子赫赫，武夫滔滔，豈欲强諸己而鑠諸人乎哉？抑自朂勵耳。孔子曰：『善人教民七年，亦可以即戎矣。』《詩》載『君子于役』『經營四方，告成于王』，是文事必有武備，善國者不屏其兵之利也。

若夫大人者，不徒爲明心修己而已矣，其於家國之任，可不奮起而當之乎？古之學者，居能淬勵磐磨，持持乎心志；進能踔行風發，駸駸乎向用；然後舉言而爲天下法，身先而爲百世揆；動協矩矱，英氣沛然，如此可謂成矣。若夫久狃於習學之安，逭慴於筋骨之勞，而囂囂自矜於經義之種積，豈非駑怯拘攣之士哉？

吾書院之友邱君，爲學勤毖不休，其行也敦飭端謹。善爲文，常爲張師所道。今聞其將歸臺灣，服戍役，惜良友之難遇，未能相與竟業，而先遠別也。臨別之日，與衆辭曰：『吾二十年來深處居安，知承福已多矣。而今將踐吾之責，行吾之任，實吾生之一大際遇也！』惟經途萬里，國事難辭，不知期年可再見否？雖然，聖人之道，不因獨守而彰，不以應事而亡，素於百罹顛躓而能行，是吾人之所期。君授業三載，義理膺於心，已卓然有賢君子之風矣，繼以世事砥礪，塵紛刃靡，是君之度，將淵泓而無量哉！

浙江

錢之江

字子南，號莼客。生於一九六一年，浙江錢塘人。曾獲優秀青年詩人獎。今爲浙江古籍出版社副總編。

雜記四則

一

宜州奉國寺以地近陵寢，乘輿往來，故大雄殿規模爲今存遼構第一，像設彩繪皆千年物。獨怪碑數十通，其最古者金明昌三年續裝兩洞聖賢記，宋使臣歷陽張邵所撰，而絶無遼碑。然殿内光緒十年萬古流芳碑，雖行文書法不足觀，而傑然特出，碑額形制尤類宋遼中物。諦觀之，乃磨礱舊碑而成，疑即遼時敕建之碑，俗工利其材，故磨去舊文改刻如此，惜哉！已亥新正，偕妻女再至。子南記。

二

薊州獨樂寺，巋然存海内遼構之二，像設壁畫完具，爲京畿名勝第一。乙酉歲，嘗一登觀音之閣，覽太白手書匾額，望城中萬井人煙。竊怪其名奇古，而碑版方志皆語焉不詳。統和四年劉成碑惟云：故尚父、秦王請談真大師入獨樂寺，修觀音閣。以統和二年冬十月再建。上下兩級，東西五間，南北八架大閣一所，中重塑十一面觀世音菩薩像。而不言創自何代。今閣内猶多唐時構件，寺至晚當建於唐。俗或謂禄山畔唐，以爲衆樂不如獨樂，故以獨樂名之。望文生義，固不足辯。近觀鄰都故事，高歡破爾朱兆於韓陵，於此作京觀，俗曰髑髏臺，後訛爲獨樂臺云。疑獨樂寺得名近之，蓋薊州爲唐時征遼孔道，武德中平高開道，開元中破奚人、契丹皆於此。然所封何戰之骨，終不能確指，姑識之以俟飽學之士。子南記。

三

余前日跋魏高陽文孝王元泰墓志，乃建義元年四月十三日共其父與諸昆季並命於河陰者。前宵繙洛陽出土墓志卒葬地資料彙編，檢得河陰死難者墓志二十種，其元略、元欽、元悌數種前於遼博見其原石。此書成於壬午，未及收録者尚多，余所收河陰拓本五種，僅載其一。綜出土墓志與史籍所載，有名姓者無慮百人，而元氏宗室居十之八九，多有闔門罹難如元泰者。疑當日敕百官僚士接駕，或於宗室子弟特有必行之令乎？抑諸王希迎立之功，競携子侄共襄其會乎？不然，何諸元罹禍獨慘也。河陰始末，諸書言之已詳。近觀鄴中記，齊文宣西巡，百官辭於紫陌濟口，帝使矟騎圍之，曰：『我舉鞭，一時刺煞。』淹留半日，文宣醉不能起。黄門侍郎是連子陽進曰：『陛下如此，諸臣恐怖。』文宣曰：『大怖耶？若然，不須殺。』乃命解圍。此固高洋恫嚇諸臣手段，亦可見河陰創劇之深焉。子南記。

四

余前收漢畫像殘石一紙，存三圖。其下者翳桑餓夫，刻趙宣子下車以簞食食靈輒，事出《左傳》宣公二年。其上者刻一男子屈身與采桑婦人言，胡僧兄曰：此秋胡戲妻也。極是。及見武氏祠後壁秋胡戲妻之圖，足可定讞。其事出劉向《列女傳·魯秋潔婦》，後衍爲説部戲曲。中圖，其左一人欣然指顧，一揮鋤者回望。其右則鳩杖老嫗坐安車之上，一人劍縪褓向之。似爲郭巨埋兒。其構圖與武氏祠董永遇仙絶類，而揮鋤抱兒不合。郭巨埋兒事，初見劉向《孝子傳》，其事不近人情，今人多疑其僞。然嵩山啓母闕已有郭巨埋兒之圖，可見至晚後漢已頗傳其事。丙申與張胡二兄訪碑嵩洛，而啓母闕不得入，綱間亦未見其圖。此外漢石皆未見焉。未敢自是，姑以郭巨事繫之，俟他日之證。子南記。

尚佐文

字輔之。生於一九六八年，浙江麗水人。

金庸書院碑記

千年潮湧，代有才人；萬國風行，同欽健筆。查良鏞先生出於江南望族，生於海寧花溪，而以筆名金庸聞於寰宇。雕龍入化，雄開武俠之通途；振鐸多方，久享文宗之盛譽。雖作鯤鵬之遠運，彌增桑梓之深情。人幸地靈，地欣人傑。海寧父老欲有所建置，以俟先生，迎佳客更以陳大觀，綿絶學。幾經籌畫，於鹽官海神廟西，度地七畝，乃崇儒坊故址，其周舊有州署、孔廟、學宮、雙仁祠、鎮海門，洵古城之寶地，亦新境之高標。戊子秋九月擇吉破土，先生親奠其基。嗣即鳩工庀材，圖新堂構，安排山水，繕治亭臺，建築近二千平方米。歷時二年，斥資千萬，於庚寅九月告竣，命名爲金庸書院。規制宛然，仿安瀾之節構；匾聯焕若，徵舉世之華章。劍氣書香，蔚作樓中大雅；金聲玉振，坐來堂上春風。心目歡愉，智仁咸樂；胸襟開拓，儒俠兼修。迓四海之金迷，論文説武；接千秋之鴻緒，繼火傳薪。管窺蠡測，未足盡乎先生；踵美增華，是所望於後起。因述其始末，勒諸貞瑉。

何兆煉

自號慈湖先生。生於一九七三年，浙江天台人。任職於天台縣行政審批局。

遊赤城山記

詩云：春稠香無處，衍衍樂登山。璞水封雲洞，青緑迷眼前。赤城鼓琴瑟，丹崖盡落煙。著在飛紅處，著在柳橋邊。

赤城之山，在清溪北三里，兀立於黄龍崗之南囿，爲天台山門户，因赤石屏列如雉堞，霞光輝映若虹霓，故名。余居山南城北，北窗可以攬翠，千米之外正是紅雲丹霞所在。若逢新雨空山，更是陌路清靈，泥龍出郭，遊觀雲海山色，每每樂在其間。

時在春尾夏首，赤城霞起，余與清泉、白雲三人辭赭溪之柳，出古城西門，望西北行里許，赤城在焉。山或有千仞，赤色，拔地而成孤城，中峰高聳，左右逶迤，成七峰曲曲駝行，南揚而北降。西南陡崖峭壁，東南山腹廣圓，有紅泥岩洞星星點點，觀之若蜂巢，洞罅深廣不一，數有百十。《道藏》載大洞合於天罡之半數，十八雲洞可達天外，爲仙家門户，凡人不識。山之北面爲高樹枯藤阻，山坳有長湖，湖中堰橋一座，廣十丈，從堰橋越湖百米後可接柴人道，復與諸山聯繫。長湖水色暗黑，静浪平波，雀鳥照影，僧俗不渡，俗稱『海坑』者是也。北望台嶽，青巒高崗，山青天白，有六峰盈盈回護，若丁甲然。遠眺傳教、國清諸寺皆没在松茂，寺後伏牛、祥雲兩嶽巍巍，蜿蜒屏列，至南山接壤處，化作滚滚細浪，疊疊層層綿亘而去。台山西脉遠行，接大盤大雷諸山，觀之如行龍翹楚，冲湧回首。東西南北諸山若有靈犀相通，團團回護天台盆抵八面之城。回觀盆抵北側赤城之山，一如丹珠懸翠，又似金鐘覆吕，浮於清緑流白之間；晴陽間紅燁燁，陰晦時蒼鰲动，如大舟月夜行海上，孤蓬萬里出瀛川。

赤城之山，山水靈秀，佛道雙棲，凡俗共降，是文脉承繼所在。是山也，多隱修，有葛玄、司馬，曇猷舊迹。自古以來披讀耕咏者衆，吟頌之音不絶寰宇。前時清明，恰逢紫荆、柴紅滿山，紅霞輝映，滿天金赤。余於上岩『餐霞洞』崖壁觀民國大總統黎元洪手書『秋霜比潔』摩崖石刻，聽洞中處子言：清末天台才女齊秀蘭，雙手捧土葬夫，竟成『掬井』，黎感其高潔，勒字彰表。總統文事，筆力遒勁，拈思戴履，乃憂民生不救之非易耳！若餐雲爲飢，則民或與其同。下岩有東西濟公院，東院兩層四開，依山而建，設濟公百態堂，喜、怒、哀、樂、悲、愁，神態各一。西院傳爲濟公幼讀之地，由八蓋閣、葫蘆齋、袈裟門等組成，洞内有天然之龍池、鳳沼。西院上首爲悟月樓，爲濟公悟道之處，亦是唐代高僧湛然講演天台宗教義所在。

山東南，陽光和煦，正是道仙十八洞穴所在，有玉京、紫雲、餐霞、華陽、瑞霞諸洞天，尚存宋唐舊築。紫雲洞洞頂嵌有明代萬曆『赤城霞』題刻，洞前立『建文帝度歲處』碑，旁有小洞是敦煌曇猷參禪所在，僧慧明於建元年間塑卧佛於此，稱『卧佛岩』。『玉京洞』，道書以爲第六洞天，名『上玉清平之天，即天台之南門』，是元始天尊玄都説法處。三國時魏夫人、葛玄煉丹於此。宋政和八年建赤城觀，嘉熙元年朝廷遣使投金龍玉簡、賜沈香斗真鐘磬和御書，祀三清、葛玄、魏夫人像。余聞天台南有龜茲委羽之山，山底與赤城通，宋有樵客於赤城山十八洞失足，行二日，出之，已在委羽山，其言鑿鑿，州縣府志均載其事。

石級盡，至峰頂小坪，有浮屠七級，始建於梁大同四年，係南朝梁嶽陽王蕭察爲王妃所建，『會昌法難』廢，唐咸通六年復，五代周顯德七年國韶禪師重修。民國三十六年，梁妃塔毁，基礎圮敗，興慈法師偕海上居士翻造之。『文革』中，底層塔壁洞穿丈餘，幸未垮塌，後二年，縣文管會斥資大修，始得础柱重光。塔有舍利子，鎮其下白蛇洞之白蟒，一言繞塔雲霓爲白蛇呼出之紫氣。『梁妃之塔』爲千五百年建築，早於隋塔，爲天台城標志。元邑人曹文晦詩云：『赤城霞起建高標，萬丈紅光映碧寥。美人不卷錦秀緞，仙翁瀉下丹砂瓢。』故有『赤城棲霞』之稱，爲天台八景。

赤城之山，生於混沌，被瀝風火，數經海浸；至地陷東南，水退扶桑，瀛洲没，天台出，丹霞庇蔭，天根再植，又數千歲；及余挂席東南，抱琴遊山，白雲相顧，山中修心，與子言及，又萬餘晦明矣。今釋諸卷，與友偕遊，乃赴千年之會也。作九從之語，爲醫良善貧病也。余素知向道之人，最喜問浮名於國中，大言澹澹。不踐三山五嶽、不攀青木高枝，不登上玉清平之天，惜扣天台雲水之門。

嗚呼！平坡向北，淺水佑深，從曦入流，境由心造！赤城一登已是人生大有，不也足乎。

陸奇捷

生於一九七六年，浙江寧波人。居北京，事金融。留社社員。

論禮書

上篇

夫《老子》曰：失道而後德，失德而後仁，失仁而後義，失義而後禮。道德之世，邈不可求矣。不失仁義，若回、若夷、若惠之屬，億萬中不得二三，於春秋時已然，今則吾不識其有諸。且夫平王東遷，二千七百八十三載至於今日。廊廟之人曾不知禮樂爲何，世家離坼，鐘鼎毀罷，民族不合，天下不繫。開府治事，罔非饕餮之輩；明堂問政，不過唯諾之辭。壇坫盡作褫奪之地，士子淪爲營苟之徒。井閭鄉野，風俗不賡，宗社頽敗，物欲横流。耆耄失所養，總角失所教。殘疾凍斃於道而不能覆，稚子餓僵於室而不能發。古所謂率獸食人，此其時也。禮之不修故也。夫禮之義亦大矣。

《左傳》引君子曰：禮經國家、定社稷、序民人、利後嗣者也。女叔齊云：禮所以守其國，行其政令，無失其民者也。子曰：禮不可以已，壞國喪家亡人，必先去其禮。又曰：夫禮，失之者死，得之者生。聖人以禮示之，故天下國家可得而正也。夫禮之初，始諸飲食。聖人承天道，治人情，因之損益而禮成。周公制禮，監於二代，郁郁乎文。天下安而百姓説。洎乎平王東征，周室微，諸侯凌轢，此禮崩樂壞之始也。子曰：天下有道，則禮樂征伐自天子出；天下無道，則禮樂征伐自諸侯出。孟子曰：春秋無義戰。又曰：世衰道微，邪説暴行有作，臣弑其君者有之，子弑其父者有之。太史公曰：春秋之中，弑君三十六，亡國五十二，諸侯奔走不得保其社稷者不可勝數。若春秋之世糜亂，千載而下論史有不譏不哂者亦尠矣。然而又有説也。春秋之世，周禮未至殄滅。尊王之盟，仁義之師，諸侯之用禮也。申生、伋、壽，公子之殉禮也。子產不毀鄉校，晏嬰哭莊公，蘧伯玉至闕而止，令尹子文無一日之積，尤爲大夫之知禮者也。即於女子，亦有守禮若伯姬、魯義姑者。『彼都人士，狐裘黄黄。其容不改，出言有章』之世，誠非複西都之舊觀，然百世而下，後漢以外，風物之美，亦莫之與京也。趙簡子問揖讓周旋之禮，子大叔對曰：是儀也，非禮也。子曰：禮云禮云，玉帛云乎哉！又曰：人而不仁，如禮何？又曰：繪事後素。《禮運》云：禮也者，義之實也，協諸義而協，雖先王未之有，可以義起也。是故仁義常不外見，依禮而已矣。子曰：殷因於夏禮，所損益可知也，周因於殷禮，所損益可知也，其或繼周者，雖百世可知也。又曰：我觀周道，幽、厲傷之，吾捨魯何適矣。故夫子述六藝。述者，述周也。周者周道，即周禮也。夫六藝者，廣大而精微，致乎王道也。詩之教温柔敦厚，蓋禮發乎中也。書者，經國養民之禮本也。疏通知遠，蓋典型在焉，無失於拘虚也。《樂記》云：樂者，其本在人心之感於物也。廣博易良者，廣哉！大哉！其化物也由由然、熙熙然。樂以和，禮以分，二者相爲輔車也。《易》之教潔静精微，即所謂本天肴地、達於庶端而不昧義者也。至於屬辭比事，又豈謂繫乎日月，所以因禮褒貶也。故《春秋》成而亂賊懼，董狐、南史猶知其義也。夫子之禮學，荀卿之後不得其傳。叔孫通復禮，儀也，非禮也。新莽之徒，昧禮之義，畫虎不成類犬者也。後漢光武、明、章諸帝頗以講經爲能，一時風俗稱醇美焉。盈朝有帝戚、宦寺之争，外有豪强、州牧之害，黨錮交結，羌患不寧，孰謂其明禮也。朱子固慨乎之道未嘗一日行於天下也。及其製作家禮，誠不失義，架漏牽補，無成於事也。今則夫子之道，幾若湖上之風冥滅於無何有之鄉矣。小子好古敏求，矜矜如有所會，紙上之談，又不免時人之側目也。九月，止禾遊於日出之國，每見其人淳樸樂助，若不知機，雖未足云赫胥氏之世，居不知所爲，行不知所之，亦可窺古禮之緒餘，莫不喟然有嘆焉。

下篇

好事者難曰：由古言之，禮所以賊民，有諸。曰：豈此之謂也。

廣昆侖之山有靈冥，冠摶雲，其陰不知方里也。吾方措乎大用，子謂不中矩。甚矣子之敝也。子曰：必也正名乎《説文》：禮，履也，所以事神致福也。考甲金文，蓋置玉串建鼓之上、致於神也。金文又有西旁者，獻酒也。《説文》可從。蓋禮之初義爲祭神。神，天神，引出萬物者也。考夫先民之俗，凡事必有天焉。蓋以爲庶人萬物，邈不能窮其原。日月風雨雷電寒暑之屬，芒然不知其所由，一得諸天也。天所以與人者，命也。《説文》：命，使也。段注：令者，發號也，君事也。非君而口使之，是亦令也。故曰命者，天之令也。考甲金文，蓋穹頂下，一人跪於大口之前貌。段注可從。揆其初義，殆於祭天之所、承巫祝之人傳宣天令也歟。故禮蓋以承乎天命者也。《書》《詩》屢言天命。《大禹謨》云：皇天眷命，奄有四海，爲天下君。《召誥》云：有夏服天命、有殷受天命、我受天命。《武成》云：誕膺天命，蓋承天之命以立其政也。《大誥》云：天命不易，天命不僭。此固恪謹而不敢違也。《小雅》云：天命不又，天命不徹。《大雅》云：天命靡常，蓋明乎己分也。吕秦覬後世之無窮，污鄙極也。《皋陶謨》云：天聰明自我民聰明，天明畏自我民明威。《泰誓》云：天矜於民，民之所欲，天必從之。又云：天視自我民視，天聽自我民聽。則天又不離於民也。《湯誓》云：有夏多罪，天命殛之。《泰誓》云：商罪貫盈，天命誅之。殛、誅云云，其革命乎。樂以和，禮以分。分者，分也。知乎天人之所合，明乎天人之所分。嘻！於古有諸。廖井研以禮制區今古，蓋古文爲史學，今文爲經學。所謂儒學大義，盡萃於今文。西京博士，多説灾異，恒爲後代所譏哂。然而微言大義，又何嘗没焉。《孟子》曰：民爲貴，社稷次之，君爲輕。荀子曰：天之生民，非爲君也，天之立君，以爲民也。《禮運》云：大道之行也，天下爲公，選賢與能。井田、辟雍、封禪、巡狩、明堂種種，孰謂其制不美。若眭弘、蓋寬饒以身殉者，千秋萬代，其終不可泯哉！其言也鏗，其志也昭，其事也鑿。慨乎後世有目皆瞽，有耳皆聾。不墮爲曲學阿世，則流爲魚蟲注疏。及乎程、張、朱、陸，於夫吾儒心性之學，有窮究焉。而王道真義，乃求諸空文不可得。胡爲乎哉，胡爲乎哉！每對孤檠、覽舊史，感吾儒之鬱曲，慟吾民之塗炭，有不勝撫膺者也。昔時有西哲柏拉圖，撰爲理想國，頗擬於大同焉。然其言曰：諭云銅鐵當道、國破家亡，哲王與夫武臣，天賦其種也。千數百年下，復有西哲霍布斯，以人性惡立説，造利維坦以惴民。蓋萊朱所謂生民有欲、無主乃亂也。又其後五十年，復有西哲洛克云，凡土地及其所生，咸爲人類所共，匪能獨有也。蓋吕覽貴公所謂：天下非一人之天下，天下之天下也。又云：君違民之意，則去之。蓋孟子所謂誅一夫也。其後不百年，傑斐遜撰爲獨立宣言，於洛克之説頗有采焉。

醧飲集序

吾明之月湖，千載斯文地也。十洲又爲風景優勝。柳汀之南，祠唐賀秘監逸老焉。至天水朝，慈湖、絜齋、定川諸先生講學湖上，一時書院如篦、師友雍集，誠所謂烏呼盛哉。明清之際，士大夫好藏書。湖西天一之閣、烟嶼之樓，尤其著者也。今則靈爽斯逝、典型猶存。去湖不數里，車馬聲外有別莊名白雲，梨洲先生遺像肅肅在焉。謝山先生葬於城南荒陂，倚湖山可望也。湖東縣學舊有錢、張二公祠，以祀忠介公肅樂、忠烈公煌言，今圮。而街巷尚餘以蒼水名者，其故廬畔焉。所謂城郭是而人物馨非，固余之慨然而喟也。吾明學術，誠心性之學也。經世以致用，翕然在其中焉。噫嘻！孰能予和？洎乎晚近以降百十年間，躐山度海，匪無赳赳經世之材，而求諸反本之學，則遐矣。余不能起先賢於九原而叩焉。芒然以索，則陳氏子黄其人庶幾乎。

丙子南旋，識子黄於湖上。相與論詩，時或契焉。明歲，子黄賃屋以讀。其廬褊小，字壁則秋以爲期。越三年，以故湖改造去城東，至於今復十數秋矣。方其壯歲，飲嘉譽於前輩，意氣昂藏，抨彈污濁，亢直無私。中年久困頓屯邅，棲棲粱稻若無高志。課子而外，所嗜惟明季故事與昆曲耳。三命其集，則寶奎樓醧飲，酢廠也。集中《四明雜詩》《梅花嶺》《展散原墓不果》《五人墓》諸作，靡不元氣淋漓，激揚頓挫。雪夜將《兒飲酒》《乙酉五日示兒》《禄兒周歲》諸作，則質樸敦厚，寄望殷切。追念師友，諷咏國是，其辭晦，其情摯，其意深而遠也。

詩固志之興也。誦其詩而見其人，余知潛龍確乎其不可拔也。皎皎精神，日夕與夫先賢人相往來。而吾明之血脉，信乎不絶如縷焉。使子黄得時遇合，寧不灑然豁達爲狂客？厠淳熙，寧不精思兢業爲楊、袁？處明季，寧不慷慨奮烈爲錢、張乎？孟子曰：『舜與顔回，易地而皆然。』信哉！

黄志霄

字撝謙，號懌古軒主、丙印散人。生於一九七七年，浙江永嘉人。耽嗜國學。著有學術論文二十餘篇。

武當山遊記

別蜀，往鄂之武當。甚費周章，初二未正，方抵武當山趾。壯哉！岌峨而蹇産，峭崿兮嵬峞，其勢真足以武當。峨嵋瓦屋雖高，視不勝雄，祇不知劍閣比之如何。

景區之車，隨其盤曲，蚴蟉兩刻許，至太子坡。凡山皆有神真治，以此處之磐礴，非玄天真武大帝誰主？太子坡之太子，即真武神，又曰復真觀。真武神傳爲太上老君第八十二次之化身，生於大羅境上無欲天宫，净樂國王之子。善勝皇后夢吞日而生，一初修行不堅，經姥姆磨針點化，重返此所修煉，故名復真觀。觀中存井亭、姥姆像、真武修真壁畫、杵般鐵針兩根。

入祖師殿，中祀真武神像，旁侍金童玉女。時信衆摩肩接踵，竟列隊逐拜，愚羞與人争，爾乃不拜而行。企仰五雲樓、太子殿、太子讀書處云云。人氣之盛，香火之旺，歷五山而以此地最，甚而讙嚻。詎使地實名揚而自不得寧耶？武當自以其雄外，因張三丰而來者殆泰半矣。

車轉南岩。遥眺峭崿絶壁，懸宫岑崟。欲攝之，相機已無電。步階數里，見是南岩宫，真武神得道飛升之地也。瞻畢，回。

車轉紫霄宫。過龍虎殿，見十方堂中神龕供真武銅像，張三丰、吕洞賓陪祀。紫霄正殿又謁真武，此時信士已少，得以拜。忽憶吾鄉烏牛項磟潭有正一羽客，推命常有神驗，亦祀奉真武大帝，凡逢三月初三、九月初九輒慶聖誕，客歲愚曾赴喜宴，聞其正是請自武當山。正殿後有一父母殿，不特蜀中諸道山所無，抑且聞所未聞，異之，見所供者乃真武之父母，輒亦爲家父母暗禱之。似在紫霄宮品武當道茶，時逢晚課，始知將暮。急行。

車轉逍遥谷。雖曰谷，然爣閬如外。此地有棧道吊橋，紅楓緑水，芳草靡靡，白鴿裔裔，石墩通道，木橋連舍。俾人將亡甲子，頓生幽意，設攬琴一撫以自怡，何等美哉？真逍遥矣！

車下山趾，愚竊思之：山路營作車道，不知傷靈氣否？

晚觀太極武當演藝，不甚美。

明日辰初，再度入山，坐車至中觀，乘索道直達金頂。此武當之巔也，峙嶸嶷然。映眼皇經堂，真人張三丰、藥王孫思邈分侍於真武左右。經古銅殿，殿基花崗石砌，殿身銅鑄鎏金，中供真武，稍流連，往太和宮，亦供真武。此處亦有道流挂張，或八黑，或斬盤，愚一一於旁觀摩，惜與太子坡、南岩、紫霄宮諸道相埒，俱不見高明。未虞有一道攔路，其曰：『閣下兀傲不群，日月峥嶸。鼻準透赤，將遇貴人。骨骼稟異……請爲相。』心知兀傲不群之謂，乃指愚眉棱骨高兼鼻挺，誠是。日月峥嶸，亦是。鼻準透赤否，愚則不知，若然，耗財不祥之兆而已，與遇貴何干？骨骼稟異之譽，則無非江湖『隆』術。愚徒稱謝，暗嘆而去。菜根譚云：『覺人之詐，不形於言；受人之侮，不動於色。此中有無窮意味，亦有無窮受用。』信夫。

經紫金城，下三天門、二天門、會仙橋、一天門，下山路亦不易行，費時兩時辰許，朝天宮且未至。愚身心未窮，卻舉步艱甚。見遊客或上或下，時走時歇，縱富於年者，亦靡不倦。倚阺而望，南岩車場似尚在絶垠，未正猶須往贛之龍虎山，如之何？幸前見轎夫，僱焉。其腿力遠勝常人，且慣行山路，約三刻，徑至南岩車場。

將去武當，記詩云：

令名日引三千客，五嶽名遺殊可傷。任是崤崪窮力苦，半緣仙境半緣張。

龍虎山遊記

初四巳正，已在龍虎山。張道陵於此丹成而龍虎現，故名之，爲道教四大名山之一。自漢季第四任天師張盛以降，奕世定居天師府，於上清宮演道布化，世襲天師一職，雖偶有易號，而歷代尊寵不減，聲勢赫奕。

此山猶遠低於鶴鳴山，諸峰羅列，排衙峰、僧尼峰、金鐘峰、象鼻山、仙女岩、拇指石、雙面石、醉猴石云云，縱縱莘莘，演繹百態，松柏黝倏，花草萋萋，豈天繪仙造乎？

仙女岩懸棺之迷，素爲世人所驚嘆。今親見嵌岩絶壁，懸棺百具有餘。仰首看罷所演之升棺，竊疑古人果如是乎？渡船往飛雲閣，其立於絶壁，惟一棧道建於岩下，屈身單行方能過。

之後轉車上清古鎮。步上清古街，見天師府門高達兩丈，其門六扇，中門直匾，字曰『嗣漢天師府』，聯書『麒麟殿上神仙客，龍虎山中宰相家』，其實誠副。

甫越閾，地有步罡踏斗圖，遊客嘈嘈，莫不循之。愚俯仰周章，大堂爣烑，中廳華耀。二門萬法宗壇，正殿爲三清殿，實祀三清、三官、三張、四御，東靈官殿、西玄壇殿。雲楶龍桷，青瑣丹楹，金楹分列，藻井雕鏤，棼橑布翼，筍虡彩繪，鐘磬俱有。一一觀瞻財神殿、玉皇殿、雷祖殿、真武殿、三省堂、靈芝園、觀星臺、百花池、納涼居云云，委是『南國無雙地，西江第一家』，此其私第三省堂之聯也。其間，於斯飲天師水，請平安鎖。

府中草木之多，恍如園林，尤是七星樹，蓊蔚洇潤，呈北斗七星杓狀，名曰陽明、陰精、真人、玄冥、丹元、北極、天關。聞是地氣冲凝，自然藴育，如釋語所謂真不可思議矣。得詩云：

紛紛罡步擾清修，潭府巍巍不勝收。千祀世襲能幾姓，南張北孔媲風流。

行太上清宮，此本四代後天師布道教化之所，道教發祥流慶之地，自有甚可觀處，然宮殿見慣，便不殫述。回時至正一觀，拜謁祖師殿。側有黄冠，見愚行道禮，問愚何方來。如實答。觀其衣混元巾，圓領寛袍，白布高襪，雲履青鞋，舉止飄逸，竊思：曩者若非十不從，漢服之美於此亦難見矣。愚問張天師神像何以雙睛上揚，以致下呈三白？辱承相告其因。乃與劇談，常有同調。其語及天臺羅邦聰居士，禪坐道深，行善助學，有緣可晤，並告愚其手機號。愚諾。將退，互道齒通名，行禮别過。

初五，臨返鄉，訪通靈陳君於宜昌，此不具論。

丁川老先生漢詩藝術序

丙戌朱明，荷何君推轂，初謁丁川先生於其第舍。交有年，通問麗澤，遂知先生攻小學，尤善詩。此悉下走之短也，乃恒請益。

先生榮問休暢，詩名遠攡。嘗辱賜風雅餘韵，所集律詩絶句數百，造懷指事，驅辭寫物，捶字清捷，托諭浮意，極盡興、觀、群、怨之用也。

條其大指，尠及纖艷情詩，亦不務妍冶。既處明夷之世，先生留思民瘼，若哭田、詩會上作、國慶之夜、登新市府大厦、公宴上聞某公話民主云云，叚詩暢懷舒憤，極慮以意象，任才以性靈，非今之有司迎阿當軸而肖『臺閣體』者可媲。且常於物情俗事，意奮筆縱，厥旨淵放，若逛書店、世風頌、老儒嘆、讀羊城晚報新聞、爲北京市副市長王寶森臨刑作云云，大犨有感而發，無『西昆體』肥辭索莫之疒也。

其詩不乏佳什，猶每有迥句。若『無人爲唱《陽關曲》，衹有鞭聲催馬蹄』（《出京門代右派伯父作》）、『唯恐清香左鄰曉，丹青不用用爐灰』（《自題畫梅》）、『難怪天無目，原來墜此山』（《題天目山》）諸句皆展義騁情，感盪靈臺者。其猶春風扇物，在蒙頗喜之，復而無斁。雖然，陶詩甘，而杜少陵不喜；杜詩苦，而歐陽公力抑。元白宗坦易，爲王阮亭所疾；江西主『無一字無來處』，爲嚴羽《滄浪詩話》痛訾之。又若竟陵、公安、七子異趣互詆。故平章固難求一，抑先生工夫寔深，於今克自成一家也。

蒙於詩，自卜未涉其樊。竊惟有思則有言，唯言有不能盡者，咏嘆而發爲詩，蓋性使之然也。夫五穀療飢，藥石伐病，詩歌而何？可以怡心哉。

至於先生，凝情於詩癡且久矣！雖自奉有餘，無催租斷句之憂。顧曹公懼爲文之傷命、陸雲嘆用思之困神，况其齒逾杖國，因數諗其自玉以養年。然則歲月不居，先生搦管亦不居。新爲漢詩藝術，扶律絶於將墜，宣唐宋之未泯。將付剞劂，惠書屬序於蒙。自揣傖陋，何敢銓衡，第辭未獲命，用惶惶爲之序。

孔元二五六七年，柔兆涒灘則陽上弦，後學黄志霄謹識於懌古軒。

錢偉强

號具滬生。生於一九七八年，浙江長興人。杭州留社社員。

强邨先生年譜箋證序

其不聞《詩》之有『興觀群怨』者乎？興觀群怨者，斯文得天地元聲之所泄也。是以沈泣有焉，憂患嬗焉。嘉父究訩，靈均懷沙，杜陵悲秋，亦憂患種子之不絶也。詞在藝文，詎能越此？

倚聲之學，極則於兩宋，宋既亡，則其變雅之聲亦追召旻以俱隳。降及元明，散曲雜劇，號爲日新，左道横肆，下臣亂王，遂致韶濩寢聲，而陳鄭之風大熾，詞道不舉，一降而入夫纖遊之亟。悲哉！洎夷清問鼎，其遺民懟臣，懷忠悃之心，抱孤孽之志，祛靡靡之音，乃復振發斯道。雲間、浙西、陽羨群從，相繼相並以用事。至其末流則又謷謷叫囂，悖唐逆宋，終則流爲野狐之禪。厥後常派奮起，義例乃周，其推尊詞體，揭櫫沈鬱，力戒淫遊，導人門徑，沾溉後世者多矣。惜乎董周之亞，譚藝或高，至其製作，特僅步武朱陳之頽流耳。

迨清之末葉，四夷環覗，群饕朵頤，率土坼崩，九邑宰裂，其藎臣之士，貞諒之子莫不摧心折腑，飲泣茹恨，是抒之於詞，詞體於是爲之大振。斯時也，臨桂王半塘先生，況蕙風先生，漢軍鄭大鶴先生，歸安朱彊邨先生崛起於天之南北，會同辛吳，折衷兩宋，用宏取精，乃得竟常州未竟之緒。而彊邨先生越其尤也，其味至厚，其境至大，自王半塘許爲六百年獨得夢窗神髓者以來，其主執壇坫、世稱大家，海内率爾翕從者三十餘年，與近世詞學相始終焉。先生之詞能參異己之長，合數家之秘，庶非夢窗一家所能槻檃局圉也，無怪乎夢苕錢君推爲『結千年詞史之局』者，洵有以也。藻彩芬溢，隱蔚深文，真得見宋賢之大者也。其深蒼高夐處，遯堪以爲絶似少陵夔州以後詩，骨折心摧，身世悲楚，乃有不能卒讀之嘆。

彊邨叢書一袠，最爲偉業，其審斠之精，篇制之鴻，特古今所罕覯。昭彰前修，垂庥後昆，厥功蓋在不朽也。又所選宋詞三百首，生面獨開，蓋以積年心力所詣，標舉體格，示人矩範，洵非坊間俗物之可方萬一者也。

彊少好倚聲，往復探尋於兩宋諸子間。既長，得讀先生詞，愛其哀感頑艷，手録口唫者數過。加之鄉邦情誼，尤感近切。語業三卷，常厝案首。哀其偃蹇之孤蹤，憐其凄惻之身世。畹蘭芳樹，若屈子之遺響。王風委草，每見其傷心人語，淚潸潸爲之下。

先生遭逢巨變，中心痛焉，是以其平日斂性内向，罕言身世。雖近切如龍、夏二公，預爲譜志而終不得遂。其德業碩碩而復默默如先生者，得無一二事傳之後世耶？

强今據地利之便，雖粗疏鄙陋，淺學無狀，敢辭是責？且先生之詞學，足以炳一代之詞學，先生之文學，亦足以紀一代之文學。故紀先生，亦所以紀晚近一代之文學也焉。

鈎稽群史，較以别集，參之説部，粗爲是編，亦所以備諸典之所闕。俾藝文之有證，庶幾其願也。是爲序。歲在玄黓敦牂病月，長興錢偉彊叙。

留社湖州雅集集後書

留社之集烏乎作？曰：爲其勝友詩聚，傾倒衷曲者也。作則何以之湖？曰：西吴六朝故邑，文物舊邦，禊飲勝境，洛吟佳處。蘭亭紫澤，宜所以興古之吊者也。既然，則湖海之君子忻忻然而來，忻忻然而聚，而復忻忻然遊也。

始其步踕飛英，雲摩簷角，遊襟遠暢，志氣崑飛，以爲一時風物，頓收眼底，慷慨如也。既而羊腸道左，老木揜暉，墨妙則字枯碣斷，韵海則窗漸人藏，六客去而販賈擁，八行亂而西亭躓。留社君子莫不愔愔無語，惋惋而惜，然猶有所冀焉。繼而潛園甓空，珨珨已帶山色墜；花妃夢遠，落落衹餘小梅寒。苕上輞川，早迷清遠；榆外亭林，久失堂厎。惡俗之迹，雜處其中，雖欲使白眼相嚮，猶不能容其慊惡也。臨峴山則飄風腥惡，觸亂石而窒尊垢濁，重碑漶漫，撫迹難尋，尤可嘆者，强村侍郎，塋基砌於溷豢，白骨對以黑樅。

於是余與風神天吴夜聚而談，天吴椏杈腸熱，吁吁而嗟，『噫嗟乎！吾今始知汝昔所愴然而悲者。信哉！江南老矣，夙昔夢追，但能尋舊憶間而！』

悲夫！西吴之無舊影久已，欲接其夢也難已。或者此正如詩家之一脉絲縷，陵谷更遷，艱難相從。吾儕處方今之世，目視其隳頹，墜在矢溺，早非甓躬，亦或有所不忍，乃孤幟奮起，孔子曰：『文王既没，文不在兹乎？』其在兹乎，在兹乎？吾不能道，然爲其一念，而能抗流犯侮，嘆息而上，此亦精進無畏，得無一二語繫耶？所幸德不孤必有鄰，天下同仁志士賴此一心相繫，托網絡之體，轉相親親，聚謀共事。雖不得生死肉骨，志在爲爲，不徒作天與父與之號，棖闑店楔，略盡其力，此亦足孤負於俗流，又何幸也已！

與其事者，所如、蓴鱸、梅莊來錢塘，軍持、風二、結網、天吴來滬上，風神暨露痕、纖絲二女史來婺州，費老及余在湖爲客主。軍持先去，約以詩償。時在甲申二月乙巳丙午。

燕知草

生於一九七八年，浙江淳安人。南京大學中文系研究生在讀。

送趙修霈女士歸臺灣序

陳珏博士以《唐傳奇鈎沉》結緣儀徵卞孝萱先生，序言、後記，皆已及之。丙戌歲末，草讀卞先生唐傳奇新探，曾致書求教，先生覆函，殷殷相誨，並以陳博士所贈《鈎沉》一書轉贈予我。捧讀一過，受益良非一端也。

修霈與我共事一年，平日未多談，惟知其專業爲古典小説。前次偶於書案上見其所覽宋人傳奇集，眉批旁跋，丹黄爛然，用力之勤，於兹可見。默唸一年來事，益知其爲劬力篤學、謙恭謹慎之士，中心實深佩焉。

今修霈以事辭職返臺，余無所報，惟以先生所轉贈之書，更事轉贈，花佛之喻，蓋爲我諷。而其中之誼，非僅爲區區私交，學術薪傳，老輩所望於後世者，正需我輩共任之也。戊子蒲月，知草。

李　達

字兼善，號勝臞樓主，又號班香室、松果庵。生於一九七九年，浙江温州人。

題陳明之同荆樓

桐城陳明之有兄弟三人，君其季也。旅食相遠，所業亦異，今共築一樓於其鄉。上以娱父母之老，中以友兄弟之情，下使妻孥子侄，瑶環瑜珥，芝蘭玉樹，駢羅庭堦。而舉家熙熙，則皆兄弟三人怡怡故也。樓成，請於余，以樓名相屬。余謂之曰：『曩者王梅溪入剡，居書院師席，摘取老杜詩兩字以顔其軒堂館室，如細論、藴秀、同襟、蘭馨，而雅馴醞藉，其味無窮。余亦適有其癖。每讀書至於佳處，必摘數字以名齋。或有同好，亦以畀之。今重温老杜詩，至「接葉巢鶯」之句，舊註引周景式《孝子傳》云：「三荆同株，接葉連陰。」余深愛其文。逮詳考之，則所謂孝子者，西京田真也。庭有荆樹，析産則枯，合産則應聲青翠，遂成純孝之門。兄弟天倫，草木猶知，矧乃人乎？今摘「同荆」二字以名樓，君意以爲如何？』君欣然領之。明之寓居吾温樂清有年，尤工章草，人争寶之。余本拙於爲文，今得明之而書之，則何陋之有？

癸巳大雪後三日永嘉澂齋李兼善謹識。

扣寂集自叙

自宋以還，諸體裁中，七律乃詩家之塵劫體也。以其凝固之形式，而成無數無才無識者之逋逃藪。不須體物、不須立意，不須抒情，惟於文字、對仗、聲律中呈其狡獪之伎倆，於詩體之爲害極大，於是僞詩氾濫而不止矣。蓋七律權輿於宫廷之酬唱，少陵、東坡在掖垣，皆以之爲羔雁之具，毫無興會。至今老幹專以七律自恃，良有以也。其間少陵引古入律，創爲吴體，晚唐羅江東及皮陸唱和，多試爲之，然後人多昧於格律，山谷而後，作者亦罕。

比年頗厭近體，即古體之押平聲韵者，亦不復作。蓋習之既久，枯窘無意趣。偶作仄韵古風，而於其律法續有所得，施於其間，體式新而機趣暢矣。此如久居一處，胸臆逼塞，另换一地，凡物皆有可觀。

曩者作古風，於古句時覺未安，始研索古風格律。自讀昌黎詩，始悟七古押平聲韵者之律法；讀東坡詩，又悟七古押仄聲韵者之律法，而兼及五古，又參之以東野，而其法漸備。古風格律既備，而吴體之格律亦可得而言矣，而於七律之正體，亦別有所會。蓋由正而入，以達乎變，又由變而歸於正。反復參互，而後得之。試觀昔年所作七古之押平聲韵者，仍有未愜處；近日偶作七古仄韵詩，雖未盡合於律，而大致不誤矣。持以衡量今人所作，皆不甚合律。亦有知而不遵者耶？或不知而不遵耶？余不得而知矣。然今人工夫多極粗，律詩尚不能盡合，則古風宜其不知也。而古體之妙，誠如翁覃溪所言：『無一定而有至定。』不粘不脱，不即不離，不主故常，未有善於此者。又何必漢魏晋宋之絶無依傍，又何必唐宋律體之盡遵格律。孟東野有悟於此，故不復作近體，而其古風實爲新體，其功實同昌黎之七古。學者於此悟入，於詩道之昌，亦一助也。

蓋詩之爲物，欲有新變，則必有新形式道夫先路。舊形式用之既久，其弊固有多端，而其於人心衝擊力之減弱，此其大弊也。新形式於其形成而未成，及其既成而未臻完善，此時最具生命力。其震撼人心，有不可言喻者，内既震撼吾心如此，而外又形式之新如彼，内外凑合，故曰最具生命力。此時若有一人出，盡收舊傳統之大成，而開新形式之通衢，又自成爲一大傳統，而開無數小傳統，則可以爲聖矣。少陵固無論矣。即如東野，詞多生造，語尤僻澀，此選學遺風，此其收舊傳統處，而以古風格律變化其間，此其開新形式處。特潤之以唐人情致，遂成孤詣。退之時得其仿佛，宜其服膺不置也。後人見東坡譏誚之詞，不復措意，使東野沉晦千年而無人知。而江西諸公亦陰襲而不敢明言之矣。至晚近始稍稍復出，而巢經巢、海藏樓拾其餘緒，此則於其所開新形式有未盡善者，賢者一眼覷定，推而擴之，又自成一家也。形式之重要固不待言矣。

余近年作詩，力主向内求，而又以研尋形式爲不可忽，庶幾本末兼賅，體用一如。凡無嚴格師承關係者，無家學淵源者，縱其内容已入精微，而每有缺憾，何也？曰形式不足爾。蓋聰明人最易輕視者爲此形式，自許直凑單微，直探本源，而形式不完，則内容亦無以新變。又凡無嚴格師承關係者，無家學淵源者，而注意於形式，又往往玩物喪志，流而不返，徒有其表而其中餒然。今人之缺陷非此即彼，故終無以造古人之堂奧。

古之詩律，皆口耳相傳，師徒間私相授受，而未有筆之於書者。傳古風格律由虞山錢矇叟以傳馮鈍吟，而趙秋谷服膺馮氏，於其遺著得之。而王漁洋則受之於吴梅村，故兩家微有不同。然僅憑古譜，實難悟入。以余之經驗，則先須熟讀詳玩古大家之作，多多益善，如此則易信入。又須時時參以王力漢語詩律學。如無積累，讀此書如墜五里霧中，而古風格律部分爲尤甚。昧者或撥置一切，以爲不足信。

余近年因授課之故，常翻檢此書，亦偶然撞見爾。自以爲於格律其殆庶幾，而授課之後，始臻精密，僅此皮毛，豈易言哉？凡蔑之者，往往爲無知妄人，儉腹高談，而無適於用。讀其所作，滿目黄茅白葦。入聲多不能辨，而語言更荒謬杜撰。此則網路新派爲尤甚。然此派亦有可取，以其標榜古體也。舊派往往譏其功力不足，遁入古體，然不可謂無見也。蓋詩欲有出路，斷斷不可不重視古體，古之大家莫非古體優於近體，蓋律詩往往流於遊戲。律詩如鐘鼎彝器，而古體爲布帛菽粟，家可以無鐘鼎彝器，而不可以無布帛菽粟，無布帛菽粟則飢寒凍餒，飢寒凍餒而抱鐘鼎彝器，奚其可？

古體格律，古之名家皆能知之，而今之知之者千人中難遇一二也。若研尋而得之，則於我輩不啻得一新形式，嘗試而爲之，必有一新進境。此不賢者識其小者，亦賢人之亞也。

王客書法展序

天地之淑氣必鍾於川嶽，川嶽因之以發乎其人。東南之鉅麗，山海之神秀，無過於天台、雁蕩。其爲僊佛之窟宅也，發之於人，其人必虛遠玄勝，温厲靖深；其爲麞麕之園囿也，發之於人，其人必蕭條高寄，淵默冲和；至於金堂玉室，絶壁飛瀑，怪怪奇奇，無不發之於人，故異人往往出焉。其間有島，曰木榴嶼者，蓋葛稚川、謝康樂、陶隱居、司空郗愔、高士張薦之所遊息也，而吾友王客其鄉人也。欒成梅溪王龜齡者，乃嚴闍梨之後身，而南渡中興第一狀元也，道德文章，炳乎日月，而吾友王客其裔孫也。鍾天地之淑氣，兼駘蕩之瓌偉，承祖禰之遺風，以書法篆刻，聿興於時，其爲異人也宜矣。客公爲人，其心也靈，其悟也深，如鏡湛虚，遇物斯映。他人極力追橅而不得者，公一覽則明，神貌皆合。斯得之於天，非人力所能爲也。其書初學二王、東坡、弘一、沙孟海，暨魏碑、唐楷，廣收博取，植其骨幹。庚辰秋，入中國美院，溯流徂源，靡不貫通，而於斯冰用力尤深。癸未夏，設帳温大，潛心行草、篆刻。癸巳秋，赴京攻讀書學博士。公行草多學二王簡札，而參之以米南宫，尤謹布置，疏密開闔，小大變化，遒媚妍麗，厚博沉著。比來喜作大字，揖讓進退，磥砢縱横，既得正書之法度，又加之以篆隸金石之味。

公於篆刻有十六字訣，曰：『技無定法，觸處皆真，和光同塵，遊刃有餘。』客公寓居吾温，又與諸同好結安瀾書社，受業者皆免束脩之禮。於書學以外，兼及詩詞、篆刻、丹青、金石。數年之間，增至百人，而結社之初衷不變，後息肩於人。然每歸，必爲授課。癸巳端陽，予見公於温州書畫院，而未及相識。旋又逢於京華大通堂，相談甚歡。公形貌魁碩，長髮及肩，有鬚，唯酒無量不及亂。又好高歌，每至歌廳，我輩皆默坐成圍，静聽而已。予授詩課，承公不以爲謬，每講必來。忽出其自作詩相示，予奉誦再三，不覺傾倒。蓋公天分最高，每有神解，不吟即已，吟必合作。今公與二三同好有台州書展之舉，屬予序之，予言何足以重公，辭不獲已，略綴蕪言如右。甲午端陽前七日永嘉李兼善序於京華大通堂。

徐青子

字宛宛。生於一九八六年，浙江蕭山人。浙江省辭賦學會理事、復興國學研究院學術委員會主任、戲劇家協會會員、第二届國詩大賽詞部榜眼、第三居國詩大賽評委。原創昆曲《鐘樓記》由浙江昆劇團全球首演。

王冕竹齋集序

諸暨隸郡會稽，人文鼎盛，素號名邑。其人物著稱者首屈三賢，而尤以元章爲冠冕焉。按元章姓王，名冕，號煮石山農。生丁元季，嗜學若癡，聽誦輒記。同郡名儒韓性録爲弟子，遂傳衣鉢。嗣屢舉不中，北游燕都，客秘書卿家，見薦館職，援亂邦之誠不就。既歸，遂携妻孥隱九里山，結茅樹藝，善畫梅，因自號梅花屋主。嘗仿周官著書一卷，曰：『持此遇明主，致伊吕事業不難。』明太祖下婺州，物色得之，置幕府。擬授諮議參軍，一夕而病卒。《明史·文苑》有傳，《藝文志》著録其《竹齋詩集》三卷，時賢括蒼劉基爲序，金華宋濂作傳，謂冕猶馬之覂駕始見奇才，固的評也。清《四庫》亦録之，要爲作者。余觀乎元明之世，英氣匯於東南，百十年間每有名世者，元章固其拔萃也。竊觀時賢論冕詩，每以質直豪奇，鵬騫海怒爲喻，忠愛而不忘澄清，論刺而不失懇悃，蓋真狂士也哉！亦頗稱述其詩藝，略如『排奡遒勁，高視闊步，落落獨行』（《欽定四庫全書總目提要》）、『直而不絞，質而不俚，豪而不誕，奇而不怪，博而不濫』（明劉基《竹齋集》序）『鵬騫海怒』（明宋濂《王冕傳》）、『豪雄俊偉，汪洋浩翰』（明魏驥書《竹齋先生詩集》後）云云，至其微意則似有未經抉摘，抑或言而未盡者，殆非知人論世之旨。茲就愚見所及，約略言之。蓋元章身丁以夷亂夏之朝，鄙野無文之世，語蘊遺民之恨，詩多故國之思。熷繳之餘，實深誡懼；難言之際，惟寓比興。如曰『南國漸知新禮樂，中原誰問舊衣冠』（《感懷》）、『故國人何在，荒城鳥亂鳴』（《晚眺二首》其一）、『中原人倥傯，南國步艱難』（《遺興四首》其三）、『中原北望草木秋，王孫不識山河愁』（《錢塘紀行》）云云，俯拾皆是，靡不以故國、中原爲語。可知元章固未嘗一日忘懷於舊邦，而確然有志乎新命者也。迹其幼師名儒，遂通春秋，既沮科第，乃焚所爲文，讀古兵法，晚歲則著書仿《周官》。恒曰：『士生天地間，苟不以道德功名顯，亦當文翰傳後。』（明白圭書《竹齋先生詩集》卷後）頗見其無時不存經濟之心，而辭章直末事耳。予觀冕當元代滿盈之季，則有所不爲，及朱明草創之初，則思以進取，蓋深得夫子時中之義者也。惜乎天不假年，未售所學，第以詩畫名世，事迹止於《文苑》耳。暨人緬思先正，輯其遺稿，屬予爲記，因述其行狀心迹大略，於以見知人論世之難若此。至於畫掩詩名，如元倪雲林、明沈石田等輩，則靡世而不有，無足論矣。

丁酉春仲，古越宛宛徐青子敬識於武林竺本山房。

郭　錕

字剛主，號吾橋。生於一九九四年，浙江杭州人。肆力於刑名及軍事之學。

櫸樹賦

水陸草木之花，魚龍鱗甲之屬，昔之賦之者多矣。曹王潘陸，孫鮑江蕭，莫不鋪排藻飾，金聲翡振，歷覽精摹，雕梁畫棟。安仁笙、橘，陳思雁、鶴，即景行文，言外別裁，一談一咏，其可以流傳千古，彌遠不衰。天工巧奪，妙手迭出，殆非後學所能追鶩。苟盛德在兹，豈牽纏乎輪廓，顧托殊方，何相亞於別種。况復意凝興象，附驥神交。固不在乎品類，但得情懷而後已。

欅之爲物也，賦之者甚鮮。《爾雅》所謂欅者，櫃柳也；《説文》曰：似柳；孟子曰：『以杞柳爲杯棬』，亦此樹也。

本自草木，依違四季。抽發悄然，直幹爲先。脉脉亭亭，不染媸妍；冥冥漠漠，安定其間。花果無芳，落葉無塵。博雅通人，耆舊宿儒，未嘗經眼。蓮花漾漪，以孤潔而稱許；桃葉隨波，因別離而見珍。《甘棠》存召伯恩惠，楊柳感桓公情思。至於梅蘭竹菊，松柏泉石，騷經所咏，文豪所愛，此樹何德，軀可比肩？

若夫菩提蓋月，條繁枝茂。頓悟靈犀，中心摇摇。佛界光明，諸天普照。灌頂醍醐，積劫甘露。閻浮踴躍，阿鼻驚怖。日城星劫，三願四誓。手花心地，八方七品。天子按樹，帝釋聽經。然則舍利初出，退之表以諫聞，禪那流風，晦庵責以違道。改種蓬廬，見賢之未彰，移栽華國，視生而猶死。不能遮蔭冰霜，增光山海，是彼端之顯聖，未足以方儒者之性理也。

若夫蒼松清臒，永葆貞虚。芪黄芝紫，往往翼扶，棲霞餐雪，餌藥延年。拳曲逍遥，逡巡悚栗。緑腸朱髓，紫絡青肝。横懸崖而突聳，卧重霄以追攀。比仙家之擇揀，隱居之羈絆。龜壽斯求，還丹斯獲。然則升舉難期，乘槎杳漫。托洪胎，剖李腹。夔牛磅礴，未能捕鼠。其材不材間，無益乎群生。獨自保於一隅，非他人之足怙，爲達者之遺愛，豈仁君之樂歟？

獨杞柳之良德，將大判乎俗見。察其形也必端莊，觀其質也必綿密。不倔不媚，卑而不趨，微而不賤，孤而不陋，疏而不涣。其枝也，中通外直，不妖不蔓。翠筠之耦群，叢菊之覆鑑。其處也，或消息原野，或雍容庭檻，或溝洫甫成而陡立其疆，或黍田將熟而剖分其界。材可制爲器，皮可煮作飲。有事功於人，可因矩度以爲宜，隨處而雜居，不爲地利所輕遷。路回蒲阪，山斜柳城。用捨由人，行藏在我。

假以風露潛侵，秋陰暗結。天寒道深，日暮途遠。此其摇落之期，感喟之時。而哀而不傷，夫子之盛贊，威而不猛，君子所留心。宣慈惠和，温良恭儉。若乃桃李擅名，魄蕩魂驚。門生故吏，星布州縣。弘農陳郡，同氣理連。因以傾頽，斯德隳墮。朋黨道絶，達官陵遲。此所謂百花之羞態，而杞柳之競無也。真卿相之貴種，實尊師之束脩，是故庠序之中多植其木。取取不在利而在義，好好不在色而在德。故曰：理害道爲尤，事傷生感賤，苟見義而守勇，豈專取於弦箭。

潘　震

字繼鼎。生於一九九四年，浙江温州人。闕里書院文言寫作班學生。

祭屈原文

維聖元二五七三年，西曆二零二二年，歲在壬寅，端午之日午時，文禮師生薦饈竹里溪畔，謹以香草角黍之奠，遥祭沅湘屈子之靈。後先生之千祀，求先生於汨羅，敢竭鄙誠，伏唯不具，其辭曰：

高陽苗裔，伯庸之孫。雅持嘉名，香草美人。如圭如璧，果精果真。勤修內能，用志不分。秋蘭爲佩，雜椒與桂。留夷揭車，薜荔芳蕙。遵道得路，矯貫落蕊。冀身賢則，永矢無悔。逢時不幸，世事零丁。楚政陵夷，中情不聽。鸞鳳流落，鴟梟飛騰。旻天號泣，作《離騷》經。醉國獨醒，亂世豪雄。汨羅沉墮，揭彼清忠。芝蘭雖折，其香鬱蓊。流芳不盡，千載攸同。嗚呼屈子，洋洋上上。文禮諸生，拳拳欽仰。角黍投魚，用安靈爽。遥祭如臨，公其尚饗。

徐文宇

字際方。生於一九九七年，浙江温州人。闕里書院文言寫作班學生。

金聖嘆墓志銘

金采者，字聖嘆，號鯤鵬散士，又號泐庵法師。生明萬曆三十六年，卒順治十八年，蘇州吳縣人也。勁節清唳，獨出其輩，視仕宦如敝屣，恬然自絶。然遇理所不可事，則又慷慨激昂不計利害，直前蹈之。善評書，評《水滸》《西厢》二部與《杜詩解》，時有奇處，卓然新標，常覆前人之見也。

嘆幼時戲，見村童棄石於井，輒大哭。人不解而問。曰：『哀此沉汩，天日不見也。』童試得頭籌，然拔貢之文，怪誕不經，見黜。明年以金人瑞名而魁，拂袖而去，不應其職。順治帝時觀其文曰：『此非常制，不可以時眼觀之。』聞而涕下，北向叩首而拜。

有舅氏曰錢謙益，原明禮部尚書也。崇禎十七年，李自成下順天府，旋投南明馬士英。清滅南明，又降之而爲禮部侍郎。值錢壽，嘆奉母命往祝之。衆人熙熙，嘆獨隅坐。人謂錢曰：『令甥人號江南才子，今日盛會，還望開眼。』嘆不辭其煩。巨椽如劍，利而無鋒。乃執筆沾墨，一聯成，乘間而逸。衆人察之，其聯曰：『一個文官小花臉，三朝元老大奸臣。』其舅氏厥倒。

順治十八年，帝薨，江蘇值歲連歉，吴縣知縣任維初竟盗賣官米，中飫私囊。復嚴刑徵税，仗死一人。群情激憫。嘆同秀才數人，携同民衆，於文宣廟前作哭廟文，揭任所行於巡撫朱國治。朱大怒，以爲摇動人心，倡亂抗税，震驚先帝之靈，乃收首事者共嘆十八人，判死罪並抄家，立秋執刑。

聖嘆在獄，嘗謂獄卒曰：『一事未囑，望賜筆墨。』卒允之。乃筆囑之曰：『花生米與豆乾同嚼，大有核桃之滋味。得此一技傳，死而無憾矣。』

刑前欲飲，刑人給之。飲罷大呼曰：『斬首者，痛事也；飲酒者，快事也。二者同值，痛快痛快！』謂其子曰：『癡兒勿泣，吾有一聯，盍對之？』乃出聯曰：『蓮子心中苦。』其子聞之，泣愈甚，乃太息曰：『梨兒腹内酸。』語罷延頸受刑。

銘曰：嶸嶸清士，疏影自慕。鶴唳高引，池潢不顧。仙履即逝，珠玉弗訴。維蕲子嗣，鬼神佑護。

許瑞成

生於一九九八年，浙江台州人。闕里書院文言寫作班學生。

大唐大慈恩寺三藏法師傳序

夫能仁之學，兆振天竺，蒔萌擢秀，鬱鬱榮莠中土。賴濟濟叡哲，紹循懋治，率學而之思，秉究竟之志。爰有竺之羅什、漢之玄奘，拔龜茲而謖貞觀，作僧伽之賢首，催法溟之泓瀾。

大唐三藏尊者，曩厲揭空流，顧照歷見不一，莫是所隨。故願西行印度，就證本懷，誓如圓成，無卻跬步。所以竊訣新朝，避五烽而去玉門，絕壓壓磧漠，越屹屹葱嶺，幾介亡泯，孑然無忌。於是迄達天竺，肄修施無厭寺，謁戒賢碩師，諦聽毗曇，開演迦陵，兼研梵書五明，製破惡見論。亟辯外道，莫之能勝者。又武覆南贍，詣稽佛影，干訪俊德。玆降承蒙戒日天子之請，臺曲女城，揭大乘義，十有八日，無敢駁詰。於是令望彌燦，譽攝閻浮，百辟繁民，率滋仰止。浹十九歲，最五萬里。迨至還歸故國，長安士庶郊迎而入，復於雒陽覲太宗，修大唐西域之志。其後設譯場，立伽藍，住慈恩，夙夜勘譯，溥貽浩典。

門人慧立，《高僧傳》謂之『博考儒釋，雅著篇章，直詞正色，不憚威嚴，洵釋門之季路也』。其瞻三藏儀行，怵寖久而曉者寥寥，遂撰法師行傳，以彰施萬世。方畢，復慮遺諸美，是以韞諸地室，時靡有聞。臨寂乃俾侍者啓之，將出即終，厥後則斯文渙散。於是有從遊者彥悰，捃摭累稔，綴輯更續，竟成今言。然或疑慧立之本五卷，唯述西行求法之迹，靡及慈恩譯授之事，何哉？矧其睹行矚儀之時，乃就與斆學之際，庸詎但録耳聞之得，不述其躬目所視，而更言慮遺諸美哉？故推射其情，或乃彥悰更析十卷，而衍嵌箋述，非別益五卷也。故其自謂曰：『方乃參犬羊以虎豹，糅瓦石以琳璆，錯綜本文，箋爲十卷。』余意此説孔順其理，蓋可恂也。然其成傳始末，尚殆闕疑，雖然，斯無礙乎勝義矣。

自釋飂東漸，浸敷中土，清蓮潔葯，泛河、淮之濱；幽蘭馨風，颭信、恒之泮。古來西旅者衆矣，何三藏之丕顯哉？竊意必其志貞而懷誠，業昭而載審，奕然有興乎後世，曼曼兮其未央哉！昔者禪門五祖稱慧能大師曰：『求道之人，爲法忘軀，當如是乎！』尊者之行，不亦若是也哉！既梁公尊之曰『千古一人』，魯迅贊爲『中國之脊梁』也。且斯文者，明聖學之睟盎，憲留學之洪範。其覼縷陳叙，殊剴當世擎跽便僻之弊，矜伐薄鄙之氣。使儃僈爲誠，黽勉爲勵，志弘毅於文典，式楷則之於遊肄也。

今天下俱知法師者，殆緣《西遊記》故也。雖絢焕攬目，卒爲小説。固人但聞其名，而罕了識其行，信可惜哉！吾儕之目先傑者，不可啻視笑談而湮略之於真實也。其有讀斯傳者，必切感而摯觸，雖相去千載，猶克興遐慨而抒邃懷也。

庚子正月廿五日，新安許瑞成叙。

記遊台州古城

西漢始元二年，鄞州置回浦縣，肇台州。至東晋元興元年，郡守辛景城臨海以御孫恩，始形初象。自是已降，圮繕迭變，竟成今貌。其功蓋禦敵之外，亦有堤堰之用。是以結構殊異，乃今古城之孤例，又爲明長城之式則也。周十三里餘，而今殘十里，號江南長城，客旅攬勝暢懷之境也。吾嘗遊遨於此，今再往，乃圖率小徑而遊之。

雄鎮東南坊西，循城氏山行。翠坂渥若，櫟柏冬青之屬尤蕃。或藹鬱蔭天，曦色貫然，或枯枝蒼莖，報春將屆，下有秋葉成徑，愈豐陂色，四時大觀，於兹盡見。余又聞塗翼草本，乃外祖之所藝也。途中有普賢寺，北宋大中祥符元年興設，初立狀元塘，後徙於此。清罹戎革之變，毁而重葺，現貌依漢唐之致，殊異乎明清之風，杳然焕穰棟之美，蓋傾國所不多見。藍内僧尼悉自修行，禪净諸宗，各因其門而治也。行一里餘，格外祖所辟隴畝，但見麥冬實若明珠，紫竹莖似諸蔗，藿香棕櫚，刺葉紫荂，儼然敷列一畔。然而静芳既在，動者安可闕乎？故亦有蝌蚪紅鯉，悠游池中，動静生機，盡目無餘也。

又里餘，由戚公祠而下，詣城隍觀。環睹耆木茂繁，藤蘿翳蔓，察其輪年，胥數百載。觀中隋樟，嘗遇雷擊，而今蒼然皮存，張而若屏，卻莫之亡厄，鬱然盎盎，殆千四百有餘歲，觀者靡不唏矣。自此起，始陟升臺城之上，行雉堞之間，觀睥睨之外，山川都府，靡不攝諸眸目，思古之情，可勝言哉！少頃，見望天壇。

元杪方珍崛起阡陌，據台州而稱王，遂祭天於是。壇三重，上圓而下方，階臺欄楯咸倍九數，其頂壇者，徑十八武，中立而歌，四隅共和，古昔工巧之緻，燦然大備，可勝言哉！百步，逢烟霞之閣。此地墉垣，盤折山脊，行若游龍，隱顯錯落。其間烽燧繹絡，固立巒陀，極望則儼然若明長城，故號江南八達嶺也。厥後城墉犇豸，臨江而逝，自此以往，則甕城門闕，羅列相迭也。

余自半山而降，入梅園，賞夫冬去春臻之色。一派粉白矗厠，錯若籬簾，捲捲然含苞欲發，鬱鬱然英華盛綻，邇點新條，遐浮古枝。其中百歲數本，離離疏影，絢然雉堞之下。目其芳菲，則又隱隱然若感暗芬之浮動也。

出一里許，俄然見紫陽古街，北宋南宗道祖張伯端之所居也。其號紫陽真人，故以爲名焉。夾巷大抵重興，尚存零落古屋，歷百數十步，則赫然一坊，牓題曰悟真、奉仙、迎仙之名，殆仙家之次第也。道旁有明五鳳坊，乃萬曆十九年，府中爲五舉人立之。民國時，爲日寇盡毁，今殘一柱。余推忖其餘，可知其殊閎也。旁富古迹，寔存者罕，然則但留其名，已不見其形也。

夫今遺古城者寡矣，或毁於兵戎，或圮於風雨，或拆於文弊。圮毁，尚有零落之迹，拆者則不得見矣。其留風遺色，能證文明之脉，裒古今之迹，而承一城之史，又能發千古思懷，俾人深味也。而今興新必毁古，竟至望洋之古而崇嘆之，又誰咎耶？若夫京師雉堞，雖志士之力止，終分崩離析，何可稽哉？徒聞咨嗟之聲爾。然又有長安金陵者，尚存宏構，是以韵古達今，爲千古之奕都也。吾國但存之休美者，可不珍哉！

己亥臘月廿六日，時節大寒，吾隨外祖遊，父母表弟偕行之。新安許瑞成記。

周妮可

生於二零零四年，浙江温州人。閎里書院文言寫作班學生。

鬻雞記

午食畢，緩歸課室。方拾掃帚，忽聞遠傳招徠之聲曰：『鬻雞！鬻雄雞！』聲調之揚厲，難能忍俊不學也。學既，作癡癡笑不止。陳佳蕊來，亦學之，且誇張之甚。余興而問之曰：『記部，余欲貿得其一，違校規乎？』佳蕊粲然曰：『且行之，且行之。』余四顧，覷心怡蠢蠢而立，乃呼之曰：『余欲購雞，汝從之不？』心怡噭然應之。尋尋之聲所，見一輕軺赫然駐於塗。上有牢籠四五，各載雄雞五六。朱冠玄羽，觜削削，目炯炯，擢身竦體，若有橫逸猛志者。心怡覥然問曰：『雞何賈也？』鬻者笑曰：『斤十六元，隻三四斤。汝欲購置乎？』心怡未及答，余信口曰：『觀之而已，觀之而已。』鬻者不對，面見顏色。余二人拱別歸寢。有趣，歸而記之。

墨子非樂辯

子墨子曰：『爲樂非也！』遂作非樂檄之。以虧奪民生衣食以爲號，呼聲震天，一時喧國，來從者綦盛，多有赴湯蹈刃之勇，摩頂放踵之行。皆斥盡非爲現實之利者。墨子謂爲樂上考不中聖王之事，下度不中萬民之利。疲大人之聽治，賤民之從事，是故聖王不爲也。儒者斥之。

《樂記》有言：『先王之制禮樂，非以極口腹耳目之欲也，將以教民平好惡，而反人道之正也。』余深爲然。墨非不知樂美，然祇知樂美之外，而與犓豢邃野並等，是不知其內流之情邪！子曰：『樂云樂云，鐘鼓云乎哉？』若樂實音節而無意，則忽忽一空架；若樂有意而邪偏，則落落於呻吟。雅有美頌之聲，始於廟堂；琴瑟之合，發於君淑，使正同平和之氣得以輸。俚有箏琶之盛，傳於紅袖；瓴甋之摀，解於農庶，使小怨偏情得以解。若聽者聞雅樂而心應，則德淑沛然心間，若聞俚邪而情迎，則趨徂耽樂之勢然矣。

余謂：樂者，能醉心於其間也。醉雅樂如不知肉味，已然超離世俗之難，遊樂於靈沛之間，實能舉人之德，化人之濁。醉俚聲者迷於表之聲色，今朝醉不顧明日愁憂，朝歌夜絃，實不能饜。能溺人者，實爲俚邪也。雅樂豈能溺人哉？故知疲大夫、賤民之事者，實偏情所至。墨不知儒倡之樂爲雅乎？若聖王好樂爲雅，舉國之民隨得涵養。周孔爲之，而墨子以有爲少，以少爲無，强取聖人之名號以爲己用，曰：『聖王不爲樂！』殊不知聖王好者雅樂哉？今墨者以俚聲統於天下之樂，舉全樂以非之，真禍天下也！

今高下皆醉心於邪樂，實爲天下士者憂。昔孟子嘗言王好樂甚，則國可治，又言今古樂猶然，余深知其爲權言也。若所好不正，可以正音導之，正雅之聲盈朝，則國風庶幾可知矣。墨子辞爲樂以爲剥民之食時，獨知現實之功用而不知風俗之遷善。荀子云：『樂者，所以道樂也，金石絲竹，所以道德也；樂行而民鄉方矣。故樂也者，治人之盛者也，而墨子非之。』若用樂得妥，能善移易俗，澤及庶民，若用樂得濫，則天下之糜行有所長也。實應頌雅樂而闢邪聲。余知俚邪之聲實爲俗情所出，人有軀殼即有食色男女之情也，禁而不能止，衹不當出於大雅之堂。人能感其所合者，故個隨情性當下而擇樂。而樂有哀樂，雖庶衆不能明，然實於化潛默之中。若王起大雅之聲，國聲鏘鏘，民衆來典者志得氣盈。君淑起琴瑟之聲，珠圓玉潤，遠近鄰堵者心靜和樂。故樂者。實能化民之德也。墨子以爲非之，實乃淺陋之見也。

送陳師艷歸故里序

夫子女者，孝悌而已矣；夫父母者，嚴慈而已矣。陳師艷携二女來竹里半載，任書院起居之導。諸生喜之。其於細處留心，於粗處在理，於急事力行，於緩事不累。及衆顧無不至，是慈之度也。

竹里雙峰高聳，溪水潺潺，過清逸之風，結秀麗之果。竹里之美盛也！陳師樂藝，至好花，常置插於瓶，無斷。年初嘗與我白梅。吾聞先人曰：『梅具四德，初生蕊爲元，開花爲亨，結子爲利，成熟爲貞。』夫君子有元亨利貞之德，何困之有？又有堅雅之意，堅立而温雅，是陳師之操也。

聞陳師將陪女讀，辭書院，贈瓜以別。吃瓜之衆潸然泣下。離時綿綿雨落，回相册相送。衆數十，未傘，立蒙雨之中。視車漸遠，心懷念之，贈序以别。

朱馳雨

生於二零零四年，浙江台州人。闕里書院文言寫作班學生。

謝里王記

謝里王，臨海城某舊社區也。其西南暨東皆馬路，車塵日囂，經歲不止。北面原無所設，後數改易，今已蔚然貨殖場矣。

少時吾家在謝里王中，居某屋之四樓。家非甚宏闊也，然陳設畢具，牖户儼然。其西舊吾父母居之，後吾出，遂延爲吾所。父母乃遷之東房，外則小陽臺也。庖厨在家之北，甚逼仄，外置窗，窗下常綴臘肉、香腸之屬，窗前則枇杷林也。厨東有小屋一，其形勢設列，吾幾忘矣，但知王父母偶或一至，輒暫息之，後豈浸累細物，而棄置不用矣乎？吾不知也。

初，社區有近齒之童二三，皆淈泥揚沙之好也。其貌與名不可追矣，然則天色方昏，炊米未熟，正興極蓬頭之時，群童鼓噪相逐角於比屋之間，方今默坐傾耳，恍惚可以與聞。閭里百姓多垂暮之老也，憶某歲夏之月，夜深蟲寂，道巷無人，母趨車而緩行，忽見燈下有老婦傴僂而立，亹亹然似持某物，母次車趣扶之，乃知長老夜出棄穢物，道中渾噩，竟途立而眠。

後嘗聞於母云，此老兒女不知所往矣，時見夜叩門扉，呼嚎不止，狀若癡癲，余幼時頗懼之，今每思及，常泫然而淚下。社區東有饔鋪一，歪簷矮室，陋壁塵户，侵晨曉露未散，而炊煙正濃，方里之民蜂造而聚食之。某日外王母携吾至，店家叩欲包子幾何？遽答曰：一籠。外王母蹪之曰：非汝之量也。余初不信，虎吞之，既二三而覺飽，然猶淡然强而謅，店家與母皆笑矣。後吾入小學，每晨咸造。時鋪中有小犬一，見人食，輒摇尾嗚嗚而迓，余不忍，乃假手落其肉，實食之也，父母見之而莞爾，亦不止。

余居謝里王凡十有三載，此十三載春雨秋風，蟬窗燕梁，與夫深巷乳狗一吠，叫販踏車一過，煙花穿簷而瞬，頑童夢回而泣，家嚴趁月而歸，家慈擁兒而歌，咸似風鈴碎霧，忽忽左右，瞑日可見，充耳可聞，然皆與時推移，浸歸於渺然。後余家臨海城東，去謝里王十數里也。又以讀書在外，少歸斯城，偶或途經左右，揚眉遠覿，而向所謂風鈴碎霧者，飄然四起，惜不獲一到也。

去歲秋，余踏車無聊，忽興發，折入社區之中，秋風爽籟，穿林颯颯，枯丹敗碧，滿目瘖然。逡巡顧盼之，不見宿老，孰得頑童，店鋪寂寂，而乳狗何在焉？舉首而望，鄰家白板青簾，宅前古樹新枝，非似曾相識者與？何今日一見，忽覺索寞無已。造故門前，踟躕不敢進矣。默然駐蹕，辭樓乃歸。

又數月，隨母以事至。母頗慨然也，語予曰：『此屋汝父與有建焉，到今多少歲矣。時欲置新房，遂無奈而市之。』『然則今日何人居之邪？』曰：『某果販也。』『今猶業果與？』曰：『然，在某菜市之東。』舒然長嘆曰：『向無奈而市之，他日少裕，或可使復之也。且汝非依依於此乎？』予揚首而望，少時，呢呢曰：『不必矣，不必矣。』

癸卯年春，記於臨海。

書　說

曩余聞書者言：『今之書害莫大矣。繇清以降，九州板蕩，田宅蕪荒，人人朝夕於温飽，不暇問津於筆墨，天下爲書者寡矣。其後英雄並出，振奮河山，喪亂既平，始有文人把卷染翰，以爲一代之風流。然而馬蹄踏盡，百草方殺，萌孽方發，未足以爲茁然也。是以駑馬齊驅，並爭天下之雄主，揚鬃四顧，閭里百姓遂群赴而望之。今世之習，頗有受於此也。方養生息之時，天下能觀書者未多也。是以前世之駑馬，並沿爲今代之宗師，文人譏之，號曰老幹。老幹者，空以老幹部之名馳騁書場者也。筆未精，墨未熟，人群效之，遂不思進。便然坐名與利，使天下爲書者氣寒。後進之人，乃更垂涎於此，不復鑽精於筆墨，而用詭察於人心，荒路奇徑，務使觀之者大駭。夫「奔雷墜石之奇，鴻飛獸駭之姿」，古爲書者之所深造而自得也，而乃運之於軟手浮墨之間，力未嘗逮，而益之以怪，乍懸乍頓，作龍作虎，不思筆墨之性，但媚俗眼之賞。嗚呼！汝不知彼三寸之管亦將哀嚎已乎！或起顏柳於地下，吾不知將捧腹乎？將泣血乎？而竟悠然曳尾於江湖之間，文人譏之，遂名江湖，蓋深惡之也。』

余退而致思焉，夫天下萬法孰不若是？必有一段篤實功夫，深造以道，令言不足餒，危言無以屈，備盡前人之所能事，而後戰戰兢兢，略陳以新，此世代之所恒久而不朽，第嗣而不亂者也。若是之人，其小也固足騰爲茶飯之一笑，其大者誤進學人，使百家子弟惑而終生不解者，將安往而逃其疚哉？戒之！史家筆下尚未有容情者也。

雜記

予從子虛先生登攬勝門，回首而視之，蓋臒山肥水，清亭俊木，皆在足下。於是仰而嘯，俯而嘆曰：『騰虛傲物，凌凌有仙人之姿！』

子虛聞之，嗑然而笑。予怪而叩之曰：『先生何笑？』對曰：『子之用傲也謬矣！夫傲者，實立德之樞機也，君子用之以潤身，小人用之以傷物。』『敢請益之。』曰：『小人之傲者，仗形勢以凌物而已矣！故家有千金，則不屑於閭人；身躋百仞，乃傲睨於萬物。彼自居聖人之徒者，冠天德，袍博學，故出入昂昂，鼻顧左右，曰：「吾聖人之徒耳，自當肩任天下，而與古人上下馳騁，焉能與爾同心！」其迹蓋儼然大人君子，其心實千金、百仞者也。』

『若夫君子之傲，不出乎身，不加乎民。內視駁雜，則傲然自誓曰：「吾聖人之徒耳，自當肩任天下，而與古人上下其馳騁，焉能沉埋在此卑陋凡下處！」是用提撕其精神，長養其志氣，自鼓作以濟清明。故君子之傲，傲在其骨，不因物以生傲，小人之傲，奮其氣矣！』

予聞之赧然，下視湖山亭木，巍巍然幾不可立，乃倚杖而歸焉。

安徽

吴明正

又名鳴震，字凱元，號愚魯齋主人。生於一九三二年，安徽桐城人。幼讀私塾，後考入中學及高級專業學校。鼎革後歷任小學校長、中學教師、縣教育局教研室教研員。自編出版作品八部，多篇爲出版單位選載。

桐城名媛吴芝瑛傳

吴芝瑛，字紫英，桐城高甸人也。生於詩書之家。父康之歷知寧陽、禹城、蒲臺、武城，所至恤民興學，不遺餘力。有《鞠隱山莊詩集》傳世。伯父則吴汝綸，桐城派著名作家，亦著名教育家也。

芝瑛自幼聰慧，静處深閨，博及群書，勵志繼承家學，工詩、文、書法，邑人譽之爲『三絶』。年十九，嫁户部郎中無錫文士廉泉，泉有詩名，人稱『無錫才子』。光緒二十四年，芝瑛隨夫移居北京。未及數載，以詩、文、書法聞名京師，慈禧太后嘗召之入宫，甚賞其書法，稱之曰才女。

居京時，與女俠秋瑾近鄰，朝暮相處，遂成至交，唱和頻繁。秋瑾乃女中豪傑，誤嫁不良。不良者，紈絝子弟王廷均也。三十年瑾去日本，行乏旅費，芝瑛助之。勸夫勿事清廷，遂南歸，隱居於上海曹家渡，建『小萬柳堂』。後瑾回國，從事反清，未曾舉，爲歹徒告密。三十三年，瑾義死於紹興。芝瑛聞訊，悲痛欲絶，乃撰《秋女士傳》《秋女士遺事》，記瑾平日行事甚詳，是後人研究秋瑾之珍史也。又不顧風險，與盟妹徐寄塵葬秋瑾於杭州西泠橋畔。作《西泠吊秋》七絶四首，並題『鑑湖女俠秋瑾之墓』，並親筆撰聯曰：一身不自保，千載留英名。嘗『小萬柳堂』建『悲秋閣』，題聯云：『英雄尚毅力，志士多苦心。』

芝瑛承先父之遺志，籌款賑濟蘇、皖灾民。三十四年，將其父原籍之田地、房産，約銀萬兩，悉數捐出，於浮山西麓創立鞠隱小學堂。其時，族中有豪强垂涎其家産，賄通府縣，欲阻之。然芝瑛不畏恫嚇，呈文拜謁兩江總督周玉帥，周批示云：『披覽來牘，深堪嘉尚。』責令府縣支持，學堂遂得以創立。自此，當地學風宏開，遠近鄉民，子女受惠焉。今已擴建爲初中。當地人民至今頌揚云。

李國春

生於一九五八年，安徽桐城人。現任職於桐城市文化委員會。安徽省桐城派研究會常務理事、作家协會會員，皖雅吟社社員。

温州課讀記

丙申大雪之後一日，余應泰順文禮學院之邀，偕道友章陽、累文、狂飛伉儷四君之温州，聽王先生季謙講中西文化大略。前余嘗讀季謙先生文，知先生感時下文化根源之退墮，生命學問之混沌，吾人心性駁雜、體認微茫，遂著《六五文集》凡三十册，承接其尊師牟先生繼續説法。又主張兒童讀經，以『《論語》一百』相號召，標榜天下，由是海内承風，塾學蜂起。迄今已二十餘載矣。

曩日鳴謙友語余曰：季謙先生常思，欲疏通中國文化之智慧方向，其本在推廣兒童讀經。誠哉！然吾以爲當今童孩讀經，非另闢蹊徑、遠離喧囂而不可立也。若能槁木死灰，則混沌可葆；靈光透露，則大器可成。聞去温州數百里，有鄉曰竹里，其地長嶺逶迤，巒嶂盤鬱，絶巘遠水，風氣完密，且又有古松盤虯，幽篁掩映，此童子讀書之絶妙境也。鳴謙又謂余曰：季謙先生往還竹里勘踏凡數十次，意欲建文禮書院於此地，以施生平抱負。余嘆曰：真大情懷也！

是余來温州，與各省道席同學，閉户三日，晨誦《大學》三章，日聽季謙先生講衍，方知先生行教數十載，通雅博洽，以復興中華文化爲己任，荷天下重名，矧又有顔子之道、武蒙正之苦志也。余嘆曰：善也！心憂天下，其志必遂焉，一世一生雅音永響，則文禮之弦歌不絶；先生之生命情調不歇，則竹里清溪，天下翕然。

丙申冬月，桐城李氏識。

讓園記

自連枝館徂北數十丈，一坊峨峨，乃六尺巷『禮讓』坊也。坊東不數武有園藏焉，詢之，乃張氏耕、耘昆仲所辟。是園固爲族人舊宅，僦而葺之。鳩工之初，請其季叔澤國先生籌畫。事畢，乞名，曰『讓園』，遂榜其顔。

丁酉孟夏小滿日，張氏叔侄招余連枝館，導余至園中一覽。顧周匝人煙風物，殘垣剩瓦，曲徑坎坷。甫進園，新竹數个，環堵蘿薜，階生苔痕，窗含桂影。入其窔，僅廣數笏，然篆溝丈室，皆依曲就方；茶寮畫閣，有幽人之致。墻角簷下又多置陳欄舊石，一老櫞輪囷，蓋百年前所植，此陳老蓮高古寂歷之境與？

嚮與城中諸師友談及邑中故實：明清時城内郭外，凡深門崇墉，必藏秀絶；庭園屏羅，極江淮之盛。然近世戰亂，邑内文物多敝，故迹星稀。至若城中園囿，近世數百十年間，或頻易其主，或頹圮荒陋，興廢在反掌之間，蕩然無存者幾十八九矣。大率一人之沈浮升降，與夫一園之昨是今非，俱無定數耳！今園廣不及半畝，雖無異石嘉樹之美、臺亭軒池之閎，而雅眇包孕其裏。睹是園，不禁令吾儕遠想慨然。

文端公致仕居雙溪，時與田夫野老話桑麻，徜徉於山隈水阿之間，或負薪而吟咏，或荷鋤而討論。恬退揖讓，真古君子也。今睹張氏讓園，凡舊屋堂構及燕閑清賞之陳設，皆樸拙天成，不見汰侈。或問：築一園而承先祖志，爾叔侄高懷逸抱，抑寄托於尋常之間與？主人頷之。丁酉仲夏，桐城後學李國春於若水廬。

贈朱履儒先生序

予向好鄉先輩文章。然偶有所作，不得旨趣者常十七八。嘗乞諸里中逸庵先生指授，則曰：『君文爾雅，顧於轉折之間氣未之昌也。豈不聞古人云，「凡字句篇章，不見神氣，雖有法，死法耳！」』予雖唯唯，而殊未得其解。因憶鄉先輩劉海峰先生論文曰：『文章最要節奏。譬之管弦繁奏中，必有希聲窈渺處。』予每讀此，亦懵然不知所謂。又憶少時先大人朝夕諷誦古文辭，雖其頷首陶然之狀猶歷歷在目，而間一效顰，於其聲調鏗鏘、情韵不匱處終未有入處。

朱履儒先生，滇人也，今振鐸於首都師範大學。平居精吟誦，前此窮十數年之力，蹤迹南北，網羅放佚，纂輯海內古文家吟誦法成皇皇三十萬言，媵以時賢吟誦音像，都爲一集，名曰唐調吟誦法，以刊布於世。予偶得此書，讀後頓有撥雲見日之慨，則嚮之不得其解者解矣，不知所謂者知矣，未有入處者入矣。遂決意北上京城求教。先生不以予爲不敏，悉心傳授太倉唐蔚芝先生吟誦法，並爲予與諸同學示範吟誦范希文、歐陽子文，殊收聲音入人之效。蓋先生發爲聲腔，抗墜急徐，盡有法度，是真能傳唐調三昧者也。

噫！世不聞吟咏之音久矣！蓋近代以還，西學東漸，國學頓形寥落，古文之道尤甚。吾邑明清爲古文家淵藪，方劉姚諸公素重吟誦，幾視爲習文不二法門，至此亦視同弁髦，嗣響乏人。乃唐蔚芝先生慨然爲於舉世皆不爲之日，潛心從吾邑吴摯甫先生受桐城家法，神而明之，遂創爲唐調，影響遍及東南，其嘉惠後學者豈淺鮮哉！時過境遷，今先生復私淑太倉，火傳桐城，不意正始之音，重現於昭代，其繼絶振危之功大矣。不佞雖齒長於先生，而於吟咏一道，先生實爲予所師事，故京城問學，獲益良多，此予没齒所難忘者也。昔吾邑馬通伯先生請業武昌張廉卿先生，賦詩爲贄，謂『得之桐城者，宜還之桐城』，先生庶幾『得之桐城者』也，而於『還之桐城』者，予雖不能至，竊有志焉。

自京華歸里已數日矣。塞外風來，寒露凝霜，於牖下温習先生課稿，忽聞南征雁鳴，其聲純而和，因思先生當日吟誦之美，不覺情動於中，跂予北望，作文以寄之。

再遊長嶺記

桐城西北群峰並峙。大山自潛霍發脉而東來，逶迤百餘里，西接灊懷，東入舒廬，絶巘迭嶂，重嵐深秀。最著者，龍眠、華崖二峰也，俱擅大别之美。而唐灣長嶺藏於龍眠之腹地，周回五十餘里，奇絶秀麗，最高峰曰泛螺，遠眺圜如巨羸，翠華黛起。

余嘗於乙丑溽暑至長嶺，鄉賢陳先生邦德偕余遍歷危崖窔奥之地；而戊戌白露前五日，文和書院黄先生濤邀余再遊長嶺，探其怪偉幽邃之區，流連嗟嘆不已，因憶及乙丑仲夏夏至日至百丈崖，盤桓於磐石之上，時林陰蔽天，夏蟬淒咽；仰觀長練訇然垂落，飛霰星濺撲人面，冰肌清神；俯察四圍，峭石矗丈許，若奔馬、若伏牛、若龍門壁立，若仙人棋枰，奇奇怪怪，不可摹狀。至若清溪自石罅出，淙淙如金玉相叩，急湍碾石之聲也。

午時，坐張村文和書院，書院爲黄濤先生始創。先是，書院在城裏，先生慕長嶺之風光，議僦且廢之校舍，裝飾修葺，煥然有古書院之遺韵，乃思寒暑陰霽，竹樹煙雲變幻萬狀，豈非盡爲書院獨造耶？書院之南有舊廟，傳爲崇祀南宋輔文侯牛伯遠而建。久廢，鄉人醵貲重修，屋宇儼然。夫伯遠乃魯人，桐人敬之，未知其來歷，鄉人多附會之説。余考稽伯遠擅騎射，入岳家軍矢志抗金，浩氣長在，鄉人尤盡心宗祀焉。院之北又有張氏宗祠，張氏族人始建於清代，祠久敝，近來修飭，以表族人追遠崇德之孝思。

或云長嶺景色四時不同，飛瀑流泉，雲水深窈，修篁雜樹相間，村舍爲群山所環抱，淳風古俗相傳至今，洵今世之武陵源也。而余兩入佳境，所遇者皆同，所思者不同也。所謂同者，看青山依舊，長水自流，足以娱余目、滌余性；所謂不同者，念餘生紛華盡祛，萬念歇絶，欲構小廬於書院之一隅，朝誦南華、夕咏陶詩，以至於衣草衣，履芒鞋，登彼南崗，拾栗煮芋與村童俱食，豈不樂歟？

戊戌仲秋，桐城李國春識。

汪茂榮

生於一九六二年，安徽桐城人。中學高級教師。爲中華詩詞學會會員，持社社員，桐城詩詞主編。著有《懋躬叢稿》，點校出版著作多種。『汪茂榮舊體詩選』曾獲詩潮『最受讀者喜愛的詩歌獎』年度金獎。

桐城派四祖詞林印譜序

余友周君昱之博雅多聞，擅八法，精鐵筆，於闡發邑先賢潛德幽光尤汲汲焉。前此數年，即於《桐城派研究》上見其所作印蛻，擷取桐城四祖名章雋句，分朱布白，細入毫芒，於清真雅潔若合符契，憬然有悟匠心可通乎文心也。夫桐城派者，戴南山先生發其端，方望溪先生植其基，劉海峰先生賡其緒，姚惜抱先生集其成，此所謂桐城派四祖也。余於四祖別集，雖淺嘗而皆略涉其藩，每苦其汪洋浩博，當年難窮其涯涘，皓首莫究其底蘊，意者其有執簡馭繁之道乎？今昱之裒集歷年所作成《桐城派四祖印譜》，歸然巨帙，粲然成章，四祖之英華略具於兹矣。昔桓公見謝安石作簡文謚議，看竟，擲與坐上諸客曰：『此是安石碎金』。以古方今，斯集殆可謂桐城四祖之碎金歟！堪膺執簡馭繁之道者不在是乎？手此一編，於欣賞篆刻綢繆宛轉之餘，得與於桐城文章之美，辭約而義豐，言近而旨遠，無韋編三絕之勞，收寓學於樂之效，嘉惠並世，沾溉來兹，厥功偉矣哉！起四祖於九原，當亦相視一笑，莫逆於心，然則余之所言不謬，信可質之於世之大雅博達之君子也夫！是爲序。

歲在丁亥端午前二日，汪茂榮於梵天城。

贈章陽序

夫大化流衍，人秉其氣而生，居三才之一。其受之於天者，固有厚薄之分；其成之於人者，尤有賢不肖之別。唯君子能秉其所生，盡其在己，成人能而立人極，與天地參，贊天地之化育。故《易》曰：『天行健，君子以自强不息。』曾子曰：『士不可以不弘毅，任重而道遠。』執此以求，則余之舊日門人，恪遵聖訓，刻苦自勵，有以自達者，實繁有徒，章陽其卓犖者也。

猶憶昔日章陽來從受業，余察其爲人也，厚重少言，篤志好學。平居奉師敬，交友誠，執事忠，余竊有感焉而實未足以知其人。其後，章陽畢業離去，中間各牽於人事，不相見者逾十五年。客歲夏某日，余逭暑無俚，章陽及同門諸子忽邀遊范崗。余貿貿然至，至則占地數百弓之『安徽金陽金屬結構工程有限公司』赫然在焉，章陽即其法定代表人也。及門諸子導余循覽車間，紹介產品，縷述章陽昔日創業維艱與夫公司目下之勝概。余於此重有感焉，然猶未足以知章陽！

昔姚惜抱先生曰：『夫黄、舒之間，天下奇山水也，鬱千餘年，一方無數十人名於史傳者。獨浮屠之雋雄，自梁、陳以來，不出二三百里，肩背交而聲相應和也。其徒遍天下，奉之爲宗。豈山川奇傑之氣，有蘊而屬之邪？夫釋氏衰歇，則儒士興，今殆其時矣。』其後果如惜抱所言，吾邑才士輩出，桐城文海内風行，執掌清代文壇牛耳幾二百年。俱往矣，而黄、舒間山川奇傑之氣抑别有所屬耶？方今海通四辟，財源盡開，寰宇之内，實業雲興。際此風會，吾邑後進，能不一展長才，爲天下先乎？如此，則發山川奇傑之氣者將在此而不在彼也。繼『天下文章，其出於桐城乎』後，『天下實業家，其出於桐城乎』倘亦喧傳人口歟？章陽躬逢其盛，崛起於商海横流之中，甘苦備嘗，深造有素，其不以一隅自限，不以已成自劃明矣。繼此以往，必將宏開大局，逐鹿中原，異日於商戰中圖王不成退亦足以霸。此則余所深知於章陽者也，亦余所屬望於章陽者也。章陽勉乎哉！

二零零九年元旦，汪茂榮撰。

桐城古城輯稿序

華夏古國，五千年發展於兹，先民心力所聚，悉成文化。大哉文化，予吾民族以無窮滋養與夫予吾人以無上榮光者，非在是歟？然創之至艱而毁之甚易者，亦莫過於是。三代尚矣，秦漢以降，五胡入寇之難，大盗移國之亂，幾無代無之。巨城名園，故家喬木，毁於兵燹火灾者，殆不可以千萬數。此《洛陽伽藍記》《東京夢華録》《西湖夢憶》諸書所由作，而百數千年後人讀之，未嘗不廢卷三嘆者也。

雖然，此猶未也。二十世紀毁滅文化，殆有過之。戰亂勿論，丙午浩劫，舉先民萬千創造盡付秦火，曾不吝惜。振古文化遭遇之酷，莫此爲甚。近三十年來，商途大啓，功利所迫，禹域拆遷成風。遼東歸鶴，焉識城郭人民；舊家燕子，不復入烏衣門巷矣！甚且毁真造贋，擲無數民脂民膏公然行蠹國病民之舉，此不之悟，乃斷斷焉以破舊立新自解。盲目盲心，一至於斯，可悲也！

桐城，七省通衢，兩江劇邑。先民培元植本，積累深厚。千三百年間，雖興廢靡常，要猶巋然獨存於揚子、龍眠之間。然亦以迭經世變，風規不無少頽。即今朱門甲第，百無一存；闤闠城郭，半歸烏有。文都之名響遏行雲，喧在人口，而舉世夢夢，求一能尋索古城遷變、從容誦數張姚馬左行能德業者，邈不可得矣！

李國春先生，吾黨之嗜古有癖者也。平居好學敏求，於鄉邦文獻古迹尤屬意焉。從公之暇，窮搜博覽，偶有所得，輒泚筆爲文以餉同道。頃者欲積歷年所作付梓，而名之曰《桐城古城輯稿》。是稿也，列目十二，舉吾邑先民所創造之物質文化與夫精神文化者，悉萃於一編。其搜羅也富，而鑑别亦精，至選言有序，著語清真雅潔者，尤徵桐城家法。不意千數百年鄉獻風流、古城勝概，昔之毁於天灾人禍者，轉得之於眉睫之間。迹其所爲，信所謂能尋索古城遷變、從容誦數張姚馬左行能德業者也！

然則是稿之作僅備掌故以篤嗜古之好也哉？非也。此直淺之乎視斯稿者。蓋當上下交徵利之世，一切唯利是逐，恒視傳統爲蔑如也。夫傳統何嘗無利，要非世俗之所謂利。以世俗之利遏絶傳統之利，識者於此有文化淪胥之懼，而國春先生斯稿之所由作乎？《詩》曰：『惟桑與梓，必恭敬止。』則是稿也，實『恭敬』桑梓之作也。人誰不『恭敬』桑梓，故讀是稿者，即功利之士，亦當油然而生『恭敬』之心矣。此猶一邑耳，卒之爲一省、一國，以一人『恭敬』廣之爲千萬人之『恭敬』爲何如？吾知夫九州之内，人人知所『恭敬』，人人當受患於傳統之賜矣。夫如是，則功利之心可淡，拆遷之風可息，傳統與現代化可並行不悖。庶幾民族記憶有所依托，文明古國實與名副，長此以往，彼善事傳統保護之希臘、義大利諸國或不得專美於前矣。此吾人之想望焉，抑國春先生著斯稿之願心歟！質之並世君子，然乎否乎？是爲序。

歲在乙未九月，汪茂榮敬撰。

六尺巷序

姚永樸《舊聞隨筆》載：張文端公居宅旁有隙地，與吴氏鄰，吴越用之。家人馳書於都，公批詩於後寄歸，云：『一紙書來衹爲墻，讓他三尺又何妨。長城萬里今猶在，不見當年秦始皇。』吴聞之感服，亦讓三尺。其地遂名六尺巷，浸成名迹，喧傳海内。

夫文端何人，當朝宰輔重臣也。方横逆之來，寧不能挾位勢之尊齮齕之耶？顧以巽詞出之，卒釋争解紛，歸於和平，蓋於儒家讓道深造自得焉。雖然，讓亦豈易言哉！自物競天擇之説興，一切放於利而行。利之所在，争之斯生，馴致天怒人怨，不至魯莽滅裂不止。揆以讓德，有愧文端多矣。夫讓者，禮也；禮之用，和爲貴。使世人皆明斯義，何有於攘奪争競？此之不明，徒斤斤於争之爲利，而不知讓亦實爲利也。孔子曰：『能以禮讓，爲國乎何有？』朱子曰：『治民者，導之敬讓，而争自息。』禮讓而至於息争弭鬥，敦風厲俗，國泰民安，斯非利之尤大者歟？矧仁人正其誼不謀其利，義之所在，讓之有必行焉。嗚呼！文端往矣，其流風餘韵，亦足以興起今人者乎？

嚴肅先生，商界鉅子，賈而好儒，素慕鄉賢張文端公風義。頃以紀念反法西斯戰争勝利七十周年，乃另建六尺巷於所創合肥財經職業學院内。巷長七十米，稱其紀念年數也。原其所建，允有進乎紀念者在。准以張子『仇必和而解』語，實寓禁攻寢兵，共挽人類臻於和平之意。而建巷於學院内，則尤能收現場説法之效。蓋職業基於人文。禮讓，人文也。無人文素養，職業徒成争競搏利之具。若學院承學諸生深味此旨，履巷自鏡，翻然以人文植基，異日陶成君子人格，謙以自牧，和以接物，不尤愈於以職業自囿者乎？然則承文端之風而起者端在於是，其淑世之意，皦然明矣！

巷建成明年，以春晚演唱六尺巷故，遊人如織。嚴先生囑余略識數語以爲喤引。余不敏，亦忝爲文端鄉人也，遂樂發其覆如此，識者察之。是爲序。

歲在丙申仲春，桐城汪茂榮敬撰。

汪劍東

生於一九六八年，安徽安慶人，太湖樸初中學教師。

遺石記

石在神道中軸，牌坊之内。初，石坊甫成，靈骨歸期在即，人多以爲礙，數以炸藥摧之而竟不得。或曰：『太夫人號爲「拜石」，樸公於石有獨愛焉，撰拜石贊，設「拜石獎」，結集爲片石。遺石於兹，殆天意乎！』遂罷。今其上有炮眼，舊迹耳。其後有遊者見石，以爲匠心獨運。噫，豈知天意之巧有甚於人力哉！雖然，人亦得有所爲也。石質堅韌，遂得補天，樸公以之自勵，終成大家；吾人拜之效之，或有所立乎。是爲記。注：樸公，即趙樸初先生。

陶善才

字覺今，號渡庵。生於一九七一年，安徽桐城人。供職於安徽省委政研室，事理論兼及調研。業餘研習古文詩詞。

桐城方公晋秦先生行狀

己亥上元，適雨細風輕、柳眼新開，竟有噩耗突兀而至：桐城方公晋秦先生於是日卯病歸矣！予聞訊愕然，悲惋不已。予曩時拜識方公，蓋因宗譜。吾鄉桐城乃文獻名邦，舊家宗譜尤稱典範，雖歷經兵蟲水火，焚棄殆盡，然猶有遺珠在焉。國家昌明，各族順時因勢而欲重興之。方公乃有識之士也，遂連袂而起，以續修方氏家譜爲己任。予沉潛於彼，因得機緣與交遊之。

方公系出吾桐積代衣纓之族。其先，宋季自徽之休寧遷池口，再遷桐城縣城鳳儀坊，稱『鳳儀方氏』。以耕讀傳家興起，科甲如林，故又稱『桂林方氏』，迄今已七百餘載。代出才人學者，忠臣孝子不絕，朝有勛功，野有遺德，巍然爲江南華胄、詩禮世家也。自第七世分房，一宗九葉，公系出第六葉『中六房』，乃桐城派鼻祖方苞一脉也。

夫續譜修祠之浩繁，起步之維艱，戛戛難乎哉！況方氏巨族，支繁裔衆，又散居五湖四海；其家譜距前清光緒年之修，迄今已逾百年，舊譜又多遭毁失。是故公欲成之，衆皆期期以爲不可。公乃曰：『君子以爲難，其易也將至焉！』與族中有識之士詳爲商討、多方奔走，宗親理事會遂立。合族群情振奮，似有『定海神針』矣！

嗣後，公偕理事會成員奔走道途，爬山涉水，尋找先壟，六世自勉公、七世桂林公等先壟相繼修葺，並獲批市級文保單位。桐川會館，前明布衣大儒方學漸所締構，乃桐城方氏學派標志建築也，惜毁於清末兵燹。公上下奔走，竭力籲請興復。而桐城派鼻祖方苞故居，大學者方以智舊宅，或破敗或傾頽也久，公每爲憂心頓足，必欲復其舊。

猶憶丁酉清明，桐城桂林方氏舉辦首届公祭大典。當是時也，海内外方氏紛擁而至陡嶺，追思祖先，重温訓示，仰承美德，漪歟盛哉！予亦應邀瞻陡嶺之拔秀，睹祭典之盛況。此誠吾桐文化盛事也，豈非方公與理事會成員之膚功哉！

戊戌年，聞方公不再輕出，予並未在意，以爲偶染小恙耳。況公於網路微群，與族人交流如常，除夕前猶爲族人續譜解惑，引導族人凝心聚力。孰知先生病在床蓐久矣。

悲夫，方公往矣！然其言論風旨，無老幼賢愚，傾心也久。公勤勉盡責，風紀肅然，望之儼然，凛凛有苞公鐵骨氣度。予嘗因公網名『白鴿』而不解，而叩問無由。今有里人稱：公乃桐城信鴿協會最早之成員，予始恍然。里人多稱其雅好，集郵造詣亦深。而一旦投身續譜修祠，則摒棄一切雅好，可謂嘔心瀝血，鞠躬盡瘁，死而後已。

嗚呼哀哉，方公往矣！峨峨桐山失色，湯湯桐水嗚咽。然公大節所存，仁至義盡，豈不與桐山桐水共彰彰哉！

檀作文

生於一九七三年，安徽東至人。北京大學古代文學博士畢業，現爲首都師範大學教師、雒誦堂山長。致力於國學教育。著有《朱熹詩經學研究》；注譯有《曾國藩家書》《曾國藩家訓》《顔氏家訓》《聲律啓蒙》等（皆收入中華書局三全本系列）；編纂有《雒誦堂蒙學大字》（誦讀本）、《雒誦堂國學系列》（注譯本）。

致和堂復修祠屋記

吾檀旦公之裔世居碧潭已八百餘年矣。府志云珪公墓在城南百八十里。道濟公歿後，吾檀或即世居池邑。可謂源遠流長矣。

碧潭舊有支祠四，咸同之際值兵燹，頹圮過半。亂平，以成一公祠留耕堂爲基，復建總祠。改號致和，以志同心。百餘年間，屢經修葺。丹青日剥，堂構猶存。戊申以來，漸至廢棄。世紀之初，唯存前廊。祖靈何托，孝孫唏噓。近歲乃謀復建，世林禮進諸公倡其議而舉族和之。乃卜乃筮，爰始爰謀。堂構規模，一仍其舊。捐資百萬，購巨木於炎方；戮力一心，集良工於此地。經始於戊戌之秋，告竣於己亥之冬。

予也有幸，得謁致和堂於己亥孟秋。彼之時，已見其梁棟輝煌逞極材力矣。斯堂也，非獨爲諸檀之冠，亦乃池邑翹楚。予既欣斯堂既高且麗，增吾族之榮光；復嘆旦公後菲食惡衣，能致力於宗廟。《詩》云周雖舊邦，其命維新，吾族亦然矣。

堂既成，世林偉翔諸君囑予作文以記之。予不獲辭，乃略述其緣起於右。庚子桐月吉旦，花山宗弟作文拜撰。

張文勝

字砦盦，號我今停杯。生於一九七七年，安徽桐城人。本科卒業於北京航空航天大學，後棄理從文，爲南京師範大學古代文學博士。今執教於韓山師範學院。

顛趾集序

初，徐子退之議與陳子渺之合鈔其絶句詩以行。又强予與其事。絶之體素非予長，平生所作尟矣而未能工。視徐子之奇情壯采、陳子之俊爽芳馨，相去何可以道里計。乃固辭而不獲，曰：『必如公命，則是集之名當從我。』徐子曰：『諾。』予因名之曰顛趾。

顛趾，鼎初爻辭也。予之絶詩，未敢與二子抗行。若鼎之躄一足，其勢必至顛蹶而後已。此非謙抑之辭，具眼者自能識之。若初六顛趾出否爲無咎，九四折足覆餗則爲凶。易理精微，非扣槃捫燭之能解。若有人於此曰：鼎之爲卦，上接革、井。井言改邑，革言虎變。與鼎之耳革而鉉金玉，其意均在除弊更始也。三子之作，婞婞涊涊。指天畫地間，殆有夫望荃不察之心耶？此更非予所屬意也。

是集之鈔也，一仰邢恕齋補生先生爲之。先生書家老斫輪，歐楷精嚴。若廊廟之士，凛然而不可犯。其人訥言君子，敦然長者云。

戊戌季春，礐盦並記。

如醒堂絶句三百首序

夫絶詩之難，古今同慨。從來碩彦魁儒，操觚半世；鴻篇巨制，倚馬萬言。而求爲一小絶句，則退葸以腐毫，媕婀而輟翰也已矣。瞠目其後焉，龍標之超遼，太白之清發，自可雄視千秋；遑論其餘也，工部之汪濊，山谷之塞淵，不獲見稱當代。此固才地有分，更由性天所限也。

吾友雁門退之徐公，垂髫岐嶷，掄魁甲而入名庠；遘命艱屯，逐騄騏而走大幕。金鎖裘敝，季子之遊興不衰；躡蹻檐簦，虞卿之紓愁而作。龍堆落日，葱嶺秋風；白草黄雲，群鷹萬馬。一皆奔入詩囊，大抵出以絶句。十九載飲冰齧雪，蘇屬國之牧羊；三千篇肆口滿心，揚子雲之吐鳳。砰磅訇磕者，其聲也；沛厲騰軒者，其氣也。遂使曼睩便娟，如赤泉之辟易；蛙鳴蟬噪，等魏勃之噤唫。

爾乃魂銷紫塞，青冢徘徊；目斷黄沙，玉關羈倦。岑嘉州之書記翩翩，安西白雪；吴漢槎之鄉愁莽莽，窮北秋笳。彈鋏鏗然，霜風長淬於劍氣；停驂驪爾，月鏡朗照於刀環。

於是焉北揖鐵勒，南圖金陵。一旦遭逢稍達，十年聲價益隆。元亮之能安日富，温克齊聖；次公之偏耐多酌，清剛醒狂。其性度不改婞直恢弘，而詩境漸臻堅蒼渾樸。因乃結束風華，痛删少作。留其十一，訂爲三百。手我其編，命我以序。

噫嘻！公之詩，天下周流，世間極口。絶句迨其尤者。人皆賞其豪縱，而莫詫其所途；吾獨憐其摧傷，而不忍其所觸。羡魚瀛海，趙幟莫搴；慕鶴盛朝，華胥難返。吾儕醉亦醒，醒亦夢。吾惡乎知尋橦扛鼎，不爲譎激於喁；吾惡乎知霝鼓蒲牢，不爲呻呼嗲囈？吾惡乎知嚕呟韃鞨，不爲痛哭流涕太息長歌者乎？

歌曰：黃金羈，青絲絡。紫燕騮，忽靁駮。短褐兮長鞭，凌逴兮沙漠。蹴踏兮九州，無適兮無莫。

桐城礐菴張文勝謹序。

戊戌鳴鼉集緣起

夫宇宙擲梭於徂景，歲已云深；山川變色於遷流，人因多感。鶩鷟發於一之日，嘆王京於萬斯年。傷也江湖流落，思鄉思友之幽悰；噫兮宮闕崔嵬，全德全身之微念。桂楫蘭舟，空勞想望；蘋花辟芷，徒采芳馨。浮海非時，名山可笑。吾人有疾，並世無瘳。贈答不無數子，切偲容見一編。敢期逸逸舉疇，惟昭明以介爾；聊作逢逢擊鼓，等矇瞍之奏公。首倡者：代郡李抑之昂。賡倡者：潮州陳渺之偉、黃仲力偉忠、陳和光振燁。桐城礐菴張文勝記。

江張松

字嘉木，號疏籬。生於一九七九年，安徽潛山人。史學學士，文學碩士，高中語文教師。喜山水，愛古文。

遊源潭萬歲山記

鴻蒙肇判，混沌初開，彼時萬物皆有靈焉。古皖國有東西二山，競長賽高。東山日長五丈，西山日增四尋，有刺蒼穹穿靈霄之勢。玉帝患之，乃命力士降一巨石於西山頂，遏其勢；又命雷公持楔錐、電母執鏡，以光電擊東山，使之碎。西山即今之天柱山，其頂巨石即飛來石；東山即萬碎山，今人稱之爲萬歲山，蓋歲與碎音相諧也。

日月不淹，春秋代序。有晚唐人羅毅，慨勢易時移，諸侯作亂，唐室不支，夜觀皖山有五采龍虎之氣，欲踞此揭竿斬木，取而代之。未幾擁兵數萬，雄霸一方，欲王也。其母時爨，聞之，喜甚，擲箸於竈曰：吾兒王矣，當旦夕爲吾誅萬姜仁。萬姜仁者，其母仇讎也。竈君恐懼，奏玉帝曰：塵寰有羅毅者，興兵伐唐，欲踐祚也。其母聞之，以箸筶我，且言將誅萬家人，其性至暴，如其子爲君，生靈塗地矣。玉帝怒，褫其龍質，黜爲凡骨。以其於皖山起事，後亦死於是。時人哀之，名皖山曰萬歲山。

白駒過隙，忽然而已。有濠州鍾離人朱元璋，某一日托鉢丐於源潭鋪，露宿於鋪西北四里許一山。其後登位，源潭鋪知其事者，名此山曰萬歲山。

逝者如斯，不捨晝夜。西元二零一八戊戌年丙辰月辛卯日，余登某山以自娱，見此山多麻香、蕨苗，皆美味食材也，又於途中采得野果數掬，啖之齒頰生香，甘津爽喉。既登頂，俯瞰四面皆勝景，尤以魯坦湖螺絲島爲最。清風徐來，四體通泰。然山頂多秀色，亦多垃圾，余五人撥草分刺，撿拾其間，以旗裹之，負之下山。

四人者，官莊人余君，水吼人侯君，梅城人汪君、王氏，至頂，皆面有喜色，快然吟嘯。余謂四人曰：吾等於此山目遇之而成色，口嘗之而得味，且行公益，愉悦身心，行前萬種期盼、萬椿心願，皆遂了。且名此山曰萬遂山，何如？衆皆拊掌稱妙。余因擊杖爲歌，歌曰：山不在高兮，有人則名。友不在多兮，有志則同行。予懷渺渺兮，仙子何日降臨。且悠遊山水兮以寄情。一曲歌罷，揖別山君而還。

何智勇

號辣齋。生於一九八二年，安徽人，現居杭州。唐社社長。古典文學創作愛好者。

夢蘇子賦

何子晝寢，忽入南海之涘。睹陰陽之倏幻，訝風雲之譎詭。天地反乎黄芽，日月淪於白水。雰沃氣鬱，浪險濤斷，隱然神駭魂馳，霍然心蕩色變。恐鶴骨之難支，憂猿愁之莫遣。遂爾逃密林，避危岩，劃然而嘯，肝膽舒散。忽過一茅茨，兀兀於藤木之下，繞老牛之緩吟，飛野花如紅霞。於是扣扉而入，見一老者隱几而坐，若有所喪，病如茂陵，神越庚桑。予矍然驚曰：『子非蘇子乎？』老者目予而笑曰：『固知子之必來也。此處有難言之樂，子欲同遊乎？』

予曰善。

於是蘇子捨几，携予登巨石之巔，同釣於海。竿以豫章老木，綸以朱崖修蘿，餌以會稽巨犗，啖以日南靈鼉。恍驪龍之矯矯，凜怒風之瑟瑟。忽而浪如不周之傾，瀾似尾閭之坼。蝦蜃跳躍其中，黿鼉嬉戲其側，捲天山之古雪，裂帝孫之玉帛。水鬼張牙，陽侯奮爪，丹鬣糾紛，紫藻繚繞。予駭然曰：『嘗聞髪膚天授，凝氣爲身，無故不毀，得與天存。是以君子有垂堂之憂，大人有履冰之慎。此惡鬼舞髭鬚而吮血，巨浪鼓風雨而食人。子不恤乎天道，何屹屹乎臨深？』

蘇子笑曰：『子非知道也。獨不聞泰山同於蟻垤，斥鷃比於鴻鵠。炤日月如螢火，擬晝夜如膏燭。原貧與陶富無異，商山與魏闕不殊。以巨壑爲平地，以滄波爲坦途。其苦者如食薺，其樂者如味茶。子欲求樂，何懼乎此水鬼大海哉？其水何若北堂之一杯，其鬼何若恒沙之一粒？且夫不入荆山，不得美玉，不陟景嶽，不得茂柟。涉虎穴而知勇，飲盜泉而知廉。子所見波開浪裂者，正老鯨出水之朕也。』須臾老鯨果出，銜鈎而怒，擊長天而摇尾，擺修鰭而蔽陽。睛含昆侖之影，齒映水晶之光。

蘇子拂綸而喜，擲之無窮之筌，陳乎廣漠之野。夜相與飲酒，意興不歇。披衣出户，見筌内唯有明月，回視蘇子，忽而與茅茨俱滅。

學論

在昔湯錫予先生論謝康樂《辨宗論》，云天下之學有四：可學可至、可學不可至、不可學可至、不可學不可至。斯所謂『四至』之談，試以譬諸爲學之境界。方其初學也，殆驚典籍之宏富，不解義理之深微，若涉海無槎，驅車無軏，必曰不可學不可至；困而爲之，粗知簡册之有類，寖明學術之堪辨，若旱圃得雲，枯莖霑露，必曰不可學可至；循而進之，既覽千書而略通，復覺一義之未審，若指瑕竇璐，揚秕皓精，必曰可學不可至；終則去粗蕪以求密，肆舊力而即新，若糞薙抽萌，洞幽掃翳，必曰可學可至矣。

或曰：『讀書貴能擇要。吾子泛濫無歸，力巨功寡，非善學者所宜。』旨哉斯言！非善學者不足以道之。然以『四至』自衡，則予爲學尚淺。公室未躋，空睹門庭之美；放心初攝，復晞日月之徵。敢不黽勉從事，期於虎變，今博觀之未遑，又奚暇專騖哉？

復曰：『觀乎滄海難爲水。擇一精可賅百粗，得一蘭可棄百草，讀書亦如是。必讀諸書，前賢論之綦詳，足爲取徑之資。』噫！此則不可不深辨矣。人以爲精，果爲精乎？人以爲蘭，果爲蘭乎？人以爲不必讀之書，果不必讀乎？難言矣！嬴秦之際，户誦法律，以吏爲師，是耶？非耶？西漢一代，今古文争，非劉歆者群起，於是乎《周官》《左氏》閣而不讀，可耶？不可耶？故讀書所貴，在於超拔群口之外，饜飫衆家於内，自擇精粗，刊落浮説，此則非博觀而不能爲也。故龍門著史，采六國《史記》，詢諸父老，雖芻蕘之傳聞、里巷之逸説，亦在所不遺，擇善而録，誠可謂得博觀之效、善精粗之擇也。

復曰：『古者讀書，上可以高車駟馬、深宅夏屋，禄給口腹，榮及子孫，下可以搏名州縣、友於令長，周旋於冠帶之間，呼喝於軒榭之内，洵足慕也。今則不然。知詩者或見辱於商賈，明禮者頗受誚於駔儈。諷誦千言，不免於饔飧之難繼；讀書萬卷，不免於鄉里之譏嘲。然則讀書何用哉？』是乃無可奈何之辭，然不能不辨。夫讀書必有用，而不必用者，則或在乎天，或在乎世，或在乎人。孔孟拯溺天下，干君無數，行道也，非求利禄也。合則行，不合則去，豈千鍾萬鎰能嬰其心者？然終以迂闊見拒諸侯，不得其大用。此在乎天者也。東方朔機變之士，非迂闊之徒，然終其生不過位列執戟，滑稽俯仰君臣之間。非學不足用也，時世使然也。當四海無事之日，高才無所使，庸流乘其便，此在乎世者也。賈誼才足以制馭宇内，文足以傾動人主，察幾微於未形，謀廟算於百世，竟淪落長沙，悒鬱而死。蘇子曰：『非文帝不用賈生，賈生不用文帝也。』予深可其言。賈生自負才高，草芥冠纓，糞土諸侯，狂狷有餘，應變不足，宜乎其不見用也。此在乎人者也。

抑可申說之。老子曰：『三十輻共一轂，當其無，有車之用。』是無用寓於有用者也。惠子曰康瓠無用，莊子謂可以爲舟，是無用化爲有用者也。昔英人欲造飛機，問諸相。相曰：『焉用彼無用者爲？』今則國無飛機，幾不成國矣，是無用經時而有用者也。燕趙之地，畝廣人衆，農幾無可爲。遂相率赴非洲，賃地墾種，壤雖下下者亦必有秋，不數年而富埒陶朱矣。是無用越地而有用者也。然則讀書果無用乎？丁此禮樂衰弊、文章渙散之日，振風雅於沉淪，起頑懦於未立，庸知讀書未有進賢迪昧、勸民勵世之大用也哉？

張德付

字子閔，號繼周者。生於一九八三年，安徽人。清華大學歷史系博士，主要研究儒家經學，致力於中華禮樂之研習與復興，對三禮之學尤有獨到之見。創辦揆一精舍，專教讀經與作古文。

沐風畫集序

華嚴家云：『心如工畫師，能畫諸世間。』故知三界虛空，廓然以起。三千大千世界也，四大部洲也，大海之湧波也，日月之流暉也，峨峨鐵圍，藐藐芥子，屑屑微塵，以至水洗梵王之宮，火燒光音之天，劫壞劫空；與夫有情衆，相害並育，浮沉於六道之途，而苦樂異趣，或華藏天樂，或阿鼻鬼哭；乃至聲聞也，緣覺也，菩提薩陀也，婆伽梵也。總總皆一心所敷畫也！

夫空華翳月，焉得實相？若執摩尼五色，徒夢夢耳。是故繪事者，以幻寫幻，而欲其真實不妄耶！雖然，圖真惟肖，教下所以崇其誠慤；點畫傳神，宗門所以暢其玄風。玄風所被，文人雅士爲之偃，靡然從之矣。

海岱及淮，教澤宗風自古殷盛。法相三祖，泗州大聖後先崛起。流風所漸，遂及翰墨場，以逮於今。而吾鄉屬邑蕭，執牛耳焉。都人士率解摹幻幻，奕代相承，不稍歇。沐風既生長於斯，齠齡即捧硯侍其尊俊鵬公、從父滄海公，紹家學。壬午，以藝舉於鄉，遂負笈北上，遊霍春陽、何家英諸公之門。由是日孜孜，唯古賢遺法是求，深造自得，藝日進，譽日隆。然沐風猶以爲未足也，慨然縱迹江湖，窮山水窟，蓋欲師法造化矣。一日，忽於九華山祇園寺受三皈禮，爲優婆塞。倘有所悟於心畫之説耶？

沐風爲人，素落拓不羈。初，其爲畫好仗氣使情，自謂『聊寫吾情性耳』，幾於解衣盤礴羸矣。故每尺幅成，但覺滿紙氤氳，元氣狼藉。自皈竺乾，乃造古刹，謁大德，參禪體道，氣機稍稍內斂矣。故其對丘壑、木石，以至蟲鳥蜂蟻，常寂寂如老僧。然當其舐筆濡毫，勃勃然若有不可以已者。筆墨間，隱然寓祖師之意。往者，月臂法師與其高第弟子豐子愷作《護生畫集》，蓋欲感發世人惻隱之心以弭殺機。而沐風之畫，使人睹之，不啻旦暮遇之，如晤其面而聆棒喝，足以發深省。嗚呼，繪事進乎技矣！

余與沐風訂交十有餘年矣，每把臂相對，未嘗不以道藝相期。若夫徹衆有之本、萬象之根，契一畫之先，達如幻三昧，筆參天地之化育，實余所深望於沐風，亦沐風之所深知也。適沐風畫集版行於世，問序於余，聊書數語以爲之賀，且以與沐風共勉焉。

辛卯七月，淮泗張子閔。

求爲引薦書

李先生尊鑒：

自睽雅範，倏忽已數月矣。當日先生不以余小子狂悖譾陋，垂詢以教材事宜，於是知先生有古君子之風焉。自是時思風儀，終以先生庶務繁冗、小子學業叢脞，未克趨函丈，再坐春風。然先生勖勉之意，小子感佩之深，未嘗一日去於懷也。

初，生實銜一心事而往，然以初接尊者，未便啓齒。蓋生竊慕太倉唐蔚芝先生之道德、學問、事功，每讀《茹經堂文集》至其叙及與吴摯甫先生東瀛夜話之事，輒爲之廢書而嘆，神往不置。竊嘗考之，二先生相接不過三五夕耳，然文脉隱然已傳矣。先是，唐先生曾欲執弟子禮以師事之，而吴不許。至是，吴先生遂授之以桐城讀文心法，曰：不求之於心，而求之於氣；不聽之以氣，而聽之以神。此實桐城一派因聲致氣之秘訣，與韓文公氣盛言宜之論，正循環往復，而皆導源於孟子知言養氣之説也。唐先生既得此訣，乃本曾文正公古文四象（吴摯甫師曾文正），張惶其説，衍爲『唐調』，著爲國文經緯貫穿大義。則唐先生洵可謂集桐城派之大成者也。

時有黄仲蘇氏，著朗誦法。錢子泉（基博）先生爲之序而嘆爲『當代之絶學』。夫理易明而藝難精，理必期於自得，藝尤賴於師傳。而况此調實絶學之緒餘乎？自唐先生主持無錫國專，即以此課諸生。以是肄業其中者，無不嫻於此道。民國二十三年，先生年逾古稀矣，乃灌製唱片；民國三十七年，先生年八十四矣，復灌製唱片。是以知先生實不欲此調絶於世，而冀其流傳於永久也。然生多方搜求，迄無所得。因思當日肄業國專者，猶多存世而爲國典型，遂欲訪諸故老，謀續錫山文獻之傳。後聞范先生實得『唐調』之正傳，乃欲執贄以見。然先生斗山望重，小子執杖無緣。以至絳帷雖近在咫尺，竟如隔雲山焉。徘徊瞻顧，莫知所出。中夜以思，唯餘太息。

伏念唐先生既不欲此調之絶於世也，於是汲汲焉以教學、録音爲務。其所以課諸生，是冀後世或得見而知之者也；其所以灌唱片，是冀後世或得聞而知之者也。其所以爲後世慮者，備矣，盡矣。余於唐先生（之録音）既不獲聞而知之矣。於范先生，則時相接而地相近，若復不獲見而知之，能無負於唐先生之苦心乎？能無抱愧於聖門乎？抑又念之，近世以來，文章道盡，士不悦學，愛此調者，蓋尠。若不及時賡續，恐廣陵之嘆復聞於今日矣。明師良難求，賢弟子亦不易得。苟非同聲相應、同氣相求，學終不得其傳焉。小子雖不敏，素有志於斯道。抑又念之，古之君子莫不樂育人才，若不往告之而任歲月駒逝，不幸以至此調堙滅，是果於自棄而不以古之君子之道待先生也。小子雖寡陋，知其不可。又記云：禮聞來學，未聞往教。此所以嚴師道也。在余小子則固有就學之義焉。是以考先賢之志，原世變之亟，循古君子設教之義，乃展其亹亹之誠焉。

且古之人之相見也，莫不存乎介以詔其詞、通其意。其所以不徑情直達者，豈不以勢位相懸而重其褻慢哉？是以懇乞先生爲之紹介，以成小子之美，以繼絶學之緒。然小子實不敢自幸，以求必托於大賢之門。至於干瀆尊嚴，非敢負彼一日之雅，實其求學之心切切之所致也。惟先生鑑之。

專肅，祇請教安！張德付拜上。

再求引薦書

李先生尊鑑：

前書不情之請，既蒙惠允，不勝感激。鬱乎中者，一旦遽然出之，不免雜然錯陳，實未罄鄙懷。此『調』於人或爲無用之學，於小子則爲存養之要道，聖賢之法音。或不以爲然，唐先生素服膺紫陽學術，請即以朱子之事例之。朱子病革，以深衣及所著書授黄勉齋，曰：『吾道之托在此，吾無憾矣。』則深衣實可謂儒門之法衣矣。唐先生於無錫國專校友會春季大會訓辭（丁亥）中既以傳嬗其所著書囑托諸生，又囑諸生以讀文之法云：『更有進者，讀文一事，雖屬小道，實可以涵養性情，激勵風節。他日家弦户誦，擴充文化，爲文明教育最盛之邦，其責任實在於我諸同學。』是唐先生視此調之價值與所著書等，猶朱子之視其深衣也，則此調烏得不謂之儒門之法音乎？小道云云，特其謙辭耳（時范先生正肄業國專滬校，想必熟知此文）。小子既以儒自命，則此調固其所不容不講，不容不嗣。夫法衣被諸身，青衿之士負繩抱方，自有以平心矩步，是所謂以故興物者也；法音呻諸口，占畢之徒含英咀華，自有以高尚其志，是所謂致樂治心者也。及其至也，抗墜曲折各適其宜，累累乎端如貫珠，聲滿天地，若出金石。又衣有形而音無象。法衣雖爲時服所亂，猶可披舊圖以裁新制；若法音終爲鄭衛所汩，他日雖欲旁搜遠紹，將奈賫緒茫茫何？使古之人無所恨於九原之下，後之人不侘傺鬱邑於來日者，惟在今日之所爲耳。

於近世諸儒中，余最敬唐先生醇乎醇者，颶風駭浪之中，巋然不動，仡然凝然作中流之砥柱，爲邦國之典型。唯其能老成持重，故其所成就亦獨巨，非靡蕩於世風之畸儒所可視其萬一（世畸如此，儒遂不免，可嘆）。奈世畸如故，世風所傾一時未能變轉，於今知先生者猶尠。然小子於先生實夙夕瓣香奉之，汲汲於搜求其遺文，讀之再三，深契於心，乃不自量力，欲賡繼其學問，且以圖異日興復其事業（國專）。故讀文集至前文之囑托，遂忘其固陋，奮然欲以自任。

或曰：吾子既傾慕唐氏，尋繹遺文，自可繼其聲於來日，奚必師諸唐門弟子？小子固嘗言：理必期於自得，藝尤賴於師傳。何者？蓋理虛而藝實，或如鳥道盤空，或如人迹著地，盤空者可冲虛以遠至，著地者唯步趨而不及。故理運乎天，而弘之不弘在人；藝麗於人，而傳之不傳由天。或傳而不得其人，亦可悲矣；或有人欲習而究不得其傳，其悲又將何如耶？昔者，夫子鄭重以學而時習誨門弟子，而曾子即以傳不習乎日省其身。師弟間唱和若是，故此道端賴曾氏之子以傳。自南洋公學計起，習唐門之藝者不可謂不衆，然而傳之者其誰耶？間嘗讀范先生《漫步巴黎憶恩師》一文，先生於五十載之後，尚能吟誦唐先生《英軺日記序》，知先生尤珍視師傳，寶愛唐調，平素必習之不輟，必不欲此調墜於地，然而至今不見有所傳者，豈不以雖欲傳而不得其人耶？竊爲先生計之，今日之宜，唯在於傳諸其人而已矣。小子素耽於此道，亦嘗稍事推尋，至若縱之以喉舌齒牙唇，衡之以開合齊撮，錯之以平上去入，而會之於清濁洪纖，統之於陰陽，氣以意轉，神以氣行，凡此但能契諸心，不能宣諸口。蓋其苦於無師傳也，久矣！屈子云：『心不同兮媒勞。』今心既同趨，是媒之功易施也。

且今又得二三君子之襄助：有港商温先生，畢業於港大，爲人温文儒雅，善賦詩，致力兒童讀經運動十餘年，尤熱心於爲聖賢存絶學。近年多方訪求長於吟咏之老先生，每得之，必爲之録音，謂今人雖不愛古調，留此庶可以待後學。聞余言范先生得唐調真傳，大喜過望，極樂於爲先生録音，囑余必爲致意焉。又有邢先生，自幼習武，卓然成家，兼善岐黄之術，爲人極謙抑，亦致力於傳統文化之傳承弘揚。聞此，亦欣然願爲先生調理身體以助先生早日恢復且以永年。蓋此事關係至大，非可以平常師弟授受視之。若范先生康健時，能録音以傳世，則小子雖不得親炙，或得聞而知之，亦可以稍弭其憾矣。

瀆告若此，豈爲私計，區區之心，全在道藝之傳。伏惟先生鑑之。

專肅，祗請教安！張德付拜上。

告覓得唐先生録音書

李先生尊鑑：

前蒙先生介紹，得從范先生請教唐調。當日范先生娓娓爲余道唐先生之學行，並慨然爲余吟誦詩文數首。至彼時，生方悟唐調純以氣行，絶非一般讀書調所可比擬，遂傾心不已。而范先生亦允擇日録音，然先生因目疾住院，小子不便瀆擾，乃不得不中輟。近日方輾轉覓得唐先生民國時録音，生以目録與《茹經年譜》相印證，知爲丁亥年所灌製（先生年八十四，是爲第二次録音），此後不久共和肇建，國專難以爲繼，唐調亦隨之淪微，至於今，已逾一甲子矣。

宇内寶藏此唱片者，以生所知不過二三家而已。一爲唐門弟子陳以鴻先生，唐家今所存録音即由陳氏翻製；一爲上海圖書館。今生所得乃由上海圖書館所藏翻製，光碟一，磁帶一。唱片年久軟化，雜音頗多，其中《詩經》差可辨，生已循聲成誦。至於楚騷、古文，則嗡然一片，幾不能辨其句讀矣。異日當謀於陳先生，就其所藏，兩相參證，或可爲完璧。更當就范先生叩問精義，並效法唐先生録音以遺來者。如此唐調必不絶於天壤間，後有賢者興，因聲致氣，焕爲文章，則文運復振，文統復續，其在不遠矣。

昔韓文公自謂：獨旁搜而遠紹，尋墜緒之茫茫。生近日體之獨深，即於此時益能與前賢之精神通同爲一，且以知此事冥漠之中，殆有天祐。古來大儒莫不仰符千載之上，懸契百世之後。『必有鄰』，夫子豈余欺耶？蓋果能當此千載百世者，不啻旦暮遇之而已矣。

此事既蒙先生玉成，想此亦先生所樂聞也，故敢稟於左右。

敬請夏安！德付再拜。戊子七月朔。

陶 媛

單字介，號有行。生於一九八九年，安徽桐城人。師從連山先生。涉事宗經，不離日用。以《論語》爲修學門徑，同參莊老朱程。著有《畫語録目擊道存》，開設專欄『從民國到先秦』等。

明師爲伴論

韓文公之《師説》，未有不盡者也。上觀天文，下察地理，中通人事，惟達者能之。知類通達，强力不返，其必由學也。

《學記》云：時教必有正業，退息必有居學。不學操縵，不能安弦；不學博依，不能安詩；不學雜服，不能安禮；不興其藝，不能樂學。故君子之於學也，藏焉脩焉，息焉遊焉。夫然，故安其學而親其師，樂其友而信其道，是以雖離師輔而不反也。此就學從師之真意也。人之生也，茫乎昧乎。未能盡性，未明其德。雖有佳餚不知其旨，雖有嘉賓不能悦懷。體仁就遠，三月不能不相違；日升月遷，心懷隨之而更易。風波之民，內無立身，外無樂業，去君子賢人亦遠矣。聖人離師不反，尚從而學之，況相去遠者矣。

人之師，上與天地造化，下與命途沉浮。伯牙學琴，孤居東海，遠望山林，而近聽松濤，人世盡消歇，而獨與天地精神體貼，此師從天地而中得造化；陽明屢謫，驛居龍場，蠻荒寓所，於文明幾絶，過往退盡處，而終見一丈夫立其間，此立乎不測而能以志策。

蓋非天地洪荒不能化，非危心深慮不能達。外師造化，中得心源，此之謂也。然伯牙之師曰成連，陽明私淑於先賢。人可無師，而直通天地造化，不隨沉浮相轉乎？或可也，或不也，蓋非於思辨中了得。經天而地緯，人立其中間，此其師者也。

一切言語，山河大地，一一轉歸自己。蓋因自性光明本具，人人内有宗師。而向外擇尋，是藉由明師善護，復歸本來面目。生生不棄，須臾不離者，師也。一切師法，是借江楓漁火，點亮自家燈塔。

師者，尸也。良師不顯不露，一無威壓，似無形，卻有大象。管通天地，而直達心源。或師天地，或師造化，抑或私淑先聖，抑或師從達人，所表異殊，中通爲一。天下無二道，亦無二師，轉益多師亦一師。一者，弟子一人也。外無支離，是内有所主。而主者何？志也。善教者，使人繼其志。

良師難遇，遇而不識，是未能遇。昔達摩東渡，見梁武帝，武帝問：聖諦第一義？佛云：廓然無聖。又問：對朕者誰？佛云：不識。帝不契，達摩遂渡江至魏。何也？

昔孔聖云：不憤不啓，不悱不發，舉一隅不以三隅反，則不復也。亦此。非師不慈，因慈而止。單傳心印，契者自契；言語萬千，迷者自迷。言語皆爲譬如，譬如不知其旨，不免於虛空。更或甚者陷於言句，漫纏葛藤，見指不見月，徒添煩擾。

故明師爲伴，不在言句，不在聽習，甚或不在相伴裏。孟子曰：予未得爲孔子徒也，予私淑諸人也。是以師生不在時空遠近，聽習坐下不能明，隔代相續亦承志；慧能聞一言而入黃梅，舂米齋堂無伴師，卻是坐下最能印可者，是以師生亦不在距離長短，日日聽習未必近，隔江相看未嘗遠。

人之隨師，又如撞鐘，叩之以小者則小鳴，叩之以大者則大鳴。待其從容，然後盡其聲。是以顔回之於夫子，范寬之於李成，金玉其聲，回蕩著天籟之交響。

以何爲叩？志也。有志，而後有方。以志相繼，則有師承。若一志，無聽之以耳，而聽之以聲；無聽之以聲，而聽之以氣。聽止於耳，心止於符。

師生，既無私情上之交集，亦非外在攀緣結黨。夫子昔與弟子《論語》二十章，亦祇言一個『志』字。無志，無師徒，亦無教化。縱有名相，終落成韓文公昔日所云：位卑則足羞，官盛則近諛。人心不古，故而旁枝斜出，師承幾廢。故韓公倡古文運動。古，亘古也，循本也。非文體回歸，是旨待人心來復。

來復處同門爲朋，同志爲友。同門、同志者，而後砥礪同行，纔得風乎舞雩之景。師者擇其門徒，無有外在揀選：道一個『誠』字，外物横前；道一個『敬』字，虛禮盛行，皆非師之本意也。遊乎形骸之内，上與造物者作鄰，下與無死生爲友。故有鄭子産與申徒嘉，以迥然不同之身份，而同師於伯昏無人。取其大者，而後爲師。

古者十五歲，及冠或笄，父賜其字，明人生志向，爲其擇師。此師即古人所云：經師、人師。劉備經師盧植，程顥經師周敦頤，宋若昭、若莘私淑於曹大家。夫子十五志於學不志於穀，亦此。

某也蹉跎，不見天地之純，古人之大體。廿四歲方從師，於連山先生坐下聽教，時舊習已固，萌蘖叢生。然蒙先祖庇佑，良師善護，一路顛沛不無，卻也一次次習坎而過。今逢昔年拜師日，生命履新，光源注入，知是春風所化。是以撰文，以示不忘。

學人陶介。

丁酉仲夏。

辛明應

字佩章，號老明，生於一九八九年，安徽來安人。南京大學文學博士在讀。

送王碩士北歸序

山川靈秀之移人，可謂幾微也哉。自虞舜班瑞，戎禹作貢，南北之論尚矣。蓋勢迴而壅隔，絶阻而靡通，欲爲子長萬里之游者，豈易致耶。今之人則不然，輿地之延袤，不若舟車之駿奔也；關河之塞塗，不及逵路之通達也。使古人有之，則苟卿無干越異俗之嘆，莊生增望羊向若之慨矣。雖然，學有通塞，道有偏蔽，古今一也。苟非踐其土而近其人，循其階而升其廡，寢饋研求其同異，猶不啻也。予病未能久矣。

予之友王君，注籍塞北玄菟之疆。及其志學，乃適犍爲巴蜀之土。猶金石之就礱礪，楩楠之準墨繩，故其學也多能，其藝也多方。方其容與東來，曳篋南雍，從遊《大雅》之門，復能傳薪然脂，繼踵前修，而其學亦益醇。師門論學，偶有疑義，紛拏莫理，王君頗能蠲煩釋滯，師每頷之。予與之談語，英奇磊落，快然無隱，亦頗能自明其志。今三年成學，將還北徼，坐西席，以傳其所學，亞聖三樂，得全其美，不亦善哉！

夫同門曰友，馬季長之説也。王君友予三載，將别，飲予。屬予爲文，予不敢辭，且知其後必有所成也，乃述所聞知，樂爲之序以遺之。

范雲飛

生於一九九三年，安徽蕭縣人。清華大學歷史系博士研究生。

枌榆社記

枌榆社者，漢高祖之所禱祠，舊史所載莫能明。《史記·封禪書》曰：『高祖初起，禱豐枌榆社。』張晏《集解》曰：『枌，白榆也。社在豐東十五里。或曰枌榆，鄉名，高祖里社也。』《漢書·郊祀志》：『漢興，高祖初起，殺大蛇，有物曰：蛇，白帝子，而殺者赤帝子也。及高祖禱豐枌榆社，徇沛，爲沛公，則祀蚩尤，釁鼓旗。遂以十月至霸上，立爲漢王。因以十月爲年首，色上赤。』注引鄭氏曰：『枌榆，鄉名也。社在枌榆。』晋灼曰：『枌，白榆也。社在豐東北十五里。』師古曰：『以此樹爲社神，因立名也。』又《封禪書》高祖六年，『天下已定，詔御史令豐謹治枌榆社，常以四時，春以羊彘祠之。』《郊祀志》略同。又《後漢書·章帝紀》：『遣使祠沛高原廟，豐枌榆社。』李賢注引《前書音義》曰：『在豐縣東北十五里。』又《續漢書·郡國志》：『豐西有大澤，高祖斬白蛇於此。有枌榆亭。』劉昭注引戴延之《西征記》曰：

『縣西北有漢祖廟，爲亭長所處。』則所謂『枌榆』者，或以爲社名，或以爲鄉名，或以爲亭名。或以爲因樹而名社，或以爲因鄉而名社。或以爲在豐東十五里，或以爲在豐西大澤中。此皆疑而莫定者也。

按枌榆社或在豐東，或在豐西，兩説不同，千古無解，檢同治《徐州府志》、光緒《豐縣志》，鈔撮《史》《漢》舊注，略無發明，竟未能指其地也。高祖微時，隱於芒碭山澤間，蕭、碭、豐、沛皆存其遺迹。今蕭縣之北、黄河故道南有枌榆寺，或訛作粉榆寺，鄉人亦呼爲枌寺村。以地考之，密邇豐邦，蓋近之矣，以名考之，則猶存舊稱，殆即高祖所禱祠之處也。

己亥孟春，余家居無事，按圖而往，其寺今不存，有蕭縣枌榆寺小學一所，門前坐一老翁，鬚髪皤然。近前爲禮，扣以舊事，始知與余伯父少小同學，年七十餘矣，爲村塾師。聞余來意，欣然引至院内，示古碑一方，余捫而讀之，額曰『銘山遺迹』，落款『清乾隆三十二年八月』，其文漫漶，刻劃淺陋，殆難卒讀。翁曰此處本有寺，前後兩院，規模甚偉，寺中古柏蒼翠，莫識年紀。又有古碑大鼎若干，又有巨鐘一座，高且一丈，縣内莫比。『文革』中殄滅殆盡，蕩然無有存者，惟此碑委棄院中，幸存至今。故老相傳此處即高祖枌榆社，或曰祭高祖之父太上皇處，未知確否。余出視門外，寒煙蔓草，白楊蕭蕭，安得博雅君子而就正焉？悲夫。

萬立武

生於一九九八年，安徽阜陽人。讀於阜陽師範學院。

白果廟記

西去臯城二十里，後擁丘山之勢，前接淠水之靈。所謂『白果』者，有白果樹，蔚然獨立於溪原之上，數矣。須臾間千年流景，而世事易變，其手植之人，蓋不可知。

其下有廟，窘迫兮若結石在腸，飄搖兮若浮葉在湖。方十有餘，凡菩薩、羅漢與阿修羅衆，皆可數。有千年之樹木，必有千年之靈光，其香衆不乏向善者，凡中秋、端陽及十九日，皆敬之而不敏，謁之而不絶。東三百米，淠水湟湟其間也。夾岸百千步，茂林修竹，鳥雀呼鳴。至於暝歸，常有異鳥鳴枝，其聲哀轉久絶，清晰可辯曰：『不如歸去。』昔者，陶公歸去植杖而耘耔，登高而舒嘯，蓋若此矣。

至於離人送歸渡頭，餘輝斜照，對水自憐，嗚呼！亦有戚戚然孤獨之感，甚矣！人事無常乎？

余自攬舟行江，溯流而上，舉觴對江中明月，下目向岸上行人。明月如酒，向江天灑清輝許許；行人如織，自河東與河西往來如梭。舟行其道，月行其道，人亦行其道。舟行其道，合乎山水之間也。行道之有常，或曰天命，或曰宿運。夫人之相命，若水之行舟，順之者昌，逆之者亡。然余之逆流行舟也，從河下溯洄，豈非亡時？人命加之，加之於天、地，人情之屬，不勝辭令，心必與書從衆，不可久持。

天道之有常，或曰自然，或曰規律。古之人嘗語云：『天道之有常，制天命而用之。』夫天之道，月盈軌，星覆地，宇宙浩渺，星海微茫，晝隱其芒，夜放其輝。自天地之始而然也，規天地與萬物之道而已焉。

人道之有常乎？合乎流而順乎道，少老相扶，夫婦相持，鄰里相佑。然則何時而行非常之道？天現異象，捲挾四海，包舉宇内，豪雪降於七月，流火大興，天有非常之變，人有非常之化。自於舟行河上，豈行乎天道？

復行一日又三，樹有其緑，花藏其秀。玉煙生於穹頂，瓊漿挂於紫川。峭壁出而刀斧廢，石棧達而神弓藏。嘉木成林，漫步其間，杳然踏清泉之波，休戚雜幽靄之蘭。

行其道而不離其道，其道也則道，此謂之常。不道也，大行其道離其經而叛其道也，其道也出於道也，此謂之非常。凡所非常之道，皆以常爲表，事出非常而有常。

福　建

王翼奇

字羽之。生於一九四二年，福建南安人，現居杭州。畢業於北京大學中文系。退休前任浙江古籍出版社編審、副總編輯，浙江大學人文學院客座教授。現爲浙江文史研究館館員。校注古籍多種，著有《緑痕廬詩》《緑痕廬詩話》等。

六橋詩會癸酉冬集序

歲維癸酉，序屬三冬，六橋詩會諸同人集於杭州馬坡巷之定庵先生故宅。夫惟定庵龔公，當萬馬之齊喑，作一山之突起。春夢撩天，青詞慷慨；秋心如海，紅淚淋浪。憂國憂民，悲中宵之邪許；傷時傷事，感六合之蒼茫。儀型在昔，繼起伊誰。探紅梅，簪黄菊，六橋雅集十易春秋；自平湖，至定庵，八友高情卌爲賓主。杯茗傾心，假座莊騷盤踞之軒；瓣香俯首，來拜簫劍飄零之客。各有篇章，以紀斯集；漫成四六，聊當弁言。王翼奇謹序。

楊國忠

字元正。生於一九六八年，福建將樂人。北京大學政治學與行政管理系卒業。聞季謙先生讀經之教，慨然興起，遂至追隨，爲之不倦。

季謙先生贊

先生，臺南人士也，偏居海隅。然廿餘年來奔走呼號，足迹遍及神州，遠至海外，孜孜以推動讀經爲己任者，何也？曰：以其存心也。或問：此何心哉？曰：樂以天下，憂以天下——憂華夏之道統不繼，樂天下之弦歌復起，如斯而已矣！

百年中華，白話出，文言絶，嗚呼痛哉！如斯其可乎？先生拍案而起，以匹夫之輕，荷全天下興亡繼絶之重任，先生仁者也；以布衣之微，爲兩千場激揚憤發之演説，先生勇者也；以一言之重，令千萬人翻然向道而讀經，先生智者也。

風雨廿四年，縱橫九萬里。招之即來，誨之不倦，風雨兼程，捨身忘家者，先生之行也；居不安寢，食不甘味，造次顛沛，念兹在兹者，先生之事也；博文約禮，志道樂學，融貫古今，會通中西者，先生之志也；誓此身心，奉諸先聖，己立立人，己達達人者，先生之德也；先生之仁，其至矣乎！

『發於一隅而傳之四方，起自毫末而應於天下。』一人倡道，四海景從；一人行道，天下歸心。先生登高一呼，而千里之外應之：華夏大地，弦歌四起；天下學堂，雲湧而出；四書之文，日聞於野；六經之義，漸明於世。孟子曰：『經正，則庶民興；庶民興，斯無邪慝矣。』甚矣，此千古聖賢之志也！

嗚呼！先生之心，以天下人爲心；先生之志，以天下人爲志；先生之教，以天下人爲教。先生之恩，如山之高，如水之深。得遇先生，此生何幸。敢不發願，成此『一人』？曾子有言：『士不可不弘毅，任重而道遠。』使天下讀書之人，皆以仁爲己任，人人學先生之學，言先生之言，行先生之行，則聖學能繼，民心能正，天下能平。此先生之願也。

或問：先生何人者耶？曰：季謙先生是也。

鄭冬凌

生於一九七七年，福建南安人。好古文。經商閩南。

韓非說難論

夫世有知不可而爲之者，孔子也；知人不我用而不忍去之者，孟子也；知必死而犯君者，比干也，思免於難而不得免者，韓子也。

夫人之說也，誠其心而後出其言。蓋心誠則氣正，氣正則布衣可以談說卿相，不屈於諸侯矣。昔知悼子卒，未葬而平公飲酒，師曠、李調侍鼓鐘。杜蕢之入也，一酌飲曠，再酌飲調，三酌乃自飲而去，蕢之言說，可謂寡矣。夫以師曠之聰而不諫，李調之近而不諍，蕢一宰夫而與知防之事，且其行又近乎無禮，殆幾於死矣。然平公之所以愧者，蓋感於蕢之誠也。故說也者，吾以誠感，則彼以誠應，動吾之情而後可以動人之情，此說之要也。而韓子之說也，度人之意，而後爲言；辨人之心，而後爲說。吾固知韓子不知誠心以待人也。夫人心善變，今日是此，明又然彼，無有定端，而韓子循此，可不難乎？韓子可謂不知說者也。

夫人君之見於說者，聽其言，察其色，而惟曰：此將利我耶？此將害我耶？故將爲說者，必思爲他人計，而不思爲自己計。苟思利於人者，其心形於言，其情見於色，而後人不我疑也，其說乃可得行焉。曩者范雎之見於秦王也，其交往之疏，恩情之薄，未有過於此者也。然言皆間人骨肉，匡人君臣之事，而秦王以爲是。蓋感其心之真、意之誠，知其非有他圖也，故范雎得以行其說。昔酈食其之勸封六國也，高祖從之。及留侯止之，高祖翻然而罵曰：『豎儒，幾敗而公事！』乃令速銷印。然其不罪於酈者，蓋知其忠也。故爲說之道，使人見其忠而不計其過，明其義而不計其失。置一己安危之不顧，而惟以人君得失以爲計，此説之務也。韓子不知出乎此，而數議説者之安危，恒計己身之成敗，而不知人之相感者，心也。嗚呼！韓子可謂不知説者也。

諺曰：謀事在人，成事在天。觀夫韓子之言，可謂善於謀事者也，然韓子所不知者，謀天之事也。夫智者千慮，必有一失。人事千慮而不足，天道執一而不失。夫天者，道也。道者，心也。心之正者，仁義也。説者，説以仁義而已矣。夫仁義以説，不受而去之者智，微子是也；仁義以説，不受而不去者仁，箕子是也；仁義以説，不受而就死者勇，比干是也。此三子，善於謀天者也，其名垂後世，豈妄也哉？

夫韓子知人主之有逆鱗，而不知人心亦有仁義。以術説人者，人亦以術待之，愛憎以度人主，則難免於愛憎之變。嗚呼！韓子之所以不得免者，以其不知於天乎！

敬和先生詩集序

夫窮通順逆人之時有，心動而後憂樂隨之。世有善寄其意於詩者，可以暢抒其胸懷，使鬱愁而不亂，窮困而不傷，處穢如遊九霄之外，出污泥猶皭然而不滓。而後之人吟咏其詩，亦可以如臨其境，感而通其志焉。

余竊以爲詩者有别，蓋有儒者之詩，有文人之詩。夫志從孔孟，心繫元元，直而不倨，曲而不屈，儒者之詩也。當其喜也，如雎鳥得偶，群鹿呦鳴；其怒也，如蒼鷹搏空，潛龍升淵；其悲也，如將軍白髮，賢人采薇。天降時雨，山川出雲，如其行也；蒼松翠柏，清水白石，如其止也。若夫窮極工巧，謀求境界，傷時憶悼，嘆愁尋秋者，文人之詩也。當其喜也，如蝶舞花間，鶯鳴林蔭。及其哀也，如深宫憔悴，春閨夜怨。其所樂者，水也，月也，霧也，花也。其行也，秉燭也，賦流也；其止也，酒醉也，夢殘也。

敬和先生，閩人也，好古，善詩文。素抱偉志，妒惡惡邪。每見時弊，必賦而刺之。其詩直而不隔，自然見道。其言多憫世傷俗，常欲使天下去污而就潔。其辭雄放閎肆，縱文有不達，乃不肯稍以辭易其志，似有近乎激者也。孟子曰：《詩》

亡然後《春秋》作。詩道興，庶幾春秋可以不作，蓋詩至則禮至樂至，禮樂至則刑罰不起也。已矣乎！世不見儒者之詩久矣，而敬和可謂詩之儒者也，然非今世所謂詩人者也。嗟乎！敬和將覓知音也，庶幾百世之後矣。

倡復楊林書院書

戴雲東而近海者爲楊子山。循其麓而登望，有村墟塘浦，遠近映帶，田隰交錯，四時風光如畫。其滄海日出處，爲石井古鎮，明延平王之故地也。而東南極目，浩瀚渺茫，水光澹濘，島嶼隱約於海上者，金門也。故楊林書院居半山曲水處，垣墻殘圮，椽窗僕墜，荊棘蔓滋，唯石刻『唐楊肅，宋吕大奎、洎有明諸先輩俱讀書於此』之字云云，乃稍知其故事。

吾想夫夏日清風，林深徑幽，先賢吟咏於流水之前，徘徊於竹木之間，植芝蘭芳草於其側，調瑟琴，歌滄浪，誦明月之篇，其樂可有極哉？其或鄉黨後生學有疑，行有惑，相邀而往求德問業，則言以堯舜之道，性情之理，使其志氣有所感動，而知文章學問之虛實焉。他如樵牧工商之所來，則敷陳五倫之教、廉耻之説，使長幼順，强弱和，市無朝飲之羊而器絶雕僞之工也。

昔子遊用而弦歌起，管寧至而民鬥息。夫閭閻之風教，常視乎縉紳之所向，而士大夫之取捨，則因其父師之所教習也。蓋大儒出而後經史明，經史明而後庠序興，庠序興而後百官正，百官正而後萬民化矣。今之庠序誠衆矣。然於倫常之學、仁義之道、性命之理則未嘗及之，是經未能明而儒無所由出也。於是父子交惡，夫婦反目，師生相殘之行累見於世。至於農無品，工無質，商無道，醫無德之儔，又何可勝言哉？嗟乎！書院者，儒學之所載，治平之所由也。當天下紛紛，西風擾擾之際，一儒講學於山林，其可謂無用也哉？

己亥春，吾邑賢明之士，共倡斯院之重建，而不以余爲敝陋，屬爲之志。余素疏拙，然窺風俗之日薄，亦常心有戚戚焉。今既聞諸君之高義，自不敢以不文辭，搦管書之，以發余敬尚之意云。

章淀安

號西山章生。生於一九七九年，福建省龍岩人。廣東翁源書堂詩社社員，龍岩詩詞學會會員。求學異鄉，經年業成，歸梓執鞭。

與林發城博士書

林發城博士道鑑：

敬啓者：接閲手教，至感厚意，因羈瑣務，未即奉答，尚希見恕。

先生不日將莅臨岩邑講學，函中盛邀後學屆時相晤。欣聆喜訊，後學不勝忭賀。然金谷佳期，想必師保滿座，吏曹同席，賢達畢至，俊傑雲集。後學不過五湖遊鱗，三徑蟄蟲，惟圖苟全，不求聞達，無意與群彦比伉，又豈能僭望關預盛事？

後學嘗於群中聊發舊簡一封與王笑芳女史書，不知先生可曾記省？此文之中已盡明後學素志：鷦鷯祇求枝上棲，澤雉不蘄樊中畜。後學幸無茅屋爲秋風所破之虞，又争肯摧眉折腰事督郵？功名於我如雲煙，仕宦於我勝桎梏。拂袖别浮榮，解袂歸林藪。縱横於詩詞歌賦，捭闔於經史子集，思玄悟冥，覺奥參微，以傳道爲樂，憑授徒爲娱，束修雖微，亦聊以奉椿萱、撫黄口。暇時更可賞鑑縹緗、品評青史、臧否人物、舞弄文字。至若春和景明，携眷酣嬉，超然山水之間，俯仰天地之中，優哉遊哉，此種種樂事，何可及焉？

道隱無名，士遁無形。志如一則心如一，心如一則道如一。晚生志視巢許，心皈儒道，其意不可轉，其心亦不可捲也。他日資時俱備，晚生趨榕城而訪潭邸，必悄然而至，翩然而逝，無所求於前輩，亦無所遺於先生。先生須知：江湖無我，天地無我，我亦無我，希夷混一，方爲後學畢生之常願。

龍岩二中書記徐飆先生向爲晚生業師，書畫兼善，詩文俱佳，德高望重，領袖岩邑群倫，其才學十倍於晚生。晚生實乃莘野頑石，徐先生確爲昆山片玉。雖卒業多年，不才猶每每沾溉徐先生桃李之教，開愚啓鈍，增益不能。徐先生爲師、爲學、爲文、爲身，皆堪爲同儕軌範。前輩講學之餘，不妨與徐飆先生一會鳳閣，烹茶論道，必能親睹徐先生風采，而後便知晚生之無可觀者也。

匆此布臆，言不由衷，前輩勿罪爲禱！即頌時吉。西山章生手肅。丙申年二月初三燈下。

與王笑芳先生書

王笑芳先生講席：

謹啓者前此一函，諒達先生雅鑑，不知鈞意如何？

後學敝姓章，自號『無名』，系出寒門，垂髫入泮，經縣試，入黌堂，沐虎嶺春風凡六載，後求學異鄉，業成歸梓，於鄉庠執鞭傳道，爾來一十三年有餘。

不才本性淡泊，不嗜煙酒，於麻將則懵懂，於茶道僅淺嘗，殊難棄者，惟書卷爾。書卷者，智慧之英華，道德之精萃。讀書，可開蒙，可明德，可參六合之奧，可覺古今之變，更可體悟修身立世之理。縱無所求，浮生偷閑，持書一卷，以半杯清茶相佐，遠避塵勞，怡情養性，亦誠屬快事。讀書之樂，實難盡言，非同道中人，難共體之矣。

釋卷之餘，不才雅愛賦詩填詞，以稍抒胸臆。惜乎郭璞不曾相贈彩筆。予徒羨袁虎倚馬而文成，常效賈島苦吟，搜腸刮肚，方可草就一什。不才識淺才薄，深知所作詩文拙陋之甚，徒惹方家哂笑而已，故祇自珍於書篋，或傳示舊朋，不敢獻醜班門。偶得友人嘉許，已足慰平生。

《老子》云：『無名，萬物之始也。』不才自號『無名』，祇因半世倉皇，爲重疴棒喝，幡然醒悟，求返初始，希獲重生。是故，余雖未及四旬，已漸至不惑。《老子》又云：『吾所以有大患者，爲吾有身，及吾無身，吾有何患？』《心經》則曰：『無挂礙故，無有恐怖，究竟涅槃。』余視生死如浮雲，然慈親垂老，愛女待哺，不才將何以處之？陶潛高潔，辭官不受五斗米；邵平雅致，開圃寧販東陵瓜。余難比陶潛，可師邵平。故挫銳解紛，遁迹鄉庠，聊取舌耕之微禄，以奉養恩親，鞠育愛女。傳道之餘，予每携家眷出遊，俯仰天地，縱情山水，兼或爲文。顔斶云：『晚食以當肉，安步以當車，無罪以當貴，清凈貞正以自虞。』誠哉斯言！

中華墳典，汗牛充棟，細數其要者，應爲儒家之四書五經；道家之《老子》《莊子》，佛家之《金剛經》。三門班序，儒家最尊，釋、道居次。儒家者，可謂華夏文脉之宿根也。近世神州幾經陸沉而國祚尚存、精魂未散者，誠在於斯矣。莊周曰：『吾生也有涯，而知之無涯，以有涯隨無涯，殆矣。』余心皈儒家，旁參釋道，晢以有涯之餘生隨無涯之墳典，兼收並蓄，藉以正心誠意、修身養性，雖殆亦何妨？起壘土，始足下，不設期限，不求必成，皓首窮經，陶然自得。

蘇秦佩六國相印，居廟堂之高；嚴遵取百錢卦資，處江湖之遠。皆從本心，各遂其志爾。余不以蘇秦爲卑下，惟仰嚴遵爲高古。何哉？嚴遵賣卜，不求獲利，卻爲謀道。每日卜訖，輒閉肆下簾，著書立説，兼以收徒傳道。余潛隱市井，亦不敢偶忘本業。韓愈曰：『師者，所以傳道受業解惑也。』竊以爲，世之師者，良莠不齊，約略可分五等，最上者授人以漁，其次授人以魚，再次授人以娱，其下授人以愚，等而下之者授己以愚，最下者自愚而自諛，不值一哂。余以最上者自勉，以其次者自許，以最下者自警。

爲師有大道，亦有小術。何爲大道？正心修身，博聞强識，明德爲師，廣學爲範，處無爲之事，行不言之教，生徒親之譽之，甚而不知有之，業成則謂『我自然』。何爲小術？授國文者不作文，傳史學者不習史，或邯鄲學步，或閉門造車，竟欲以一法遍嚮庠序，以一式統攝講堂，何其迂闊愚陋。子曰：『求也退，故進之；由也兼人，故退之。』生徒不同，教習殊異，施教須因『生徒之材』，更須因『教習之材』。豈可千人一法，萬人一式？空令生徒畏之避之，甚而厭之侮之。且爲師之大道源於求學之大道。何爲求學之大道？聖人早有明訓：『知之者不如好之者，好之者不如樂之者。』生徒好之樂之，方能近之習之，假以時日，必有所成。後學曾擬自誡云：『書山豈有捷徑，厚積方能薄發，寧静終可致遠，冬盡自見春華。』先生以爲然否？

噫噓戲！大道至簡，其行維艱！非先生，此中真義，予無可與言之者也。而不才同先生素昧平生，爲何今日披肝瀝膽，以誠相告？衹因後學仰慕先生之鴻才也久矣。數月前，余曾乍睹先生以鄉音授課，立意之新，策畫之妙，令不才擊節再三，深懷諷渴。惟恨不才位卑言輕，先生德尊年重，從未相交。是以皓月自凌輝，螢光獨飄微。所幸者洪益珍先生以伯樂自居，視斗筲爲瑚璉，謬贊後學於先生之前。無蕭何，高帝不知韓信；微荀彧，魏武怎識郭嘉？古今一理也。明夜後學榮登先生之懸榻，以蒲柳之姿秉受先生桃李之教，必可曾益其所不能。《易經》曰：『雲從龍，風從虎，同聲相應，同氣相求。』可爲譬喻。

隨附芻蕘若干，請先生賜以郢斧。即頌歲禧。無名燈下。乙未臘月初六。

劉楷彬

字右文，生於一九八三年，福建泉州人。現供職於泉州市地方志編纂委員會。著有《椎輪集》《三千集》等。

擬後唐李嗣源滅梁露布

天平軍節度使、藩漢馬步軍副都總管臣嗣源等，臣聞夏后暫圮，少康復興；卯金中衰，光武受命。君父之讎不同天，寒浞必戮；漢賊之勢無兩立，莽新難逋。故嘗膽卧薪，枕戈待旦。謂地蓋厚，載蹐載行；俟河之清，若生若歿。伏惟皇帝陛下，天誕英姿，神敷至德。恭承先帝三矢之遺，誓雪皇唐廿朝之恨。舞干戚於階庭，投戈鎮定；策驊騮於行陣，斬馘幽燕。魏博累朝跋扈，稽顙輸誠；鳳翔積歲猖狂，低眉效順。而僞梁者，弒君惡逆，篡璽凶渠，天刑未降，聖寢不安。

原夫賊臣朱温，本斗筲之質，微駑劣之材。掉臂於萑苻之中，吹脣於跖蹻之列。早當畀厥豺虎，戮爲鯨鯢。恭逢先朝寬大，回日月之光，照潢潦之污。鬼卒跳梁，張魯假漢中之鑰；妖人縱恣，盧循竊百粵之封。綰兹綬帶，寵以印章。賜名全忠，授節雄鎮。自當摩頭至踵，以報莫大之恩；殞命殺身，以酬不資之寵。不意賊温，美名不符醜實，人貌乖於獸心。窫窳其行，以殘人爲樂；獍梟其性，以弑主爲歡。敢憑暴虎，劫辱先朝乘輿；復恣封豨，燔燒列聖宫闕。黎元倒絓，王室綴旒，馴至抽戈犯蹕，剸刃侵宫。昭宗皇帝倉卒晏駕，四海遏密，百姓崩角，誼士錐心，忠臣泣血。金枝玉葉，駢首歐刀；四代五公，棄身濁浪。慘毒横流，開闢以降所未見；酷虐彌漫，生人以來所未聞。漢賊曹丕，遂謂法堯禪舜；晋臣桓楚，亦言以夏代虞。我大唐二十帝之江山，且移他姓；三百年之社稷，將墜深泉。是以先皇赫怒，存正朔於北都；陛下信威，龔天罰於河上。然醜徒之室，豈有美行；篡賊之家，必無孝子。賊温躬行淫亂，友珪手刃恣睢。軋犖鑿齒，斃於慶緒之刀；窣干長蛇，滅於朝義之手。是知皇穹后土，不祐滔天；聖祖神宗，降殛放命。

温子友貞，狂童愚夫，罔識天命，苟延殘喘。不求孫皓、李勢之福，猶怙慕容、姚泓之惡。妄揮螳斧，以拒飈輪；憑恃卵棋，以覘泰華。貞觀、開元之厚澤深仁，豈無豫讓？江東、河朔之提封疆域，必有申包。堂堂甫開，赳赳來赴。孟賁雲聚，慶忌雨行。拔山扛鼎之英，争先行列；超距挾輈之士，奮勇兵間。友貞震讋，惶怖怔忡。驍將精兵，麕集於戰陣；暗臣昏主，株守於空巢。陛下運籌帷幄之中，决勝閫閾之外，以爲擒賊擒王，射人射馬。是以命臣妙選健兒，先驅前路；精擇驍騎，直搗賊巢。飛廉與隽鬣並揚，炎景共雄兵齊曜。友貞出於意外，未及掩耳。匆猝舉戈，牧野之師旋潰；倉皇閉户，殷宫之火乍燃。冰銷瓦敗，魚爛土崩。遂自剄斃命，逭於獻廟。矢及漸臺，莽新墜首；兵闌郿塢，董卓燃臍。有窮之骨，蹈於騏驥之蹄；侯景之頭，縣於佽飛之手。僭號后妃將相，已縻纆徽；僞宫瑶室琁臺，已施管鑰。廟貌重新，鐘虡如故。高祖、文皇明目於天，昭宗、先帝信眉於下。遺人垂泣，再睹漢官威儀；舊吏行歌，將迎唐帝鑾駕。此悉陛下廟算所致，臣等幸爲前驅，擁篲埽塵，獲睹中興之休，不任慶快抃舞之至。謹奉露布以聞。其軍資器械，明珠玩好，別簿録上。

曾舒明

自號貯雨樓主人。生於一九九零年，福建武平人。喜舊詩，耽吟十載。

與孟依依書

依依前輩大雅鈞鑑：

敬啓者：久慕風儀，謁念殊深。前蒙不棄，稍事交流，片語間，已知君爲通達妙趣人也。榮幸而外，復感親切。

不才僻居閩西，結陋室以蝸居，實庸人而附雅。性好舊詩，然天資甚淺，所作皆如鸚鵡學舌。耽吟至今，蓋已十載有餘。因憶十數年前，不才初涉網絡，自天涯論壇得睹君之大作，心焉好之，披尋吟諷，君次韵送慕容詩所謂『文章初識看未足』者也。酷喜君詩之婉轉有餘味，清奇非俗骨。

不才雖不善詩，然自認知詩。蓋聞當代詩人之數，浩若繁星，絶勝歷代，惜未諳平仄格律而爲五七言之句者，頗不乏人。至有識者斥之，若輩則以格律比之爲鐐銬束縛，鄙之以封建糟粕，貌似棄之唯恐不及，實則不願劬力詩道之基而欲附庸詩道之雅，懶學殆思，無足怪，亦無足論也。

可堪論者，斯有另人。觀夫斯人之詩，格律非不精嚴，遣詞非不典雅，務極古奥深沉之致。然正因精嚴典雅，格調純乎古調，於當世人之生活描摹，未免鮮矣寡矣，百不見一。偶有道及，亦如隔靴搔癢，未中肯綮。此類詩即間雜前人集中，恐亦難分難辨，雅則雅矣，然又何異古人之詩？斯非當世之詩也。尤有甚者，非有滿篇典故，不能顯其雅致。渠所謂『典雅』者，無非矜詡淵博，錢默存譏之爲『學問的展覽』者也。

夫使事用典，由來久矣，鄙之者曰『偷法』『偷勢』，贊之者曰『點鐵成金』。賀裳《載酒園詩話》卷一《三偷》云：

『偷法一事，名家不免。』又云：『盗法一事，詆之則曰偷勢，美之則曰擬古。』因舉荆公蹈襲少陵爲例，甚鄙其偷法之下乘。山谷與洪甥駒父書則云：『自作語最難。老杜作詩，退之作文，無一字無來處。蓋後人讀書少，故謂韓杜自作此語耳。古之能爲文章者，真能陶冶萬物，雖取古人之陳言入於翰墨，如靈丹一粒，點鐵成金也。』要之，汲古融今，翻新花樣，誠山谷之所長，惜後來江西派奉此論爲圭臬，承其學而過之，不免入乎極端，則山谷亦難辭其咎也。

蓋聞桑田滄海，世易時移，世間局勢往往『變更千年如走馬』，而人之性情則大體未變，俗語『江山易改，本性難移』，即是此例。是以傷春傷别，古今同情；愁苦歡娱，中外一例。然發爲詩聲，情感盡可如一，表達實有萬法。竊謂古之陳言雖妙，終非自家心肝所流出，不取也罷。雖然，亦有自作語而暗合古人者，此殆人類之通感，自當别論，然余觀之，蹈襲者衆，而出新者寡矣。

不才生平所見，特君詩筆超妙，别具一格，頗善於日常極瑣屑之事物中拈出詩心詩眼，如雨傘云：『玲瓏藏盡巧機關，卻作尋常物什看。收起晴天撑起雨，一生隻慣識辛酸。』霧中窗上劃字云：『無意君名書許多，待將揩盡復輕喃。既於窗上揩來易，心上鎸痕揩得麼？』自出機杼，别開一徑，道古人未道之境，月出集中比比焉。深情靈巧，以舊出新；豪放婉約，兩美能並。謀篇不運僻典，遣詞無多藻飾，於是乎卓然而自成一家之詩，君無愧爲當代大家也！君之詩，藴無窮之才華，吟百感之生涯。月出集一卷，風月無邊，漸已廣布網絡，亦必傳之後世，此不才可以定論也。

嗟乎！吾生也晚，每自悵未能與君酬唱交流，彼此雲泥懸絶，徒然仰之彌高。幸賴網絡之便利，存君舊日之風采，不才乃得以尋蹤迹，覓舊貼，爲之低徊不已，爲之嘆賞不足。今更得以與君談藝論文，多年夙願，一夕得償，快何如之！於是乎曩者未能酬唱交流之憾，悉得以釋懷矣！

古云見賢思齊，獨余既見高賢，復慚鄙陋，雖欲思齊而知不可得，唯盼常聆雅訓，增益不能。假吾歲月，抑有望君項背之可能乎？君其哂之乎？尚祈復言，以慰下念。

喋喋多言，卑無高論，原宥是幸。即頌春祺。

貯雨樓主人謹啓。己亥三月初九。

黄意誠

生於一九九六年，福建晉江人，長於上海。北京大學中文系畢業。

竹里館記

戊戌之秋，余隨文禮書院之學子三十餘人遊，俱人中之龍象也。至竹里館，其門竹構茅簷，入之則蒼苔蔓然，錦薙遊嘻，池魚翔泳，生物之趣備矣。池上雙橋躍然，略似泮宮。復前行，宮室之中光色闇澹，欄楯縈迴。俯而瞰之，則餘荷闌珊，几案秩秩，或乃隱者之所居邪。

出其室，有閣峨然峙於池中，簷牙昂然，瓦缶鱗次，階序牖闥，雙圮四張，與筆架山默然瞻對。四圍小築，錯落交疊，如合抱而共之也。是時萬籟澄徹，略無雲翳，日光四下，天如帷帳覆焉。張先生見之曰：此不似辟雍乎。余大驚。《王制》曰：大學在郊，天子曰辟雍，諸侯曰泮宮。則辟雍者，天子之制也。此山鄉也，立閣於大池之中，豈非不禮乎？

曰：非也。《白虎通》曰：辟者，璧也，象璧圓又法天，於雍水側，象教化流行也。按，雍亦可訓爲擁。天子之學，四水擁之，故曰辟雍。泮，半水也，諸侯之學，惟南面泮水，故曰泮宮。唐譯《金剛頂經》《大日經》亦云金剛界、胎藏界曼荼羅，其處萬象森列，圓融有序，惟四圍是火耳。故辟雍者，人類之範型，非民族之殊制也。昔清高宗嘗立辟雍於北京太廟，今尚在焉，遊人喧嚷，而絃歌朗咏之聲都盡矣。今牟子既没，文不在兹乎。今諸生日以性理、拉丁、悉曇之學相講習，登是閣也，古琴、維奥爾琴、羽管鍵琴之音迭聞於耳。則人類之古學，盡萃於是矣。當天下有道之世，則聖王創業垂統。當文教澌滅之世，則有道者自可承當。昔郭子玄曰：有其道爲天下所歸而無其爵者，所謂素王自責也。蓋此之謂與。余質諸導遊，則此閣建於十一年前，初作逆旅，後乃徵作學宮。則此閣形制之中，蓋有天意存諸。

江西

羅偉

號龍帝天，又號秋人。生於一九七四年，江西弋陽人。現供職於上海。有詩發於《詩潮》《中華詩刊》等。

熙春室詩稿序

吾邑本蕞爾之區，余負笈縣治時，好詩者不過十餘人，而好杜詩者第余與葉君仲英二人而已。是故君長七歲，猶目余爲友也。逢休暇日，則邀余聚，酒菜之什，皆其所親辦也。或登山而嘯，或浮江而下。每至一地，則相命搜杜詩以應其景，如不能，罰依金谷數。黄昏反復吟咏所搜之句而歸，以求杜詩妙處，不知手之足之，舞之蹈之，往往相視大笑。

後余至申城謀生二十餘年，素衣盡緇，黄埃滿面，不復業詩也久矣。君嘆之，曰：『吾於詩期君也遠，幸勿負之。』余但唯唯而已。三年前，不意君病卒，求聞其一語，已不可得矣。嗚呼！余不能辜故人之望也，遂重揀工部集而咏。每每如見君立一側亦咏之，不覺悵然久之。

今年春，避疫反鄉，忽忽不樂，過葉家村，塘浦縱横，田塍如畫。有屋黝然，即君故宅熙春也。入其室，四顧蕭然，唯桌椅瓦盆而已。懷勝，君之獨子也，捧詩稿出而示余曰：『吾父平生所爲詩皆在此，未敢失，求其遺意，當請子爲之序。』念昔與君遊，相與飲酒論文，何其樂也！不意匆匆隔世，此樂不復有矣。爲君序，奚敢辭焉？

今之人爲古之詩，求其佳者固難矣，但得其誠足矣。君性藹然，嗜杜詩既深，語及家國之時，每以温柔敦厚之意出之，不類今之人詆詰叫囂也。至於孝友愷悌，則爲余所親歷目睹，發之於詩，如音容一一在目前也。士人既生於今世，無所用，功德遂無可述，唯詩文可以傳世，是亦能不朽矣。吾儕豈可不勉乎哉？

懷勝能繼父業，耕種自給，孝養寡母，亦好爲詩，日夜諷咏不輟，庶幾可慰君於九泉之下也。是爲序。

陳祥康

生於一九八四年，江西贛州人。隨社、五四六零詩社、逸社成員，好詩詞，自輯有《詩集夢塵録》。

湯滄海湘南草序

余昔流寓嶺南，於羊城書肆偶遇湯生，是時其爲打工客，爲失業徒，爲粵市遊子，爲青年詩人，翩翩風華，赳赳意氣；而後則爲户外族，追夢人，爲遊吟者，浪迹華夏，周遊山水，棲遲輾轉而暫居於長沙，忽忽然已近十年矣。余自勞勞於凡塵，碌碌於城市，形容變盡，面目改換。而江湖之外，風塵之中，湯生鬢絲略改，而呆萌依舊，衆皆驚其青春永葆，嘆其初心長在。噫！雀入水則化爲蛤，鯤出溟則化爲鵬，湯生素來善修其心，飄零不改其志，風采未易而才學進化，豈不可贊可嘆乎？今年春，湯生過贛州相訪，自輯《湘南草》一集示余，囑余作序，因覽其稿，感慨淋漓，胸臆交加，不得不發焉。

或謂湯生何許人也？余曰：赤子也，真人也，癡客也，達生也。湯生爲詩逾二十載，其早期詩作多激憤不平之氣，兼有自卑獨憐之感，使氣任性，語或略顯粗鄙淺顯，口號之詩亦多，尚未達含蓄婉轉之旨要；復有辭不及意，格調不振者，長篇布局置韵亦或不得章法，而詞心不若詩心，詞多拘束，詞意不彰，未得詞宗之奥義，此皆爲其流弊也。然湯生入世漸深而不墮，閲歷漸多而不頹，專心悟道，一意變法，遥接造化之力，揮發本性之思，寄情於行遊。行塵世之路，覽人間之書，登臨嘯傲，得山嶽之氣象，縱情山水，得以陶冶詩篇。又學楊誠齋詩法之靈趣，想象闊達，出入宇宙古今，揮灑意氣，激揚文字，俯仰三界，悲憫衆生。題材雄大，細節入微，漸得獅子搏兔之旨。

余愛湯生之詩，非爲有典故之繁，寄意之晦，文辭之巧，句篇之麗，而在本心之率真，事物大小，皆能自心而出，使文字生氣，躍然紙上。故讀斯集，非讀其詩，實讀其人也。《湘南草》中清詞佳句，隨手可拈，諸如『一夜幽歌急共緩，半生驛夢短連長』，慨語也；『不知佳景能多久，須問長安宮裏人』，警語也；『前朝煙火多成劫，飲到清平能幾人』，嘆語也；『蒼生各在恒河界，父子同居歲月船』，情語也；『作遠遊人誠不悔，非真名士又何妨』，豪語也；『恍立時空誰見我，千秋冷月渡無聲』，清語也；『今年何物酬桑梓，徒有風前鬢萬絲』，酸語也。如此種種，不勝枚舉，赤子之心，詩人之情，讀之可親可近。

余觀當今詩壇，洶洶湧湧，喧囂之極，標新立異者多，嘩衆取寵者繁，學識雖深，文法雖博，守迂舊之語境，失生命之氣色。而湯生之詩，情意發乎自然，多有煙火之氣，生活之語。湯生今當盛年，善保初心，勤於作詩，勇猛精進，他日之爲不可限量也。余與湯生相交亦久，每慕其風流儒雅，交通議論，疑義相析，實爲浮生之樂事。今得《湘南草》一集於手，實可朝夕開卷，煩悶無聊之際，吟咏數篇，佐以米酒，撥愁開襟，豈不快哉！

冷峭玉

字子瑜，生於一九八六年，江西修水人，現居北京。以賣茶交友。

賣茶賦

陳寅恪先生曰：『吾儕雖事學問，而絕不可依學問謀生，道德尤不濟飢寒。要當於學問、道德之外，另求謀生之地，經商最妙。』

有後生子瑜者，先生之鄉人也，喜秦漢之磅礴，好唐宋之清嘉。感詩書之大義，誦文賦之聱牙。習經慕古賢之遺志，觀史嘆學海之無涯。然如先生之教，此非謀生之道，乃思經商之佳議，遂僦攤而賣茶。擇商旅之要地，處豪奢之京華。

自子瑜入行，倏忽五載，一芽一葉，衣食所依。店無大小，有貨殖之所在，客無貴賤，皆主人之所宜。春山泛緑，煎雙井之落硙；秋園經霜，沏彭澤之金絲。淡季多暇，弄五音以自樂；旺季任勞，喜阮囊之無虧。偶聚高朋，時賦文字，得瞻大儒之風，更聞今古之奇。雖無望石崇之富，不難有邊韶之肥。

客者或曰：『子年富而力强，貌端而才旺，居此一室之中，爲微薄之利，而錮七尺之軀。何不出而隨衆，如錦鯉之逐龍，如孔雀之隨鳳。』子瑜曰：『古人云：「蒼蠅附驥，捷則捷矣，難免處後之羞，蔦蘿依松，高則高矣，難免仰攀之耻。」是吾不忍爲也。故子之不知吾也如是。吾智不足以謀爵，力不足以任耕。論文而不可以濟世，論武而甚惜其生。且吾與世之格格不入也，愛傳統而已斷，思民主而未能。惡貪酷而遍朝野，疾物化而日蒸蒸。是不欲天下無道而富且貴也。今余賈茶自存，置方寸之净土，遠世事之喧囂。自來去無定時，唯朋友之相招。將有言而騁其墨，若有思而弄其簫。言語不仰人鼻息，行動不受人拘牢。間有盈餘，足玩其好；利有盈餘，足養其巢。且茶者，養生之物也，幸至百年，或可見斯民之覺，或可見斯俗之撓。何業之爲而若此哉？』

客聞而笑，不以子瑜言爲意，子瑜亦笑，不以客笑爲意。

堯育飛

生於一九八七年，江西撫州人。現就讀於南京大學文學院。主要從事清代文學與文獻研究。曾有文刊發於古代文學理論研究。

桃溪饒氏族譜序

易曰：『觀乎天文，以察時變；觀乎人文，以化成天下。』若族譜者，紀族之所由興與夫列祖列宗之名姓事迹，包羅萬象，閎矣深矣。其紀先祖播遷，則我族聚居之所由來，斑斑可考；其紀族人名姓，則我族人丁之代謝，不絕如縷。朝代鼎革，人事變遷，而族之運勢若江河奔騰，其間世道衝激折阻、奮鬥不息，亦可藉以覘古之世變，啓後之來者。然則族譜者，一族人文之淵藪，天文之具象。吁！族之子孫後裔，於譜事豈可輕哉！

余少時，聞之家大人言閣樓藏族譜一箱，嘗思一窺而家大人未之許也。故事，族譜例於清明節公展廳堂，合族男丁俱得觀焉。憶某歲清明，族長輩展譜於祭桌，口講指劃，聽者環堵。余時識字甚尠，從旁窺之，但見元亮公冠纓儼然，劍眉星目，髯鬚蒼蒼，其端正肅穆之畫像，至今如在目前。於時族中長輩競言祖宗功業，某先人官居幾何、功名幾許云云。惜余不能盡記，惟知我族先人有大功於世，後生小子當勤勉自勵，庶略復先德之榮光也。

嗣後余求學四方，南來北走，落拓湖湘，而祖宗德業未嘗或忘。一日於長沙嶽麓書院中國書院博物館見一『翰林』牌匾，諦視之，則族之先輩學曙公以乾隆十六年榜眼及第欽授翰林院編修時所立。目睹先人手澤，不禁肅然起敬，念及宗族文獻飄零，又復悵然太息。嗚呼！祖德不彰，文獻流落，族之子孫後裔其可以無愧哉！

家大人壯歲時，奉先祖父欽聖公命，嘗棄農事匝月，於南豐大山祠堂與十修族譜事。其時交通梗阻，通訊不便，家大人往來奔走百里，於荒村舊落訪求族遺，時或丐食他姓，艱辛備嘗。此三十年前舊事也，然家大人每一言之，未嘗以爲苦也。家大人每言從事十修族譜諸公精誠合作、任勞任怨，以故族譜歷浩劫而再生，終得光耀於天壤。平心而論，此差可告慰列祖列宗於九泉也。惜其時百廢待興、機緣尚淺，十修族譜竟删前代遺文若干，此雖天人微憾，至今思之，不能不令人感慨係之。

歲乙未，余慨然有志闡揚祖宗功德，乃驅車走南豐，於族長輩處得閱前代族譜。於是知祖先德業代不乏人者累世有之，而外姓之翼贊者亦聯翩蔚起。若宋之希顔公，勤政愛民，忠於王事，而名臣謝枋得特爲表彰；若明之秉鑑公，功在東南，故本邑何尚書與之交誼情深；若明之心學大家羅汝芳，亦遂爲我族譜作序而增色也。嗚呼盛矣！殆余負笈金陵，讀書南雍，所覽前代族譜夥矣，而建昌一邑若我饒氏千百年來爲鄉里景仰之族實屬寥寥。抑余尤有言者，微斯譜，小子何由窺祖德盛容之萬一哉！

余家居廣昌金沙里，實景端公下卅九世孔發公之裔。丁酉，裔之廳堂以新農村建設改造之故重修，屋宇一新，然舊時建築自是都成夢寐，念之不能無傷也。

時移世易，造化弄人，所新者祠宇，而所變者田園，其能長存天地者，其惟文字乎？

當此之時，聞諸族長輩慨然興十一修族譜之議，且擬悉復十修族譜所删遺文，影印出版，余不勝歡忭鼓舞。夫敬宗收族，此族譜所由修也；可以慰先人，可以迪後世，此族譜所以功德無量、沾溉於無窮者。愧余役於稻粱，無由贊襄其事，外兼去臘武漢瘟疫爆發，民心惶惶，余惟時默禱其成而已。

今聞十一修族譜纂成，祖德流芳，光彩煥然，不孝裔孫何由不爲之手之舞之足之蹈之也矣。仰賴祖先庥庇，我桃溪饒氏族譜雖幾經風雨，猶得以歷十修而彌新，後之子孫，念之可不寶哉！余以不才，承乏族長輩之命，謹以所聞，略抒宗族文獻若族譜之不可不護持寶愛之意也。後之覽者，追維先世遺德，其將有感於斯文乎？

黄霖

字元澍，生於一九九一年，江西撫州人。闕里書院文言寫作班學生。

諸生學文説

丁酉之秋，張師如水徠我文禮。客歲，乃召習經之子，欲傳綴文之方。思弘遺法於已蔽，牽墜緒於將祝。爾乃賁筆陟壇，授雜記、傳狀、贈序等法，凡十有三類也。自謂其文，則乎震川。善昭物情，近取諸身。故學者當始乎遊記，必期信手可得，孶氣清通，不事斤鑿。於是諸生擬之而試，月爲四篇，黽勉聽受，唯恐失之也。

或譏之云：爾師之作，小品文耳。攻乎遊記，烏能致遠。初非經國之業，曾是載道之體乎？孔仁孟義，存乎論辯。故求道者，當習策説。不自是始，斯焉取斯？

生乃答曰：君之所言，信有見焉。雖然，余亦有説哉。稽夫『小品』一詞，元於典午。《世説新語·文學》載：『殷中軍讀小品，下二百籤，皆是精微。』孝標注：『釋氏辨空經，經有詳者焉，有略者焉，詳者爲大品，略者爲小品。』是小品者，簡本之佛經也。小大之别，以篇幅之短長論耳。逮乎晚明，爰以名文。其味從容，其旨雋永。或爲記傳，或爲序銘。非惟怡情，尤可諷俗。比之典謨，雖遜莊重，深究其意，莫違詩教。矧唯文章高下，在乎志趣。濟世與否，非關體裁。故程子云：『《尚書》難看，蓋難得胸臆如此之大也。』吾未聞古之學書者嘗斥詩焉，而今之好論辯者尤與小品文争善耶？君不見，《蘭亭集序》《五柳先生傳》《陋室銘》《岳陽樓記》者云云，斯皆小品也。由是觀之，志趣深曠，小品尤可爲經世之瑚璉；塵慮糾紛，論辯未必非道貌之軀殼。張師以爲，初學文者，造作論辯，徵引前説，蒐羅陳編，筆力所觸，焉能顯實。動輒乾坤，自尸高明，轂音亡誠，胡可生物。而遨遊記事，取譬於几席之間，庶幾乎上達之次第也。

又刺之云：自遊記始，已知之矣。文言文者，往聖絶學。今察爾曹，捐本趣末，文章罔成，戮力外語。拉丁梵言，寧吾脉乎？

答曰：所謂絶學，豈文章歟？且夫古之文章，威儀言詞見乎外者悉是也。子貢云：『夫子之文章，可得而聞也。夫子之言性與天道，不可得而聞也。』不可得聞，所以名絶。作之者聖，述之者哲。其所作者，踐仁知天，本乎性道，化成人文，斯謂作文，其弄筆哉？《禮》云《樂》云，所重非器。鐘鼓玉帛，貴乎存仁。夫唯仁者，舉手投足，莫非道也；其不仁者，縱令學文，徒詞費耳。道處環中，超以象外，執射執禦，又何分耶？

然而見乎事業，因時而異。夫子發明斯道，孟軻十字打開，玄談始乎魏晋，佛説盛於隋唐，已而程朱陸王，遮詮遣非，當代新儒，融通相表，其事不同，其理則一，三教並立，遂成華夏之名云。方今之時，中西相會，印歐兩希，參前倚横。於是豪傑蜂起，引領西望，僉曰：蓋亦有道焉。先聖所傳，載乎文言，拉梵之學，猶印歐之文言也。孔孟之教，非惟中國之教，世界之教耳；印歐之學，非惟泰西之學，世界之學耳；往聖之絶學，非惟中國之絶學，世界之絶學耳；萬世之太平，非惟中國之太平，世界之太平耳。原本三教，通盤化西，則今日之事也。設有餘力，勉以學文，其他旁求，一切奔去。雖然，三教之學，終身仰止，義精仁熟，尤待晚成。外文之學，且趁青壯，語法規矩，一鼓而成。知此謂之見幾，行此謂之求道。一旦明達，鳶飛魚躍。荀子云：天地始者，今日是也。

匡廬記

古有匡氏兄弟者，或曰周時人，或曰漢時人，史無可稽。父老傳説其好道，廬居此山，修神仙之術，往來人莫能睹。因遺一廬，空對雲山，人以爲昇仙去也，遂成匡廬之名云。

匡廬者，亦誠奇峰也，東林寺其西北，白鹿洞其東南。北有長江翻浪，東有鄱陽騰波。壁立千仞，水挂石突。層巒疊翠，高低勾門。雲氣吐納，瞬息萬變。俯聽林籟，則大塊噫氣，於喁呼嘯，千峰結響；仰觀泉注，則九天瀉玉，萬壑激韵，飛淙生煙。可以暢情，太白俯仰而行吟；可以遣心，東坡挂錢以清游。其他騷人墨客，紛然沓至，朝觀雲海，暮聽松濤，豈唯醉意於山水，亦慕仙人得道，遂覺草木皆靈。紅日西去，似藏萬古之玄機，青鳥歸來，宛呈兩間之秘藏。或欲吐納以洗心，或思感通而祈福焉。

丙申長夏，余隨家君過東林寺，因登此山，至於巔頂，四顧寥然，仰望穆然，有欲凌空乘風之意。然以凡胎之重，雖有仙源靈氣之助，其可得乎？噫！昔人已化清風去，我身猶在塵氛中。

雖然，昔者陶淵明家貧難以自給，心猶慕乎孔顔。且曰：『蔽廬何必廣，取足蔽床席。』曠達自在，葛天自許，不亦神仙之儔乎？杜工部有云：『自非曠士懷，登兹翻百憂。』風中之破廬與山中之空廬，皆可諷百世之俗，亦云不朽矣。而天地悠悠，山林鳥樹，千載餘情，子昂之所愴然者，何仙人忍棄不顧耶？下望塵寰，水月有待，松竹欲語，夫物芸芸，斯人誰與？乃若所願，願隨皓皓秋陽，炳耀江山耳。

山上有黄岩寺，住持明理禪師，家君方外之友也，雅望四方，思宣匡廬之美，囑余作文以記之。童子不才，唯竭鄙誠，再拜躬奉。

贊曰：不聽風雨不聽鐘，得道仙人骨肉空。惟念我身山上客，此心聊與此山同。

祭弟文

戊戌年六月初二日，兄霖銜哀致誠，略具果飴之奠，告汝之靈：

嗟乎！汝之棄世，十有三年矣。每一念至，未嘗不飲泣慘惻也。昔父名我曰霖，名汝曰霜。昆弟二人，四口之家，享七載之天倫，孰謂一朝瓦碎哉？汝既去矣，而未嘗見父母之分飛。會彼離散，奈獨木不能成林，隻手豈可斷金？我唯漠受耳。生則離矣，死則别矣，往者不復可諫也。昨日之種種，無枝可依，得不哀鳴耶。

噫！汝今在何方歟？使天宫可乘槎而上，吾豈懼其萬仞哉？然生死之遥，非舟車可至也。雖烏獲不能用其力，魯班無所施其巧。人生到此，微宗教不能安其心也。母嘗問汝於卜人，但言汝之陰魂坐於一橘樹下。樹有創，深可數寸。汝著生前庠序之服，爲鬼牧牛。卜問：胡爲乎？汝曰：待母。卜乃告母曰：汝即是樹也，汝兒在地下，甚爲窮厄伶仃，唯依於汝，放牛而已。母聞是言，肝腸寸斷，悲慟罔絶，曰：哀哉吾兒，哀哉吾兒！我真橘樹也，我豈無心創如是乎？於是不飲不食，鬻新衣冥幣，焚之饋汝，西向三號，自捶厥膺，乃少解相思之痛也。汝知也耶？每有蜂蟲近我，環擾而不去者，則於心煩慮亂之際，静而思之，此莫非汝之精魂而來探我者乎？於是聽之而愛之，愛之而惜之，及其飛去，則未嘗不儻乎而潸然也。汝七歲而早夭，鄉俗以爲無服之殤，不可立碑。是故汝無墳無冢，孤魄悠悠，飄蕩而已。吾聞之，恨不能以身代汝。墓石雖堅，未嘗不可抱而流涕，冢草雖長，亦未嘗不可枕而厮磨。然汝之骨灰，卒播於撫河。父母每於汝之忌日，唯向荒茫之水涯，遥空慨嘆而已矣。

是日也，汝既陷於水，母伏於灘，號汝之名，聲嘶力竭，未有應。繼而唤我，我值此劇變，結舌而已，三唤而後應之。

母少安，又喚汝。時觀者蟻聚，喧聒而莫能入水。須臾，父跣足而至，至即躍水中，三潛而三出。乃有青壯二者不忍，脱履相助。已而抱汝出，母同往醫所，令我歸。我恍惚彳亍，孑然而返。或有指我目我者，曰乃是人之弟也，嘖嘖而嘆。我置若罔聞，心不在焉。及歸，見門前之樹，未嘗不是昨日之樹，門前之行旅，匆匆熙攘如故也。汝之溺水，信耶，非耶？又對鏡自視，勉强而笑，亦能笑。雖笑而不喜，雖惶而不驚。思維不能，空空如也。汝之溺水，信耶，非耶？良久，伯母致電，曰醫院某層某房。於是之醫院，於途見伯母奔而出，曰買新衣。復行之，入樓中，升階。遂見父赤身仰卧，呼天搶地，號啕發狂，叔伯數人圍而勸之。入室，見母與舅母抱汝之軀，惶惶然，以口吹汝周身竅穴。汝精魄已瀉，四體萎靡，如斷綫之木偶。親戚立左右者，皆嗒焉喪氣，嘿然不語。是夜，叔伯與母載汝之殯儀館，置汝冰棺中。父捧闔家相片，執吾手，坐以待旦。父又書信一封，臨别，置汝胸前，汝知之乎？我撫汝之身，凍若寒冰焉。豈昔日所以相嬉相擁温熱茁壯吾弟之軀也耶？冰未消融，又遭火化。是汝之身，先溺於水，次凍於冰，再焚於火，而卒灰散於風中也。傷心哉，吾弟也！

嗚呼！一朝永訣，幾番魂夢？夢之中見汝，以爲夢焉，復知其非夢也，於是涕泣抱汝，嘘問凍餒。已而覺，方知實夢也。又嘗夢汝有疾，人咸曰不治，吾未之信，乃携汝遍索良醫。卒瘳，吾不勝喜，大哭抱汝，曰：幸甚，幸甚！驀然而寤，環堵闃黯。於是愴然太息，淚下浸枕。

吾聞之師曰：喜怒哀樂，發當中節。儻依釋氏之説，凡情執溺，將妨死者之轉世，豈生者之冀望乎？於是舉袂拭面，弗敢已甚厥哀。昔仲尼不答所以事鬼，以勸人盡力於生者也。故喪禮者，俾民德歸厚於慎終追遠之儀節，而超度者，渡生者耳。此皆所以條暢中和人之憂思苦恨，而使復歸於清明也。

初，吾與汝家於城郊。登樓，之陽臺，春稻可望，一碧接天，如萬頃之波浪焉，沙沙翻偃。有小池一泓，袤減三丈，隱於阡陌。水碧田青，如鏡在玉。環池而立者，松柏四五，崇不二丈也。鄉稚二三，故故垂釣相戲於松下，投石泛漪，雲影相蕩。吾嘗從之，捉蟲牽藤，無往而不樂也。春光旖旎之間，有聲喚我，顧而視之，輒見汝倚於窗扉，笑而招手。當是時也，汝在樓上，吾立隴中，風薰日暖，相望依依。何其美哉，何其美哉！

已矣乎。我職靡鹽，恕不一一。汝宜自珍，相見有日。嗚呼，哀哉！尚饗。

戊戌仲夏，臨川黃元澍。

古羅馬鬥獸場記

意國羅馬市中心有古鬥獸場焉，在威尼斯廣場之南。立地遠望則圓形，鳥瞰之則橢圓也。周墉崇可十七丈，中庭廣三十畝，中七畝爲角鬥之地。墻凡四層，多有圮隳，巍然而高者唯其北面也，袤十七丈。歷寒暑風霜，迄今兩千餘載，遊觀之客雜遝，晨昏不休，終年如之。

古羅馬詩人賀拉斯曰：彼遭野蠻征服之希臘人兮，以其文化，反爲征服者。觀鬥獸場之規格，實源於古希臘之劇場也，而爲今世巨型體育館所祖。唯劇場以半圓傍山而造，座席次第就坡而列，鬥獸場則兀起於平地耳。古希臘柱式凡三，或雄渾粗壯之多立克式，或精緻秀雅之愛奥尼亞式，或纖細華麗之科林斯式，玆一一見之於鬥獸場之一二三層，其第四層則爲無柱之實墻。誠如賀氏之言，羅馬之文明似已合轍於希臘焉。

吾聞之，羅馬皇帝勒八萬戰俘，運萬萬噸巨石，櫛風沐雨。閱八年，作觀臺六十階，貴賤以層別，而上者賤。高低五區，出口一百有六十焉，誠龐然巨構也。然則欲何爲哉？王者、吏者、兵者、匠者、僧者、師者、農者，青春玉樹，二毛垂髫，九萬之衆，聚睛於七畝之地。觀彼獅虎咆哮，斗士裂體，尸骸迤邐，血流漂杵，殺氣蒸騰起黃沙，人聲鼎沸震華壁，妻號其夫，母慟其子，以博一樂耳。其始落成，爲慶百日，羅奴隸三千，猛獸五千，使相屠戮。上至王侯將相，下及販夫走卒，或飲甘醇，或擁美人，或攘而呼，或樂而涕，悉作壁上觀。百日，而八千生靈咸歸於盡。希臘廊柱，聊充增華之賁飾。文明基石，卒作修羅之戰場。腥風血雨，歷五百歲而後止。禦暴耶，爲暴耶，其樂暴也。由是觀之，希臘之文明征服羅馬歟，抑羅馬之野性征服希臘歟？

孟子曰：吾聞用夏變夷者，未聞變於夷者也。然則聖人非歟？蓋可論次焉。夫夏之所以爲夏，與夷之所以爲夷者，曾非器物制度可見者之別，斯乃文化内蘊者之別也。孟子昔言孺子將入於井，人皆有怵惕惻隱之心。吾聞中世紀嘗有基督之徒，厠入場中，乞禁鬥，而卒死於四衆之亂石。是西人亦有怵惕惻隱之心焉，乍見獅虎將噬人，不忍其觳觫也。使推之而爲學説，試問其出於諸神歟，上帝歟，抑出於人性歟？苟得聖智者出，以此不忍人之心以證成性善之論，則中西已會通於中古之泰西也，何勞今日之求索哉？然則無有乎爾，昧之而復逆之，卒有斯巴達克之起義，而學者終不能推其原，溯其本。吾是以知無本無源之可哀，故嘆息乎希臘之變於羅馬，而繼羅馬者，一變再變，大貉小貉而已矣。

於戲，昔日人獸之交戰，民衆懽呼雀躍，是場中之獸既獸矣，而臺上之人亦猶獸也。今日於斯，千有餘歲，鬥獸場外，千里萬里，民無分中西，恒旦暮交争利，不亦鬥獸之儔乎？吾是以知鬥獸之行雖止，而鬥獸之心未息。鬥獸場之石已隳，而鬥獸場之魂猶在。羅馬之號永恒之都，豈此之謂歟？戊戌暮春之夜，吾來遊於鬥獸場下，凝望頽壁，千古號嘯之聲，猶然在耳，恰見弦月自東而上，不知其中萬古長夜，可照破乎？

同遊者，王師季謙，楊師嵋，王師采淇，李師偉霞。維真樂師匈牙利陶歐瑟，新加坡黄君俊揚，文禮同學泰恒、家鳴等。臨川黄元澍記。

夏梓朝

字伯召，生於一九九八年，江西宜春人。闕里書院文言寫作班學生。

都靈玫瑰墻繪記

都靈多墻繪，街肆巷口屢見之，以墻爲布，隨墻賦形，盡畫之變，生意盎然。庚子八月二十四日，余携同硯安東偶步於市，見一畫凸立於墻，墻高三丈有奇，葳蕤而藹乎其中者，玫瑰也，其色白，其氣新，大小不一，逼肖維妙，逌然有葉紹翁

『紅杏出墻』之勢，觀者無不絶倒也。子曰：『繪事後素。』都靈之墻繪，可謂得之矣。墻者，素也；後於素者，筆之墨之而後五色絢爛也。庚子八月，夏梓朝記於都靈。

夜遊都靈波河記

波河，義大利之最大河也，原於阿爾卑斯山，卒注亞得里亞海，其間六百餘里，曠曠湯湯，流攬無涯，意民千萬，皆賴以生，是義大利諸河之母，類中國之長江、黄河也。觀其流脉，其河過都靈者最多，遊人欲覽觀波河之勝，必之都靈，故都靈又因波河而名也。己亥秋，余始學拉丁文於義大利維真學院。庚子泰西新歲，黄師俊揚來，携余之都靈，遍覽其名勝，獨不遊波河，余以爲憾。八月，學業始結，余與同門安東再造都靈，試核酸，治具回國。其二日曛暮，飯食訖，酒饌充飽，鬱無聊賴，安東曰：『不日將歸，曷之波河遊矚，一豁積憾？』吾頷之，乃忻悦而往。自旅舍出西南行三百餘步，過通衢，又右折八百步，至維托廖韋内托廣場，歐洲之最大廣場也，方而長，廣四百餘步，其中大路縱横，電車星馳，條理井井。其周衢市滿密，皆酒吧、咖啡廳之屬也，食客紛紛甚夥。出肆尾，漸聞水聲瓏瓏，近之，波河始見，廣三百弓，深不可窮，水由東下，夜波潺緩，至堤則依勢鼓湧，沸波跳沫，飛濺浸瀉，不可勝言。又前行百餘步，上橋，橋塗方石砌布，狀皆一，車輪闐咽過之，若奔馬篤馳，蹄嘶健怒。至橋中，憑欄四眺，素月分輝，遥見水光滉漾之中，樓閣疊起，而其中至渠然弘闊者，聖母瑪利亞之廟堂也。廟以石爲柱，以璃作瓦，借燈之晃耀，四壁晶明，鑑影炫目。過橋，左折數百步，遊人漸疏，維士與女，伊其相謔，依河之景，拓其浪漫。復前行，路燈昏渺，河平夜静，置身其中，不覺移晷，後復欲行，而時不我與也，故按圖反，宵分而歸旅邸。孟子曰：『觀水有術，必觀其瀾。』吾聞意水多不可指數，而波河其瀾也，能觀其勝者，寧不幸乎。今吾在意遊學，涵泳意國文化之水幾一載，而拉丁文其瀾也，吾得觀其文化之瀾，又不可不謂之幸也。庚子八月，夏梓朝記於都靈。

都靈北京餐館記

義大利都靈第七區有北京餐館焉。館之門户非大，入，有席可十餘數，僮僕數輩，見客，肅衣出迓，執禮敬焉。小館雖號北京，而其菜實自温州。其有麵曰文成拉麵，温州文成之土産也，入口柔膩，頗快齒牙；餃子貼釜而成，謂之鍋貼，釜之至味者也；紅薯粉，向之窮苦苦薯之不易蓄藏，析而粉，粉成條，食之甘滑，油油然有桑梓之意。又，同箸者，盡桑梓之人也，同硯陳君安東，書院之老友；陳銘先生，中意青年會之會長也。陳先生性慨爽，於意三十年，自嘲其爲中意之媒妁，作伐其間，則華人之紛疑雜難僉可得而化，吾族之文化若得車馬而日行萬里，先生之膚功也。樽席間，先生言語款洽，無所不言，所言無不近理，聆之又一膾炙也。《詩》云：『既醉以酒，既飽以德。』孟子曰：『言飽乎仁義也。』今於此，吾知食之三昧得焉。庚子八月，夏梓朝記於都靈。

夏與陽

字衡南，生於二零零零年，江西宜春人。闕里書院文言寫作班學生。

遊聳峰山記

袁州之地，東西二百里，南北百餘里，翠峰重迭，不可殫數。顧少奇勝，乏可觀者，故騷人不至，闇然未名也。余世居橋東之野，見鄉人陟陂，植松作桷，采茶汲油。而往來平衍，不必磐折而攀，以爲大宜也。聯綿諸峰，爲鄉人最念者，聳峰山也，距吾族夏氏最邇，故族亦名聳山夏氏，以别衆支焉。

庚子新歲，邪疫大作，比户皆悚惕，鎖關三旬。是日春陽燠若，闔家措椅於院，頗得温奭。父曰：『曷至聳山一遊以寫愠悶？鄉陌鮮尋人迹，且輗軏來去，疾疫不足憂也。』余與周泰歡哈雀躍，偕父母四人遊。

遵豐洛路行，塗之左右白楊臨立，稚年常遊其下，至今風貌如昨。田畎之地，嘉禾已刈，而舊根植足，黄緑鱗錯，挃挃既穫，將耕以播百穀也。奥曲迂迴殆三里，道愈隘，林愈幽，忽見歧路，東則巉道泥塗，顔曰『聳山觀音堂』，此爲聳山之麓也。北則曰水庫，周泰初造袁，未嘗覽其景勝，故北向之。

少選，忽遮樾深處天光一現，極目可千里，乃水庫也。余車中四人皆愕眙，疫虐之際，四野無人，兹地竟輻輳若市，悉口罩往來，不相持語，其狀亦怪哉。母命余二人不出，姑於車中觀之。憑軒四望，亦足飫目矣。湖闊可三百步，袤則不可復度，可以泛畫鷁，可以乘浮茷，江海之志得矣。其西則平陸，三匝峰巒映帶，悉堞然不兀者也，與湖若即若析，卑者不辨山湖，崇者似千里之浪，壓疊而上湧。孟夏三伏，四方泳者集游於斯矣。

回折之聳山麓，爰稅駕而登。旁皆經冬緑林，見一樹，不知其名，鄉曰肚子樹也，其果駢立樹杪，溜滑若人肚，因得此名。拾其果剖粉而食之，類苦櫧、勝豆腐也。父總角時，家困，裒集此物作食，餘者賈於市，人争鬻之。漸至絶頂，石林危峨，篁篠仰而蔽日，纍石爲磴二十餘級，盤折而上，則聳山觀音堂也。有一公野服來迎，甫坐，瀹茗以進。吾呼曰『公公』也，山中唯此煢獨者，其劉村人氏，知命之年來此蘭若，侍護衆神，終夕禳祈。佳節齋日則款香客，食無可憂，唯飲則烹雨，閲二十載矣，吾聞。大敬慕之。殿宇翹角燕瓦，不甚弘敞，地設蒲團，隨父跪拜禮祝之。出户，岩下松竹，蓊鬱深秀，長與堂齊。岩上則曲折爲欄楯，望之心掉，資以欄楯，適可安息。遠瞰群山水庫，皆窪然於下矣。

與劉公劇談，因曉聳山之史，古傳者曰：此山逾年則自生長，適聳入雲霄，觸雷公之體，怒，劈而平其巔。聳峰山之名由此也。蘭若則民國初年始存之，時卑隘茅舍，一二神龕，其後添桁闊棁，新建如此。

日已入，拜別劉公，始依依而下。夜寐，憶念兹遊之樂，與夫劉公之言，遂援筆記之。噫！聳峰之泰極而雷公怒，廬山之匡廬奇秀、龍虎山之丹霞地貌，而商賈利之，掊擊其景譽於世俗，是莊子所謂『實熟則剥』者也。袁州之地固無其勝，然世代安之，未損其天府，商賈不知世俗不聞，故能若是之壽，其寂寥千載，所保與衆異，求無所用久矣。嗚呼！人之情大率見近而遺遠，重於所見而輕於所未見，聳峰山之大用其誰知歟？今夜其見夢於我耶？庚子春月，袁州夏衡南記。

章太炎傳

章太炎，浙江餘杭人。初名炳麟，慕炎武之爲人，易名絳，太炎其號也。曾祖均，富賈也，肆力教諭焉，置田千畝，以爲族庠。均子曰鑑，生炎父濬，知餘杭，歷太平兵燹，盡喪其貲，亡走其家。濬子有四，太炎其叔也，故字曰梅叔。幼從外祖遊，并習音韵。炎精敏絶倫，耳目所聞見，輒識於心，尤愛《史記》《左傳》，朝夕不忍棄也。父以應試望炎，炎惡八股，强之。初試時，竟瞀瞑不得行，父憐，遂不責也。

年甫弱冠，父瀕卒，囑曰：『雖爲清吏，葬從明制。』炎哀哭三日夜。是年，欲入詁經精舍，三請見逐。再請，無以題試之，炎從容以對，師異之，乃允。自是益刻厲，同門論學，常日旰不倦。

光緒二十一年，甲午海戰，清大敗，炎恚，作《獨居記》。閲三年，入《時務報》，不悦康梁之論，侮之，其徒鬥炎，憤而走杭。維新之政廢，清廷購捕之，遂走臺灣，爲《臺灣日日新報》記者。太炎爲文，博雅而有奇氣，好用古訓字，怒臺政，大加詬責之。主欲召而斥，炎閉屋不從，渺曰：『何不喚館主來，殊不知士前爲慕士，主前爲趨勢者乎？』主大怒，逐之。又謂：『禮貌衰則去之，惡用逐？』於是浮海東瀛，晤中山，剪辮易服，示不與清立。

既返滬，延爲愛國學社教師，下帷講誦，則騁言炎武夫之之事。撰革命之文，刊厠於《蘇報》《民報》，筆鋒所及，溢氣坌涌，人心震蕩，天下盡知之。時，友鄒容作《革命軍》，炎爲之序，行之中國，清廷震懾，急購問係事者。衆皆驚亡，獨炎燕坐齋中，吏來，出曰：『吾乃章炳麟，小子且捕之！』時人方之譚君嗣同也。居頃，容出首，相與幽圜墻中，二人暴肌膚，受榜箠，幾不能忍，炎欲絶食自亡，以效伯夷宗周者，容哭説方已。後二年，容病卒，炎伏尸而慟。

三十一年，入同盟會，時三十有八也。

民國元年，中山函聘爲樞密顧問，炎不從。袁欲立時，忌太炎，欲召以禁之。炎將往，弟子莫欲其行，不聽，以説袁爲志也。袁果囚之於舍園，日夜瞷以巡吏。欲見袁不得，大罵於府前，搗缶碎几無一完者。袁使使召，輒翻然稱疾。弟子乞其講學，患無書策，炎自謂『便便腹笥，取之有餘』，譚吐娓娓，如案在前，滿座咨嗟不已，巡者驚服。

初，袁將立，命炎作誓詞，允，袁大悦。既成，見誓曰：『今忽萌野心，妄僭天位，匪惟國民之叛逆，亦且清室之罪人也。』袁大怒，毀以抵地，欲令殺之，既而笑曰：『爾爲禰衡，吾豈爲黄祖耶？』

軍閥專政，炎南北奔走，表其策論，人皆弗信。又聞中山失權，感鬱之，遂放山澤間，撰述教學，不問政事，時耳順也。越三年，日倭侵滬，北見張學良，呼其扞日。民國二十五年，體羸多疾，妻欲其歇，曰：『飯可不實，學不可不傳。』是年夏，昏瞀於庭中，卧旬日，卒，年六十有七。囑曰：設有異族入主中夏，世世子孫毋實其官禄。

炎公弟子遂者：黄侃，英才卓礫者也；魯迅、錢玄同，俱新文化之奠基者。公平生著述頗豐，其作之注音符號，台灣傳之不絶云。

紅岩雙瀑記

泰順北二十餘里，峭崖紅岩，巑岏峙立，地勢誠奇。有流自遠山而來，至此隕墜，搗而直下，勢如雙龍，而成雙瀑。因崖面泛赭，故名紅岩雙瀑焉。

瀑流崇可二十丈，上廣下狹，落落乎猶銀河之倒瀉，纖纖乎似素絹之垂織。束勢穿石，紅岩歷久而生苔；瀨玉洗壁，冬青浸潤而長茂。岩壁崎嶇，觸激洶湱不絶，竟成霧，風回崖轉，引之濛濛欲升，疑初晴之有雨；映日暾暾，似塵，似珠，似星，似露，不可名狀也。撲迎過頰，披襟當之，清涼覺爽，慨然而樂。蘇子曰：『飄飄乎如遺世獨立，羽化而登仙！』誠不虛哉！瀑流擊潭，其勢益張。如飛龍潛淵，雷鳴常笑，勢欲破山；疑暴雨驟降，搗然急注；若擊鼓鏘鏘，驚沙振漠，噌吰跌蕩，引人懼駭。吾儕歡呼，相與晤言，不聞聲音，但見頰輔之張合。

潭水沍則畢沸，浹渫出湧，或謂氿泉或謂溪焉。其南塊石砟硌，巨者可丈測。卧者，立者，躍者，似虎，似犬，似豕，狀貌不一，無磋琢以飾雕，樸質儘妍，崴嵬擋之，堅確嵌地。久濕生苔，俯身踏之，兢兢不可急也。卓遠昂首登陟，誦《赤壁賦》曰：『踞虎豹，登虯龍，攀棲鶻之危巢，俯馮夷之幽宮。』吾對曰：『吾亦能從焉！』衆皆大笑而從之。

瀑流披尻，内隱見一竅，不可細窺焉。蓋乘雲氣，禦飛龍者，以洞爲居，以泉爲飲乎？以瀑爲簾，轟然震動，蔽凡俗之耳目耶？溪側有庵，鑿巨石而成，香燭早殘，獨不見所祭之神位也。吾怪而問山翁，翁鴂音難曉，未幾聞其曰：『天外仙也。』吾大喜，不意果爲竅中仙乎？

是日也，天朗耀金，浮雲出岫。日蔽於崖，雲出乎瀑，而煙瀑氤氳交織，不可明辨。四美同俱，怡然忘憂矣。師友共遊，所樂更何極哉！

戊戌七月十九日，袁州夏與陽記。

顔斯盛

號仁楠，生於二零零二年，江西萍鄉人。十有五而志於古文經典。

玉籽硨磲贈許君倩文先生序

夫硨磲者，海中大貝也。其殼堅白，及彼身死猶存焉。數十百年，化而爲玉，人得則貴之，製作珍玩，佛家納入七寶，清朝六品官所頂戴也。戊戌暑假，余隨東升往福建遊，同母謁媽祖廟，其有五行天妃宮者，即以三百六十五砌硨磲塑水像，媲翡翠之美更甚矣。

表姐袁氏嘗以十二籽硨磲相贈，余愛不能已，常佩於身，然時則背運，方憶余命中多火，莫可容矣。苟棄之而可惜，藏之亦無用，未若奉與緣合人，使一物而得其分也。許先生師教余尚不久，君之善和，略可知也，又八字之喜木，水以澤佑，期其宜爾福德，修養心神，故此贈與。

家父罹疴，財産幾盡，錙銖小利，學生未敢慢輕，而硨磲雖貴，存之無益，送與人者，非是諂獻，古謂不以所用養害所養，因人之宜之理也。

硨磲象水，水有無爲之德、守雌之道，願君法效，學生必也不患失之矣。

戊戌臘月廿二，學生顔斯盛上呈。

山東

邵盈午

生於一九五六年，山東乳山人。江蘇師範大學教授，江蘇大學古籍研究所研究員，中國詩學研究所所長，彭城賦社社长。學術研究之外，兼擅古典詩詞教學與創作，爲江蘇省詩詞學會理事、中華詩詞協會會員、詩詞從刊編委、天津大學客座教授、南社與柳亞子研究會理事。發表論文兩百餘篇，著有《蘇曼殊新論》《塵夢禪心——蘇曼殊畫傳》《南社人物吟評》《柳亞子詩歌新探》《范曾畫傳》《編輯卮言》《莊子顯靈記·評注》等。

范曾韵語序

壬午春，予嘗編纂范曾詩稿，凡十卷。千章琬琰，一集芳馨。詎意時僅三載，先生積稿之豐，又盈篋衍矣。李學士醉吟百首，史稱敏捷之才；陸放翁日課一題，人羡篇章之富。古人有別一月而詩已如束筍者，斯亦先生之謂也。渠黄羽蓋，攬轡而即馳；蘭囿芳蕤，信手而隨掇。刻燭擊缽，盡網步吟之才；裁綃穿珠，咸驚雲錦之作。此固非含毫欲腐之輩所能望肩耳。以愚觀之，自鍾王以下，擅丹青者代不乏人，然兼以詩名者蓋寡。逸少書名震世，所傳惟《蘭亭》一序。若唐詩以來李杜爲宗，其書亦均不傳。豈藝之至者不能兩全歟？而吾師十翼竟以詩書畫三絕飆名四海，可謂間世乃見。名定千秋之後，椿陰正茂；譽有九域之播，韵語難收。

且夫先生神龍莫兟，麟鳳誰麇。滂仁弘義，八纏不嬰。平生爲藝述學，以弘揚國粹、光大世業爲歸，故凡所藻述，畢布梨棗。萃三才九疇於逢掖，氣凌台槐；傳老莊心解於緇壇，洞啓鈐鍵。信藏山以無慚，駭壓元而未饜。通解神悟，如蕩雲夢於澄心；耽讀礱磨，幾絶韋編之凉燠。翰墨有靈，盡化破壁之龍；興至成吟，更疊尖叉之韵。山川信美，得仁智以呈祥；魚鳥相親，因濠梁而成趣。支筇聽水，倚枕眠雲，或蠟阮孚遊山之屐，或携謝朓驚人之句。川澤侔臒，松篁契性。擬清標於漱石，愜藏息於考槃，飄飄有淩雲之概，軒軒呈海鶴之姿。諸方雅士，甫也醉酒之吟；上庠生徒，鼎來説詩之社。是皆含暢霜襟，舒嘯霞抱，蒼昊畀作雕椽，大塊縱其天放。其可狀者如此，其不可狀者何極耶？漆園所謂博大真人，仲仁所云鴻儒金玉，夫子之謂也已！至若先生上德若谷，虛衷善受，更有不可勝記者。猶憶壬午春，范曾詩稿將付剞劂，先生竟殷殷以弁首之言相屬。睠伐木之相勞，托賞音於未沫。向有黼詞，贊兹鴻烈；才非丁度，何敢定文，乃勉作扣捫瞽者之言以應命，殊未能如程門諸子妙達師詣。譬諸爝火宵出，奚足擬東井之光；學鳩投枋，又安識南溟之廣？夫道大者邁種弘德，識深者妙植睿根。先生身爲南通范氏第十三代傳人，素秉清芬，靈珠在握，垂範繼統，望實並茂，卓爾爲詩壇一代大家。蓋有以陸海潘江之才而爲詩人者，有以積學之厚、家法森嚴而爲詩人者，有以越世高談、自辟户牖而爲詩人者，著一於此，皆足彪炳。而先生乃三而兼之。故而爲詩，法度雅正，樹義高古，嘘吸風雲，滌掃凡猥，不肯作一猶人語。震盪翕辟，雄奇排奡，下筆固非前賢所能囿耳。兹觀是編，集無弱篇，篇無弱句，句無弱字；求諸當世，洵罕覯耳。集内絶句，筆力雋浄，拗峭之筆，饒有風致；瀏亮之詞，妙能頓挫。固深得伯子先生家法也。歌行高識遠韵，綿密典麗，宕而能逸，用筆極靈動雄奇控縱轉換之妙。倚聲清雄磊落，宫商和暢，貴在能於密緻中寓剛勁之氣，殊非貌主蘇、辛而相率入於叫囂傖俗者可與言也。除此而外，是集特選輯先生所製聯語、詩鐘，庶免碎璧零璣之憾。天章稠疊，奚啻雲燦星輝；和聲鳴盛，蔚爲瓊花瑶蕊。昆山片玉，人驚奪錦之才；澼洸千金，誰是不龜之手。迨若近體，尤爲先生所專擅，既具淵懿之思，復有沉博之氣，蓋其沉潛於古賢者深，而神明於矩度者熟，則冲淡奇險，皆無不可。舉凡自述之作，代有篇章，鋪陳身世，每涉矜炫，而先生和杜甫《秋興八首》依原韵一組跳出，神似老杜，詞旨正大，風骨遒上。詩法正脉，壇坫津梁，豈待他求！詩心人品，兩俱敻絶，此正所謂君子之澤也。道脉絲懸，何以拯衰頽之風；詩禮家聲，於此徵振奇之士。溯乎南通范氏一門，實握文運之樞軸，而爲中華文化所托命者也。承學之士，或能識之。存絶學之墜緒，傳薪火於燼微。矍然一翁，萬流依倚；其偉抱雄辭，不獨爲南通耆獻之光，亦鎮自與天壤同垂不朽也。

予叨爲門生，蹉跎塵海，中歲獨於歌詩，心竊好焉。自維鄙陋，未窺詩家正法，直如披霧覘天，持蠡測海，茫茫乎莫審其涯涘也。自挹韓塵，五載請業，蒙吾師青及，彌增私幸矣。每斲孱吟，上煩月斧。誘掖高情，並戢五內。然則，余雖欲規橅先生，爭奈才有未濟，無當大雅。惟堪慰者，聲聞之壽，必軼於偓佺；觴行之侑，奚靳於頻數。異時躡蹻，倘陪夜月之興；此日吹笙，先附南樓之曲。琅峰挺芝英之兆，定先衆瑞而華敷；綽楔懸駿烈之銘，敢首諸賢而喤引。

十翼先生詩序

琅峰靈秀，毓奇才之卓犖；天心縱聖，錫夫子以多能。前史可徵，近賢莫外。今吾師十翼先生者，即其人也。先生晚嚌道真，獨叩玄宰，大倡『回歸古典』之説，欲挽頹風而振末俗，導來學以入至美至大之境，聲氣廣孚，翕然四應，有由然也。夫天地之生才無窮，而藝道奧衍無盡，有非人意所能拘限者，此亦以見斯文之廣大；而英傑巨匠出於其間，隨所得之大小深淺，樹立槧鉛，以自殊異；『詩可以觀』其謂是歟。又，先生深通文史哲之郵，復擅詩書畫之絶，大隱京門，固已騰實飛聲，藉甚風華。因思時下人文學科劃分日趨細密，分工益臻專精，學者似不必皆爲詩人，批評家似亦不必皆爲作家；反之亦然。然兼衆藝之長，融通綜貫，更能造復絶之境。徵之先生，誰謂之不然？忽憶古語有云：『予之齒者去其角，傅其翼者兩其足。』蓋言造物者於含生之嗇也。夫人者，固秉氣含生之最靈異者也，而彼蒼似亦不稍融通：才贍者每貧其學，學富者輒窘其才。揆諸古今，概莫能外。顧事亦有旁逸獨出者，才而兼、藝而全、學而通如十翼先生者，亦偶一有之，此則靈氣所鍾、山川所降，彼造物者亦不得不略開其綱，然此乃亘數百年而不一遘者也。先生秉醇啚之德，挾超人之智。主會通而戒偏至，致廣大而盡精微。文伯畫師，夙因待究；儒林藝苑，青史咸宜。予慨乎先生其才之大、藝之精、思之深、情之摯、道之廣，迥非常人所及，若徒以詩藝之微，稱揚不朽，是猶益儋石於巨川，飾崇山以簣土也。然則，荊石韞玉莫掩其光，神龍蟄雲可窺鱗爪，苟常手撫是編，優遊涵咏，不惟身心獲益，文筆增華，進以析一毛而成萬，指八紘以納塵，則藝也道在是矣，不亦懿歟！

先生耽吟有癖，與年俱甚，比諸近人所稱『淵明止酒我止詩，止詩之難十倍之』，氣似有過之。遊心藝圃，縱意墨林，尤不廢吟哦。每當酒酣耳熱，嘯泳所制，輒復顧盼自雄。至其遺詞摛藻，風發泉湧，往往一疊再疊至十數疊，暢遂紛披，盡致淋漓，殆學養淵深，彌中彪外，溢爲聲詩，固如承蜩，掇之而已。至若先生解衣般礴，漉酒陶巾，雖曲水流觴，龍山落帽，未足方其雅勝；寫入研光，自成馨逸，此殆尤所企羡者也。惜乎先生於吟邊手稿，漫不自珍，旋作旋棄，故而鄴架奚囊，多所散佚。墮甑不顧，誰識高士之心；春草又生，重樹騷壇大纛。但看碧紗籠內，悉是珠璣；同來抱冲齋中，無非觴咏。秋容老圃，陶彭澤之襟懷；春雨天都，徐霞客之屐笠。

先生之詩，探本風騷，瓣香李杜，芳澤所披，擷芷紉蘭。於陶潛、謝靈運、李後主、蘇東坡、辛棄疾、納蘭性德諸家浸饋亦深，探其賾而不域其樊，務出己意，恥蹈前人。蓋先生身爲晚清詩壇巨擘范伯子之苗裔，詩禮家風，蔚爲異才，且腹笥宏富，萬象宰牢，東西之學，中外典籍，莫不滂沛寸心，槖籥在手，故能平視古今作者，負才與之角。凡有所作，冲夷高曠，宕逸入神。雄健豪放者，固如洪鐘之駭聽；雋雅清新者，復似瑶瑟之沁骨。又，先生深諳佛道，清轉華妙，超悟塵表，故其脉絡之輸委，文氣之映合，一發於感喟天地民物之逸懷浩氣，故吐屬驚人，頗多深契古賢超邁前彦者，此亦由氣格之大、性情之淳至，非假外鑠故也。因憶晚近詩壇號同光體者，一二魁傑或亢厲自高，哀音湍激；或縋鑿幽險，務絕恒蹊，時人才力不逮，壽陵匍匐，幾於優孟，終嫌詞窮氣促，造作失神。究其因，蓋學殖不厚，沈潛不深故也。夫詩者，持也，詩人必有振奇高世之志，涵海負天之力，益以睥睨一切、振衣千仞之氣，方能獨擅勝場，自成高唱，奇情詭趣，奔赴交會。至若境遇事業之夷險起伏，有足以震撼一時之耳目者，亦足助其詩之傳世流芳，使後人仰嘆不已。先生所以以畫震於時，復以詩雄於世，才擅來流，光前裕後，豈偶然哉？

予忝叨門生，猥嘗執經叩教於師，冀一言以爲重；間或奉酬俚句塵覽，殊覺小巫氣索，望塵莫及。而吾師輒興酣神王，忘年忘境，往往疊韵唱和。在賢者固應樂取，爲善在不佞，實懼擬於非倫，愧恧逡巡，靡知所措。小叩輒發大鳴，實歸不負虛往，欽遲之下，遂發心將先生歷年所作，裒爲一編；俾使吉光片羽，薈而翠之，嘉惠士林。迨及斯事將竣，又承屬澄汰芟剃，以爲太華不必三峰，潯陽何須九派，遂勉力數旬，搜求淘選，纂輯謄鈔，釐爲十一卷。律細韵勝，調諧體備，造意鑄語，冥辟群界，求諸晚近，罕與等倫，可謂難能矣。左右采獲，珠玉滿前，目之誦之，益不勝孺慕傾仰之至，乃不揣固陋顓蒙，恭疏短引，知不免佛頭著穢之誚焉。然則聆曲者未必善歌，醜女未必昧於妍媸，因斗膽漫書如上，藉申歡忭贊嘆之忱於萬一云爾。

壬午初春，門生邵盈午謹序於古彭赫戲齋。

周　郢

生於一九七零年，山東泰安人。泰山學院泰山研究院副院長、副研究員。主要從事泰山歷史與文獻研究。出版專著十餘種，於《文學遺産》《中國史研究》《紅樓夢學刊》等發論文二百餘篇。曾應邀在北京大學、國家圖書館、韓國慶尚大學、日本信州大學講學。

域外重逢海岱青——海德堡詩紀

二零一六年五月，郢應德國海德堡科學院之邀，赴德與中國佛教石經課題之研究，歷時一月。校經講學之餘，躑躅故壘，遠溯長流，興會感發，率付之吟咏，播之微信。今擷取數則，以留浮海心痕焉。

一、海外家山

訪德之旅，發自北京，歷近十時航程，達法蘭克福之美因機場。院方遣車來迓，即馳海德堡焉。其地屬巴登—符騰堡州，在機場南約百里。時夕輪將沉，霞躍萬縷；坦畝漫鋪，緑綻一色。漸行樾色漸密，移時一峰兀起，附脉亘連。至海德堡市區，暝煙已升，華燈錯落於街巷間，温馨生懷。蓋有故人相待於此，故絶無天涯羈泊之感。予浮家所寄，在海德堡大學新校内（老校在古城中）。校無墻籬，而殊寧謐清整。樓宇櫛次，皆大標序號，可助辨識。觸目皆郁郁緑植，間綴紅樹白萼。藤蔓高攀與簷齊，若飾纓絡。緑圃每置磥砢磐石，蒼黯可玩。黄啄黑羽，噫啞相和。又數見雕塑，造型奇巧，惜不識寓意。斯校創於中古，爲歐最古老之三大學之一，哲人巨匠於此執教者更仆難數。今東亞藝術史、漢學諸系亦負盛譽。予訪學名黌，何其幸哉！

海德堡舊譯名海岱山，與《禹貢》『海岱』名同，聞此頓有海外家山之慰焉。

萬斛濤頭數峰迴，漫從高壘認城銘。身居禹域寰瀛外，一髮重逢海岱青。注：蘇軾有『杳杳天低鶻没處，青山一髮是中原』之句。

二、内卡波光

内卡河一水天來，穿廓越垣，劃城爲南北二區。循流移步，水作濃青，演漾争流，汩汩盈耳。中游舫往來如織。濱河有步屧曲徑，遊士雜遝，率倚卧草坪間，稚童則紛嬉於水車。長椅小坐，南岸古堡金頂、教堂銀尖，並渚青巒黛、天碧雲白，盡飛影於粼波中。石拱横亘，創自古羅馬時，屢經重構而古色渾然。北段崇一女神名雅典娜，冠盔荷槍，雖儀態英武，而媚嫵渺修，若不勝情。下環列仙媛，分掌藝、農、繪、工諸業。南而遥對者則爲沃多選帝侯，足下歷繪多瑙、萊茵河道源委，蓋一生捭闔功業之所注也。英雄美人，蓋皆托魄於斯映帶長虹間，情懷可稱浪漫極矣！

其河雖瀲灧晴好，而月、雨亦奇。嘗夜半佇橋四顧，沿岸千燈璀燦，五色迷離，與水際影光相亂。而天宇金鏡，瀉輝涓波，宛三尺銀鯉，鰭鰓冉冉，溯浪而動。遥睇南嶺之廢堡，遠光騰照，盡飛紅流丹，爍爍深冪。又嘗絲雨獨步，帝城雙闕，春樹萬户，盡籠鮫綃，俄爾風定光霽，則層城若洗，昭晰在望，真令人疑津橋神女特爲殷勤變幻也。

乍收疏雨曉來風，散卻重陰晚作晴。十里青羅河畔路，暮朝還似女神情。

三、故壘綺情

王座山上千年故壘，爲海德堡第一勝迹，亦城名之所由也。斯堡創自十三世紀，烽燧頻歷，屢毁屢復。壘踞山半，礌石甃疊，雉堞雲連。周遭盡掘壕塹，惟一橋可通。真匹夫臨關可辟易萬敵也！自西門入，先睹一壘，壁厚二丈，名曰胖堡。再進則爲内廷，樓宇鱗比，尤雄闊者如魯培勒西特、弗德里希等樓，各以創構之王號名之。樓體或雕以神祇，或塑以大君，一墻鑲巨像凡十六，皆法爾茨朝之名主。擐甲執劍，似猶縱横於疆圉。堡有巨酒桶高近九米，旁塑一侏儒酒人（名培克沃，菲利普王之酒師），客競與之合照。出此堡闌，地現闊臺，可遥瞰内卡河谷。一川浩蕩，渺入雲際；四野空翠，撲之眉睫。宇若布棋，街似畫畦，而紅廡藍脊，與緑波青峰相映照，七色斑斕，直若巨匠之油畫塗抹。昔人（布棱塔諾）嘆斯城『不可思議之美』，睹此乃篤信其言之不虚也。堡間觸目皆金戈殺伐音象，獨一門細鏤天使花環，愛意彌布，門楣鐫其獻辭：『獻於最心愛之妻！』詢其名爲伊莉莎白門，蓋弗德里希五世爲其王后十九芳辰而建。又古堡花園有石椅，上綴一戴勝鳥（俗名花蒲扇，象徵愛情），並鐫歌德詩云：『感春之氣息與夏之激情。』蓋歌氏嘗遇維勒梅爾夫人，携遊斯園，雙生情愫，石椅蓋紀此而置。凡斯艷異名迹，爲此别增回雪流風之致焉。

少年歌哭意俱癡，夏感春情總牽思。長椅猶棲花扇鳥，啁啾似誦美人詩。

四、長街曲徑

海德堡豪老城主街曰普特街，石經研究所駐此街之一一三號，故予每日必彳亍此長街中。街與内卡河道平行，西起於俾斯麥廣場，東止於集市廣場，一徑幽深，程可三里。路以磨磚鋪就，禁行車轂，惟許步趨。城之名迹率集於此，若聖靈教堂、騎士屋、選帝侯博物館、海大老校等，莫不傑閣列峙，華瞻輪奂。沿街數立銅、石巨像，如鐵血相國俾斯麥、光譜發明家本森等，皆一代巨卿異士。此外則隨處鑲嵌銅銘，分鐫『某年馬丁·路德講演於斯』，『歌德母之女友之故宅』，『哲人費爾巴哈曾寓此』，『樂人舒曼客此』等。數與名賢往哲相邁於道，而有斜陽巷陌寄奴曾住之慨。又内卡河北山有小徑，傳黑格爾、荷爾德林諸人皆時漫步於此間，故名『哲學家小道』，亦有銅牌記蹤焉。予行此委徑，俯瞰曲江重城，歷歷如畫，豈昔哲正感此渺渺逝川而頓悟玄旨耶？

一川浩湧日雷奔，寰宇鴻茫感不禁。幾曲蒼苔行屐路，欲參天地萬年心。

五、倚棹萊茵

萊茵一水，爲德意志文脉之所繫。予嘗循内卡河（匯入萊茵）至美因茨，而悠悠萊波在望焉。夏水方湧，湍流湯湯，飛緑濺青。如梭蠡舫，穿行其間。河谷與鐵路平行，車愈進而川愈闊，夾岸青山壁立，岩麓遍植葡萄園，濃翠欲滴。又山巔多兀立壁堡，不知何代所構，蒼顔駿骨，映帶河中，更一堡卓立中流，辟浪分波。車經一抗峰，其巔雲旆舒捲，同車人皆呼：『妖女至矣！』蓋此峰有石曰羅蕾萊，傳古妖女所化，其因所歡背盟，慟極止水，化爲魑魅，日坐岩崿，長抒哀惋之音。石下水湍波急，暗礁遍布，艤舟者聞之，心慵神摇，往往人楫俱喪。少讀海涅妖女詩，至『峰際一美人，燦然金髮明；清歌時一曲，餘響聲入雲』句，悵然懷想。今過岩下，雖悲曲已渺，佳人不見，而江上青峰，凄然向我，能不發之歌咏云：

日暮連峰風雨多，美人金髮可銷磨？月明但醉湘靈怨，何惜微軀托渌波。

六、心寄岩堡

客德閲月，海德堡外，凡歷四城。屐痕心影，觸感偶發：柏林宸居巍峨，然詔獄戮場（納粹時舊址），縱横國門下，每覺戾氣逼人；漢堡萬水千橋，半城湖色，惟巷盛平康，時感金粉媚姿；科隆雙塔巧極天工，而森嚴抑情；法蘭克福澄江劃城，惜一經兵燹，古韵俱邈。若言静恬寧謐之境，豈惟海德堡乎？其廓半屬庠序，士多負笈，少車馬喧，盛彬蔚氣。予寓此三十日中，數吊選帝侯之故堡，步哲學家之委徑，内卡河之漪淪陰晴，王座山之樓臺燈火，遊目騁懷，滌我胸塵。昔比丘桑下三宿而有情，予寄斯期月，焉無戀戀？內卡古橋頭有銅猴像，傳遊人若撫其所執圓鏡，則必能重到斯城。因摹之數四，與猨公遥訂息壤之約焉。又予來日朝雨浥塵，予别時則瀟瀟竟夕，亦可謂與此堡風江雨相始終焉。

清江閱月作浮家，日對澄波醉綺霞。此夕寸心分快剪，半歸半寄海之涯。注：歌德有『心兒留在海德堡』之句。

眉園韵序

眉園者，又號爲陶南别墅，清季東昌楊氏海源閣藏書處也。其址湮久無聞，近經學人疊加探考，方識在今肥邑王莊鎮之花園村。斯園歷經楊氏數代經營，『鳩工庀材，誅茅補屋，蒔花種竹，架石引泉……有考槃之風焉』（楊保彝《重修陶南山莊眉園記》）。紹和、保彝父子皆情牽山莊，紹和自言『甲寅在陶南，有山居遣懷之作』；保彝於園植『牡丹最盛』，編中亦屢抒相憶之辭。若『千里相思惟舊雨，廿年别夢是名山』，『最憶兒時書味好，青燈夜永緑窗前』（紹和）；『陶南春色應如海，千種名花放也無』，『爲問陶南衆香國，花開得似去年無』（保彝）？皆繾綣怊悵，一往情深。讀至『把酒花同醉，開簾待燕還』之句，猶見主人自捲珠簾以待歸燕之牽念癡懷。故陶南一苑，不獨爲滿庋緗縑之秘府，亦飽藴雅頌之詩園。

惜乎近世海桑世易，園中宋刻元槧，並梁間舊燕，檻上名花，率付劫灰。香國詩思，更凋零殆盡矣。不意百載而後，吟坫忽有『眉園韵』出，瓊章萃疊，更勝乎陶南盛時。倡斯韵者，則鄉人桃源笠叟也。叟立業工商而浸淫詩國，獲知其幼嬉嘉木之囿，即旧族芸香之閣，興感無已。癸巳端陽，乃邀勝友十人同造斯園，追厚遺、歸瓻（皆陶南齋堂之名）之澤，感閭閻、葭孚之誼，凝慮動容，歸先成眉園三律，得句有『詩書閣裏千年雨，福壽園中過眼煙』，『鄉音沉在滄桑處，更待壺樽斟宿緣』，玄思摯情，見於言外矣。同游諸子興會賡和，三章四韵，遂卓焕異彩。翌年端午，叟續有探訪陶南别墅周年之咏，前後依韵奉和者二十餘子，百有餘篇。中若『窗櫺春燕書聲夢，簷翼秋鴻墨色煙』；『莫怨風摧春事盡，書香遺脉起陶南』，皆與叟辭異而情同。此爲肥子吟壇未有之盛事，亦可媲美柳社、擬勝紅橋焉。今叟將陶南集咏匯刊一帙，名之曰眉園韵，而囑鄙序其端。

郢前承諸友盛邀，嘗往觀陶南之墅。雖楹閣書空，門巷蕭索，而柱礎猶存，鎸字如新，辨其文曰『長毋相忘』。四字棖觸我心，乃題一絶，以寄嗟慨：『書空萬卷四言鑲，一誦低徊倍感傷。舉世論交多勢利，誰能相憶莫相忘！』謹録之以附園韵驥尾。而陶南聯吟諸友，詩誼久存，永勿捐忘，又郢之深所屬望也。

乙未冬至後一日，周郢謹序於岱下青蘋齋。

泰山七景記

岱頂雲海

行天街中，谷風時作，呼嘯續聞，雲隨風急，縱横四馳。其狀也，若吴閶之濤，素車白馬，驚飆撲岸，千堆雪起；又若洞庭之波，銜山吞江，一氣浩蕩，横無際涯。稍頃，益彌益漫，六合茫昧，萬象俱失，一如鴻濛之未開時也。當此際，步不敢移，目不敢舉，但覺巾幘欲裂，肌骨悚悚。混茫中似覺有一大雲團湧來，頓豪雨盆傾，淋漓灌頂，雲過又無絲雨。又是者三，衣衽盡濕，而外遍結冰霰；鬢髮則已全濡，露水流於頰間。翻手乎雲，覆手乎雨，其變幻何其迅急也！泰山之雲，至此而領其絶奇。

姜倪寨山

傴僂以行，一步一頓，漸達絶巔。其處海拔千米，絳袱、傲來、石臺、石棚，皆在蒼蒼一覽中；泮汶一絲，蚓蜒蛇蜿，出没遠岫層嵐中。長風入懷，煩暑盡滌。巔南石筍高可二丈，其色蒼碧，狀上鋭下豐，而楚腰甚纖，娉婷猶若處子，下則湘裙六幅，隨風揚起，即山下所眺見之石也。岱覽云：『南一石，若人疑立，曰真人峰。』而土人則呼之曰『江米人峰』，蓋俗以少女嬌嫋玲瓏者曰『江米人』，以此呼之，更肖其狀。東坡詩『遥觀神女石，綽約誠有以；俯首見斜鬟，拖霞弄修帔』，大可移賦此石。箇人佇立空山，雨鬢風鬟，不知歷幾寒暑；而含情凝睇，又不悉相待何人？谷底崖壁，黄精首烏茂髮，藥香撲鼻；百合紅蕊，時見於萬頃鋪翠中。椹條叢出，紅紫累累，偶一摘食，沁香滿齶。布穀時發啁鳴，益增幽岑之寂。

白練石屋

由藏峰寺北行即臍子溝，一徑曲屈，澗水時出時伏，夾道深樹密箐，每礙人行，碎礫綴路，蒼蘚侵石，踏之幾數步一仆，時懷惴慄矣。及出山口，方覺雲天寥闊，耳目發皇矣。自山口前行，即白練石屋之峪。喬木女蘿，絡繹交扶。平坡廣嶺，不復弄險，茂草茵席，群牛散牧其間，哞聲動於空谷。惟峪以石屋名，今則不知屋宇何處？志乘載此處棲鳥曰『拖白練』，狀如野鵲，尾長而白，今啁鳴不聞，石扉雲掩，印破青山，徒留想象。石屋盡處爲猴愁峪，絶岩壁立，百仞有餘。猿跳猱躑斷不得渡，宜乎作巴峽三啼也。其上有懸瀑，諸水自雲霄奔赴，雷轟霆掣，界斷碧岑。旁有連心亭，起危崖之上，得觀瀑之勝焉。

肝華泉

雞石以下，路復叢莽，拔棘强行，數里達肝華之泉，雙睫方爲一清。肝華以石而名，志云：『巨石紫潤，曰肝華石。』今觀其崖間頑石磥砢，色皆絳紫，洵如其名。於群嶂之中，忽得此坦區數畝，足可作小隱之棲。地有石屋十餘間，又有石臼特巨，想爲古避世者之所遺。石旁有流泉奔湧，噀珠吐璣，頃刻萬斛。而映以石色，恍若絳宫簾動，珊瑚樹摇，掬泉滿手，更似接龍女之散花然。昔後漢高士閔仲叔之居安邑，欲購豬肝一片不能獲，而此地有肝華千片、絳露一泓，霞餐泉飲，大可快隱君之腹也！憶敦誠『阿誰肯與豬肝食，日望西山餐暮霞』之句，諷誦久之。

八仙洞

自北天門東下，至亂石溝，循溝而北，全無道徑，惟攀石踏崖以前，拔蒺牽棘而進，蛇行蚓伏，汗涕並下，昔人所謂

『鳥道一綫』，『石壁百仞』，洵非虛言。自來行岱之山徑，無艱危逾於此者。移時而終達於穴口，計距盤不過百丈，而行逾三刻不止也。洞居摩雲嶺危崖之下，天然而成，岱覽謂之『危若鶻棲』，自外窺之，幽深莫測。窟口南向，高可二尺。其東則有石屋廢基，門辟西向，或即泰山紀勝所言『松阿結茅屋數椽，點塵不到，若或有隱君子焉』。洞府既得，亟匍匐以入，約計其徑深可八尺，中置神龕，又有片石似几，豈列仙傳所謂『岱宗石室有金床玉几』耶？穹窿間滴瀝不絕，涷液凝壁，陰寒襲人。

牛山口

昔賢喻泰岱之境，『前儼帝王宅，後儼幽人家』，而其後窈然尤稱深秀者，豈牛山口乎？孤村枕千峰之迴，一水連天津之源，鳳嶺翥翔其西，石城亘綿其南。莎草伏溮，馬刨湧波，水湍石激，聚秀涵清。若周環四攬，或丹侶種藥之圃（藥鄉），或黃冠煉神之窟（黃伯陽洞），或秦皇獄狩之宮（瓦子嶺行在），或漢武望仙之臺（青陽臺）。物象瑰奇，而岑寂獨絕。明鄉賢宋公燾《泰山紀事》云：『泰山後有山徑，景趣幽僻，經牛欄口，終日不逢一人，但聞山鳥亂啼，澗溜潺潺，響石竅中，危橋斷岸，迭嶂青林，山花蒙密，應接不暇。』可謂宛肖其韵。村之東隅，得坦區半弓，其名曰講書堂。傳昔有積學之士，絳帳傳經於斯。師友相對，樂何如也！蓋學術者，乃寒村白屋二三素心人之事業，遠避之朝市，無關乎榮名。此意，斯堂得之哉！

徂徠月色

北上一峰，雞鳴犬吠，頓時入耳。茅舍二楹，構於峰隙樹椏間。飯後，農家爲沏茗閑話。少頃月現東山，長天頓轉皎潔。於此環視，繚屋皆山，迭如剪影，盡在墨彩迷離中。極南處寒燈明滅，蓋故徂陽縣治也。又遠峰中有拋光如流星者，農子告予：此環山路上之汽車前燈也。歸卧斗室，聽松風來枕，作孤舟嫠婦音，觸人愁緒而難寐。乃推枕復出，舉目視天心之月，較初時益皦益潔，星辰數百斛，皆掮手可擷。萬頃空谷，幽闃黝然，直如王墨之橫潑山水。而此際天中一月，山中一我，或可勝張宗子湖心亭之幽乎？

樂素河記

予來略陽，締交文友周君洪貴，篝燈閑話時，言其居樂素河，在連巒層篠中，風土幽奇。後檢略陽縣志，得清儒淡金籲之樂素河辨，言『距略邑之南六十餘里，有樂素河者，發源階地，由縣壩入略邑西南界，東流一百六十餘里注嘉陵江，而同入於蜀者也。昔之人相土命名，因俗志美，觀山清水秀之概，察和樂樸素之風，爰名之樂素河』。既賞悦其名號，而洪貴又招邀甚力，遂借周末之閑，往遊其地。

自略城乘火車以行，甫二刻即達樂素站。下車而覺千峰笑迎，濃翠撲衫。周君之居在鎮南十數里。步循河道，徑轉峰折。下視河不甚寬，然勢甚湍急。或云即水經注中之『除溪』，而鄉人皆以『樂素』名之。水上有巨石擬舟，檣櫓畢具，惟妙惟肖。洪貴言：傳古有神工駛舟浚河，至此處破曉雞鳴，舟楫乃化爲石。行數里過一聚落，曰雙集埡，人煙密稠。自此履轉小徑，迤曲里許，乃至洪貴之居。小樓兩楹，在一阪之半，密篁千竿，暗影蔽天。周遭遍植杜仲，草藥浮香。宿其東軒，入夜闃然，惟峰下溪聲瀌瀌，縈於耳際。又布穀時作『快割快黄』之音，徒觸春逝人渺之悵。

輾轉竟夕，平明乃起。晨雨初霽，天青日驕。居旁有觀音寺址，伽藍盡頽，而山溪猶環其故垣下，碧染人衣。有赤足牧童坐溪岸高岩，散放牛羊於雜樹叢花間，以哨聲相促，怡然自娱。山半幽奥處藏洪貴祖塋，青壟故碣，猶深刻勝朝年號，似不知山外有海桑之變者。出谷遊雙集埡，居皆枕河，集市熙攘，俗古風淳，名之曰『樂素』，良有已也！新雨漲溪，色染濁黄，宛然金帶。溯流數里而返。日暮時洪貴邀出獵兔，甫登山巔，而豪雨忽潑，亟抱頭奔返。入夜仍卧東軒，伴鳥聲溪唱而眠。天明，與洪貴還至樂素站，附車返城。余居略陽凡四歷寒暑，苦乏遊興，惟因洪貴盛邀，作此二日行。及入城，耳際猶縈青林布穀之聲，爰賦小詩以記：『月暗叢巒林裏泣，夜沉孤館雨中驚。故園應是青蕪盡，忍辨催歸第四聲。』

張秉國

號抱甕叟。生於一九七六年，山東濰坊人。古文獻學博士，濟南大學文學院副教授。主要從事明清詩文與文獻、古代俗文學研究及教學。著有《臨朐馮氏文化世家研究》《臨朐馮氏年譜》等。

柯劭忞詩集校注序

蓼園柯公者，清末山左之巨儒也。一生篤於治學，於經史、音韵、訓詁、金石、天文、曆算之學靡不精通，而巨著煌煌，亦足輝耀後世。以予末學寡陋，僅知其新元史詮采宏富，體大思精，其於元代一朝歷史之覃精深思，睹此可知矣。書甫出即爲學界所重，得列正史之林，而遠超舊史矣。至於《清史稿》一書，亦爲柯公所總纂，既撰儒林、文苑、疇人、天文，復於本紀及諸志多有删正，是書雖成於衆手，而柯公之功亦巨矣。僅此二書，亦足可踵美班馬，而無慚來哲矣。

今讀崔君之文，乃知二書不足以盡柯公之學。其於經學，亦深研有得，所著《春秋穀梁傳注》，時流譽爲可方駕《左傳》杜注，而争驅於《公羊》何解矣。至於《爾雅注》《文獻通考校注》《後漢書注》《十三經考證》則藏諸囊篋，未及刊布。然即以上述行世著述論，亦足稱清季之宏儒巨擘矣。

柯公以經史著名，詩文則其餘事也。然偶一涉筆，便可驚動儕流。王静庵先生於詩詞一道頗所留意，嘗語人曰：『今世之詩，當推柯鳳老。』予讀《蓼園詩鈔》，嘆其功力深穩，看似尋常，實爲奇崛，而語摯情真，一派儒者純厚氣象，得之蘊藉爲多。近人吴雨僧云：『柯先生詩法盛唐，專學杜工部，光明俊偉，純正中和，如其爲人』，於我心有戚戚焉。以予末見，其旨貴在抒發性情，於詩藝一道則不甚措意焉。善乎胡先驌之論：『北方學者爲海外所推重，不以詩鳴而詩亦可觀者，是爲柯鳳孫先生劭忞……蓋先生一代儒宗，詩其餘事也。先生五言古體宗漢魏，最爲渾古，七言古則宗唐人，時類昌黎，五七言律詩亦唐音，尤善爲長律，排比鋪叙，氣沛神完，人所難能。』

吾同門友崔君建利，篤於學術，其爲人，訥訥言不出於口，而爲文雄鷙有深思，頗爲吾師李慶立先生所重。猶憶十餘年前同門共學，時有探討，崔君言不多，似亦無甚高論。及睹其文，則驚怖其言，猶河漢而無極也。因思韓非子口不能道説而善著書，益知言與文爲兩歧矣。畢業之後倏忽數年，予塵務經心，尸居碌碌，兼之天分有限，迄無成績，每覺愧對友朋。而崔君沉酣於學，日有進境，其於《蓼園詩》研究有年，積數年之力，勒成此書。其書之善，在校勘精、注釋信而輯佚全。校勘則廣搜衆本，擇善而從；注釋精審簡明，文獻無徵則付之闕如；輯佚則報刊雜志，遺編殘簡，靡不備録。洵爲柯氏之功臣矣。

崔君整理此書成，以書稿呈於李師慶立先生。先生喜其有成，欣然欲爲序，尋因病擱筆。彼蒼者天，不佑善人，竟一病而殁。嗚呼痛哉！崔君以序囑予，予學殖淺蕪，又寂寂無名，何足以序此書者？蒙崔君之謬知，誼不敢辭，爲綴數語於簡端，不能揄揚厥美，聊作佛頭著糞而已。

乙未孟秋上浣，張秉國序於濟南。

恩師李慶立先生二三事

李師仙逝已數日矣！數日來，神思恍惚，每念斯人已矣，輒痛在肺肝。同門崔君建利邀以文字緬恩師，而予才鈍思滯，何足以銘吾師者？然教誨厚恩，又何敢忘？因不避譾陋，率爾爲文，以緬吾師云爾。

回憶平生，李師之教誨多矣，何可殫言？哀不擇言，聊舉一二細事言之。

庚辰歲，予以考研失利，調劑至聊城，時同窗者八人，多欲投李師門下，而予自念愚鈍，躊躇未有所定。旋逢節會，同窗皆拜見諸師，李師問以志願，予以實對，李師欣然允諾，遂忝門墻。時共八人，而四人爲同門矣。

我儕入校未久，李師便督責以學術論文。予素鈍，性又怠惰，歷月屬草始成。李師閲後，以爲尚可教，遂爲指點。至今難忘者，拙稿有引《史記》處，所用版本頗惡，李師爲改中華書局之三家本，並詳爲校對。予時頗不以爲然，而久之亦漸效其謹嚴矣。

予初學作論文，筆端繁冗，剌剌不能自休，李師不以朽木而棄我，往往改益數過。同門張君永剛、趙君紅衛、李君博，一門駑駿不同，李師皆詳爲改定，其嚴謹與熱忱可見矣。尤不能忘者，歲在壬午，臘月小年之夜，李師携余之畢業論文至，曰是處當何如，此處當何如，一一爲訂正之。時窗外鞭炮聲起，而燈下師徒對坐，亹亹而談，一室内外，遂成兩世界矣。

予家素貧，而兄弟俱讀，學費頗爲家累。壬午春，聞先父已赴晋下煤窑，爲之輾轉不寐者數夜，遂決心自食其力，不再仰食於家。經人介紹，往電大代課一學期，所得兩千元有餘，已足爲考博之資矣。而師未之知。某晚，予方讀書，李師携師母同至，爲贈川資一千，以爲考博之用。予力辭之，而師與師母之盛情，輒令人不忍拒絶。

癸未暮春，適『非典』肆虐，全校師生皆以一校門與外相隔。時予以考博已成、論文寫就，頗無聊賴，李師勉我以光陰易逝，不可輕擲歲月，予遂日日往圖書館特藏部，李師亦日日至。翻覽之餘，師徒二人相與從容講文論學。於人心惶惶之際，此誠人生之至樂大幸也！而再聆垂教，已永無期矣。嗚呼痛哉！

又憶畢業前，答辯事竣，李師當衆稱揚拙作，並囑以『汝當繼續勉勵，定能出厚重之學術著作矣』。以師錯愛之深，期望之重，而不材碌碌，迄今無成，何以報恩師於九原耶？每念及此，汗未嘗不發背沾衣也。

李師自少穎異，加之以勤學，其在中學，既以百合、雲瀑諸筆名發表詩歌、小説若干。入大學後，益好斯道。後得高蘭先生指授，以爲創作之道雖可小有創樹，終不若學問可以傳世久遠，遂改轍而務學焉。自此攻讀益勤，學日益進，而病魔亦隨身矣。任教於聊城師院後，以苦學過度，二豎爲虐，幾於不起。某次已幾進太平間矣，而吾師以堅韌之毅力勇鬥病魔，死神竟爲之卻步。師友探於病房，見吾師於化療之後仍捧讀手稿，不禁嘆爲奇迹。其頑鬥病魔與癡迷學術之精神，已成齊魯學壇之佳話。

而李師之所成亦夥矣，所遺著述五部、文百餘篇，皆精研有得，非浪作者。20世紀末，學界泰斗程千帆先生曾致書言：

『先生於謝氏及有明一代文學，治之精且專也。近人惑於焦里堂下逮王胡一往之見，於明清詩古文辭往往妄肆詆諆，或束之高閣。實則其中流變甚繁，亦各有所成，未容横加抹殺。先生獨能於舉世鄙視前後七子之時，深究茂秦之生平及業績，庶爲轉移風氣之嚆矢！』此語可爲李師學術之定讞矣。

予以上月聞李師病重，詢之師母，病已入膏肓矣，遂與同門趙紅衛女史前往探望。李師見我儕，精神頓爽，喜言曰：『聞汝等有成，乃我最大欣慰。』又執予手言曰：『八十年代一病爲遼沈戰役，九十年代一病爲淮海戰役，而今平津戰役即打響矣！』予哀其委頓，而驚其堅毅。予歸後，即遍告諸同門，約以同赴聊城問疾，而吾師已不起矣。吾同門等於十四日赴聊城，次日得允相見，已爲死别矣。嗚呼痛哉！

吾師已矣，而其著作必傳於世。其於學術之死靡他之精神，必將與天壤而同久，共三光而永光！不材駑鈍，辭不勝情，謹附傷悼二首：

猶記當年赴東昌，恩師教我作文章。燈下亹亹人何在？泣血吞聲淚萬行。

斯人已逝豈堪傷，幽明路隔哭斷腸。恍惚卻問人何在，駕鶴獨遊白雲鄉。

百年槐林碑記

戊戌之春，適逢吾校七秩之慶，山東現代學院贈古槐七株，以爲祝嘏。今已植於化學化工學院之西北側矣，環樓而列，如星拱然。其連氣同枝，華葉駢升，亦足以象吾兩校之誼也。

槐之寓意富矣。或寄喻榮華，夢醒南柯；或托義懷來，三公位焉。實科第之吉兆，亦公車之學市也。今七株古槐，初緑榮發，異日虬枝盤屈，蓊鬱葱蘢，想見槐蔭之下，弦誦不絶，不獨槐黄之月也。是爲記。

姜　文

生於一九七九年，山東青島人。嘗爲《文思》編輯。

竹里後溪遊記

竹里東北有小溪，曰後溪。

溪自龜蛇口奔流而下，綿延數百步。兩岸皆大石，層層疊疊，如波浪湧起。岸上草木葱蘢，緑竹依依。溪北爲廊橋。有對聯題於橋上曰：『水能性澹真吾友，竹解心虚是我師。』季謙先生題書也。溪上一矴步，一拱橋。據土人言，此拱橋亦規爲廊橋，因財資不足，始成今之形狀。溪中多魚，忽隱忽現，遊人至，則瞬而不見蹤影。常有群鴨結隊而來，遊戲其間，涮洗捕魚，傾刻便可飽腹，故體肥羽豐。吾父嘗過此，見鴨，欲捉一以稱其重，竟逃之夭夭不可得。吾大笑。

吾父老矣，不知能再遊後溪不？以此爲記，兼懷念之。

朱玉德

生於一九七九年，山東日照人。現居浙江寧波。

慕才亭記

東南山水故迹多在錢塘，環西湖而棋布者，以慕才亭爲勝。亭攢尖而角六，倚西泠橋而翼然於湖上。擎亭柱石，皆鎸名手妙墨，其所旌咏者，墓之主，蘇小小是也。斯亭載籍以來，圮垝建立者屢，由是以信乎杭人視之如重者也。

予自來江南，常峙躇亭上，聆浙水咽餘憾，追六朝舊事。青眼投阮鮑，嘉娥眉之忠且義；信步咏寒梅，念芳魂之睿以勇。嗟乎！花月其人，高義如斯。故能芳名百代，綴點湖山也。

今之世，以擅才自詡者，未得名時極盡柔體誇毗，若無餘人。及其得時，揚眉叱咤，天下無以加。而其才也者何？然則斯亭在兹，千有餘載，豈徒以虛賴湖山名勝稱耶？蓋以其人慕才，人亦慕其才焉。後之覽者，豈不有感於斯？朱玉德記。

朱玉德記。

上虞曹娥廟記

曹娥江貫上虞城而過，其廟臨江矗居。後人所建以祀漢孝女曹娥者也。初，其父歿，娥投江尋父，終成孝烈。故後世人主、庶衆，皆高尚其義，而祠以祀之也。當是時，娥年十四。其父盱，泝濤以迎伍君，爲水所淹，不得其尸。娥訴神告哀，號吟澤畔，旬有七日。娥投衣於水，祝曰：『父尸所在，衣當沈。』衣隨流某處而沈，娥遂隨衣没。經五日，抱父尸出。觀者填道，千夫失聲，萬衆哀泣，驚動帝都。元嘉元年，度尚始建廟，並改葬娥於江南道旁，爲立碑刻辭焉。碑以載孝，孝以文揚。黄絹幼婦，絶妙辭彰。及後之人君，多有感其孝義，每有封賜。而其地、其江皆以娥名稱之。百代以來，郡縣烝民皆重孝義，而教化自成，鄰郡多有效焉。是於明教大有其功者也。近歷紅羊劫，盡毁其墓碑祠廟，於教化孝義又何其傷耶。余於戊戌之夏，來謁祠前，見守廟門吏詾詾狺狺，以拒遠來吊謁之衆。噫嘻！此於孝義又何其褻也，吾不知其爲何説也。余獨步江畔，憑欄送目，望虛煙遠樹，暎帶田塍，而江流脉脉，來經祠下，似有愧而無息焉。俯仰今昔，恍然不知今是何世，身處何地矣。又爲之歌曰：江之永矣，不可方思。漢有遊女，不可求思。於戲孝女，貞厲德茂。痛喪慈怙，輕絶以眇。其抱父出，精魂感昭。高義綿長，來葉永紹。戊戌五月某日，寧波朱玉德記。

王一舸

生於一九八二年，山東青島人，現居北京。畢業於中央戲劇學院。昆曲作家、編劇、文藝評論人、策展人、《讀者》雜志專欄作家、中華詩詞學會會員、唐社社員。著有古典體裁劇本集《浮世錦——一舸雜劇傳奇》，藝術鑑賞書《名畫中的事物》。

今文言論

民初文言諸公，鄉飲於焚室，爭餅於摧輪。不能整軍以應時勢，故爲揚棄。此曰天道，亦憾人事。蓋人雖欲日新，而學養滋沃，清季爲最盛。學者之精深，縱則前代無匹，横則溉溢於民風。若云天道無常，盛極必折拗，可也；若云與國勢並衰而更弦，則非也。

而舊之華棟，今之柴薪。世理常然，非獨文言。今國家重昭傳統，思續文華。詩詞作者，不啻千萬。文言亦時有作焉。多暗認餘香，欲稍成勢。或識者夥而有智，或路稍辨而香清。今學者不少，而作者稍歉。斯猶勉哉。讀者亦與作者鏡映，讀者不作則作者不興，讀者不辨而作者魚龍。惟文一途，非可姑且。

夫文當以實狀，情當以深張。實則感人，深則可久。以而爲者，知音者樂而悲，不知音者怪而偉。用文言，則昏忞隔閡。人多置不論，斯爲憾事。蓋古人爲文申意，萬事無不叙，萬物無不狀。文言非莫測難求之物，古辭非難操之器也。而千代以降，辭華與體式偕美，文與質相麗。中華文明賴傳焉。今之文名事枯而累，文辭庶幾，是猶未成也。未成猶可期，而成者不可棄。今乃以儉文陋句掩炎炎之大統，宜三思也。而前百年之巨變，以文爲最事。今之爲，誠接續爾。既子推之山，復萌炭孽。蓬茸草木，豈皆舊觀？

或有檢腹之徒，作非文之言以應附庸。或有雜駁之客，操鬼窟之語，用鳥蟲之字，猜讖緯之意，以爲自奇。在古皆不倫，在今爲獵奇。又烏足論。至於以挈瓶之才而莅國士之尊，以三家村夫子兔園册而竊統緒之名，途效口氣者，從今譯古而膚淺其文者，揚揚然橫行於百業，豈止文言一科。學者深於學而不能致文者夥矣。作者稍有其能已如星鳳，復音聲順旨，摧翮從庸泰半。而數輩猶或各拘執，諍辭滿於荒階，斯亦可哀。是乎文非一則，古之人既各有面貌，爛若列星，不可殫形，今人豈可拘一式。惟百川各異，總歸乎水。流雲變態，其質一也。雲歸碧海，雁没青天。言有各致，惟非群鳥之相噪也。余簡該小識，稍撮語一二爾。

余以爲既作文言，當深醇。深則言淺托深，類微喻大，搜心淵而剔靈府。醇則餘玩未已，含滋嚼句齒牙猶香也。所致此者，必厚於學而堅其志，不阿行而盡其心。然後能照淵明輝，千仞透底。至於奮鋭毫操觚，虎變炳焕，指使後作也。是故爲文者不學則無文，猶書之熟於法帖而後能新，文之沃於先達然後求我。東坡居士猶云『顧我已無當世望，似君須向古人求』。况吾輩乎？至熟後化，則體世味人，明心大意，無不用此。若夫閲水成川，閲人成世。何世弗新，何文能故？古之歸震川，張宗子輩，無不『左對孺人，顧弄稚子。脱略公卿，跌宕文史』。概不特以文爲别事，乃皆驗乎身而明本心之器用也。

而古人也深，余也有限。未深文章之流輩，先撣故籍之屑塵，勢從難免。至於尋章摘句，滯於故典，支離格律，守祧棺骨。獺祭以陳册，癡蟲於穴紙，則不免而失也。古人尤以美物依本，贊事宜實。玉巵無當，雖寶非用；侈言無驗，雖麗非經。懷璧足以加害，飾櫝適以招累。今有珠玉盈目而析理不通，乖雲弄月拼嵌諸名者，皆病此。若夫人工之智能可辨者，烏取乎諸人哉？宜當爲三人之思也。

文貴當代，白樂天追慕開元天寶一代風流，不及柳七録下嘉佑一代太平。何耶？一己之生死可見也。當代不必盡求諸外，求自身可矣。蓋人人之身歷不同，惟不可求古人之身歷也。古人之有共情，亦復良有所感。荒疏不慚，雕刻爲尊者，皆敷衍他人之事而不能實心歷身也。實，則拊抃呼笑皆成文章，顰咍憂蹙皆爲辭語，是不爲創製而自新，風貌自出焉。至若有心以求，知行一貫，則尤嘉矣。

今之爲文者尚創作，此得大體。學者精嚴，亦幸甚哉。惟各分野，辨涇渭，別參商，而乃互孰視，而不知合流則文言起，分置則不利。宜乎學者爲文，文者益學。振文言之諸美，彰於國人，使知之美之，品藻之，而作者相益，英華挺出，斯當可期也。

庚子小滿。

現代詩論

新詩非一緒，其取多端。溯其綜類有二，曰『白話』，曰『現代漢語』。

五四既舉，胡適之號召新詩運動，爲一代麾纛。國朝以郭沫若爲宗師，於詩事皆其實難副。蓋二人，民國白話之流亞也。有風烈之先，憾接續之後。清末帝時有所作，頗以口語述事。稍涉遊戲，當時未廣，而適之盛推焉。民國新詩，多本白話，嘗欲雜糅今古文語，兼效西方式韵。《紅燭》《死水》嚴整其形，《康橋》《雨巷》追慕風神，『新月』兼中外之美，『象徵』合泰西之魂。

國朝兼取民國白話諸家，而揚『現代漢語』之别致。蓋民國白話，猶未熟穩，『現代漢語』，臻於體用。二者譬如花之與果。延安一脉，實本『現代漢語』，國朝流衍，亦當稍辨。蓋以『七月』『希望』爲根底，皆從時應事而生。激昂於當下，言不出邸報，未嘗爲長久。弊即即顯，乃久之以抒情。故艾青有《大堰河》，賀敬之有《回延安》。推恩頌懷，唱贊激人。是故從龍舊人，揚烈於國朝，啓發乎後進。西方諸流，取其爲我用則暫據之，不究其所以也。

潤芝不作新詩。與唱和者，郭沫若、柳亞子皆詩詞。是以不廢古道，而言推新詩。

艾賀臧郭諸家，樸質而氣粗，文熟潤不雜糅。嘗欲從口誦處擊節，民歌中取韵。國朝初所從譯者，所選適諸國名家，皆賴譯者暢其語文。逮至『太陽縱隊』『白洋淀』諸人，未嘗不胤臧克家、郭小川之倫。食指《相信未來》辭韵猶整，北島《回答》聲誦擊節，而皆有所延展。後代有才人，皆欲逆其前者，增益流變至於今後。其懷思發想，名詩無礙。自必除格律，剔韵脚。全爲搜靈臺，捕神思之用器。與敬之小川之截韵暢口者益遠矣。此曰自覺求索，亦時代所致。或稍得於西詩傳譯，未可條解也。

抒情者，猶先見之宗。至於朦朧詩，鏡花水月之妙既極，感心象物之典自固。顧城橫空不世，誠百年未遇之奇。至於海子卧於軌間，西川旌聲於身後。則相噓氣而介高。藉名而易實。蓋滿則爲溢，盛則生蔽。相與搴襲，弊積因循。而古典所適，傷春悲秋嘆朝暮哀晨昏中夜不寐望燈難寧之俗，或以古直化，或導民國諸人至今。或稍涉身感物思，化成小句，以甜世人，皆流濫卑下，千口一音。痼疾既顯，逆解多端。口語於是興，復有諸詩人或相引同好，或卓犖不群。《武大》排其長句，《星星》挑其異聞。南都則於織雲褒霧，京中則圓明園所聚諸賢，各擅其場。

是故流變各異，紛紜參差。有不懲之徒，亦魚目其間。或存心發質，或佞神乖鬼。不古不今不情不理者，亦偶有披瀝。至於穢口糞心，昭彰惡欲以試人心語文之嚴限者，兹夥而不論。亦各聚保，壁壘頗儼。

余向以爲文非一則，百類齊芳。別致必然，黨伐雖不免而無益。循既體用，自有佳作。逆勢而爲，未嘗無佳作。或催帆萬里，或無事空山。小衆者未必無響，坦途者未必有聲，惟誠心用意是求。若夫無病呻吟，應酬陳吐，漫濫其筆下，失心乎其中，則皆無可觀。若非此，則參商皆天上之星，日月皆照耀之明。可無差也。

至於現代詩之體質，因人各法。余以爲既爲拿捏雕琢之用，則以『現代漢語』爲基，而『現代漢語』譬如秋水，流變滋蕃。所一以貫者，棄文而合其質，全爲靈感之用，無慮聲韵之體。從中尋而出本心，倏閃之悟，並無依傍。古之詩心亦如是，今既去膚發而求筋骨。豈非以赤手而入大荒，全以自發得之。必曰有技，技發於心。必曰有法，法得於感悟而已。至於不自創而從流俗，爲虎之倀，爲樹之藤者，雖千萬可不論也。

庚子四月十五。

劉洪瑋

字道瓌，號芥齋，別署蕲照閣主人。生於一九八四年，山東武城人。學宗張横渠、王船山。現供職於武城縣教體局、武城縣實驗中學。著文言學術著作百萬字。

蕉雨女史初度序

歷城李於鱗尊盛唐而詩道昌，沾溉後人多矣。明季，則有雲間諸子，陳卧子、夏存古以挺拔之才，超邁同儕。嗣後文網日密，禁燬益多，然猶有流傳至今者，予是以知文統終不落於私權也。

今有滬上女史名蕉雨者，豪縱慷慨之氣，不讓鬚眉，其辭勁折鬱勃，一發而爲變徵之音。女子性則温和，語則低迴，故而漱玉、斷腸，詞多婉約。蕉雨以經濟之才，豈作小兒女之語，世之嘔啞嘲哳、嚬呻噦噫，何屑屑於置唇齒間哉？詞至『我有金鑲玉，不貨帝王家』，予益知蕉雨之襟抱也。庚寅孟春，予過滬上，與蕉雨晤於蘇州河畔，遂共往外灘。予見江水奔流，江鷗往還，乃吟稼軒詞：『心事莫驚鷗，人間千萬愁。』初，蕉雨過中庭，輒見一樹，葱鬱披拂；數日復過此，則零落凋隕，遂撫樹嘆息，時已杪秋矣。蓋世有機械之徒，以工巧佞人，人多譽之；叩角疾歌，執枝下涕，人皆笑之，以其拙也。予與二三子遊，不以拙爲諱；及識蕉雨，引爲同調，以復古道。

予廿七初度，屏居讀書，聞蕉雨生朝亦在七月，先以斯文賀之，以道古仁人相存之意。

董泓賢

生於一九八六年，山東萊州人。承社、唐社社員，中華詩詞學會會員。所作詩詞辭賦多次獲獎。

山居吟琴畫展序

古之山居者，世之隱士也。或避世濁以求其清，或避世亂而求其安。幽貞沈明，長負岩泉之氣；狂簡拔俗，自有猗蘭之操。其行雖一，其志則不同也。

余友黄公義輔亦山居也。其人昔秉陶朱之業，常興巢由之思，乃去城邑，入深山，遠人境，結草堂。鑿土石以爲池，斸穢草以引泉，疏桐簡古，菉竹敷舒，錦鱗跳波，黄犬閑卧。若乃明月之夜，好風自來，清波如蹙，蓮葉似迎。颸颸襟裾，邈若竹林之遊；峨峨冠帶，好作山間之隱。或問黄公曰：『若公之隱，避人歟，抑避世歟？』黄公曰：吾之山居，非避也，乃求也。吾早年好古，中歲斫琴，此中有道，味之無窮。市廛喧卑，孰若山居？山居之名，玄音從琴。山居之趣，幽樸簡静。吾居其幽以求音之清，居其樸以求音之古，居其簡以求音之純，居其静以求音之肅。吾非求其居而爲求其閑也，非求其閑而爲求其琴也，非求其琴而爲求其音也，非求其音而爲求其道也。吾道若何，請試爲言之。吾之道也，歸璞反真，象賢法古。百年良材，因之闡微。手工既究，用意益深。琴器斫畢，視如幼稚。琴面法天之圓，梓底象土之堅。漆色得山澤之潤，七弦有泠泉之聲。方此時也，則爽然抒懷，劃然長嘯，四鄰闃静，明月如孤。妙趣雖得之於心，惜少知音與識焉。

雖然，山居何乏其朋儔邪？彼雍凉之州，隴西之野，有杜公居焉。杜公名永忠，旅居罘城，擅丹青，其油畫尤工。或作大野，或成奇石，或爲抱琴之客，或爲獨行之僧，或桴浮於滄海之上，或瀑流於峰谷之間。技出西洋，何多林泉之氣；道本傳統，自然山居之風。晉人云以形寫神，取諸懷抱，信如是也。其志則非其畫不足述，其畫則非其人不能爲。然則杜公何人也？杜公其人也，蕭疏軒舉，嵇阮之友於；俯仰自得，王謝之流亞。慷慨激烈，燕趙之風骨；寬袍緩帶，王恭之氣度。其笑也，君子之莞爾；其談也，干莫之辭鋒。其歌也，羌笛之蒼莽；其酒也，伯倫之至交。其畫也，西涼之豪傑，罘城之雅士，山居之隱者也。

於是二人貌合神契，交遊山居。若其春和秋爽，風竹成韵，山野一静，草廬自凉。素琴横膝，何異陋巷之樂；山風落帽，不啻羲皇上人。黄公斫琴，亦能丹青；杜公作畫，復好撫琴。七弦表之不微者，惟丹青表之；丹青述之不盡者，惟七弦述之。其情有差，其志一也。遂擇取良琴數張，油畫數幅，裒爲一集，聊作展會，以琴曲山居吟之名名之。不惟自得山居之趣，亦使人得窺其趣於其中，不亦獨樂樂不如衆樂樂之意乎？於是搦管而歌，歌曰：

求玄音以結廬兮，吾之志在山居。獨侘傺於論世兮，寄余志於樂胥。斫梧桐以爲琴兮，鑿清池以爲渠。何廣厦之邈遠兮，此一壑而專予。幸知音之在側兮，常過我以輕車。示丹青而述懷兮，何高爽而澄虚。載畫圖以覽世兮，顧琴書而有餘。惄郢歌之唱和兮，雖我心必如初。

張曉偉

別署張鑑水，生於一九八七年，山東沂水人。北京大學中文系博士，師從錢志熙教授。清華大學國學研究院博士後出站。現爲香港浸會大學中文系副研究員。

浮玉山房詩集自叙

若夫詩之爲道，豈易言哉！余觀前世之詩，或臨觴侑酒，寫彼公卿樓臺池沼之樂。或拈須苦吟，發乎窮士鬱陶無聊之際。乃至義士騁邊，嘆我生曠野；游女漢廣，思使儂見郎，何一其非詩哉？然則詩之道果何在哉？

吾師錢志熙公，倡以源流究詩體，世之所知也。以詩備衆體，藝難一概。周漢之體，厥有不同。洛下江左，風神尤異。不知源流，何以言詩。然則嬗變之外，果無其不變者乎？大衍之數五十，止用四十九者，其一不可變也。《大易》如此，何況歌詩？三復師著，乃知機神者，詩之體也。有機而神，神而忘機，又終不能無機。個中消息，豈易言哉！又知性情者，詩之心也。然詩道性情，非一人不可解之性情，人人可通感之性情也。性情之常，可道中庸，可贊化育而參天地，是豈易言哉！

戊戌之秋，楚凌嵐女史忽令編次詩稿以付梓人。嗟余束髮學詩，十六年至於今矣。所詣僅此，强爲擇汰編次。一人之詩而分七集，如觀七時代之詩，乃至如觀七人之詩，是亦有源流在其中矣。詩之體詩之心，則不敢言，俾後之覽者言之。時維戊戌玄月，浮玉山房主人識。

吕中豪

生於一九九二年，山東濟南人。畢業於山東大學儒學院。

魯鎮未莊趙阿Q先生傳

趙阿Q，字善勝，號爲吊思之祖，魯鎮未莊之隱者也。其名有音無字，未審桂花之桂歟，富貴之貴歟？或曰：『阿Q才出群彦，德比諸賢，無尊顯之禄位而有貴重之聲名，故自名爲貴也。』或曰：『阿Q屈伸行藏，變化如月之圓缺，月中有桂，故以自比也。』二説皆近，姑兩存而代之以Q字，庶幾聖人闕疑之意也。自言姓趙，鄉人多以爲化名，然《公羊傳》所謂名從主人也。故知世之大隱者，非徒言語文章不可得而聞，其姓字亦難得而聞也。

阿Q無家室田畝，居於未莊土穀祠內，衣被之外無長物，自言：『吾大家子，生長富貴，然君子卧榻之外無所求，勢利非吾願，故居於此也。』Q少受聖賢之教，博覽無所不至，然不欲以教授爲業，曰：『聖賢之教散於天地，豈在區區章句也？』乃布衣麻屨，爲傭工以謀衣食，舂米割麥，不懈朝夕，鄉之耆老異之，謂之爲『能作』。未莊錢氏、趙氏者，一鄉之豪傑也，邑人多趨附之，而阿Q獨不然，人勸之，則曰：『井底之蛙，自以爲得天下之美，又安知江海之大乎？』

其性和易，閑人侮之，則袖手不報。語人曰：『《詩》云「豈弟君子，民之父母」，爲人父者何必與子角高下也。』閑人聞，復辱之曰：『汝自意爲我父耶？我謂汝爲畜生也。』阿Q答曰：『謂吾爲蟲豸亦可也。』其人喜，告於其黨。未莊趙氏子，衣冠宿儒也，聞言笑曰：『莊子謂道在螻蟻，是蟲豸亦有道也。Q出此言，自詡其得道，烏足爲辱！』或問Q曰：『公字善勝，而數見欺於人，其勝安在乎？』Q答曰：『天之道，不爭而善勝，故柔弱可勝剛强。且彼以勇力勝我，是血氣之勝也；吾以德行勝彼，是精神之勝也。此精神勝利法，吾畢生之所得也，非上智不能解也。』

阿Q雖輕榮辱之遇，頗重禮樂之防。蓋禮樂國之所本，不可不慎耳。謂人曰：『春秋誅心，趙盾雖不弑君，猶弑君也。女子當處閨閤，苟行於道，即有誘人之心，雖不倚門，猶倚門也。嫂叔不親授，男女若言語相答，即有歡好之念，雖不淫奔，猶淫奔也。』尤憎僧尼，謂之異端害正。莊有庵，二尼居焉，常出采買。阿Q遇之，乃前撫庵尼之面，曰：『速歸，寺僧待汝。』或譏之以非禮，Q答曰：『攻乎異端，斯害也已。且依佛八敬法，尼遇僧當以頭面禮僧足，彼僧能以足，吾不能以手乎？』

鄉人知阿Q長者，多欲以女妻之，Q並絶不允，謝鄉人曰：『願得荆釵布裙之人，可與久處貧賤者也。』莊有吴氏女，趙氏之婢也，勤儉能勞苦，人皆稱其端正。阿Q見而悦之，曰：『此吾之孟光也。』乃於無人處私語曰：『願與子同棲宿。』女畏人之多言，拒而不允。阿Q悔之，自笑曰：『商滅於妲己，周亡於褒姒，信然哉！吾習聖賢之道數十年，以爲心如木石，豈知一逢此女，道心幾敗矣！』乃束裝去，曰：『吾不願見此可欲也。』有識者聞之，咸稱其能懸崖勒馬。

後數年，衣錦而歸，人見其服色不類貧士，疑而問之，Q不答，固詰不止，乃言：『損有餘，補不足，天之道。故富貴者自遺其咎，吾是以去其遺患者也。』又問何以復歸，則曰：『天命已傾，楚氛甚惡，兵馬將驅馳於中原，吾故居窮鄉以避兵鋒也。』居數月，義師起於武昌，人皆服其先知。阿Q聞之，劇飲於酒肆，酒酣，太息曰：『群雄逐鹿，正處士得意時也，如有知我者，吾其爲管仲樂毅乎。嗚呼！斯人安在也？』乃長歌於市，悲聲慷慨，舉市皆驚，阿Q旁若無人。

未莊有錢氏子，留洋歸，阿Q惡其以夷變夏，斥之爲夷狄，錢氏子深銜之。時革命黨已入城，知縣以下皆降，得列原職。錢氏素與黎元洪善，得入黨籍，受官爵，阿Q數欲入城投效，錢氏屢阻撓之，遂不果。適有兵卒行劫，奪趙氏金寶略盡。錢氏因言於知縣曰：『昔阿Q戲趙氏婢不成，與趙氏有隙；又微聞其曾於城中爲盜。此必阿Q聚舊黨所爲也。』知縣昏聵，信之不疑，發兵捕阿Q至。復草草決獄，不待自辯。欲收儆衆之效，判其即日槍決。縣有白姓舉人，時爲幫辦民政，素知阿Q賢，聞其下獄論死，以去官爭於知縣前，終不獲許。

臨刑之日，阿Q笑謂觀者曰：『殺身以徇名，固吾輩之事也。天必不喪斯文，吾亡之後，當有世之大手筆爲吾作傳，播吾之道於天下，令千萬人爲吾之門生。吾道不滅，身死何恨！』遂含笑就死，時年三十餘。吴氏女聞阿Q事，赴刑場與之訣。Q死，吴女收其尸骸，買棺而葬，後畢生不復嫁云。

紹城魯迅，文壇泰斗也，知阿Q事，慨然曰：『斯人安可以無傳。』精思傅會，數年乃成，以阿Q正人，名曰《阿Q正傳》。繼而嘆曰：『夫人以文傳，文以人傳，阿Q是以名流千古，吾文亦將不朽乎？惜乎！阿Q不得見此也。』文出，北平爲之紙貴，阿Q之名遂聞於世，雖荒服之民、提抱之童，亦能言其事迹。其精神勝利之法大行於海内，傳習者多謂之阿Q精神，而自稱阿Q門徒。每至阿Q祭日，徒衆且吊且思，至號啕不止，他人異之，謂其衆爲吊思，而號阿Q爲吊思之祖。

豪曰：『昔阿Q力排異端，庵尼常咒其絶嗣，後阿Q果無後。然世之習阿Q精神者，何止千萬；效阿Q之行事者，更不計其數耳。夫徒猶子也，謂阿Q子孫繁盛、至今不絶，亦不過其實也。』

焚墨記

十月清秋，金風初動，尼山先生入於學堂，施絳帳，列經籍，通訓詁，詳文字，講聖賢之妙道，論諸子之得失，曜靈俄景，指筆硯曰：『昔者聖人施教，日省而月考，以觀其德業。今諸子初學，功業未就，當試以德。吾聞書法所以正心，心正則筆正。權德行之輕重，度技藝之巧拙，盡在玆矣。今日歸後，或十或百，書成一帖，謹其屈曲，慎其挑剔，點畫既畢，明日以呈。其巧者吾嘉之，不能者吾矜之。願子謹記，莫有遲違。』

諸生聞之，欣然歸廬。縱筆如椽，落紙雲煙，效鸞鶴之回翔，擬龍蛇之奔走，心忘於筆，手忘於書，意態千百，未可盡道。然有歷下呂生者，初習聖賢之文，未諳六藝之事，晝寢亦多，聽講未詳，更兼家非儒門，未有書具。時不得已，求於鄰舍，得禿筆破硯、殘墨舊紙，鄰人曰：『此父祖故物，前朝之餘也。吾家數十年無人可用，今贈於子，猶勝棄於糞壤也。』

呂生謝而持歸，夜發書篋，得蘭亭序，以其多字而棄之；得史籀篇，以其形難而棄之。觀醬瓿之上，有兔園册覆之，趨而觀之，大喜曰：『吾事成矣。』

乃研墨啓書，臨而寫之，得十餘字。畢而縱觀，摹虎而類犬，畫蛇而多足，魯成魚，亥成豕，紛紛紙上。廢筆長嘆，目不忍視。欲呈之，恐有同袍之嗤；欲棄之，懼遭師長之責。踟躕終夜，惶恐倦極，隱几而卧。

時萬籟俱静，木落有聲，生昏然恍惚，忽聞太息之聲，仿佛有覺，見有儒冠丈夫，鬚眉皓然，神采落落，類有道者。生且驚且喜，以爲仙鬼，拜而致問：『先生莫非聖賢之精魄，遊戲於紅塵？墨客之幽魂，見獵而生心？將以振乏濟困、接引後學乎？筆硯未收，請示以藝，庶幾救晚生於水火也。』

其人笑而答曰：『吾文曲之精、星宿之靈，偶遊凡塵，欲覽人間書法，非昔日授彩筆、贈丸墨者也。白日紛囂，獨以夜行，至於子廬。更深人寂，子猶不眠，意爲焚膏繼晷之士；秉筆徘徊，不易一字，意爲莫能贊詞之文。近而觀之，則童子塗鴉之作也。不覺長嘆，誤君酣寢，吾之過也。然子名列諸儒，受聖賢遺教，覽文墨之盛，而不以書法爲能，是猶無足而欲行、無翼而欲飛也，毋乃不可乎？』

呂生聞之，亦興嘆曰：『余豈不好書哉，是不得已也。夫童稚之時，未識書具，忽啼而求，父母以爲書足以記姓名而已，不足學，拒而不允。後年齒漸長，入於庠序，得聞數理化諸學，科目已雜，功課亦多，朝而講誦，夕而復習，日有數試，歲有兩考，不遑啓居，何暇工書？高考既畢，幸列太學，晝長多暇，欲學筆墨。然夏暑冬寒，不欲執筆；夜長晝短，厭離帳床。更兼東家之淑，每以琴音相挑；西園無忌，數以博弈見招。玩好在耳目之前，而本志在雲霄之外矣。且夫水行莫如舟，陸行莫如車，以古之書法行於今之世，是猶推舟於陸也。古以黄紙作文，薛箋爲信，購書於墳典之肆，寒門無以致也；今人作文於論壇，傳信於電郵，尋書於谷歌、百度，無需一文也。古筆以漆竹爲管、兔毳爲毫、青羊爲柱，寫聖賢之妙道，月禿一管也；後世代以電腦，名之曰打字，手之所觸，指之所按，合於音聲，倏忽千字，所費無錙銖也。古之作書者，澄神靜慮，端正己容，使鋒轉筆，虚拳直腕，爲號令之詞，作典謨之訓，嚴正如聖賢；今之爲文者，取諸懷抱，運於指掌，偃仰箕踞，無往不行，寫數行之短信，書坊曲之謔談，疏放若神仙。是故世異則事異，事異則備變，上古結繩而治，後世聖人易之以筆硯，今人則以滑鼠鍵盤代之，不亦宜乎？』

文曲莞爾而笑曰：『惜乎子之説書法也！駟不及舌。今子盛贊近世奇巧之物，而輕上古筆墨之功，猶以大輅之雕琢斥椎輪之末工，是數典而忘其祖也。且昔聖人垂訓，謂玉帛鐘鼓不能盡禮樂之善，筆墨紙硯又安能盡書法之意趣乎？夫書也者，心學也；寫字者，寫志也。書欲清高，必先修聖賢之妙道，藴道德於腹心。學書之要，神采爲上，形質次之，書欲生動，必先悟風雲之變化、觀山川之神韻，書必先熟而後工，故有臨池學書、池水盡墨，登樓習字、禿筆盈甕之事。書必博而後精，故通曉古今，方知行草；精研衆家，方知意法。以是言之，非品學兼長之人、心逸體勤之士，不可與言書法也。吾視子所以，觀子所由，非不能書也，是不爲也。子之修德也，見利則趨，見色則愛，見愚弱則欺，見安逸則就，故德心退而利心萌矣。子之養心也，捨廟堂之樂而好鄭衛之音，縱屠博之樂而厭雲水之觀，故浩氣盡而俗氣生矣。子之爲學也，考校近則終夜不寢以學，得閒暇則飽食含哺而熙，故藝不成而業不進。子之廣聞也，舍先聖之學而好自用，輕師友之教而好自專，故識不深而見不博。以子求學之道，爲樂則樂壞，爲禮則禮崩，何况書法乎？世人如此者十之八九，固不當苛求於君。然春秋責備於賢者，子亦群儒也，當以聖賢爲務，故不敢不以告也。今爲君計，莫若以書法爲木鐸，覽古今之作，效臨池之勤，嫻聖道，去塵濁，庶幾可臻先賢之境。子其留意，吾將於他處尋蘭亭矣。』

吕生汗流手戰，且感且愧，方欲深詢，忽焉驚醒，天已將曙矣。向之所作，猶在目前，不欲此物爲他人所見，碎裂而焚之。乃以夢中所聞，一一書之，呈於先生，先生嘉其愧悔之情，不加責焉。後其鄉黨有見此文者，輕浮者罔不警醒，精進者罔不勉勵也。

涸轍遺鮒傳

人涸轍鮒者，東海之波臣也。䍥赤螭，驂鯨鯢，玄珠生於頷下，文鱗交於周身。任公子制大鈎巨緇，投竿東溟，旦旦而釣，三年而獲鮒魚，螭龍不顧，鯨鯢弗援。公子奪其珠，攖其鱗，而棄鮒於窮巷之涸轍。螻蟻制其身，青蠅吮其血，好事者沃以升斗之水，乃得不死。

有儒者鮮於先生，驅無輗之車，策戀棧之馬，日暮途遠，率意獨行，至於窮巷。駑馬脱轅，折輪敗績，先生顛沛仆地，先號啕而後笑，曰：『道之不行，我知之矣。志之不酬，我知之矣。已矣乎！乘桴浮於海，固其宜也。』

鮒引首而呼之曰：『儒冠者誰也？何爲而至此？匪蛟匪螭，將率彼滄海邪？』先生掩涕太息，淚下沾軾，語鮒魚曰：『儒則儒矣，而有異乎儒者也。夫習五經，通六藝，儼然儒也。任重行遠，以復斯文，儼然儒也。然世棄君父之道，民染夷狄之風，毁膚髮而效異邦，用夷俗而變夏禮，笑我之志，輕我之文。彼儒者皆得其所，而我獨無！豈有儒而若是者哉？故將乘桴泛海，與鱗介之徒同群爾。』

鮒語先生曰：『我生於東海，終於涸轍，脱鱗棄珠，匿於行潦。期年而忘飢寒，三載而絶嗜欲。終日濡沫於輪蹄，不知世事榮辱之有無矣。夜來忽夢東海之事，恍然似有歸意。然形若槁骸而不欲動，意遊佛老而不能歸。今君迷其道，我無所歸，是意合而心同也。君能施恩鱗介，載我而東乎？』

先生莞爾而笑曰：『説越王而決西江，誠不能也。載鮒魚而歸東海，則不爲勞矣。吾不能拯黔首於染溺，願出潛鱗於涸轍。』遂收逸馬，易雙輪，置魚盆中，載而東行。

行逾時，見泥蛙跳躍於井幹之上，鮒謂蛙曰：『子非東海之歌者邪，胡爲乎泥中？』先生遂止，揖蛙而述始末，且問津焉。蛙長鳴出語，刺耳如錐，曰：『始吾生於陷井也，擅一壑之水，爲蝸蚓之雄。後爲海鱉所紿，遊於東溟，以善鳴故，得充官私之鼓吹。所見者，暴鱷狂鯊，交相吞併，浮蜮潛虺，射影含毒。復有北鄰蜃公，談笑而成宮闕；東家鮫女，歌泣以斂明珠。而吾飲濁水，卧污渠，口腹之外無孑餘矣。情不能堪，辭歸陷井，高吟巴人之曲，鼓腹缺甃之崖，跨跱陷井之樂，此亦至矣。吾之井，鮒之轍也。今欲去升斗之所樂，赴濁流之攸歸，不亦遠人情而絶天理乎？鮒無歸海，歸則危矣！』

鮒魚聞之嘿然，良久，語先生曰：『洋洋東溟，吾不得歸，豈命也夫！吾聞楚有雲夢，水族之盛甲於天下，吾之樂郊也。君已有初，願克有終矣。』先生然之，於是回車而南，將赴雲夢之澤。

經濮水之畔，有巨龜曳尾於泥塗，鮒謂龜曰：『子非楚國之靈龜乎，胡爲乎泥中？』先生止於塗，復述始末於龜，且問楚之大禁。龜皺眉縮頸，向先生曰：『蛙之言不謬矣。我生千歲而成此身，再千歲而骨成文，凡三千歲而能致夢於人。楚王聞我之靈也，遣安車蒲輪，載我至郢，許以太卜之守，衣我以文綉，宿我以瑶池，啖我以吴中之鱸膾。余亦朝夕入太廟，思竭心力以補主上之缺漏。如是數歲，微聞楚王與詹尹語曰；「龜養食數歲，如韭當割，當刳其腸，鑽其骨，必能卜吉凶而無遺也。」我寧曳尾於泥塗，不欲流骨而顯貴。是以褪衣吐膾，渡江湖而歸泥塗。我之塗，鮒之轍也。故解衣推食者，窺吾之骨也；安車蒲輪者，冀吾之腸也。何必鬻骨格、易肝腸，以待當塗者之剥割邪？鮒無之楚，去必危矣。』

鮒聞罷，語先生曰『前有東溟之惡，後有郢都之危。嗚呼！曾謂巨海大都，不如涸轍乎？』先生俯首垂淚，曰：『非不欲子之歸，力不足也。吾將與子沉乎濮上，君得其水，我赴所歸，從此絶矣！』

漁父方釣於濮水，持竿止先生曰：『客何爲者？水多蛟龍，無以身充其腹腸。』先生揖漁父，語龜蛙與鮒之事，且詢曰：『今跋前而疐後，畏首而懼尾，故不得已而至此。子類達者，能通窮儒之惑乎？』

漁父置竿而起，謂先生曰：『來，吾語汝。夫井蛙不可遊於海者，非拘於虛，乃拘於志；神龜不免刳其腸者，能靈於人，不靈於身。汝欲繼往聖之學，立生民之命，其志足以任重。汝以仁義爲干戚，權智爲弓矢，而其道足以衛身。焉能閉明塞聰，移於水族之語也？且計四海之在天地之間也，不似礨空之在大澤乎？計中國之在海內，不似稊米之在大倉乎？是故九州四嶽，造物之涸轍也。泥蛙以坎井爲涸轍，楚龜以泥塗爲涸轍，汝何不以廟堂爲涸轍，社稷爲斗水，立身行己，以求拯溺乎？『且涸轍遺鮒，槁骸死灰之物也。忘身而喪我，斷志以離情。東溟之波不能移之，雲夢之水不能潤之。是以晨鐘暮鼓，不能寤托寐之人；義舉高行，豈可動枯肆之鮒邪？已乎，已乎，鮒不自助，神鬼莫能助之也。』

先生如夢方覺，仰天大笑，語鮒曰：『吾不能釋鮒魚之狂惑，能釋狂惑之鮒魚也。』言罷，投鮒入濮水，鼓盆而歌曰：『涸轍遺鮒兮，旦暮成枯。人而無志兮，與彼何殊。』遂回車馬於復路，經景行而不迷。

王　岳

字泰恒。生於一九九二年，山東萊州人。闕里書院文言寫作班學生。

石洲記

竹里文化廣場中央，土人甃有石洲焉，環六十武。洲中卵石鋪底，其北側，於亂石中隱然砌一『畲』字，乃土人族名也。其上堆疊古石缸五十六口，象中華五十六族，布置其狀如船，暗寓『風雨同舟』之意。洲外引水一匝，寬丈餘，清可見底，水中畜以魚鱉，嬉戲漫衍，似有濠下之樂。水外環以石堤，供遊人休憩坐談焉。冬日晴午，余與師友五人，相謂曰『吾人時佇廣場，環顧山景，已有世外之慨，不知石舟之頂，其境象復何如也？』乃嘻然跨堤越水，陟洲中，攀援登舟頂，舉目四望。虽舟高未能百仞千尺，然數丈之異，已然眼目一新，更壯懷抱矣。有童顏鶴髮爽朗乎其間者，六旬夫子荆南棟翁也。另三人者誰？臨川黄元澍，龍港徐温伯，桃園賴彦霖也。丁酉冬至前一日，東萊王泰恒記。

養正泉記

由竹里至大發垟之鳳栖谷，北有山焉。丙申秋，因謀交通，土人劈其半，餘者成崖，崇三丈所，崖面有赭有黄，判如涇渭。二色中分之處，薄地而有石窟一焉，方廣不逾二尺。窺之，滴瀝參差，聲如鳴琴，蓄水盈窟，清可鑑底；掬而飲之，泠冽而甘。余異之，問諸土人。告余曰：『彼時開山者盡去，但見一處涓滴出水，日夜不息。鄉人夏翁良松與子立新至，遂修此石窟以涵蓄之。』其水如醴，夏涼冬温。宜煮茶，茶香而潤；宜烹餚，餚鮮而美；宜沐髮，髮長而亮。村人皆稱善。他鄉有客聞之，亦不遠數里，賫桶缶來此而汲，邇來聲名稍播矣。

余觀此出泉之象，乃取蒙卦意，而名斯泉曰『養正』。昔唐太宗葺九成之宫，有甘泉出，以爲祥瑞，命曰醴泉。乙未年文禮書院肇於竹里，丙申而養正泉見，是亦有所喻乎？丁酉冬，王泰恒記。

新亞書院始末記

大學者，育大人格，成大學問，拓大胸襟之地也。斯地不必有岑樓廣府，而必有明師鴻儒；門生不必摩肩，而必有狂狷憤悱之人；所授不盡爲知識，而必以成人成德爲先務；所謀非求職業，而必以天下國家爲匹夫之責；而所資者非爲一紙文憑，而必道德文章也。所以奮精神，勤精進，披荆棘，闢榛莽，賡緒學脉，融通東西，以振時人之精神，以巽百代之風氣。然後成其榮名，四海遥播，蓋因其才而盛也。余覽新亞書院肇創之歷史，信可謂大學之楷範焉。

一九五〇年九月，是時外攘甫定，萬毁籌興，雲雷屯難之中，於香港番鎮流亡之地，新亞肇焉。新亞之名，訓爲新亞洲之意，旨期上溯宋明，遥契書院講學之精神，振濯清末以降，砭剥聖學，媚洋蔑祖之風；旁采西洋大學導師之制，以人文主義爲教旨，溝通東西文化，謀猶人類大同之前路。而肇之者誰耶？錢君賓四先生，唐君君毅先生，張君丕介先生，是皆燦於近代學史之明星也。

『手空空，無一物。路遥遥，無止境。』乃新亞校歌之一言。創校諸君俱爲一介書生，身無長物，得海上商賈王君岳峰先生助，初賃址於九龍桂林街六十一至六十五號，三四層之中。地不過膚寸，下有紡織廠機械轟鳴，前有三寶堂廟會喧嚷，後有酒肆叫賣之聲不絶，旁有歌舞池靡靡之音不休，若以里仁之擇，可謂不堪矣。

初，有學生六十位，多爲流難之徒，生活尚不足供，故書院之束脩，奉之者十不二三，而二三之中，又多奉而未罄。於是諸先生各捐其産，甚有丕介先生，典當夫人之嫁妝首飾者；兼撰文章，搏稿費以贊；又周求親友，乞傾囊奮臂。長此以往，有人聞其遠來之風，而避之遁走者不可勝數。諸君先生一生清貧，不慕名利，而爲書院之衣食俯首奔走者，無纖毫之私，實急諸生之前途也。而諸生之前途，實乃華夏文化之前途也。諸先生以武訓辦學之精神自勉，以爲：如此之時代，若不與青年一確明之志，使其無前路，無歸途，則所謂文化之統，必如霧霰速散而湮於史焉。諸生蒙師感召，於一九五二年始，自發成立夜校，不計束脩，特將素日所學，授與旦日無暇而好學之士。遠方聞風，有每日徒步三時辰往返而來聆者。有學生謂：『吾人入教堂，僅得半日慰懷，而於新亞，若歸故里然。身位亂離之中，覓一精神之樂場。於是乎倍鼓勇氣，來禦生活無情之苦，而起無盡之希冀焉。』

一九五四年，美國雅禮慈善會赴港研察。雅禮乃美國在野之財團，欲尋有志文化賡傳而無財力維持之團體以助成之。經數日，以爲需財之處甚多，然多爲牟利之所，唯新亞乃真戮力於華族教育，發皇華族文化之地，且導師與課業，率爲港諸大專院之佼者。於是援款數萬美金。至此，方可稍釋衣食之憂也。款方至，新亞旋即再賃嘉林邊道拓一新校舍，以抒學生擁塞之苦。雅禮不解，謂：『彼教授之薪，尚不足中小學教師之準，何不以此爲急耶？』蓋蒞書院教授之先生，皆懷孤孽之心，以傳燈爲要，無記一己之失得，唯以學生之急爲先務也。雅禮人深感其風，年奉助金不輟。

五五年，設研究所於太子道，以供學子文化深造之用。後有牟君宗三先生，徐君復觀先生，饒君宗頤先生云云，諸大儒次第教授於此。

五六年，哈佛燕京社與港政府相協來助，闢農圃道之地，籌措新校舍。是年秋，乃成。至此新亞不必頻繳賃費，而有立足之所也。

初時，港內諸專上校，唯香港大學爲官方所敕。教育司視察新亞，見室外懸『新亞大學部』之匾額，以爲斯名不符，即令移去。一九五八年，政府策欲并諸在野學院，合而爲一中文之大學焉。蓋港大以英文授書，課業亦多西化，彼時尚無以華文爲要之大學也。是時，新亞茹苦經營近十年，影響頗巨耳。專院左遷大學之位，於常人實一大快事，而新亞諸公轉以爲憂，何耶？緣其所憂有三：一爲有大學文憑，尋一工作爲易，然恐學生過重現實，凝神學問爲難；一爲大學既立，政府必一於管制，恐損折辦學之宗的，以致教學鵠準之偏失；一爲大學既立，政府供以資財，恐師生安於逸樂，而忘堅卓奮礪之心，使新亞之精神，流蕩於無形也。故至一九六三年中文大學始立，此五年之中，新亞於學生之訓導，政府之交涉，言必涉此憂患。尤與政府拉鋸於教學之方策、學校之經營，近乎寸步不讓。或者以爲諸先生不識時務，不明善巧，稍懈己志，得名得利，何苦毫釐必争哉？殊不知諸先生所争者，非僅一名謂、一權利也，所争者，實乃决定文化之理想實現與否、學問之純粹達成與否之關隘也。不爲功利所驅，不爲政治所使，如仲尼放諸天下而論仁政，孟軻違乎流俗而斥楊朱，真有確乎不拔之洞見也。

然世事難遂人愿，蚍蜉力小，終難撼乎巨樹。一九六三年，香港中文大學并崇基、聯合與新亞三書院而成。是年，錢君賓四先生因其於中文大學辦學理念與行事制度之疑義，辭去新亞院長一職，時年已古稀矣。後，港政府反乎協定，漸欲并三書院之聯邦制爲集權統一制，新亞諸君力排之，蓋集權後，如聘任、財政之類，皆弗能獨立，辦學之宗旨亦漸屈曲矣。僵持日久，港政府堅不卻步，於是乎諸先生漸次去職，新亞董事會終於七〇年代離析待盡，新亞終成中文大學之一院矣。今日中文大學，仍存新亞一院，地矗九樓，代有學生出入於斯。噫！彼君子者，還知新亞創校之艱辛否？還知新亞奮鬥之精神否？

當今之世，吾人無復衣食之憂矣。網路通達，學院林立，學生不苦爲求學之計矣。然滔滔天下，孰人能識得新亞之精神？即識得之，又孰人能接續而肩之？余讀關乎新亞之書，每至泣下，想人生一世，所爲何來？新亞創校諸先生，其學問之高廣，人格之光輝，映徹千古。維余小子，生於一世之後，恨不得親炙而一聆教誨。雖然，幸於諸先生後有傳焉。諸先生傳諸業師王師季謙先生，先生於今念兹在兹者，望傳於吾儕也。余雖不敏，而意在於斯。何敢忘焉！何敢忘焉！

婁明策

字任甫。生於一九九五年，山東萊州人。現爲闕里書院《文思》網絡版編輯。

膠民造像記

膠者，謂今之山東半島也。古有建制，始皇帝設膠東郡，襲今爲地區之稱，南望黄海，北抵北海，物産繁殷，名流輩出，傳虞舜、吕尚即此間人也。

事出辛卯，城東埠村，百姓恬素，質樸風淳，容容無所倚仰。適鄉達斥資百萬修池園，遂請觀音像尊於園中。周圍池水，中洲有臺，神像宛立蓮花底座，白體細雕，高七丈，被佛家袍，右手結法印，左托玉净瓶插柳枝，神態端慈，容髮智慧和合。既成，民久旱逢霖，可有仰望，往之禱告者甚衆，香火拜謁絡繹於途。

戊戌春，國制曰：禁止寺觀之外建露天宗教造像。禁令出，村委莫敢不從，又不忍毁之。是時，或有言之曰：『可立仲尼像，孔氏爲華夏至聖、文脉至宗，上必許。』委曰：『立觀音像已逾百萬，再立仲尼，囊中無多，如之何？』或曰：『觀音身而孔子首，或可乎？』數月，一神像被身古銅，拔體七丈，右結法印，左握竹簡，項頂仲尼之首，身被佛家之袍立臺上，鄉民怪異，不知事儒事佛，此番周章，上不糾，下不廢，民咸望之，不知所出。

余曰：造像之如此改頭换面，未之嘗聞，釋佛沾巾，孔子掩淚。孔子云：『禮失而求諸野。』然膠民事佛，遇事禱神明，以爲失禮乎。儻無國制村計者，膠民能爲仲尼立否？諺曰：『鬼神非人實親，惟德是依。』如是，神惟德民以享，非德民不和，神所馮依，將在德矣。噫嘻！余觀此神像，恢誕詭譎，奇異怪作，重爲鄉黨觀笑，感之而作膠民造像記。

嘆然亭記

雲湖之陽，山麓林莽間，有亭翼然臨於湖上者，是爲嘆然亭。作亭者誰？有司爲之也。名之者誰？小子自謂也。余每步輦於此，馮欄遠眺，覲群山在抱，窮目不及，平湖臨面，蛟龍藏焉，必喟然慨嘆曰：『何如斯如此之美也！』亭名嘆然，即取意於此。獨余嘆耶？來此遊人接踵，臨亭莫不多之也。

坐亭中，亭蓋納陰，涼風掠面，處三伏而覺爽賴發。四下環顧，鬱鬱青青。東面則橋通南北，來往行人車馬如龍蛇走，西面源水滙聚，農人圈池植蓮，時值采蓬，更添姿彩，又有釣者垂竿，挂餌待鈎。坐此覽山湖之勝，倏忽魚躍，飛鳥與相還，一派人文自然交融畫卷，可以贊天地之化育，誠貞白先生所謂『欲界之清都』。

昔歐陽文忠公之醉翁亭、豐樂亭，東坡先生之快哉亭、喜雨亭，作文以記之者，何也？蓋仕途遷謫，得之心而寓於亭也。其玉樹颯然，民到於今稱其是。余仿之踵武其事，爲此亭作文者，亦有感於斯也。

孟夏，余來南，初過雲湖，即見此亭，每往竹里，必經之塗，竊以爲深稔此亭也。余之浙南，去家千里，無故地之適，無故人之親，惟感聖門儒風之紹，人文淵藪，季謙先生直以千年之許，期以融貫古今，學通中西之後世君子，博以文，約以禮，繼往聖之絶學，肇萬世之太平。每念至斯，莫不憤悱振肸，吾青年一輩，豈能袖手哉！繼絶學者，豈虚言哉！

亭之麗麗，不知歷幾春秋，或爲新亭，愚以名之，蓋喜之也，或獨余名之，亦或獨余知此名，亦足矣。

宋子豪

生於二零零一年，山東曲阜人。

雄霖賦

妄道公自楚來，晤虚言子於霖臺，悚然言南國之滂沱陰雨，已而出驚詫之態。虚言子撫掌而樂。妄道公異之，曰：『語有之矣，「聖人迅雷風烈必變，安得不畏」？然今子聞驟雨而晏然，詎有説乎？』虚言子曰：『竊田畝幽介，岩穴靈狷，陋無聖德，詎能不畏？南疆之霪雨固奇矣，然子誇其勢而張其形，自以盛乎天地，而獨不聞北國之雄霖，竊是以笑之。

妄道公曰：『噫！古人云：「聞道百，以爲天下莫己若。」實我之謂也！然雄霖之狀若何？可聞之乎？』

虚言子曰：然。可也。

夫雄霖生於天，育乎杳冥之空。凝寒化陰，墮於林莽之中。彤雲鼓涌，清風微出。浄空溟漠，始麾霡霂。流滴玉垂，侵潤柔衹。寒露珠墮，融浸流溪。憯悽增欷，清泠淅瀝。幽蘭凝珠，嘉樹流璧。於是諸彦興詩，群英思賦。帳飲梁園，宴談金谷。被綺衾兮燎薰爐，張琴羽兮横玉柱。月溟濛兮菊揚芳，歌東山兮酌湘吴。凝脂輕裹，柔緞微披，風掠簾窾，珠墜玉滴。亦潤亦柔，亦張亦逸。罔象水翔，商羊心怡。生靈之物，莫不聆仙音而盤桓，得地籟而徙倚。此其雄霖之始也。

『洎其雄風振宇，牡威既施。韜天幠雲，揜霞熹日。聚鬼神，塞魂氣。起寒風，積煙翳。千雲混聚，萬山不霽。初狀聯翩，融涸轍以渥潤；漸而奔騰，掣扶摇而澎湃。傾瑶池而縈霧雨，沸九鼎而蒸雲靄。然後散漫縈聚，激颺亂衝。聲馳烈虎，氣驤遊龍。若龍泉乍交，千里鏦錚。駃騠疾摧，萬頃蒸騰。雷霆裂虚，烈電凌空。溟溟漠漠，隱隱耾耾。蕩五嶽而嘶鳴，撼玄黄而顫動。乃有昏夜不暘，陰雲煙集。返朝暾於修夜，黯青峰爲屼圮。屏翳息功，潛陰爲之怵慄；巨鯤褪羽，驚下馳而收譽。

『於是乎其霶霈彌盛，洪洚逼臨。涘泮不辨，窮岸皆隱。乃有江漢舸艦，荆楚艨艟。鍠鼓雄鳴，旌旆翻涌。鏌鋣争殺，羽鏃激衝。吼風駿馳，血浪騰浤。於是天蜈睗睒，河童妖嫵。霧靆天霄，惚況幽暮。戕風摧橦，激澇噬櫓。慘歿生靈，銷殺凡物。鷙鳥休巢，屈摧翮於榆枋；幽燕悚飛，驚翕習於狂瀾。金城盡斁，萬仞空寒。乃有凛冽逼凌，颸風熛怒。摧敗零落，蕭索華物。掠襲溟海，摧蹶草木。起顓頊之水靈，駭馮夷而收舞。涣昆崗之無渚，漫岱嶽之雄峰。旋天綱之希有，抵閶闔而駭鵬。

『嗚呼！陰陽交激，化而成霖。雨之時義遠矣！湯禱桑林，露潤膏田。仲達生還，雨滅狂焰。神女行巫山之暮雨，東坡名扶風之新亭。穀得之而豐稔，龍憑之以神靈。蓋霖動乎天地，必摇物靈之精。雖有聖人，安得不畏乎？』

妄道公乃愀然避席，逡巡而揖，曰：『南蠻裔俘，夷貊陋子，昧道懵學，今聞教矣。』

鳳凰賦並序

鳳凰，鳥魁也。雄曰鳳，雌曰凰。昭以火德，星列南宫。兆天休之明德，呈祥瑞於人間。流精轉眄，一佇一逸，翩翩然有神仙之態。余淺習辭賦，專好古文。感相如文君故事，常引鸞鳳以自喻，慕鳳凰之瑾瑜。忽一日夢鳳凰之事，余孔異之，乃賦之云爾。賦曰：

歲將暮，玄律盡。愁雲密，窮陰凝。林莽冠瓊，千山裹鏡。凛風激颺，寒霰飄零。冰塞長河，霜覆殘井。岩澤墺畔，鳳影鸞形。羽翮絢焕，頸吭纖綷。態嫭容矜，静齋動慧。遷延停佇，儀琦意瑰。振羽引吭，蹁躚散輝。華翼微矯，修趾輕違。颯沓流眄，矜顧儀威。既已躑躅，厲然騰摧。倏忽長揚，垂翅累跪。舞落雪以連軒，掠清霜而延佇。流赤火於柔祇，蕩爁焱於霜霧。既清吟以咏志，亦傲軀以微翥。凌晃影以飛迅，竦鶴軀以收舞。羽衣慚冶，燕姬愧姻。巾拂兩停，破陣難鼓。訕侏儒之劣卑，耻優伶之陋俗。於是凡塵之萬類，乃識絶霄之天步。

既而清氣氛氳，莽原岑寂。箕風輕嘯，虛籟幽起。淪池冷澀，嚴霧不霽。悲臨愁月，進止惻悽。雄心悽冽，煢煢孑立。感庭鵾之雙舞，羨翔鶴之群集。乃哀唳而振翅，憤鳴而矯翼。翻翰遐升，憑凌太虛。翔逸昆閬，窮匝日域。擊霞霓，翻雲翳，凌泰山之崔嵬，踐華嶽之逶迤。有窮羿矢，大鵬垂翼；希有失色，赤烏徙倚。乃聞同儔之牝聲，覿祥凰於天際。爾乃盤桓停滯，鋪彩炫羽，欣然鳴曰：「吾欲翻翰天地，回騖玄黃，斥鷃不足與，凰卿還共否？」

於是鳳凰攜翼，頡頏翺翔，逸翮雲霄，翺翥重溟。從遊寰宇，百禽迓迎。鵁鶄鸀鳿，雕鶚鷙鷹，孔雀翡翠，屬綴歡鳴。仰天夭矯汗漫，揭舉太清。擇醴泉而飲濯，傲蒼梧以棲跱。弗釣譽於塵俗，非買價於凡世。抱清迥之明心，懷正身以自持。仰天居之崇絶，結萬里之雄志。

亂曰：舞鳳驕兮絶霄漢，孤身傲兮無可依。收員吭兮寡和應，矜威容兮少知己。窮霄際兮求凰卿，願頡頏兮共矯翼。守藻質兮獨超然，展雄志兮振雲霓。張墨翰兮思故夢，吾若鳳兮孰凰卿。

張健爍

生於二零零一年，山東安丘人。闕里書院文言寫作班學生。

雷峰塔記

余少時，嘗聞鄉里耆老言志怪，談《白蛇》，其情帶人入勝，如織如畫，余頗異之。及長，得魯迅所作之論而睹焉。由是知塔之所覆，無如諧言，而今湖畔所立，亦非昔者。於是益有戚戚，時懷往之。

雷峰塔原稱黄妃塔，相傳以志吴越王錢俶之妃而名焉，其竣於宋太平兴國二年，有佛舍利奉藏塔内。其後數罹燹火，有明之時梁構盡燬，唯遺塔身，加之細民神其磚土，以辟邪物，常常往取之，終圮壞於民國十三年。革改後，物庶用裕，政清人和，乃重修雷峰塔，以符雷峰夕照之雅。辛丑六月，逢余適臨安，星洲黃俊揚携余相遊於西湖，乃登雷峰塔而一覽之。

其塔崇五層，面八方，南接净慈寺，西通楊公堤。東矚廛市，則大厦林立；北望西湖，則波瀾遠空，水光接天，柳林荷苑，月潭花港，可盡括之於目。其陽碧山岳峙，古刹静居其上。時微風薰然，木葉婆娑，塔與雷峰，一立一卧，其間若有寂寂之感，歷千年而未易也。

余繼而乃憶自其隳也，於今已百載，而當是時，文人説者或惋惜之，或評品之，或以爲革舊之朕而風之，而以魯文爲最焉。余繹作者之意，其於鼎新去故之際，當有所指而言也。然不忖其漸人既深且久，而其所欲救者，或不濟其所失。何也？曰：援西而入中，非過也。自檢以從賢，亦非過也。然不慮而盡棄其學以學之，則於陳相踵門、趙人學步，其有別乎？古有夷狄蠻貉之稱，蓋以其無學也，今自絶於族，其於夷狄蠻貉又何加焉？且夫亭臺樓閣之屬，所以志史而寓古也。人没世，而有文字存；文不傳，亦有象魏具，若是殆而不可睹，則民貿貿然無以爲寄。竟有薄寡而不閔於是者。雖然，昔者俱往矣，塔遭數變，而山未有易。自其喃嘩者而觀之，則汲汲欲其覆而后快也；自其不變者而觀之，則堯舜桀紂曾不能增減之，矧文人説者乎？嗟夫！我華族多舛，其亦如是，惺惺之間，而百年已轉瞬矣。孰知來者將何作之？

余向鍾於是塔，既而有悲往事，於是屬文以記之。

辛丑秋八月，時白露，濰州張存齋記。

重刻鼓舞盡神録序

古之勤於文賦，優游詩詞者衆矣，然河沙千里，赤金難求，古今探得驪珠者幾人哉。若非天機之發，俊傑之才，可入神龍之潭乎？歷數得文之脉者，始乎子長，繼乎韓歐，然後歸方劉姚承乎一貫；舉時之盛世，則必稱秦漢之文章，盛唐之詩，兩宋之詞。孰知英才難生，盛世難逢也。

自漢唐至於宋明，所交之邦若琉球、高麗、南越者，皆不得與乎文章之好、黼黻之觀，是以自居中原爲文之大者。清末迄乎今世，頻於外交，東西之文得以姤萃，而後知羅馬亦蔚然卓爾也。推其時，奥古斯都一匡羅馬，西漢成帝亦受命於天，嗟夫！東西斐然文備之世，其近若幾乎！西漢相如、子長以文史著，西羅則卡氏、維氏、賀氏、奥氏以歌詩顯四表，若謂詩之俊彦，則必西四子，唐李杜也。四子之所作星繁浩渺，禮祝神祇，頌謳英俊，絢緢姝麗，攬景抒情，哀時感物，不可悉數。史詩若《埃涅亞斯》《變形記》《歌集》者，亦不世之巨制，文苑之鴻篇，雖繆斯莎翁無以加也。故於開風樹幟之法，化民成俗之舉，肇一朝盛始，起百代文風，其必有功焉。

戊戌冬，余訪狼城維真書院，陶先生歐瑟簡卓犖卓桀，而繩繩流傳者彙爲一書。爲主者四子，冠以荷馬，翼以提氏、馬氏，輯希羅之詩百凡九十又八篇，貳和九九重陽之數。余幸受其贈，於是携而歸國，得以諷誦。

《易》云：『鼓之舞之以盡神。』言乾坤之變通，天地之流行，若沛然充之，則放彌六合，幾乎神矣。後世斷章鼓舞取意吟咏興發，若《書》『詩言志，歌咏言』所旨也。又孔門教法首則興於詩，後立於禮，終成而顯爲樂，由是知學者修己成學之次第也。於是命之曰《鼓舞盡神録》，重刻版面，索引格律，以揚名中土，傳頌九州。余因爲之序云。

己亥五月，濰州張存齋謹識。

褚儀

生於二零零四年，山東日照人。闕里書院文言寫作班學生。

讀張師竹里楝樹記

竹里商肆之左、八間房之彼有一楝。其身雙臂可環，崇二三丈，歲五六十矣，出主柯三，杪欣欣然如傘陰翳。雀鳥無歸者，可構巢乎上；行旅無駐者，可歇程於下。又有瑣屑繁慮，枝光灑面，不待滌蕩，見輒蠲除。此天地育其材之美也。

商肆主人家有桌一、椅二於其下。坐之，皆有神閑意定之感。今讀我師之記，方曉主人以爲柯礙於直桌，伐去作薪矣。惟留逾掌之伐疤。

嗟乎！天地之所以爲大，以萬物並育而不相害，道並行而不相悖也。哀今世狃於聞見之狹，蔽於沿習之非。人心流俗，昏暗不明，至若非伐彼而已不能快者，豈特主人家哉！余聞陶唐氏『萬邦有罪，罪在朕躬』之懷，有感而記。與君子語之。

壬寅八月十六於竹里。

河南

范景中

別名墨一。生於一九五一年，河南沁陽人。擅長美術史論。曾爲中國美術學院教授、博士生導師、圖書館館長。現爲南京師範大學美術學院特聘教授、博士生導師。

書史序

古者教人以六藝，要皆《周官·大宗伯》所傳，歷世所行，上自元子，下至編氓，人人得而誦習，博極旨趣，才德可備。迨及春秋以降，世變教弛，崩裂播蕩，禮樂先亡，射御隨廢，書數亦幾等孤學。前賢喟然云：六藝所品之目，記已不能悉；衆名所立之義，論尤不能詳。是以聖遠經殘，尋其至理於摧傷剥落之餘，形諸箋傳，於其淆亂異同，彈駁而考之歸一，難也。

然天道存亡，不能盡滅文明，書道一綫存焉。蓋聖人制字，静文始，動文變，體用相扇，變化之理與造化均。猶幸六藝之綱目未失，導以天潢，瀹其融伏，五禮之儀像，六樂之動盪，五射之和容，五御之組舞，九數之環矩，盡可於書中推求。書雖小道，但寓道德性命之理，該天地星辰之妙，非止一藝之末而已矣。其爲藝也，則與蟹行文字迥異，巋然獨拔於環宇美術之林。

故張皇幽眇，箅沙摶空，昧庵乃撰書史。書竟，則與徵聖之録同輝。其抱祭器，悲故蜡，行於風衡之區，鳴於水湍之側，抱負之作也。犖犖大者，可見其經學意志，史家慧眼，子書議論，别集文心。若乃以蒼茫有無之言，飄渺微細之神，折旋儀文，咏蹈樂音，司容於賓卿，爲範於水曲，想像上下往來，寄意硯上波瀾，則又是一番境界。書藝之道，亦蹊徑歷然，風藴純明。

竹秋月廿五日，余橐書史入山，快讀一過，神明奂奂，如立岧嶢孤特之上，見澒洞異彩，磅礴空翠中，馥郁碧霄。忽憶仙傳云：五峰之上，皆藉四海奇寶以鎮峰頂。每積陰將散，久暑將雨，即衆寶交光，照灼岩嶺。春曉秋旦，則九色之氣屬天，光輝爍乎雲表。南雷先生嘗謂，山川文章相籍而成；然非至性人，固未易領略。山水於書史，此際之緣分，豈非相籍。因携之窮岩冷屋旁，坐磊落白石下，遣佩阿，陳此短句。韓子所謂行道，爲書，化今，傳後，當必有在矣；不敢當以銷夏譚藝、雲煙過眼視之。范景中序。

郭鵬飛

字雲翼，一字培風，生於一九八七年，河南沈丘人。中山大學中文系博士生，曾任中山大學嶺南詩詞研習社社長，粤雅主編。曾赴京都大學訪學一年。

過疇祉琴館記

歲維丁酉，律吹太簇。雨水桃華之日，羅浮夢斷之時。（事見《苕溪漁隱叢話·後集》卷三十引《龍城録》，隋趙師雄夢梅之典。京都多梅樹，花期頗長，自臘月至仲春，猶然盛放）余友岱梁先生（早川先生别號）自華來歸，相與過訪無家先生於其家。其址在知恩寺以北，居飛鳥井之西，去昔年觀堂王氏所寓（在百萬遍路口，今已不存）不過百步。老屋頽然，多莳青翠，閑庭逼仄，聊可容與。門側杉板一條，隸書『琴道』二字，左有横匾，題以漢篆，曰疇祉琴社。觀其摹印，蓋皆先生所自署者也，心竊高之。叩其鈴，徐而出，則青鬢霜髯，慈顔慧目，玉骨頎以清逸，温言善而藹如。因命登堂，相與款接，熏以黄檀，瀹以碧蘿，春風在席，芬香盈室，益灑然驚異。其裏間則閣以秘籍，窗以玻璃，外有小園一角，高墻爲限，修篁叢立，婉婉動人，光影斑駁，珊珊可愛。於時雅教初聆，高譚轉清，先生卒不自勝，爰出所藏明琴（腹有冰裂文，槽書『朱記琴社造』），欣然欲鼓。玉軫纔調，天籟生發，醉癡一綽，興感萬端。托交期（先生所奏曰《古交行》，譜見《西麓堂琴統》）於千古，思人事於百年，厥忘文字，載馳玄想。顧余少生中原，成長西域，負笈南藩，所歷則曠野平蕪，天山明月，瘴嶺胥濤，其遊似可謂壯矣。今復艤槎蓬島，托迹蜻州（即蜻蜓洲，日本之别稱也。見《日本書紀》。《神武天皇紀篇》曰：『卅有一年夏四月乙酉朔，皇輿巡幸因登腋上嗛間丘，而回望國狀曰：妍哉乎，國之獲矣。雖内木錦之真迮國，猶如蜻蛉之臀呫焉。由是始有秋津洲之號也。』），茫茫鯨海之東，渺渺禹疇之外，乃得以憐兹幽抱，際此塵緣。夢寐之奇，人生之妙，固何如哉？余嘗習雅琴，耽於術業，偶有所親，久忘在御。比來蕭索，日甚相思，忽逢良遇，其慨可知矣。先生姓伏見，諱靖，舊曾長鎌倉之社，近始與西監（指京都大學）爲鄰。平生所寄，曠日所爲，不過倚樓調曲，授業課徒。燕游詩意之中，蟬蜕俗情之表。雖抱志以幽居，實怡魂於大隱。述其承緒，乃泛川（蔡德允傳新倉凉子，再傳先生）之再傳，觀其風神，亦吟月（高羅佩號吟月庵主。或謂先生琴藝與之爲近）之嫡嗣。其號曰無家，殆以琴館目之，以琴爲性命所鍾，身心所繫，故未始以爲有家也。或曰：『樂其生，保其壽。』（《忠經·廣至理章》語。先生室中懸此句）先生優游聖德，此其宜也。余與先生，誼同萍水，時來邂逅，散若劍舟。遂爲是記，聊充言念也已。中山大學博士生郭鵬飛謹記，時遊學於日本京都大學。

蒲萄酒賦

丙寅暑退之初，龍火西流之月。沁廬先生肄業北庠，既草碩論，頗欲仗劍豪舉，遠遊遐疆。因遵古絲路之艱塗，直抵農三師之部所。以考諸軼史，驗其玄文。其地盛産蒲萄，民心質樸。先生踟佇舊城，覽觀風土。有回鶻酒師者，自言百年釀造，奕世傳承。接談既多，情誼彌篤，輒享上席，悉聞其秘。自後職居廣府，日念初心，尋受博士學位於康園，而任教焉。先生西行之後八載，余以六齡隨家徙遷，亦止於先生所遊處。又十有五年，負笈嶺海，竟忝列門墻。侍硯之餘，遂授其方。

即所謂佳醞，甘而不飴、冷而不寒者，洵古大食之遺也。嘗出以宴客，偶言及宿緣。客曰：善哉！一飲之下，終生難忘。於是嘉會承歡，高歌醉月飛觴之曲。清宵倚醉，笑囑無須外道之言。客復乘興而進曰：輓近以來，世人茫昧。新風曼衍，古法寖亡。昔者元遺山自許得之，作賦爲記。諦觀所述，殆未盡然。吾子既以奇緣妙術，而擅辭章，曷不爲我賦之。余乃傾其餘瀝，灑然避席，而書之曰：條枝西入，地絶萬里。天馬東來，數更千祀。有蒲萄之殊珍，勝麴蘖之沉滓。惟乾道之獨鍾，出醇醲之嘉旨。遺騫廣以獻琛，肇炎劉之資始。於是群臣奉詔，頌聲始乎魏文；百代承恩，載記傳於漢史。其流行也，饗寰宇之神邦，贊萬民之燕喜。其受用也，拜孟佗於涼州，介吉甫以福祉。其養生也，既延年以輕身，恒益氣而浹髓。若乃論其釀製，碎兼石蜜，封玄珠於罌缾，托象罔之有以。彼宛息之富人，每貯藏以萬篋。置旬月而可成，享十年其未已。至若香壓鬱金之鬯，色奪玫瑰之蕊。萃芳物之元精，鬱自然之玄理。流涎咽唾，道之固已難禁；撲鼻潤腸，飲之寧將孰匹。

於是臨金谷之清流，讌永和之貴里。會妍淑之微宵，接二三之知己。拊靈石、調玉笙、鼓金簧、奏清徵。舒弄玉之珠喉，步桓娥之玉趾。衆妙相仍，繁華弘侈。爾乃器之以夜光之盃，佐之以時鮮之美。瞑然以咀，陶然以舐。甘而味長，温而清泚。始含啜以滋熙，繼暢懷以流靡。遂忘己於人天，復放心乎神鬼。於時讜論清揚，孤懷遠指。相得之情未申，泠然之善初起。於是月澄清影，膚泛桃花；欲解靈槎，乃期滄海。歸極望於秋河，寄慨慷於燕市。飄飄漾漾，偕列子以禦風；忽忽茫茫，信神仙之若是。縱色身之所委。既速醉而易醒，數斗酣驩；足觀生而閱世，一枝高倚。然則人生於世，哀樂無端；聖道執中，知行多悔。若其殷憂難寐，發屈子之醒吟；行樂及時，效中山之醉死。太白則金罍風流，呼兒來去；子雲則門廳蕭瑟，覆瓿然否。登臺作客，野老之潦倒艱難；和病看花，香山之蹉跎髮齒。終莫如護元氣於靈和，陶性情於常紀。得逍遥而自知，抱真趣而無改。於是客起再揖，誦之不止。既解狂酲，復生神采。

閆趙玉

號調玉齋。生於一九九三年，河南周口人。文學碩士。

與無花群諸友書

瓊枝綴蕊，一夜微香初逗。流光轉睫，節候忽到大寒。余自歸鄉以來，度日昏昏。晴窗午後，細盞浮沫。誦靖節停雲之賦，咏少陵雲樹之詩。情懷渺渺，猶夢婆娑。因念當日宴集，諸友清妙，有鄴下之才，兼瓊瑶之答。燈影摇青，分茶則觴飛璧月；制題猜謎，聯句則敲殘蓮漏。歸來雖病疲甚，然思人生所處，鴻爪雪泥。得與傾襟，脱略形骸。萍水乍逢，輒成傾蓋。依依二三友人，未及相見芝顔。期他日文酒琴歌，余將折南園梅枝以報之。

丙申臘月十九日調玉書。

蕉園記

蕉園，余幼時所居也。古傳鄭人有薪於野者，遇駭鹿，禦而斃之，覆之以蕉，不勝欣喜，俄而遺其所藏之處，遂以爲夢焉。察余舊年行迹，亦如鹿隱蕉葉，杳不可尋。猶憶窗前植美人蕉數株，清影横斜，冉冉在目，故名『蕉園』，以志不忘也。

前塵隔海，蕉園難再。明月白露，光陰往来。然其間小小情事，歷歷如在昨日。每凉吹漏悄，繩河低轉時，清風明月伴余入夢，依稀花香滿徑，宛然舊時園落。余推門輕入，竈間紅爐熱湯，床畔狸奴酣眠，祖母笑問余曰：『歸何遲也。』覺來方知是夢，悲凄欲泣。自余離蕉園去今已十載，祖母亦過世久矣。

余居於此，誠多趣事也。余性懶嗜睡，晨時父呼學，母呼飯，弟嬉，犬吠，小院喧鬧不已。母常言：『待汝長成，解吾勞瘁。』父亦言：『待汝學成，吾家當久團圓。』然迄今未有菽水之養，勉爲蜩燕之翔，得無愧怍乎。

余素喜向隅獨處，不拘形飾。蕉園儉樸如雪洞，舊書堆山，所設一桌、一床、一案、一蘭草而已。親故偶有來往，則戲嘲余傭懶甚矣。然人間清歡往往在此，憶昔隆冬深夜，聽雪粒敲窗，思滿目皓潔。可閑尋舊蹤迹，可閉門讀禁書，可慢火試新茶。至若秋陽灼灼，寸心清明。余則携琴登樓，吟哦閑彈，不啻春臺之歡。

余幼時家貧，日乏果餌，父親植葡萄樹以慰余二人。每至季月時，枝葉扶疏，團光萬顆，如貫驪珠。余與弟倚凳攀爬，滿筐翠玉，凉浸井水，入口甘甜。弟亦因之折臂，卧病數月。他日閑聊，親友笑指葡萄問弟曰：『汝欲食乎？』弟則搔頭，赧然不語。

自余入庠序，移家省城，蕉園遂荒蕪不治。偶回故園，但見蚓曲泥墻，苔滋露井，葉落喧寒。昔日遊伴，盡皆不知所向，不勝重來之悲。唯鄰人告余曰：『汝家老葡萄樹，濃緑深紫，一如往時。』

夢江南館詞稿自序

余常終日獨處陋巷間，風雨如晦，商聲凄然，撫漢宮春江之曲，咏稼軒玉田之詞，流楚窈窕，懲躁雪煩，感蕩心志。胸中不平之氣，屢爲之去。常聞古人言，使窮賤易安，幽居靡悶，莫尚於詩也。每念此語，心有戚戚焉，古人誠不吾欺也。人之生也有限，方其得意於所欣者，慨然自適之情，遠同羲皇上人。然世累憂患之間，此樂亦不爲吾人所有。思之悵然涕下，直欲棄簪組遁塵世，以學太上之忘情。

某年夏秋之間，余萍蹤江南，耽遊蠟屐。停雲江樹，旅懷婆娑。或登山水以倘徉，或謁梵宇以澄心，或期良晤以舒懷。湖山佳處，人情濃時，眷戀難返。雖乏逸侶，兼累足疾，然山川草木，觸望神消，端賴有前緣矣。余久處風塵僻壤間，此造華鍾秀之境，可復得聞乎。纖雲大壑，皓月太清，雖不能至，心嚮往之。紙窗素屋，聊寄餘情。托微詞以自遣，了夢醒而何言。

張心怡

生於二零零二年，河南洛陽人。闕里書院文言寫作班學生。

祖母康孺人耄耋壽序

予少時與母居，因常道兒時事，而其中之恩重者，祖母也。外祖母康氏，原爲吾大母之長姊，母之舅母，後寄居太祖母家，而拜康氏爲義母，呼曰『娘』。

異時，家世聳伯黑石關，居陶穴焉。陶穴冬暖夏爽，一家之庇蔭也。穴内置八仙桌一，兩側各有高椅，爲祖父母位。桌上壁著一紅紙，字『天地君親師』。常有日夕時，兄姊伯叔促膝一室，茶酒扁食，孤盞談説家常，是笑語盈盈燈火可親，人定而不覺也。聞伯嬸孝悌忠信行於一鄉，是祖母之心，燕燕而慰也。母幼時畏寒，每宿於祖母，徹夜捂其足於懷，或抱坐暖爐旁，逾時，取烤地瓜以餵之。是身之煦意洋洋，而心尤倍焉。祖母克善居室，手足胼胝，家中竈臺俎案，條理井井，未嘗纖塵也。門前有種長壽果，是烤地瓜、菜餅、長壽果者，爲母一生之寓情也。重新錘之。

四十餘載，母遷家洛陽，予已勝衣，而祖母年邁邁矣。嘗三四番探望，祖母既壽且康，辭氣顔色和樂通達，是衆小子之喜也。屬予毋念毋挂，宜若保其身，和其家，其心則安也。《詩·常棣》云：『妻子好合，如鼓瑟琴。兄弟既翕，和樂且湛。宜爾室家，樂爾妻帑。』是祖母忘己而愛人如此，爲奕世之福也。

壬寅丙午月辛丑日，爲祖母初度之日，予在學而不能歸，因作序一篇，且以爲祖母期頤樂愷之祝云。

秋遊梅花垟記

秋氣高朗，金桂正開。廿日，張師如水先生引諸生遊竹里梅花垟，迄，約成文一篇，以鑑佳作。

遂循聯心橋而下，聞金桂馥鬱襲人。前行左折，古柏擢立，類數百年物也。其北爲龜山，南即竹里之梅花垟也。柏之下，則如水先生師内之農圃，植椒、茄、瓜薯之物，梗皆已老。緣垟徑環步，有葛藤蘿絲，秋風正摧槁也。稍後，見橘園。師言：『有橘園，雖青黄匍匐，拊手可得之，然非吾内所栽，諸君但莫摘之。』衆人欣然諾。又前，見前後溪匯於一處。秋之日，乃見潺潺幽寂，冷瑟欲絶。憶其夏之日，水漲晨凫，載欣載奔。時有錦鯉躍貫其間，又有白鷺翩翩而來。喧騰熱鬧之處也。

復前行，乃稻田也。稻穀已刈，惟濯濯稿耳。師曰：『何不下田而一覽乎？』紛紛褰裳涉稿，踏入田裏。有一二拾穗者，師肅然曰：『豈不聞《詩·小雅·大田》「此有滯穗，伊寡婦之利」者與？是周王之仁也。吾小子耕讀文禮，當得善仁禮之如此也。皆諾。』復陟還徑，决眥窮睇，梅花垟可百畝，側携雙峰，北倚龜山，而我文禮坐雙峰麓下，雙峰如筆架，而我文禮有如椽之筆在焉，令人振振。

壬寅十月，與文禮古文班同席衆遊歸，作斯文以呈諸師，申雅懷也。

湖北

程水金

字行甫，又字二行，別號顏樂齋主。生於一九五七年，武漢新洲人。南昌大學國學研究院院長、教授，博士生導師。

丙申集序

初識張君俊綸，約在癸巳秋冬之際。憶予所編之《正學》甫面世，其文言發刊辭額以『正學之門』載諸報端。蒙張君不棄，謬引以爲同調，蓋其時君亦籌梓文言繁體之《荆江文學》，亟思命予忝列備員以待問也。予初不敢應，乃沉吟再三，終然以允之。

予惟自遜清以降，西學東漸之勢日亟。胡適之、錢玄同諸氏，以興白話而廢文言爲天下倡，國人靡然向風矣。其時雖有蘄春黄君季剛之倫，昆侖砥柱，一人而已！狂瀾既倒，斯文道喪，一二君子，勢不能抗流俗之頽波，力難支文華之將墜。衆口囂囂，風氣移人，其可斡群言於萬一，而旋天運於一隅邪？浸假近乎百年，時至今日，無論初通文墨之輩，抑且耆年碩學之人，其於操觚援翰之際，皆視白話爲當然，而以文言爲異物。其間雖有好事者偶一爲之，流俗之人不過以標榜學殖、逞才使氣加之而已，故不足以移易風俗，變革習氣也。生當今之世，欲復古道，倡文言，不亦戛戛乎其難哉？此予所以不敢應之也。

繼予又有思焉：大凡通俗白話之文，其意味悠深而雅俗共賞者，雖多得江山之助，其霑溉於古風亦匪淺淺。然則文言也，白話也，無非寫氣而圖貌，詮言以析理。其能者爲之，無論文言抑或白話，猶可沃沃如也，衎衎如也。果若賢於辭章，則文言亦似白話，白話亦似文言，本不必訢訢交争高下雅俗於其間耳。然是其言也，亦唯唯，亦否否也。縱觀百年中國近世史，白話之初興，無非歐化之文法，不過顛倒衣裳，顛之倒之而已矣；至若密司脱，水門汀，外來譯音，猶中古之佛陀、涅槃、三藐三菩提，混迹於華夏語匯，猶無傷於大雅。降及今日，普羅大衆之網絡語匯，其鄙俚粗俗，污言穢語，雖當日引車賣漿者流猶不敢操之也！言語之污化，文風之澆薄，中古以降，無如今之世矣。此尤爲當今有識之士痛心切齒扼腕攘臂之事也！然則非過正不足以矯枉，取法乎中，僅得乎其下而已矣。爲今之計，射天狼，凈胡沙，非高祭文言之大纛，不足以廓清時下言語污穢之妖氛也！是張君以文言倡於當世，其力矯時弊之志，乃昭昭然也。其孤音獨響，不畏流俗之視以異物，猶嚶鳴不已者，求其友聲也。予明其志，亦知其難，雖於張君無微末之助，予亦不揣鄙陋，欣然而允之者，時弊有以激之也。

華夏文明，所以傳數千年而不衰者，端賴漢字書寫與言文分離耳。方俗俚語，拘於一隅，據文字以立言，則異地之人或能曉。言詞遞變，脣吻不同，遵詁訓以爲文，雖世久年淹，代際隔越，後世之人猶可解。先秦兩漢之文章，歷時既久，而雅訓能通；宋元説部與劇曲，時在近古，反不若先秦兩漢文章之曉暢者，何邪？文章雅言與方俗俚語之殊耳。不知今之欲重修《清史》而上續乙部之書者，其以先秦兩漢之文章雅言乎？其以當代之流俗俚語乎？主事諸君，必有所擇焉。是予所以應允張君俊綸者，又一事以激之也。

今張君之《丙申集》，即將付梓問世，命予爲序。予讀其文，思其事，有所感焉。然芻蕘姑妄之言，非關文體，弁於簡端，實有不倫。海内君子，得其意，忘其言，可也。丁酉夏初，鄂渚新洲後學程水金行甫草於贛上。

張俊綸

字如水，號荆南楝翁。生於一九五七年，湖北荆州人。文禮書院文言寫作班教授。曾任《文思》雜志主編、《荆江文學》主編。居武漢時爲武漢大方學校國學教席，同時延聘爲中南財經政法大學兼職教授，教授文言寫作。出版著作二十餘部。

青城山學堂記

玉壘之北，灌口之南，有靈岩焉。登其顛四顧，西則千里雪山，南則青城群峰，北則井絡天彭。李商隱詩云：『井絡天彭一掌中，漫誇天設劍爲鋒。』與劍閣之大劍小劍誇爲奇峰，可見其崒嵂高美。井絡者，井宿之絡也；天彭者，天崩而成也。聽名耳驚。而其東則成都平原也。由奇峰而平原，竟在一抹之間，湧來驚天巨波，至東戛然而止，其雄奇無倫，靈岩有之矣。而其下，都江堰淙淙而過，於雄奇之外，又得偉景，誠天下之觀止也。

斯地之鍾毓，當爲人文之淵藪。隋唐即築有靈岩寺，一川香火，於斯爲甚。抗倭時則有馮友蘭、錢穆、蒙文通、唐君毅、牟宗三、南懷瑾、潘重規、饒孟侃、羅念生諸公麇聚於此，群星燿夜千里。民國三十四年，教育家李源澄於此創靈岩書院，書家謝無量題匾，且詩云：『遠游何必上青城，一到靈岩便有情。未進山門先一笑，滿山紅葉讀書聲。』

讀書聲沉寂之後七十有二年，劉女史來焉。劉女史，名世芬，字蕙若，都江堰人也。少好經史。丙戌，青城山遇王季謙教授，乃教以讀經之法，遂私淑之。其明年創青城山學堂，爲山長，是西蜀私塾之昉也。是年五月十二日，之市，午食訖，忽天旋地摇，山冢崒崩，所在樓夷爲平土，是驚世之汶川地震也。友朋死，女史埋土墟四辰，賴一横板戴頭以活。出土，餘波未息，爰帥諸生讀於灾棚之内。其後六年，讀於其兄之家，是都江堰中興鎮三溪村也。七月朔，兄遽不許。女史乃引諸生揮淚去。去方十日，三溪天降凶殃，泥石滚沸，兄及十一户人家皆爲大石厚土所瘞，無一生出者。女史哭曰：『吾嬰二死，而皆不死，是孔孟之靈祉佑我耶？』

乃賫青城山學堂之璽，輾轉流離，始止於中興鎮長壽村。其後六年，是戊戌之春也，止於靈岩山，去李源澄氏之靈岩書院不過百七十丈耳。或曰：『何不假先之名而名之？』女史曰：『吾之不死，賴青城山學堂五字護身符耳。今得靈地，復名靈岩，又持靈符，故吾之學堂，合三靈爲一，則天下第一學堂也，又何假哉！』

遊浙南下橋村記

天下之廊橋在泰順，泰順之廊橋在泗溪，泗溪廊橋之美者在下橋。下橋者，村名也。村以橋名，名其名也。蓋村爲四溪所抱，四溪者，南溪也，東溪也，西溪也，北溪也。民橋其上，步則溪，行則橋，橋之與溪與村與人與户牖與雞鵝犬豕與古樟老柏烏桕苦櫧，聯翩而爲一體矣。日之夕矣，牛羊下來；泥濘載塗，行旅歌呼；之子於歸，皇駁其馬。倒影皆在橋也。故村名下橋也固宜。

唐之季世，厥内閣長史曰林建，不奉梁朔，乃亡命於下橋，以吟咏爲事。其五世孫韶，建儒藍宅學館以授徒，子弟賓客皆得其學焉。有宋一代，林家一族科甲踵接，彬彬大盛，以皇帝敕命文武進士者凡四十三人，以進士而入翰林者十八人，時稱『十八學士』。下橋之山水溪橋，其鍾靈毓秀有如此者。今博士研生，弦歌不絶，是其奇氣在焉。

而下橋名播天下，非以進士也，乃以古也。今巋然存者，古樹也，古渠也，古道也，古墓也，古井也，古民居也，古建築也。而其建築曰宫曰殿，亦大奇怪者也。尚怡然在目者，臨水殿也，陳大翁宫也，水尾宫也。飛脊流簷，鱗鱗青瓦，仰而觀之，恍惚漢唐。而最可念者，則古廊橋也。虹飲仍在，風雨聳然。其以北澗、溪東二橋獨著，權輿於宋，復葺於清初，宫式重簷，行於其上，如閑庭信步，而扶欄可聽溪也，趺坐可譚友也，離立可嘯侶也，齊行可扶老提携也，是俯仰决皆無不如意，則過閑庭遐矣。北澗之石罅間有古樟一株，千二百餘歲矣，十人不得牽抱，是莊子所謂蔽千牛者也，傳已入仙班。嘗化而爲儒，青衿韋帶，設帳於閩。閩人叩其姓字籍貫，曰泰順泗溪下橋章也。曰張乎？曰立早章也。閩人爲弦高者，市於浙南，遍讯章氏，則無其人，始知爲仙樟之羽化云。

荆南楝翁記於泰順竹里。戊戌臘月十八。

季謙先生蘭花記

之季謙先生書齋，談《文思》已，先生信步牖下，覘室內之蘭，奄見花枝，訝之曰：『噫！蘭花矣。』吾隨步至，覷葳蕤之中，花枝挺然者三，滿綴紫蕾，凌寒欲放。先生謂吾曰：『養毓多年，不意一旦而放矣。』吾曰：『斯瑞兆也。《文思》方出，蘭乃開放，此非吾國文墨不絕之象乎？』先生大喜曰：『是也，如此甚好，如此甚好。』乃相與軒渠。荆南楝翁丁酉臘月十二記於竹里。

送陳俊去文禮書院序

吾來文禮書院，所近者五六人而已，厥二已去，今陳俊又去矣。去時未辭我，數日方聞於所師傅，書院之武師也。其人有萬夫不當之勇，善飲，一石不亂。陳俊與之投氣味，常與同觶，故其雄豪亦如之矣。廣交遊，與紀山人善，以叔呼之。嘗邀余與王君德中之老山中作會，山人饗以土釀，香溢十里。飲訖，夜闌矣，忽聞雨聲，林木震響，山人乃出二胡奏劉天華之《良宵》，聽來悚然。陳俊則大笑，欲起舞，以室僅容膝而罷。

吾未送陳俊於竹里之口，故未得見其翩然而去之狀。唐時李白，今人毛氏，皆有揮手自兹去之句，以示萬仞雄邁，而吾身百仞耳，故未足壯而送之，是陳俊之知我矣。

論　些

日本早川先生作《李文亮送魂曲》，頗用屈原《招魂》之些，乃告之曰：些讀索，今尚存於吾邑父老悠悠之口。早川先生大驚喜，求其例證。遂以語音告之。憶余幼時，吾母暮晼呼我回，乃作驚魂之語曰：『鬼來噠些。』噠爲語助，無義。些延而高急，頗有招魂悚怖之語境。蓋吾邑正楚都之牧也。古稱地域，自近而遠曰郊、牧、野、林、坰，牧則百里之地也。

其實吾邑尚存古語者甚富。如問人病，則稱殗殜，音爺碟。一婆姨於病榻之前，乃致敬語曰：『你郎哪裏殗殜？』揚雄《方言·第二》：『自關而西，秦晉之閑，凡病而不甚曰殗殜。』郭璞注：『病半臥半起也。』實秦晉人不曰殗殜，曰殗殜者楚也。又呼癡木懵懂不解事者曰墨屎，音默尺。《列子·力命》云：『墨屎、單至、嘽咺、憋懯，四人相與游於世，胥如志也。』清黃遵宪《紀事》詩有『上謁土雕龍，下訪市屠狗。墨屎與侏張，相見輒握手』之句。注家解墨屎爲狡詐，非也。又呼新知舊雨曰夥計。司馬公《陳涉世家》擬音曰夥頤，非也。

吾邑之南有鄉曰柘木，其土人稱割穀曰斫穀，斫則古之割也。其讀蛇曰茶，讀夜曰壓，讀水曰許，讀柘曰炸，皆與平水韵合。尤讀竹、肉、六、獨諸字，皆與一屋入聲同。能作柘木語，則學格律詩詞不難。北大語言系嘗使使者學習録音，惜官家棄之如敝屣，土人棄之如敝屣，哀哉！

鄧中善

字令之，號荆河間人。生於一九五八年，湖北監利人。網市鎮機關幹部，已退休。以散文鳴於世。

閑園記

去留湖之南二里許，有墝埆之地，方圓可二十畝，昔者村人辟爲窯廠，埏泥爲磚，以供一鄉民居垣墻、河橋剅閘之用，而取土毀田，窯煤生塵，爲患甚大。客歲，州府馳文鄉鎮，一例禁之，期年而成廢地。榛莽叢雜，鼪鼷竄伏，村人厭其蕪穢，吾將以僦焉而造閑園也。

凡三往，遂與村吏約定年金，並倩梓人爲營造之圖。依塍爲界，繚槿爲垣，開口於東，與官道之拱橋相銜接，聽由村人之所出入者，園門也。稍南，得平衍之地，舊爲晾曬坯磚之場，植李棗梅桃之屬數百本，期生灼灼之華，離離之實，命曰

『閑林』。林中甬道，蜿蜒而前，過數武，道左則有沃壤，畦以種菜，葱韭蒜荽、瓜豆芹椒，四時不匱，命曰『閑圃』。道右原爲丘阜，磚窯取土不已，遂成深潭，渟泓演迤，白水浩汗。蒹葦自生，羽鱗自來，占吾閑園什之六七，命曰『閑池』。池南逾百武，乃磚窯之舊基，高曠如宅臺，磴道而上，周以栅欄，構屋三楹，命曰『閑堂』。堂高而安，深而明，夏凉而冬温，吾與老妻居之。園中有産者，取以自給；無産者，計月而貿之。自謂終老之計，蓋亦得矣。

遂以謀諸婦，曰：『自爲風塵俗吏，半世落魄，今已閑退，思欲屏居村野，以爲終老之計，可乎？』對曰：『如此甚善。顧未審工才之費及僦金若何？計將安出？』曰：『今歲需十萬金，繼者則吾養老之年俸足矣。』對曰：『以中人之家，十萬金固爲易事耳。然君無瓶貯，女爲房奴，十萬金烏可昕夕而得哉？吾有二萬金，蓋日常之所餘羨，以備子不時之需，儲爲定期，今事急矣，可活期而出之。餘者，君其謀之。』

曩時，有族孫生某，賈售玻璃幕墻於南都，頗饒資雄，屢有助吾之意，遂以往貸。生婦笑曰：『前輩不遠千里而來，將有以教孫婦耶？』對曰：『非也，將有以求焉。』遂告以建園之意。語未畢，生某蹙眉而言曰：『君老矣，需就居於醫養便利之所也，而今棄街市而返里閭，不啻易雕宫於穴處，反玉輅於椎輪，未爲明也。且貨殖之要，在於孳息，君以有涯之年，而無止於不利之出，百年而後，其誰與歸本金者耶？』吾嘿然無對，生婦復笑曰：『吾知矣，是必當大助也。而乃者以來，經濟下行，生意日窘，前輩之事，吾遺金五千，何如？』吾卻之而歸。

一日，僚友召飲，語於席間。彼且爲吾計曰：『比來農業招商，有司重之。今者略爲變通，易君之閑園爲産業園，或可得專項資金以助之，君無假貸之累，村有獲利之由，二者得兼，豈不美哉？』遂以上稟，事頗微泄於温氏集團，乃以倍蓰於吾之年金而租之。村人歡忭無已，僚友喟然而嘆：『温氏養殖，臭名遠㬠，凡所營建之處，必殃及一方水土。不意村人圖此大利，是猶竭澤而漁、焚藪而田，豈可久長哉？』二人相對嗟咨，莫可奈何。

未幾，温氏集團果徵是處爲養豕之地，甫動土，又爲有司所止，蓋環保新規，凡鄉鎮成建制之城郊，例禁養殖。村人復以原價轉售於某商賈，建常年招考司機之駕校，吾之閑園，遂成意中之園也。

經此事故，鄧子鬱然於心，隨之釋然於懷。嗚呼！一地之興廢成毁，有不可得而期焉者。斯地也，昔爲高丘，因窯廠而陂池，今爲駕校，正不知何時復化爲禾黍荆棘、丘墟隴畝。以歸熙甫、林琴南之高名，所寄興營構之畏壘堂、蒼霞精舍，而今安在哉？吾以卑賤之人，固爲速朽之身，奚必有恃閑園以終年？孟子曰：『吾養吾浩然之氣。』是知人之所足恃者，在内不在外也。遂作閑園記，以告後來者云。

聖迪農莊午食記

乙未七月之晦，吾與同僚四人之劉王村公事，小憩於聖迪農莊。莊主周君金祥，洪湖人，頗饒貲財，時人以『周總』呼之。其輕財仗義，常濟貧弱，有古俠士之風。初，劉王村有引水河，廢棄經年，周總賃之。浚闢土而出清池，芟榛莽而植嘉卉，依池築以木寮，精工巧麗，閣道連之。池之陰爲園圃、爲亭榭、爲車囷、爲爨堂。土木營造，期年而成，因廠而名之曰聖迪農莊。莊業屬聖迪，而周總若不得而有之。委主事一，總管庶務。傭工二，一藝鮮蔬時蓏；一育羽爪鱗介。庖婦一，專治鄉土肴饌，以餉莊主不時招飲之賓朋也。

莊中主事者，岳海燕也。海燕累世居劉王，嘗事周總，以勤勉謹厚受擢用。方爲莊中主事，復推爲村正。兩職而一，村莊兼顧，訖於今已三歲矣。海燕知吾等與周總爲素交，且時有過從，數相招飲，遂以告。適周總祀社神，並犒享里中父老，無由分身，倩海燕周備饔飧以待之。

稍有暇，吾獨出木寮，遵池道，信步而遊之。時初秋，蕙風習習，禾穎毿毿，平疇青黄綉錯，意甚適。池闊數武，袤逾千尺，比鄰而三，甃橋貫之。池中有荷芡荇茭之屬，水湄蒹葭披拂，鷦鷯之所棲身者也。海燕邀吾等作垂綸之樂，有頃，即得鯿、鯽、黄顙之儔數尾，寄於笭箵。吾等碌碌鄉吏，暫作漁翁，蓋盡得古人『浮生半日』之閑趣也。

會周總以專座傳食至莊中，海燕置杯箸，吾等入席。主肴爲鹵，以雕花桌盒盛之。雕花桌盒，吾邑之饗具。簡而無蓋，亦無雕花者，曰條盒。繁而有蓋，且雕花、髹漆、以專櫃内之者，曰桌盒。此具多備於殷實之家。吾嘗作説部大柳，寫其形制、用藏，盡極描摹之能事，蓋皆源於垂髫之記憶。今睹此物，感慨自來。而碟中鴨掌、雞脯、彘肩之屬，悉以古法烹飪，色香俱美，更添酒興。海燕知吾喜酒，亦盈樽以屬，累觴而勸。吾曰：『吾每與周總飲，汝皆卻之，不知汝善飲如是也。』對曰：『君與周總飲，吾當爲侍，今周總未至，吾當盡地主之誼，傾力而佐之。』吾是以知海燕爲謙謙君子，益重之。

昔漢侍中習郁依范蠡養魚法爲池，而池中勝概端賴襄陽耆舊集以傳，至今猶有遺迹在焉。吾嘗抵襄，意其面貌與吾土相若。歷二千餘年，吾土寧無不減六角、濺珠諸奇勝之池者，而千里湖山，豈習家池之所有哉？蓋無文人以傳也。爲俟當世大椽知聖迪農莊，爰筆以傳之，歸而作此記，以爲嚆矢云。

遊琉璃廠西大街記

琉璃廠在和平門外，京師書翰薈萃之勝地也。時值初春，柳色嫩黃，柔靡披風，晴空娟然，吾偕全家五口往遊焉。十時許，抵西大街。畫樓重掩，店肆豐侈，車馬清疏，喧囂不聞，實爲文人雅士清賞之佳處。入一得閣，古箏鏗然有聲，如至士人精舍，購墨液一瓶。適泰文樓有『不忘初心——全國著名女書法家作品邀請展』，遂以入觀，在張紅春書作前流連久之。張氏之書，以小品爲尤，度越明清，秀潤淹雅，不同世匠。曾在央視書法頻道主講宋人手札，温婉有名媛之風，嘗以告諸婦，婦曰：『勝爾鬚眉幾許文氣也。』少選，至榮寶齋，正廳簀置一端硯，可布几筵，紋理細密，不水而潤，洵爲國寶。兩廡櫃橱，專售文房諸物。嘗讀明人李日華《味水軒日記》、屠隆《考槃餘事》，羡其文玩之富，意其品類之細、設造之精，蓋亦盡矣。今見實物，知其所記不過什之二三耳。以筆而論，其穎有兔狼雞鼠之别，其器有筒架洗搽之用，琳琅滿目，無暇一一指認。而雞血石印、泥金宣紙等名品，其直極昂，動輒逾萬，鮮有問津者。吾以八十金得一狼毫筆，乃出。樓下爲書畫肆市，堂號駢列，一時大家如沈鵬、蘇士澍、何家英者流，各式書畫，皆雜然縣陳，待價而沽。信步泛覽之時，吾爲一幅鄭孝胥聯語所駐足。聯曰：『春蘭秋菊俱不可廢；干將莫邪難與争鋒。』署款云『伯棠仁兄大雅屬。方於彬集文史儷語孝胥』。鄭氏書法，有精悍之色，復兼松秀之趣，洎乎晚年，去肉存骨，崎峻瘦癯，號爲鄭體。嘗在海上鬻書，歲入萬金，時人寶之。及其附逆作賊，其書亦賤，時人以敝履棄之。比年以來，民人殷富，鄭氏書法復爲藏家垂青。集吴老缶篆書顔曰『澗廬』之店主，見吾端視良久，意欲交接，吾已瞥見其價在百萬以上，遂笑而卻之。

縱步行里許，皆爲書鋪。蓋清人孫殿起琉璃廠小志有云：『琉璃廠，遼時京東附部一鄉村耳。元於其地建琉璃窯，始有今名。清乾隆後，漸成喧市，特商賈所經營者，以書鋪爲最多，古玩、字畫、文具、箋紙等次之，他類商品則甚少。舊時圖書館之制未行，文人有所需，無不求之廠肆；外省士子，入都應試，亦皆趨之若騖。蓋所謂琉璃廠者，已隱然爲文化中心。』忽然之間，已過晌午，而隨行婦孺，已生怠色，吾乃慊然自嘲曰：『劉姥姥進大觀園，瞠乎其寒窘，而樂亦在其中矣！』婦曰：『亦如吾等入商場，在逛不在得也。』遂相與軒渠而返。

遊木蘭天池記

去古夏口東行百餘里，抵黄陂木蘭山，山之巔有湖，曰木蘭天池。吾以乙未端午携婦與諸友而游焉。

由南麓入峽谷，磴道盤曲，行里許，夾路連山，林藿綿蒙，崖壁相望。水出路側，平衍漫漶。巨珂磊磊然如棋布者，可以百數。又里許，忽有老藤當道，如拉索横斜於兩山之間，鱗皮光滑，遊人或倚或坐於其上，晃蕩如鞦韆然。再里許，忽又有巨石如鐘，夾於兩峰之間，懸如天橋，危若立崩，望之生粟。過巨石未百武，兩崖相逼，僅容人行，忽又相讓，中空四達。東崖甚巉，有泉如綫，下注嵌臼，故曰一綫泉。西崖勢緩，有亭翼然，内設礅几，以爲税駕周覽之便也。約十里，抵水壩，峻阪百餘級，門上門下，升降皆須扳綆挽葛而行之。至壩頂，軒豁可望，長風振衣，碧練千匹，秀崖輕舉，十百成屏，緑樹赭石，於中歷落，丹青綺分，望若圖綉。

遂買舟入湖。溯源北馳，風籟生耳。湖中一石，筍出水中，鎸曰木蘭天池。四圍皆郛立，一池渌水，使石骨鉗碧，昊天蔚然，號爲天池，蓋不虚也。或云：天池原爲峽谷，國初，以糧爲綱，州縣乃築壩障水，曰木蘭水庫，溉田千餘頃，民賴其利。及今，易名爲天池，供人遊觀，其利又倍蓰於溉田也。坐食頃，抵岸，栅欄高拱，顔曰：『朱家寨。』平疇彌望，屋宇錯落，桑麻相屬，稻畦披野，初謂絶嶺之上，當爲鋭爲釜，不意乃得桃源村也。明人《焦氏筆乘》云：『木蘭，朱氏女子，代父從征。今黄州黄陂縣北七十里，即隋木蘭縣。有木蘭山、將軍冢、忠烈廟，足以補樂府題解之缺。』同遊有以寨名爲附會者，吾用以釋之。

寨中民居多以磚木法式所營造，粉壁黛瓦，頗爲古樸。家設户張，遂成食肆。吾等簡一潔净人家午食，店媪當壚，店翁主饋，自謂一席肴饌，率皆自取於園蔬池魚。吾告店媪備瀘州老窖，媪笑曰：『來吾朱家寨，當一嘗吾朱家酒，君家無乃捨近而求遠耶？』吾曰：『劣酒猖甚，是以慎之。』對曰：『吾家以古法自釀之酒，固爲佳醪，君家飲之，若有摻假，分文不收。』媪開壇，沽取一吊蕎酒，淺緑可眼，嗅之芳烈，啜之甘醇，遂滿浮二大白乃止。

食畢，往尋木蘭外婆家。湖山漸深而遊人益稠。未里許，復爲一平湖所阻，外婆家則在對岸山麓。水上挂飛索，穿索而往，不過數尋。衆人興致極高，率入飛索，以爲快捷。吾與二三子遵陸而行，計約二里。茅茨披拂，筱簳叢攢，而曝沙之鳥，呷浪之鱗，悠然自處又似與遊人相狎。未幾，遥見窬飛索者已至湖心，索囊因重力而垂入水中，衆男婦不得已，去舄脱韈，牽裳捋管，猿猱升樹而郭索行於泥草，久困於没膝之水中，吾以徒步，則早已至岸嶼矣。洎爾等抵岸，率皆臉紅耳熱，衣履不整，或藉草而息，或臨水理鬢，或趺坐於古根之上濯足，相與撫掌，互爲絶倒。

日昳，輿夫催歸，且曰：再遲則山門閉矣。僂指而計，尚有二三處景點履迹未至，吾等悻然而返，慊慊然似有未盡之意也。吾因以告之，昔蘇子瞻縱步松風亭下，足力疲乏，思欲就亭止息。望亭宇尚在木末，意謂是如何得到？良久，忽曰：此間有甚麽歇不得處？由是如挂鉤之魚，忽得解脱。是以游觀之樂，愜之於意，得之於心，吾等水上探險，已極夫遊賞之大快，適時而反，不亦宜乎。繇是，衆心大慰，輾然而歸。同遊者吾與婦、張巧雲、趙月華、易重任孫小紅夫婦、萬輝、陳霞霞，共八人。爲文者，留湖鄧中善也。

盧芒

字綠野。生於一九六四年，湖北崇陽人，因病賦閑。幼誦儒典，長涉釋禪，晚近修净土。時以格律詩詞自遣，著有《融容居吟草》十餘卷，及《澗養山館詞箋》《崇陽古山水風土人物詩箋》等。

融容堂記

三綠營堂於金塘舊址，祀祖也，奉母也，未遑歸休焉。堂既成，融容居士留其容居於天城，而移融齋於堂左个。

初，諸父之掃地出門也，伯羈繫牛棚，仲竄逐沙洋，家君則褫去公職。戊申歲，母回調金塘，而家君户口仍寄『黑市』，無糧無油；七口之家，無片瓦寸土。壬子，始卜室於坪頂山，得『金雞聽水響』形勝。經之營之，四鄰相工。越癸甲，連三泥坯屋成，瓦茅參半。二十年懸居困境，一朝解脱。苫蓋之居，階除磷磷石砌，巧小規模，明窗隨意，清幽安舒。家君情有鍾焉，桑榆黃葉，樵漁白髮，行住坐卧，逍遥乎其間，而覺眼前山水寬餘。或荷鋤，或讀書，時而淺斟低唱。吟咏至得意處，忘乎形象，駸駸乎不知老之至矣。余嘗静夜伏枕諦聽，遠灘潺湲，清晰入耳，迥異他境。其家君屬雞，人因地福，地以人靈歟？乙卯，長兄析爨，起一舍於左側。其後，仲兄如之，起一舍於右側。連五老屋規模，因此而定。丙寅歲家君卒，隨後兄妹五，或嫁或移，先後離家。而老屋閑置十有餘年，因疏於管理，泥墻不敵風雨苔蘚侵蝕，岌岌乎有傾頹之患。今母老思歸，房危不可安住，因飲忍推平，掩去先迹，而圖再新。

於是丈廣運，勘山向，采基盤，繪圖紙，慮預算，澆梁、行墻、裝模、灌頂。而鋼筋、水泥、青磚、沙石、土方，材料之度，及工之鳩，程之督，或先或後，或巨或細，二兄成竹在胸，且樂於任之。余則泰然無事，樂得袖其雙手，聿觀厥成。自某月某日某時卜吉開工，至某月某日告竣，歷時某某天。其間晴雨不定，進度稍有遲滯。而一層半畝，二層五縮其三，於某月某日某時喬喜。人有輪奐之祝，燕豫檐梁之賀，亦一時盛景也。

噫！堂之肯也，先子肇基，吾兄弟宏其構。前番規模偏小，而三改春秋；此番數倍之，而三改季節。非吾兄弟才德有以過乎先子，時世異也。蓋前度數米而炊，一磚一瓦，東籌西措，千艱萬難窘狀，非身親經，不能知也。此度總體策劃，材則統購，工則總包，坐而驗收成功之喜，其易云何。而此番營造，意在祖堂，若夫居室，年節還鄉，有以息勞塵可也。故墻基求其堅固，而裝修求其簡易。深恐競逐浮華，起後世驕奢淫逸之心。蓋先君子德馨，心天足樂，貧富若不關乎己者，故前能處富，中能處窮，晚能處逸，所在無不宜也。及吾兄弟，自幼乏衣乏食，老大猶不免奔波勞碌，知物力之艱難，勤儉持家，任勞任恤，是能處貧賤者也。唯未能一日富貴，故不知能處與否。而諸子侄輩，生逢撥亂反正之後，喜富貴而厭貧賤，樂安逸而不耐勞劇。所幸内慚神明，外畏刑律，而能勉强循於正道也。夫世風日下，人心易墮落而難提携，安知後世子弟，才不足以去貧，而獨喜富；德不足以守富，而不耐貧，甚者鋌而走險，苟能富貴，無所不用其極乎？蓋天之將降大任於斯人也，困心衡慮，孟子言之詳矣，而人或自暴自棄，不能自求多福；天之既降富貴於斯人也，原爲厚其資糧，期其遠到，而人或驕矜自畫，不能配命。余家之口日庶矣，富雖未及，飽暖則過，是亟待教之也，使其知富貴貧賤，不以其道，有不處不去之義。且勤儉之家風可以傳，前人之芳型可以範。蓋家道之興也百端，而勤與儉，易持而穩妥。勤，則有以制人性之偷惰；儉，則有以去心氣之浮躁。幸而有克家之令子，改前弦而幹父蠱，恢弘先業，較之守成，則又進矣。

因陞融容書齋爲融容堂，而寓教之之意於家焉，且推愛己之心以及於諸兄也。蓋融則和，容則大。儒之修齊治平也，不過由親及疏，由近及遠，推己以及於人。此即所謂爲己，權利義務同構，天下之事皆屬本分，成人實則成己。其理論較大乘佛教之視渡己渡人爲兩段功夫，尤簡明易行。且人溺己溺，人飢己飢，入世情懷如此，是不難勇於肩擔天下道義也。而教者，效也，知行合一也。《易》不云乎：『積善之家，必有餘慶。』吾家之力行漸積也，高曾以下，略有所聞；而大母之惠遍四境，親受者每與余言之。及睹先子爲人，於物匱乏之際，仍能想人之困，周人之急。故一境稱善根人家，豈偶然哉！余家其將大乎？焉知其後無治平之才，得時得地，觀國光而大門閭乎？雖然，才難，乘變雄起，非人人可必。且聖賢之教人也，立足庸常，退才進德，獨能處恒常心。人有此心也，以不變應境遇之萬變，安安而能遷，則窮通順逆，一一閱歷，皆爲財富，而爲助道之良緣。先君子之不可及者，唯有恒德耳。此即人生大本，源淵者其流長。余因推明原委，注意培養，盡人事之當爲，俟天命之攸歸。後之興起者，必以吾言爲不誣也。

三緑者，長曰汀，次曰洲，三曰野。年月日緑野記於金塘融齋。

新舊聲韻議

新韻派也，其必欲盡廢入聲而後快者，捨曰舌不能言，而曰古詩不順我口。曰：碩鼠之麥德國直，有何韻味可言？東坡《念奴嬌》之物壁雪髮、稼軒《賀新郎》之説雪髮骨，韻感復何在？夫南音鴂舌，獨擅入聲，而自詡五音齊全，不知聲音之道，與乎時變，基於北音之今聲，其行之也，長期乃至最終乎？譬如書同文，秦之較六國也，無關優劣，不論對錯，其擇也，客觀而决絶。今之聲韻亦然，應乎時代，順乎潮流，而逆之者，無乃螳臂當車乎？

曰：其然，其不然？夫詩者，蘄順乎口，蘄順乎經典？口之於味也，或有私癖。古有嗜痂者，不知人皆惡矣。此其小者也。若夫性情失正，自知之者尤鮮矣。經典則美通天下，捨諸經典，吾人語感之培養也，氣質之變化也，則將焉求所正哉？夫雅，正也。從口則俗，從經典則雅，此不刊之論也。民國詩家，筆下猶有風雲，涵養於經典故。今之詩家，形好而已。此無他，獨任才思也。而新詩派之恣肆其爲者，不讀經典，以求外變口感，而内通心性，反責經典之於賞讀也，爲障爲礙，爲困爲惑，此即俗中倍人。更爲甚者，己所不能，强改規則，不惜隔絶傳統，則又爲大雅之罪人也。

且詩之形與意也，譬如即壁成畫，要須壁畫雙存。夫詩，木既成舟矣，如是語體，如是語境，如是語感，如是詩，其足以名世者，當體莫不爲此景此情觀止。詩者，爲不可傳譯者也。蓋詩之所可轉述者，表層之意也。而形所携帶之氣韻風味，乃至抒情個性運筆特質，如是種種，爲不可以下載矣。余之評人詩也，人輒曰所評勝所寫，無他，余得據其興起之象，而曲盡所藴之意也。作者未必有，意象未必無。如是論人詩，隨其心量，或讀作向上一著提撕，或讀作婆心獎勸，要在評高於文本，則原作必非盡善盡美者。此其所以者何？形與意之融貫，恰好二字，手法未能到也。由是知之，詩之形也，固不可以改矣。夫以新聲韵欣賞古詩，爲變相以壞其形者也，味焉得不爽。少陵之登高，古今第一律也。其哀回來臺杯，無怪乎新聲韵者，以爲韵律亦不協。

平水韵、詞林正韵，前人用韵之總結也。蓋漢字四聲業經發明，近體詩緣起，漸而臻於成熟矣。其間實融匯無數作者創作經驗，貫串古今詩歌韵律，乃吾民族之文化寶典也。而入聲，漢字獨有，其昇緩降徐，節短勢疾也，特有之聲韵效應，更無有能替之者。且入聲並未亡，即如敝邑方言，陰陽時或差錯，上去間亦模棱，入聲獨一分兩嚮。夫漢字簡化，古籍之讀甚難，教育之普及雖易廣，而全民素養實趨低。今復欲毀棄舊韵，令詩詞格律，系統斷裂，何其視之短也。噫！普通話之推行也，少年兒童，或有不懂鄉音者。如是一代兩代，洎乎三代四代，方言其將亡乎？夫昆劇、滬劇、評彈、越劇，傳統劇目之優秀者也，方言之不存，其將焉附？格律詩詞亦如是。故論者或云：推廣新韵，實非創新，乃以淺陋替代精美，簡易替代深刻。夫錯之鑄苟成，悔之將無及。顧梁氏之哭名城也，前事不遠。而聞氏勒馬回繮，以寫舊詩，又豈徒然。

而新韵昉乎中原音韵。夫中原音韵，元代入主中原所訂也，散曲及雜劇從之，雖成一代文學，其遜於唐宋也遠，故詩詞不之從，而仍乎中古音系。吾嘗聞之，詩原無定體，各恣縱其才，與乎性情之正，如是而已。作之者衆，天下成風，足以彪炳其時代，體格自然成矣。吾又聞之，無詩之世，謹守法度，傳承風騷一脉，令遺緒勿壞勿墜，以待不世之才出。且循舊聲律，亦不乏創造，可以抒情懷，伸鬱結，聊托所興。夫詩體之形成也，循聲韵發展之自然，此義彰彰。今新聲韵之訂也，爲當其時，爲機緣尚未成熟焉？苟當其時，充棟之什，何如無一堪供清覽？此鼓吹者非其才也。又訂之者非其人，新韵、通韵，雖冠名中華，自問世之日，詬病每多，未成氣候。顧其所恃而爲之者，徒以一時便利，遂投其機售其巧，偷其工減其料，甚而不惜毀數百十千年之舊也。若夫通韵不通，假勢力以通之，如秦之滅六國，轍迹所周，吞六合而禦宇内，塵土飛揚，掩盡微情之呻吟痛苦，快則快矣，其奈詩爲情具何。

夫語言文字，寖寖分行，文之相對不變，以總流變之音，則音有所規范，而文亦時新，此先民之大智慧，易之所謂簡易者也。吾人讀數千年來遺簡，並無隔閡，實賴於斯。不務出此，而手寫我口，奈何，奈何？夫舊詩貶自新文化運動，生存於縫隙之間，賴新老韵派，通力弘揚，位雖猶卑，境實漸拓。今吾觀乎詩壇，老柳吹綿，漫天飛絮，宜占上風；而新筍解籜，拔地萬竿，氣亦逼人。唯以新韵寫格律，東遨老師比之穿漢服而著皮鞋。不曰非其倫類，而急欲擺脱一隅窘境，以爲通俗始可以轉小爲大，新韵派也，此心雖可諒，此見實謬矣。夫文化貴堅守，截斷源流，已非大矣。且小何妨？獨不聞陽春白雪，和之稀者，乃爲文化存高純乎？夫一花不可以名春，及其瘋長也，爲害尤劇。詩之不可以無，亦如詩之不可以普及也。如或人人寫詩去，較世之無詩，景象更爲可怕。今日寫詩人多於讀詩人，虛假繁榮背後之種種粗濫不堪，可以知之。或曰：格律詩一萬年打不倒。余將曰：格律詩一萬年亦難普及。假通俗之名而放任詩詞標準，而輕言改革者，是不如退然守分，有以待矣。詩不云乎：『棲鳳枝梢猶軟弱，化龍形狀已依稀。』

蔚伯不觚集序

移吾心於吾詩，俾詩得魂而心托質，詩之能事盡矣。一切詩法，不外一入一出。入則我肖詩，出則詩肖我。入難，出尤難。入，『妥帖』二字可以蔽之；出，『本色』二字可以蔽之。既恰好，又本色，我即詩，詩即我，移心工程始算完成。世有未入之人，而稱裏手；復有未出之人，而稱大家。噫！此未證境故，不知詩爲何物。

蔚伯浸淫於詩日久，以詩紀迹，隨興而爲。集近作二百餘首，名之不觚，細讀之，較前有異。唯仍尚作技，巧取其象，妙逐其神，不肯老實，不將不迎，還詩於詩，詩境仍屬入；至於不依樣畫葫蘆，不甘爲陳法所束縛，出之動態已然勃鬱於心，而在入而求出之間，祇待培之育之，瓜熟而蒂落，豈受觚哉觚哉之譏。

嗚呼！望帝托春心於杜鵑，豈爲虛擬？心居可朽之肉體，吾人將活潑潑之自性靈明，寄托於詩，此之謂詩有一己之智慧。至於千百年後，人讀之，如同與之對話，則所謂壽世。丁酉臘月十一書於崇城容居。

題虹生雁隱集

何謂解吟解賞？取古今佳制雒誦，至辭氣口氣不二，然後引領以意，沉潛反復，令心氣與辭氣完全融合，人詩俱化，言忘而情存，辭色消隕，則吾人氣質已由俗變雅，非特語感之培養。然後回向，寄心於境，筆之安排、觸處要在妥帖；而於藻鑑，直覺所在，凡與吾心融洽者激賞之，否則批評之。無他，美之感受領略體貼，積漸而大備心天，已成爲吾人藝術之素養。而重知識不重素養，重筆法不重語感，反墜入第二義。虹生雁《隱集成》，命予品題數語，余因以是義探討之。諸君不妨簡擇一二己尤喜者，先別求甚解，待讀到口欲滑，看還剩什麼。融容居士謹識於崇之天城。

定國公暨夫人吴母合傳

定國公，世居邑南鐵爐冲。崇姜自少什公由通邑遷東堡大塅，再傳，二房朝祖公遷蒙山口，又五傳，仲鑑公卜基鐵爐冲，世閱二十，年歷六百，故家遺俗，流風善迹，猶有存焉。公父福海公，業儒，爲下鄉彦，遭時不造，中度失意，抑鬱終其生。公誕於舊戊寅年三月初九日巳時，爲日寇禍吾華國之明年。兵天荒地，種種辛酸，不堪卒述。及長，術擇割補，仁撫瘡痍。漸由醫生，次第晋階至高級職稱，而於白霓醫院副院長任榮休。

公自退閑，林泉逸樂，世攘不足以攖其寧，唯族譜之不修是憂。蓋崇通姜譜，第八修因故未遂，而七修止於舊丙戌，計距今幾七十載。人有隔世之感，譜有斷代之虞。公因奔走七disposed，會商二邑，登高疾呼，賴應者雲集，共舉公爲九修主任，坐鎮天城，於甲午夏擇吉開局，歷時一年又六月，至乙未冬散譜，凡兩閲秋冬。兹譜洋洋一百五十萬言，卷分上下，體沿歐蘇，法融新近。世緒彩圖清晰，印刷裝幀精美，前修積誤，多有釐正，乃吾所睹諸姓新翻譜牒之最佳者。主編天河老師言：『九修無我，質量也許稍遜。如無國公，一盤散沙。』八届編修建國先生則曰：『八修前事不遠。如我主持，難成；换其他人，亦難成。國公方是不二人選。』其間，經費之籌措，丁口之登記，人員之安排，進程之督促，事無小大，公必躬親。若夫精打細算，緊縮開銷，自不待言。時節屢新，洗塵之後，未再加餐。及譜告竣，公設私宴慰勞諸編修，且將餘資勻作誤工補貼，外發放紀念品。國公言：前期不緊，錢罄譜將無成日，無以對越祖宗在天之靈；後期不鬆，大衆辛勤未酬，難以消除心中所積慊疚。其敬事憫勞，後情先理如此，君子謂爲識大體。

夫人吴，諱平和，從教，性行淑均。誕育三男一女，皆器度深閎，能力過人，爲可大用之才。長男姜錨兄，爲崇政法委科長；次男黎明兄，爲縣公安局政委；三男姜超兄，自主創業，爲公司總經理，諸功輩俱一時俊傑。而諸發輩，亦嶄然頭角，可期遠到。

余與國公，親屬葭莩。太夫人李，歸自東流橋，爲吾二伯母李之姑母。而余姑祖母及堂姊，俱適李。親親相加，公與諸父，誼等昆弟。堂兄學智言，大伯父教書宋家嶺日，公常過從。一日急相造，言除四害，人各十鼠，求之不得，計無從出。忽見大伯母新孵小雞，公因索趾。伯父笑言：恐難亂真。公曰：應能。卒亦蒙混過關，其親密無彼如此。蓋當時政治氛圍極嚴，一著不慎，灾至滅頂。人各自全，父子且不惜相攻訐。仁厚如公，亦不得不忍無辜嚶友雛禽之斷趾，以舒燃眉之急。唯公天性樂易，敬禮愛誼，自始至終，與諸父相切厚。家君在日，每盛稱公，言當時邑三醫科生，公乃其一。又言公，用藥辨症極審，故手到往往除人痼疾。至於同事之間，公披瀝肝膽，待之以誠。公調港口醫院主理，遇事奮前，福利避後。久之其人感化，誠心悦服，主動與公款接，公一笑置之，相處如常。及觀公處世，圓中寓方。群而不結派，和而有主見。才足任事，德足聚人。生疏者日密，久共者生慕。其親和及處事有如此者，苟非能容人，業務不專，實難臻此地步。而吴母，與學智堂兄同學，坐前後桌。嫻静寡言，學業優異。儀端大家閨秀，德詢良人内助。

夫醫者，仁術也。姜自神農氏嘗百草以王天下，世緒遥遠，余不言。應靈公以醫官大其家於分寧，余亦不言。余欲言者，近世仲什少什公喬梓，以醫傳家，而成百子千孫之族。《易》云：『積善之家，必有餘慶。』斯言豈偶然哉！今公復懸壺濟世，吾聞之仁人必有後，因知其家必大。至於姜姓譜乘成後，才德諸彦皆無傳贊，余詫而異之，以爲不足以勸後訓今，紹先垂遠。因不揣淺陋，擇撰數言，以補成譜之闕，而附於編續，冀窺公迹於一管，而彰善德於無窮，是爲傳。丙申春，姻侄金塘鴻飛盧芒敬贈。

王親賢

生於一九六六年，湖北通山人。曾任中學語文教師，現供職於湖北咸寧政協文史委。

六閑堂記

鄂之南有畸人焉。其性散淡，其行淹遲，其辭樸拙，其貌如鄉村學究。爲人稍安貧，頗饜於惡衣糲食之境。甚好色，留意於閑花野草之屬；素耽書，非展卷無以成眠；不擇言，非放談無以爲快；喜爲文，每有所見所思，則形諸筆墨，示之同好，或曲解其意，亦不置辯。然亦不免於時尚矣。嘗見讀書爲學者悉有其齋，齋有其名，或勵志，或寄懷，或托夢，唁響濃淡，不一而足。遂隨於俗，顔其齋曰六閑堂。或問：『何謂六閑？』答曰：『看閑花、讀閑書、説閑話、寫閑文、做閑人而已。』問：『此五閑也，安得謂六？』答曰：『子不讀坡公《記承天寺夜遊》乎？坡公以投閑置散之身，乘月白風清之夜，欣然起行，幸然有遇，喟然有嘆，曰：但少閑人如我兩人耳。吾幼讀詩書，長而作幕，於古今詩文大家獨仰坡公，讀其文，誦其詩，慕其爲人，羡其有歐公知遇、朝雲知己、今古知音。雖千年前人，亦若常在左右，啓之發之。故我形雖一，其神則二，蓋心中常有一坡公在，豈非二閑人乎？』問者笑曰：『誠然。』六閑堂主人乃記而銘之。銘曰：

山不在高，草木其精。人不必偉，散淡其形。這也是堂，六閑其名。秋水閑中味，白雲拭後屏。閑花偏入眼，閑書最怡情。可以説閑話，寫閒文。無廟堂之攘攘，無市井之營營。明月承天寺，清風放鶴亭。蘇子云：但少閑人。

通山熊氏重修宗譜序

譜之爲體，所以考源流、序長幼、敦孝友，上溯祖宗之德業，下遺子孫以教訓，洵傳統之所繫、風教之一端也。且其富含歷代社會經濟文化諸信息，亦足以存正史之遺、補方志之缺。是故有識之士，無不踵其事而利其用也。然則予聞之：上無賢士，莫作於前；下無令子，莫述於後。有作於前，有述於後，予於熊氏見之矣！

熊氏裔出高陽，緒起江陵，歷代賢豪崛起，俊彦聯翩。唐宋以來，列豫章五姓，稱世家大族。至於元末，熊氏一支自武寧黄株坪遷居通邑，創榛辟莽，繁支衍派，人文蔚起於斯，迄今六百餘年矣。嘗讀通邑文獻，知有明之世，伯通公以才破一邑進士之天荒，汝嵋公以孝膺兩崖朱子之盛譽，其他貢舉、仕宦、隱逸、良善之屬，何可勝道也哉！數百年來，薪火相傳，賢良輩出，通邑人文之興，熊氏與有力焉。而熊氏先人德業之相傳不磨者，賴乎其譜，亦賴乎其人也。

予友熊子顯林，邑庠之名師、杏壇之健筆也，秉敬宗收族、光前裕後之志，以教學之餘任重修族譜之事，與族中老成凝心合力，數閲月而成新譜。今熊氏新譜，其可稱者有五：一曰增者添之，自一九八八年以來新增丁口，悉加添録；二曰遷者訪之，族人遠赴陝西山陽等處尋親，清初由楊芳燕窩外遷者，遂得詳載；三曰闕者補之，前次修譜，以所據民國廿五年之譜殘損而有闕漏，此次則據江西銅鼓千金嶂鄉宗親保存之民國九年譜重加補輯，各莊世系因之無誤；四曰錯者糾之，舉凡衍脱、倒錯、訛誤之類，一一稽核訂正；五曰舊者新之，凡舊序、族訓、傳贊之文，皆變换繁簡，標點句讀，以利閲讀傳播。是以族類雖繁，門户各别，而世系、源流條然而不紊矣，是誠可讀、可傳，可以慰先靈而昭來者也。

於是予有感焉。今之續譜者夥矣，而文化之斷層、人才之缺失亦由是見焉。亥豕馬焉，因之愈誤；魯魚帝虎，久而失真。文字之功既乏，才識之説無論矣。夫齊家治國，其義一也，繼志述事，可不慎哉！予觀熊氏新譜，體例得宜，稽考精準，接續流暢，乃知熊氏今之有人也，亦知熊氏將來之益有其人也。何哉？斯譜之立也，使熊氏子孫時復奉覽，則孝思之心起，親睦之情生，振作之志立，賢者養其粹，愚者歸於純，如是則無不純粹特出於禮義之鄉矣。

熊子囑序於予，予不才，又久疏筆墨，謹應命書之，取其達意耳，何敢言序？時在公元二零一五年歲末。

熊顯林

生於一九六八年，湖北通山人。高中物理教師。

雲中湖記

吴楚之交有巨山焉，曰九宫。昔南陳晋安王兄弟避兵亂，築九宫於是，或托言九龍之降也。其山綿亘數十里，聳然千米而高，稱鄂南第一山。山顛有天池，曰雲中湖。其形扁圓，廣百畝有奇，湖水清澈見底，魚戲其間，鳥翼其上，堪爲畫圖。信夫高山平湖，世之罕見也已。

湖陂植梧桐，繞湖而周，挺然成蔭。梧桐外乃環湖之路，寬可比輿而行。販夫踞蔭以沽，其文玩、古董、紀念品之類，奇形妙態，俾人目不暇接；亦有出賃舟車者，俟人驅馳。行人挨肩接踵，熙熙攘攘。蓋暑伏之季，山下酷熱，上則清爽宜人，夜可擁棉。故都市之客多有不憚遠足，納凉於此者。

近湖而存真牧堂，係開山祖師張真人臘身供奉之殿。在昔南宋淳熙間，道教尤隆，兹山名及千里之遥，朝謁者衆，日達萬人。遞於大明，易木而爲石坊，予先祖丹崖翁，年逾八十，猶騎馬攀山，爲之記焉。

去道觀一箭之所，有平臺坐於崖側。憑欄遠眺，但見雲湖水乘崖頂而瀉，直下百米，似素練飄飛，群珠墜落。值山風徐來，散亂其瀑，又若雪涌濤翻，變幻莫測。遥望湖之左，有風車依次柱立，循山而遠，或歇或轉，蓋風電之機巧也；及右而瞻之，有索道下石龍峽，纜車絡繹不絶，亦人工之極致矣。

湖稍上而峰頂，即銅鼓凸。立銅鼓凸上，輒見白雲悠悠，觸手可及；四顧蕩然，更無山巒與高；鳥瞰而下，可得青峰數朵，漂於雲端，疑當仙境焉。太祖時，嘗軍銅鼓凸上，置雷達，以備美蘇之犯。今則去之。乃民科、文青、好遊者之屬，多聚於茲，以邀日出，惘日落，晤星月也。入夜，氈蓬遍地，喧歌暢語，庶不減古人秉燭之情也。

面湖而目之，中見館舍，號龍珠山莊，昔邑侯龍公之構耳。盛之時，笙歌達旦，竟夜不息。而堪輿者以爲俗物凌天池，致其損格局、傷地脉也。時人亦病之。

是年炎夏，氣温殊高，予與婦弟携家眷避暑其上，宿於湖濱之邸，得覽湖周之勝。既慕先人之風，乃潑墨而爲之記。時在二零一六年八月。

遊鳳池山記

署之東南可五里，有楓梓山焉。其所在多楓梓之屬，蓊蓊鬱鬱，蔚然喬木。山顛岩塊裸然，雨水蝕漱故也。石則黛黑純粹，每凹若小池，時人以爲鳳鳥來浴，故雅而名曰鳳池山。丙申秋，瑣務牽身，中心不豫，遂決計一遊。秋假之日，因往之。

質明而起，食於肆。天晴若暖春。甫入山扃，閽者覬余手中木，乃哂曰：『强仕之期曷杖爲？』余訕訕無以答。爰見躋級直上者，少年也；蜿蜒於輦輿之路者，翁嫗也。顧尋叢間舊徑，然荆棘密布，荒蕪莫辨矣。復入正途，蹀蹀而上。見夫古木相摎，枝柯交通，時有鳴禽探過，亦有松鼠遊戲其間。至於半腰，曲折而彎處，旁厝巨石，活如龜兔争行，銘曰龜兔彎。蓋好事者得西典之趣也。童頑至此，每環之而雀躍，又併首弄足，攝照留真。維龜兔競走之義，欲勉其賡力以攀山也。

近頂，墓冢累累，覷之悚然。其寢阮將軍者，凡百戰，勛名赫奕，行人屬目焉。余嘗覽其碑文，知其起於草萊，自小辭家赴難，屢履艱險，莫不九死一生。鼎革後，淡然於世，遠離朝堂。當其暮年乞歸，鄉音依舊，而終卜於桑梓。《詩》云：『天保定爾，亦孔之固。』是群黎之所欲也。凡今之人，當此熙世，其猶識前朝故實乎？亦緬維先賢之丕烈乎？

及於巔，金桂飄香，花之淺黃如絨，夾道燦然。憑高放望，山色青黃綉錯，溪流縈帶其間，可引人遐思。彷若見煙雨迷漫，霽陰聯綿，又變幻萬狀，頃刻千回，使人心移世外而有學赤松子之想。俄而山風猝起，杪葉諧和，神氣爲之一清。比來縈懷，澌然消湔矣。上可平疇數十畝，其中微凹，竹籬環之，蒔花木焉。拜山者或撟身肢，或簫琴自娛，各騁所好。余則喜心悅目，遊興正濃矣。

之翠屏古刹，禮佛畢，有僧迓曰：『不知尊客即顧。』余笑曰：『弗敢當尊也。塵囂碌碌中人，來與浮屠借覽山勝耳。』午趨齋堂，已，復流連於林壑間。後西折而屆牛頭塔，至暝色方歸。歸而記之，情頗欣然。蓋余足彎日久，而不以爲戚，得閑遊山林寺塔，良可樂也。

西曆二零一六年十月，邑人熊顯林記。

通山一中文科廣場碑記

學校之興也，將以敦風俗而育人材，自里巷以至郡國，莫不有學，以爲施教之地也。然則其肇創難，維修亦不易。新校既建十餘年，其中朽脱罅裂者屢，今校長徐君有志於起敝振衰，奈何公帑拮据，則欲一一補葺於目下，誠戛戛乎其難哉！時有李公從文，鄂通山人也，最稱邑之賢達，嘗力學於斯，繼晋於武漢大學，後發展於粵之深圳，營文科園林公司，歷膺省若國級殊榮，聲蜚於商海。丙申秋，公返鄉入校，見焉多處風侵雨蝕，是虞其不美於教化，不良於志學，而思其宜乎易之新之。

伊此廣場，居行政樓前、教學樓側，向之數千生員晨操、集訓之所也。惜乎地面毁損，坑洼不平，疾行之則有偃仆之憂。粵在國慶七秩之歲，庀石材，鳩衆工，平基固礎，閱兩月以成厥功，復得藉之操練以强身，訓導以啓智。猗歟美哉！李公之善舉也。而公非惟襄廣場重建之貲也，客歲録播廳暨藝術樓之改造諸項，亦解囊甚夥，且夫奬學助學、奬教助教之金長奉不輟，凡捐贈計五百萬元矣。通邑文教之興，李公與有力焉。

今廣場之版石密契，坦坦而平，且歸未勒名，故顏之曰文科，彰善舉也，志不忘也。時公元二零一九年五月杪，謹記縣學廣場重建之顛末云。

易高傑

號不問。生於一九九零年，湖北恩施人，現居深圳。趾離書院院長，留社、唐社社員。

瀟湘鼓柁集序

緊夫鄭樸耕岩，不改衡茆之業；李恂結草，轉添布被之歡。則束書牛角，携經笥以遠遊；斗酒竹根，漱石泉而慵坐。八方形勝以冶其情，九郡人文以資其美。羊左雪中之契義，縱効死復奚如；河東城上之謳吟，雖投荒以自若。徒河王兄禹同，號畦泉，鄴下才人，遼西名士。潛心議疏，步武詩騷。退閑則溢篋五車，坦腹則撐腸萬卷。將覽揆於廿年，奮騫翔於四海。遂乃渡瀟湘，穿嶺嶠。寄深湖廣之行，窮極衣冠之盛。年年睡債，償之以慰芳華；兀兀書淫，勵此而焚膏火。古碑新刹，胸中無不灑之言；緑竹紅蕖，眼底是頻來之友。而或猿鳴蟬沸，月下星高。水窮之處，但起煙霞；秋寂之餘，時聞鐘唄。樹暗天門，探桃源於洞内；雲生石鼓，拜精舍於山中。知黄鶴非凡間之種，去昨日而少留；並秀才争天下之憂，登斯樓以倍感。

及夫哀帝女，適蒼梧。商風鼓艓，浯溪之壁摩挲；漓水帶寒，獨秀之峰鬱壘。則瘴海驚濤，望仙島而何及；邊城積火，駕軒車以自如。是以寢乎百家，融爲一集。飛聲掞藻，筆間呈五彩之光；隱几鳴絃，府上得三花之妙。野人之才語，槧次成篇；方志之陳言，雜糅是詁。已備變風變雅之辭，率皆古色古香之作也。

余也鄙陋，值諸葛出廬之歲，少陵失第之年。哀器業之無多，悵聲容而漸老。新雨他鄉，惜相逢於萍水；故人滿眼，傷一別而辰參。敢附弘編，猥陳首簡。莫道謫仙去後，世無倚馬之人；會期琴摯歸來，君奏移情之曲。

丁酉秋月，易不問識於深圳趾離書院。

宋少帝陵賦

宋少帝，南宋末帝趙昺也，爲陸秀夫立，在位一年，時張弘範攻厓山，秀夫負帝赴海死，而宋亡。帝骸未梓，傳爲媽祖所庇，山僧葬之深圳小南山下，今没於群宇間也，余亟往祭之。有子聯云：葬予之海，殉予之山，十萬衆好頭顱，片甲詎容淪左衽；君何以碑，臣何以冢，三百年舊基業，零丁不忍復南遷。有感其事而賦之，以題字爲韵云。

車候赤灣之左，睨以微塵；日逾蒙谷之西，收其餘照。既曲而行，或升以眺。聞楚些而澌縈，招宋魂以長嘯。龍蛇躍躍，風煙洗鑾蹕之旌；草木芃芃，榕廈遮昌圖之詔。而況石函深貯，安宗祏於草萊；芒屨屢飛，顯神靈於松蔦。古碑尚在，猶記厓山；劫火早無，僅存宫廟。生且無夷齊之粟，雖幸何求；死而隨巡遠之身，仍悲年少。

蓋宋三百二十年後也，舉國無能，皇州失勢。丁家洲上，驚走八哥；極浦庭中，題詩一例。空迎軹道之灾，難復新亭之計。三宫銜璧，運去鳳嘶；八狄彈冠，時危鶴唳。既而倚崖列艦，天昊移海水之波；焚島聯屯，玄甲抗虎狼之噬。盡道從龍護主，舟師百戰猶衰；豈期浴日負兒，臣子孤魂一繫。王氣沉沉，腥風曳曳。群鳥蔽其遺骸，山僧收其襟袂。天后至感，斫梁棟而爲棺；匹庶倍憐，葬南山以成第。已隕他鄉，誰蘇其鋭。方銷兵過後，哀聞墮淚將軍；正野水浮來，夢到春心望帝。

噫！斯人已矣，故事頻仍。盛則百年之積，禍非一日之冰。使天下之危，集於一室；禁中之子，挽此孤稜。父死兄亡，忠邪莫辨；春來秋往，基業將崩。以其垂髫也，請中興而復土；以其龍胤也，將效死以從征。罪何在己，慟不欲增。縱諸葛懷安劉之策，而程嬰無存趙之能。想戰火城南，束身投海；對斜陽天半，折俎祭陵。

周修港

字守淵。生於一九九一年，湖北襄陽人。北京師範大學研究生。現爲闕里書院教師。

論語一百顛末記

吾友黄君，昨謂余曰：汝誦讀經典也久矣，得益於『《論語》一百』也侈矣，何不以文記之，廣而告之，以知覺他乎？余以爲然。余生命之轉向在彼也。彼者，『《論語》一百』也。吾幼學而勤，長而入闈，罕有敗績。然非有志於學，乃不得已爲之也。及至大學，遇吾師張燕玲，以考試加分誘吾晨夕讀經。初讀之，甚覺喜悦，讀之愈久，其喜悦亦加之。

癸巳夏，吾之在謙學堂任暑期讀經班教師。在謙學堂者，大陸首家謙字輩讀經私塾也。堂主趙師伯毅，望之儼然，即之也温，簞食瓢飲，不改其樂。與其處久，如沐春風。

是年冬，余偕北師校友二十餘適廣州從化，與『《論語》一百』。『《論語》一百』者，一月雒誦《論語》百遍也。發起者與資助者，瀘州企業家張師湘同也。惜天不假年，翌年即溘然長逝，真使人生『長使英雄淚滿襟』之嘆。歷此『《論語》一百』，吾得以明人生真途。所謂『學而時習之，不亦説乎』者，所謂『我欲仁，斯仁至矣』，非爲古文枯字，實乃生命之活水。

越明年，復得凈小芳老師襄助，休學如白羊溝讀經三月。同學陳億挺，退出大學，一意讀經，志道據德，矢志不渝。其志其行，鳳毛麟角。是後，吾立志讀經。常念：全球讀經，不枉此生。書院學堂爲常去之地，誦讀經典爲日常之課。夏，余往樂謙學堂，得遇佳人。其清麗脱俗，依仁遊藝，與余執手，志趣契合。

有『《論語》一百』，然後明讀經教育；明讀經教育，然後得以立志；志立而後有此良師益友。『《論語》一百』，曰知讀經教育之由户，不亦宜乎？『《論語》一百』，諸君盍歸乎來？

丁酉年甲辰月戊子日。

家慈小传

家慈方氏，楚之鄖陽人也。及笄，歸家父。越一年，生吾姊，後四年，生港，又二年，生吾女弟。以避計生故，舉家遷襄陽。

襄陽無親，語言亦異，飄然至此，家徒四壁。母氏性温，笑隨言出，烹調女紅，皆爲能手，侍奉舅姑，禮周而敬。又善交鄰里，園有蔬果新熟，則擇佳者以贈。遇諸途，則先以伯叔嬸姊相呼。鄰里皆稱善，故内無争而外無訟。艱困之事，不嘗與人言。出則稼穡，入則爨厨，晴雨其時，强固其能。吾三子女以是得安，不惟衣食，遠邇之學，亦足以繼。

及吾等皆舉大庠，鄉人異之，曰：『鼠雀安得龍鳳子？』其不以爲譏，笑曰：『龍生九子而不同，鼠雀之子，不宜有變乎？且今之大學，已非龍門，於龍鳳子何有？』家慈幼聰穎，好學，入塾一載止，然書、數、尺牘，皆能自爲，常語曰：『若使吾能求學十載，必可秀於閨中。汝輩惟進學耳，不必憂學資不備。』吾輩以是不責而勉。

及卒業，皆有職薪，再無貧困之患，然家慈勤儉如舊，非年節不肯食肉，有珍稀必待子歸，且囑吾等，要以樸厚、勤勞以處内外事。子女不解，曰：『何自苦若是，寧不安享乎？』家慈凝色曰：『娶其娶，歸其歸，何時俾吾無憂可矣。』

詩曰：『撫我畜我，長我育我，顧我復我，出入腹我。欲報之德。昊天罔極。』家慈之謂也。

頌曰：『之子于歸，宜室宜家。烹調女紅，技熟堪誇。克勤克儉，亦柔亦堅。樸素其質，淑慎且賢。如椽如瓦，如墻如窗。雖非棟樑，家賴以康。』

鍾雲歡

字升龍，號則靈。生於一九九二年，湖北監利人，現居廣東東莞。好詩文古辭。

雜記二則

與客論聊齋

己丑年，吾客羊城，偶詣中山大學西門之小古堂。小古堂者，山西人李金亮之書店也。李負笈中大，好金石碑帖之屬，又好藏書，臨卒業，所藏之書盈舍矣，無所庋處，遂置書店以售之。余以其店多古今名家别集，故常過，久而與之熟稔。某日詰余曰：『蒲松齡命其著曰《聊齋志異》者，何也？』余答曰：『蓋其所居之處名聊齋。夫志者，記也。異者，怪也。』李曰：『止此乎？』吾又苦思其義，終不可得。金亮醒之曰：『其所記諸事，皆聊天所得，故以名之。』此説但言其聊字，餘皆不釋，可乎？余記之以求教方家云。

余訓誠

吾村有名余訓誠者，叔之同窗也，好種殖之屬，聞隆平公製雜交水稻成，舉世敬之，心竊慕焉。自思亦當效其業，事成當與隆平公同譽矣。然其學止小學，未諳科技，盡其金而不得其要。數載，年過弱冠，鄉有爲其聘婦者。誠曰：『吾所事者，當世之偉業，非凡夫所爲，擇婦可不慎焉。』有媒者引女過其門，則詢曰：『汝大學畢業乎？汝所事專業何？』女止小學，事終不竟。後復有女過其門者，則問汝果處子乎？當至醫者處視之而論也。』女性潔，以其辱己，大恚，奪其門而去。

事出，村人以爲迂，僉哂笑之，後亦無有爲其聘婦者。然其母亦不爲意，曰：『但有男，曷得無女乎？』又數載，年而立矣，其事無所成，誠乃思婚矣。嘗於歲晏，同村有女自粵歸，摯酒肉煙茶之屬過女門，女父以同村人，或有事丐之，急延入其家。坐定，誠乃曰好其女，欲娶爲婦。女父大怒，盡出其禮於門外。女亦以辱，大罵之。後又數年，過鎮上之郵政局，有局女與之笑，誠亦思曰：『其女與吾笑者，慕我乎？』歸家亦倩母爲之聘，終爲村人所笑。今其人年逾不惑，仍未婚，孑然一人。

賃居記

余謀食於東莞之億東公司，始居公司之宿舍。舍凡三人，吾班行歸，則二當班，雖同居，未覺有窒礙也。時日浸久，則同舍者漸衆，余欲讀書，則有電話者、聆樂者、游戲者，其聲嘲哳，余甚苦之。乃謀諸譚君。譚君者，同職事者也，暇兼賃事，其舍去吾公司計數百武，來去甚便。然求賃者蓋夥，屢匄而弗得之。居三月，一旦譚君言於余曰：『室有闕矣，汝其有意乎？』余大喜，棘往視之。三樓，居其南也，室可方丈，有陽臺，憑欄而觀，則街景人物盡收眉眼。心樂之，遂日給其值，暮則盡移書卷行篋而居焉。

室中之物，凡床一、几一、櫃一、冰箱一。有二庋立於壁，陳列百餘卷，凡經史百家方國之言無不集焉。余夙喜飲，復置醇醪數種於其間。每作文，先飲，次啜咖啡。余喜咖啡之絶佳者，亦喜絶佳之盃盤者同啜之，遂日尋之網間，每見心儀，必貿取之，故所見皆笑吾日以置盃爲事也。每班行歸，居吾室，弛然而卧，則若天地盡歸於吾也。時蹀蹀書架前，隨取而讀之，得意處，舞之蹈之。偶有疑，遂問微信諸友，向之疑頓釋，吾之學亦日增矣。

嗟夫！疇昔余中考不售，隨家嚴至羊城，無方寸可立足者。時姨母賈於是，有房一區，置床五六，床二層，以供工者居之，以吾困劇，使居一席，是以無風雨之憂也。然吾也愚，不能爲縫紉事以活己，又有志於學，每子時下值，必讀書於一豆之下。同居者皆哂之，曰：『若汝者，得無困諸父母足矣，讀此何若哉？』然吾氣不少沮，日假書於他處而讀焉。居人皆欲眠，吾不敢掌燈而讀，乃立乎厠匽而讀之。今也得賃是居，無向者同居之擾矣，無人聲嘲哳之苦矣。吾性不敏，不得求學黌门，居廣厦之下，讀天下之書。然吾有疑，則有師長問之，有同學以切磋之。比乎昔時勝弗若倍蓰乎？吾曷不樂之、曷不喜之耶？

周楊

生於一九九二年，湖北宜昌人。語文教師。工書法。任文言文寫作班指導老師，主書法社、國學社。

代蘇東坡報柳子厚書

子厚足下：

既蒙繆愛，辱賜書論文章及佛老事，言深意切，勤勤懇懇，軾雖不敏，何敢拂卻盛情。拜讀再三，猶有一二不明處，敢望承教。請略呈鄙陋，謹獻微意，辭短才竭，筆舌難周，幸勿爲過。

夫天生萬物，莫不調和陰陽，因勢成形。陽主陰者氣正，正則世治，應運而生；陰主陽者氣偏，偏則世危，應劫而生。有周之際，清明靈秀，運隆祚永，文、武、周、召，皆應運而生者，修治天下。迨及東遷，陰盛陽衰，禮崩樂壞，聖道不傳，雖賢如孔孟，猶不能振起，使天下復歸古聖先王之教。於是，老、莊、列、楊朱之屬應劫而生，各懷其説，欲使天下一心。前漢昌盛，遂有『獨尊儒術』之舉。及其衰也，佛老流毒，則有王充作《論衡》，疾虚妄之言。是故氣正則國興，儒道盛行，氣偏則國衰，雜説遍天下。聞釋迦摩尼之創佛教，直禍亂之時，是知儒與佛老皆秉氣而生，向時而動。論及文章，亦同此理。漢賦分大小，皆以陰陽之消長，國勢之興衰。至魏晋紛亂不息，衰無可衰，小無可小，乃求駢儷，工格律。後韓文公雖有意振起，而倡古文，彼時大唐神器方頹，其氣不正，故不成。及至本朝，承平日久，乾道歸位，歐陽公繼先賢之志，復倡之，乃有今日之胜景。

又關乎人數。達則氣正，其爲文也，如雷如電，則其大端，陽勝陰也。及窮困之時，陰勝於陽，其氣也偏，故爲文也，如泉如霖。軾初及第，未諳世事，自詡才高，常有驕士之色，故好爲雄文，以彰其志。及遷黄州，潦倒一身，所作詩詞，則有纏綿凄婉之情。子厚雖自謂以愚觸罪，謫遷之意，何以過軾？比來所作，兩賦一詞，皆駢儷之屬，而古文罕焉。軾非不好古文，陰氣塞中，非詞賦無以抒懷。聞子厚柳州所作多擬騷體，其亦出於此乎？故儒與佛老、駢文古文，皆陰陽調和，因勢成形。陽勝陰則此，陰勝陽則彼。真君子必能兼擅，出入佛老、綜合駢散，儒教爲宗，恢恢乎游刃有餘矣。達則爲雄文，興儒教，濟天下；窮則悟佛老，求駢儷，抒己志。皆隨性而發，唯得其當而已矣。雖然，孔孟之汲遑，又爲士君子所效矣。

以上所陳，愚陋之見，深恐非笑於明哲。音書數通，倍增欽慕。無由会晤，不任区区向往之至。

後學眉山蘇軾再拜。

秦行國

生於一九九三年，湖北沔陽人。現爲湖南大學嶽麓書院中國史專業博士研究生。詩詞見諸《中華詩詞》《詩刊》《詩潮》等，隨記見諸《中華讀書報》。書評《思想的古層：讀中國政治思想史的若干思考》入選復旦大學出版社「書香復旦」首居微信書評大賽精彩書評。

與震邦先生書

震邦先生著席大鑒：

歲月易得，時序不居，自前一别，奄忽數載。白石有「一年燈火要人歸」，天涯霜雪，季鷹思歸，阮生嗟途，當此際也。然投壺於座上，爭射乎席間，二三君子，慷慨擊節，銳意《左氏》，風義相激，未知怠息矣。愚生每讀《左氏》，未嘗不憮然兀坐，以爲自得也。鴻蒙微昧，禹迹茫茫，或載於三墳，或登於五典，其文理難徵，故夫子有言：夏禮能言，杞不足徵；殷禮能言，宋不足徵。文獻不足故也。至於姬周，詩書並作，儀則乃定，九州貫焉。然平王以後，中土鼎沸，鄙夷紛擾，春秋以此興焉。蓋循軌唐虞，繼踵文武，以匡時佐世，訓典興衰。獲麟之筆，自隱至哀，辭約而文婉，章短而意幽，抑揚見於一字，褒貶顯於毫毛，而優劣自辨，三家爭傳，並轡而驅，尤以左氏爲先。雅人英士，王侯公子，譬若馬班歆向，皆潛玩不已，鄭箋萬卷矣。

一經三傳，若以史載筆，愚生以《左氏》爲上。年時以繫，人事以陳，交相爲功，寡經則因果不詳，首尾不備，寡傳則歲紀難清，古今難理，頏頡翩翩，美之盛矣。元元割剥，陵替失序，爲安危之慮，生死之虞，修文表德，非彬彬君子，其能誰乎？

愚生每覽《春秋》，華服輿馬之飾，金石玉管之樂，虎豹魚龍之章，戰則雄言抗辯，歌則駘蕩無涯，宴則文雅淑艾，祭則休明穆若，皆魚貫於前，未嘗不撫膺長嘆。《春秋》云：民者，神之主也。禮節忠敬之偉，文德恭義之崇，皆總其內。魏夥嫁武子之嬖，人以結草爲報，故敗秦師。宋、楚戰於泓，襄公不重傷，不擒二毛。南宫長萬奔命，而乘車輦其母。衛國亂，子魚射兩軥而還，曰：『射爲背師，不射爲戮，射爲禮乎？』晋悼好田獵，魏絳以后羿鑑之。吴乘喪伐楚，君子以爲不吊。子囊伐吴，將死，遺言謂子庚：『必城郢。』君子以爲忠。魏夥、襄公、南宫、子魚、魏絳、子囊雖各屬其國，不爲一主，皆載於册，流聲千載。人言春秋無義戰，凡觀此類，不亦淺乎？是故功銘鐘鼎，名著竹帛，不徒王霸之業，更重親善之節，高遠之風。雨遍泰山，河潤千里，《左氏》之美哉！猶記洛中秋夜，與先生對飲，滿座衣冠，高誦稼軒詞，頗有新亭之慨。今先生尚記否？

即頌寒安，後學行國拜上。初五。

黄卜棣

生於一九九四年，湖北監利人。就讀於北京語言大學，博士研究生。

王霸論

嗚呼！王霸之辨，可不亟乎哉？夫霸者假借於道而行害道之事，舉天下之人鮮不爲其所惑。惟幸世之卓然有力者尚能明發其辜，見幾於萌蘖之初，慎其身而不受其害，蹈其德而不爲所亂。良由君子修其本，由仁義而行。小人反是，其行仁義也愈久，其心也愈蠹，雖苟稱王，其實則霸，喪亡亦可立而待也。然猶争汲汲之口以自命爲道，或竟躋於聖人明主之等，長享豐絜之祀，史策相望，不絶於筆者。蓋王霸之辨亦即名實之辨，彼自名道，非真道也；彼自戕賊仁義，非道之罪也。昔者孟子以『犬牛之性猶人之性』以拒告子，而邪説不行，吾是以知夫子洵爲孔門之功臣也。

王者非不欲有天下也，特惡不以其道，是以大王居豳而國人歸之，此則以道得其民者，常道也，中道也。若夫衛州吁弑桓公而立，雖曰有國，特不以其道得之。《左氏》曰：『其志將修莊公之怨於鄭，求寵於諸侯以和其民。』是州吁乍以王者自處。國人亦受其欺，以王者目之而冀其和。然卒以不期年而亡於國人之手者，良以霸者静言用違，臨其事則以亂和其民，前之王道之許固已㪺喪無遺矣。孔子曰：『聽其言而觀其行。』豈虚言哉？齊桓公之季世，獨用易牙、豎刁、開方侍其内朝。卒致人亡政息，啓五子争奪之禍。桓公之心以謂堯舜無爲而治，有天下而不與，吾既霸葵丘，則可進而法堯舜、行王道也。然則堯舜所用之朋黨，皆亂臣也。桓公所用之朋黨，皆佞人也。是以桓公之王道，其諸異乎堯舜之王道，僞道耳。桓公之喪亡，非王道之罪也，特不篤行王道也。春秋世道之降，王道不行故也。彼列國人君者，徒致力乎征伐交戰而不息，而武王歸馬放牛之風偃矣；爲其臣下者，肅肅乎條陳争地之術、僇民之具，而虞舜好生之德不复見矣。考其時雖相接，論其義則不倫。嗟乎！曾不閱時而致此大變。人心之危，可不儆哉！

夫桀、紂、幽、厲莫不有其地也，有民人也。有社稷也。及其施於政，亦莫不有道焉，然則彼紂雖號曰：『我生不有命在天。』鎬京之人曷嘗以受天明命視之哉。霸者之害道，如秕之亂粟，以其似而非也。然則何以制之？曰：『心有仁義之府，亦猶目有離婁之明也。天生下民，仁義禮智備於其性，施於有政，則爲中、爲極、爲天命。苟執中道而立，彼霸道者雖矯飾於外，襲仁義，其心之離經叛道，皜可見矣。』

鄒安泊

字止水。生於二零零五年，祖籍河南洛陽，生於武漢。武漢大方學校學生。

人物傳三則

劉蔚華小傳

劉蔚華，字果實，武漢大方學校興趣班生也。修五尺有餘，面白净，甚聰明。作詩，不半刻而成焉。讀之，詞語爽淨。亦懂醫理。人患肺炎，以黄芩治之，輕者三克，重者二十克，水煎服之，數日而愈。其智慧過人，吾不如也。

徐景盛小傳

徐景盛，字一卣，武漢大方學校開智一班生也，面大額寬，終日嬉笑。常竊人物以爲樂，或見之，則大笑而奔，動如脱兔。甚覺其趣，則日月嘗一至焉。上課以爲鴻鵠將至，心不在焉。無怪其考分不高也。

張老師小傳

張老師，字如水，大方學校文言文興趣班師也。高六尺餘，鬢生白髮，濃眉亮眼，似大智之人。作詩，無須紙筆，乃口占曰：『青龍三月正多花。』平平仄仄仄平平，合轍。善改詩。普通一作，稍改之，竟有韵味。教吾輩讀經典，見印刷之誤，即説明並改正之。真吾良師也。

湖南

黄瑞雲

別號黄黄山。生於一九三二年，湖南婁底人。一九五八年畢業於武漢大學，先後在湖北教育學院、華中師範大學、湖北師範大學任教。從事中國古典文學教學與研究，業餘創作。著有《長夢瀟湘夜雨樓詩詞集》《黄瑞雲散文選》《老子本原》《莊子本原》《論語本原》《孟子本原》《詩苑英華》等書。參與主編《歷代辭賦總匯》。

湘珍室詩詞稿序

華夏詩詞，源遠流長，三千年間，峰巒迭起，其藴藏之豐贍，藝術之輝煌，舉世無其儔匹。自五四以還，新體興起，然五七言詩與長短句，仍不輟於吟咏。間有奇峰秀出，或亦不減古人，我師當陽胡先生即其卓卓者也。先生自髫齡即治國學，沉潛於經史諸子之書，寖饋於唐宋名家之作，述而且作者六十餘年，故其根深基厚，得取其精而用其純，卓然成一代名家。先生之詩，出入魏晋，涵渾李杜，而得力於東坡者尤多；蓋先生之資禀情性，與東坡爲尤近也。先生之詞，融貫兩宋，遍采諸長，豪縱者無粗獷之疵，婉麗者無纖艷之瑕，寄興深微，不失風人之旨。然其文質炳焕、超逸雋永、感人至深者，蓋出於先生之至性，非全關乎學殖也。

方先生少時，國家多難，外有强寇之侵，内有苛政之虐。先生抱天下蒼生之深憂，懷報效民族之壯志，負笈千里，飽歷艱辛。其轉徙道途，流離冬夏，山川悠遠，歲月悠長，世難民瘼之恨，家國危殆之痛，感時撫事，吊古傷今，與夫登山臨水之慨，離别相思之情，無不發之於吟咏。當其獨立蒼茫，悲歌慷慨，性靈所至，有不求工而自工者。所以先生貧賤自安，艱虞靡悶，固修養之功力，亦詩詞爲之助也。及夫國家易鼎，日麗天明，正先生大有爲之時，然亦不無周折。先生但誨人不以爲倦，治學不減其勤，不汲汲於名利，固忘懷乎得失。自我至先生門下，幾四十年，其間風狂雨横、波譎雲詭者不知凡幾，未嘗見先生有戚容。言談之間，每至國運開泰，則怡然歡快，或事有頗仄，則憤慨激昂，而從不涉一己之遭際。及史無前例之日，先生雖横遭污辱，然直面横流而處之泰然。蓋先生胸懷澹蕩，乃能巍然獨立，宜乎其詩境詞藝之高華逸邁也。

先生早歲，於所作不自珍惜，貯之篋笥者十無一二。今先生以耄耋高齡而精神矍鑠，睛明神旺，尤肆力於歌吟，所作乃倍蓰於往昔。詩國馳驅，青春固長在也。

先生深於情者也。夫人沈，嫻雅淑麗，於先生爲知心，爲賢助，結褵數十年間，或輾轉道路而濡沫相依，或棲遲寒素而甘苦與共。故先生集中，抒其婉戀之情者特多。或離别懷思，肝腸掩抑；或平居藉慰，蘭茝芬芳。其深摯旎旖之作，自非彼偎香依玉、剪翠刻紅者所可同日而語也。先生字芝湘，夫人沈字佩珍，先生以『湘珍室』名其居，亦以名其集，蓋亦志其伉儷之情也。

辛未秋杪，先生存稿將付梓，命余爲序。余不敏，違之則不恭，乃惴惴以從命焉。

楊子怡

生於一九五五年，湖南新邵人。原惠州學院中文系教授，現任教於惠州經濟職業技術學院。中華詩教學會常務理事，廣東省東坡研究會名譽會長，廣東省詩詞學會常務理事。

北牧集序

盤點當今吟壇，披閱時下詩册，余嘗戚戚焉。結社倡盟，競浮學而相高；玩華棄樸，矜淺陋以自寶。鏤肝刻肺，競以學問自矜；頌聖銘恩，紛以諛詞相耀。有慶必歌，逢節輒和，追價一字之麗，矩矱是遵；細敲八句之工，雷池豈越？裁紅剪翠，情僞日滋；炫才逞博，浮華繼起。吟壇之弊，老幹體尤盛，寫實則套話連篇，議事則官氣十足，抒情則裝腔作勢，遣詞則俗濫無文，典雅全無，詩道盡失焉。持瓦釜而掩雷鳴，拔黄茅以蔭霜菊。興觀之旨，寂然已替；變徵之音，不復更聞矣。嗚呼！比興不繼，風雅難存，欲求賢士之心，欲尋騷人之志，欲讀血性之詩，欲獲真詩之樂，烏可得乎！

今有韋君樹定，鴻寄於燕京，北牧於吟圃，仰《周召》之風教，慕《甘棠》之遺風，奮而爲詩，一歸雅正，琦瑋卓絶，夐出尋俗。其志，或欲挽斯文於既喪；其句，或思救詩道於既亡。讀其《北牧集》，有如悶夜沐清風，酷寒飲勁酒也，吾之憂戚頓然冰釋焉。其立意之純雅，語句之圓融，詩技之嫻熟，内功之深厚，初讀之以爲耆宿也，不意韋君竟爲八零後之後生，吾欣然愛之且又肅然敬之。昔嘗共朋儕談詩，於當今吟業，人或云之爲夕陽之業，或諷之銀髪工程，蓋譏吟哦於吟壇者皆垂暮之人也。吾雖不苟同，然薪火之憂，傳鉢之慮未嘗不縈縈於懷。今讀韋君詩，方知吾見吾憂殊爲可笑，陋比井蛙、憂並杞人矣。

昔賢論文論詩，惟氣是尚。氣者身之充也，文之帥也，總而持之，條而貫之，沛然發之。氣之於人，得之則生，失之必死，詩文亦同之。故王充曰：氣之生人，猶水之爲冰。水凝爲冰，氣凝爲人。故韓子有云：氣盛則言之短長與聲之高下者皆宜也。人借氣而旺，詩借氣而行。詩有本末，體氣本也，字句末也，氣貫則句得其宜焉。故善爲詩者，發而爲聲，鼓而爲氣，肆而成詩矣。氣盛則無須苦搜覃思得之，無須浮辭麗句飾之。感物而情發，肆口而句成。故煉氣其本，逞句其末，此爲詩三昧也。韋君深得詩家三昧，其性器天稟，斐然乃成者，氣也。氣有種種，揆之韋君詩有三：曰清、曰樸、曰浩焉。

一曰清氣。處紛繁而安閑，罹憂患而淡定，寫宏志而清新，抒牢愁而曠逸。不斤斤於錙銖必較，不孜孜於聲律之求。徜徉於清風明月之中，超曠於江山麗景之上。寫物寫心，氣韻流暢，狀景寓志，格調灑脱，此清逸之謂也。昔徐公幹句恨未遒，但有清逸之氣；庾開府文章老成，世傳清新之詩；鮑參軍困蹇抑鬱，每多俊逸之句；李太白天馬行空，遂多飄灑之格；孟襄陽冲淡融和，不乏壯逸之風。此數子者，皆以清逸鳴世也。韋君北牧之什，亦多清逸之風。如：『名山到眼春如海，鬧市求賢静似村』，清逸中寓壯遒；『客子閑情寧似懶，書生豪氣向來粗』，閑逸中有粗豪；『窮到剩詩猶是福，狂來嗜墨轉如癡』，清狂中多超曠；『夕陽過節懶，秋樹笑人肥。獻策嘲名士，談詩愧姓韋』，清逸中出詼諧；『陶然暮靄入林深，獨抱箏琶寄賞音』，閑淡中寄高遠；『高咏去，濯我足兮，濯我纓兮，醉來與誰商略』，飄逸中見幽懷。昔謝榛論詩云：『清逸如九皋鳴鶴，明净如亂山積雪。高遠如長空片雲，芳潤如露蕙春蘭。』韋君詩庶幾能當此也。讀韋君詩如處炎夏而飲涼冰，臨幽溪而沐清風，燥火盡失，身世兩忘矣。吾雖未見韋君其人，然知其必清雅曠逸之人也。何也？能傳清逸之句者必清逸之人也！古人曾擬清氣爲六月風、臘前雪，於物爲梅，於人爲仙，不可握而學，亦不可攬而蓄焉，得之萬難，故元遺山嘆之曰：『萬古騷人嘔肺肝，乾坤清氣得來難。』韋君得如此難得之清逸氣，幾令人生妒焉，吾每嘆天旣英才，何偏韋子之甚耶！

二曰樸氣。文貴真樸，詩亦然。不詭其詞而詞自麗，不異其理而理自新。引筆持墨，快意累累，不顧町畦，意盡便止。昔蘇、李之天成，曹、劉之自得，陶、謝之超然，太白之飄逸，子瞻之肆意，香山之素樸，皆得詩之真諦者。而至韋、柳，發纖穠於簡古，寄至味於淡泊，天下翕然宗之。故妙造自然，樸氣貫之，詩之至境也。『文章本天成，妙手偶得之。粹然無疵瑕，豈復須人爲。』放翁感之獨深。韋君樹定亦深諳此理。甚有天然自得之句。如《與親戚濱江道席上》：『談笑雍容到席邊，杯盤錯雜囑嘗鮮。別開家族先河例，一語頻呼不差錢。』用語平易，而詩味雋永，末頻呼之語，憨態可掬，樸氣流行，讀之倍覺親切。《阿母當家》《阿妹客北海》《阿弟客上海》亦屬此類之作。或云：樸而不失其真，猶雪而不失其白也。雪失白則非雪也，詩矯情則非詩也。故知情者詩之魂也，無情之樸則滑則淺，流之村俗也；真情之樸則莊則雋，嚼之味永矣。北牧中甚有真樸之句，諸如『聊以獨醒裝衆醉，慣將假話作真聽』『萬石黃金宜夢枕，十年翰墨豈途窮』『且爲浮生盡餘念，萬花如雪過江南』之類，或憤世，或抒懷，或寫景，真情注諸筆端，可誦可傳也。或云：樸而不拒其文，猶璞而不拒其琢也。故詩曰：『追琢其章，金玉其相。』有質無文則俗，有文無質則華，文質彬彬，則可去俗去華矣。袁桷曾云：『大裘無文，良玉不琢，質至美而無可揀擇也。』善哉！袁子之言也。西子不作態而自美，東子效之則醜態百出矣。何也？美不拒嚬笑，不斥芳澤，然不自矜嚬笑、自暴芳澤矣。爲詩亦然，不經意於文，不刻意於琢，於鉛華中求樸俗，於研煉中求自然，於百煉中求平淡，無意於工而無不工。如此，真樸生焉。韋君亦深諳此理，素樸不棄鉛華，自然不棄研煉。諸如『鹿筵歌楚些，雁陣布淮山』『稻氣迎秋飽，湖光入夢圓』『殘春無那潛規則。這樹風、吹至兒時澀。見説蜂狂，還招蝶惜，小桃不要青山隔』之屬，研煉中見真樸，淡語中見至味，素樸中見韶秀矣。昔杜子稱王摩詰『最傳秀句環區滿』，韋君北牧秀句多多，假以時日，或可傳遠矣。

三曰浩氣。氣有種種，浩氣宜先。浩氣貫，珠則連璧則合矣，勢則盛言則宜矣。陶寫性情，發所蓄藏，擒縱如意，無施不可。如張樂於野，不主故常，順風飄逸；亦似春雲浮空，卷舒自如，隨所變態。否則，雖有英詞麗藻，仍爲碎玉散珠，支離瑣屑，不得爲全璞之寶矣。故氣者，詩之帥也。昔韓詩豪，杜詩雄，李詩逸，蘇詩曠，此數子者，皆得浩氣之貫耶。浩氣者何謂也？磊落其懷，浩然其心，剛直其氣，飄然其趣也。韋君《北牧》讀竟，思之豪，神之清，胸之曠，氣之邁，隨之而生焉。吾掩卷忖之良久，深以爲佳句推敲易，而浩氣得來難矣。韋君有此浩氣，殊爲可敬。如寫愁思，易入氣索，然韋子總有飄然超曠之態：『脱口還吟前歲句，賣餳聲裏過商丘。』嵩目時艱，亦每多磊落曠達之懷：『歪詩三兩首，啤酒兩三瓶。莫笑窮披褐，來聽老憤青。』感懷古迹，不乏詼諧幽默之趣：『噪嶺蟬拼夕照紅，興亡異代入松風。寺前笑佛無能甚，頻費人間鑄像銅。』長守故我，自矜異類而乖：『未改讀書人習氣，聊爲追夢者同流。』痛陳時弊，剛直繼武前修：『財路豈容掊土阻，官階還籍死人升。』浩氣貫乎北牧之中，幾不可句摘矣。人或云：文要養氣，詩要洗心。養氣則文順，洗心則氣清。故氣可養而得焉。宋人吕南公嘗云：『才卑則氣弱，氣弱則辭蹇。爲文而出於蹇弱，則理雖不失，人罕喜讀。』爲詩亦然。故才之高下與氣之短長相關焉。養氣者當先蓄才，故善讀書者其才必高，其氣必充。昔黄山谷論詩，力主字有來處，點鐵成金，讀書多方能達此，方能化他人之腐朽爲己之神奇矣。清人李重華亦云：『詩至淳古境地，必自讀破萬卷後含蓄出來；若襲取之，終成淺薄家數。』然多讀書非爲搬弄家私，須有擇焉。故善讀書者，養氣即貫乎其中矣，故胸多卷軸，藴成真氣矣。故讀書爲養氣煉氣之本焉。昔陶、杜之詩，無句不琢，卻無纖毫斧鑿痕者，能煉氣也。氣煉則句自煉矣。故黄子升云：『雕句者有迹，煉氣者無形。』書讀竟，則氣成於無形焉矣。邵長衡亦云：涵泳道德之塗，菑佘六藝之圃，泊乎寡營，浩乎自得，浩氣則充矣。韋君詩詞歌賦，各體皆工，秀句盈乎全帙，且浩氣貫乎其中，其讀書必廣焉，於學必無所不窺矣。其讀書廣故其學也博，其思也深，其才也高，其氣也充焉。其學博，故驅馳墳典，如運密珠；其思深，故幽懷雅致，如犀照水；其才高，故旁搜遠紹，如囊取物；其氣充，故辭盛言宜，如水生風焉。宋人吴子良云：『爲文大概有三：主之以理，張之以氣，束之以法。』治詩亦然，詩人寓物興懷，以理主之，以法約之，以氣攝之，興觀之旨則燦然備矣。韋君深諳此理，以學養詩，故其才博；以氣攝詩，故其言宜；以理主詩，故其思深；以法約詩，故其體全。讀書多則浩氣貫，浩氣貫則血性足，真詩之樂，於斯可得焉！

韋君淡泊名利，句隱京師，覽名山之勝迹，結天下之廣交，文人騷客，皆能隨喜，一重一掩遂起夷愉。追三代之遺音，慕舞雩之咏嘆。有見必興，有唱遂和，故多嚶嚶友鳴之聲。才氣縱横，每多佳咏。然詩寫性情，句關家國，興觀之旨，變徵之咏，詩之正途焉已，酬應之聲，不宜多與，韋君慎旃！史載殷説夢發於傅岩，周望兆動於渭濱，齊寧激聲於康衢，漢良受書於邳垠，皆神交之美焉；昔孔融結少年之禰衡，范雲盟弱冠之何遜，陳泰契奇才之鄧艾，皆忘年之契焉。吾孤陋寡聞，才疏學淺，豈敢妄附前賢，然與高才韋君以詩爲媒，忘年相契，神交相許，吾之願焉。初，吾與韋君並未相識，李子海彪持韋君詩稿求吾弁言，吾人微言輕，不敢妄序，本欲婉謝，然讀其詩馨馨然口齒生香矣，欣然諾之。後又得韋君惠寄書法大作及佳茗，秪吕誠邀，焉辭覆瓿。既蒙諉諈，不敢懈怠，盡竭所能，以副雅意，並藉以略抒感愴。捫燭之談，隔靴之論，恐難擷北牧之英於萬一焉，韋君其諒我乎！是爲序。

時維農曆癸巳年九月廿九，籬邊散人撰於木雁齋。

籬邊蟲語自序

詩已結集，自當有序。余亦曾擬請序名賢，借光於前，附驥於後。然終幡然有悟，草無玉樹之姿，高之何益；雞無鸞鳳之質，鳴之仍雞耳。余曩日爲人序之多矣，深知序之難。譽之失允，怕遺諛人之訕譏；評之遺珠，又恐拂主人之雅望。故誓之再不爲序矣。余思之，己之犯難之事欲他人難之，己之不欲之事欲他人爲之，不仁也，故遂爾操觚，自爲弁言，以昭心迹耳。

余治詩有年，深知詩首重風骨。風骨懍懍，其格自高。人有風骨，詩則清剛矣。昔王介甫爲某狀元作墓志，譏其『不常讀書』，有人提醒，然終不肯諛墓。有清洪素人爲官京師，不夤緣競進，甚而譏某相國爲『剛愎自用』，相國以門生譏己，不解，責之。洪答之曰：師有一『愎』耳，何來『剛』，加『剛』者乃顧師生之情也。其事令人忍俊，其節令人肅然。民國張大帥權傾一時，曾以萬金爲酬請壽序，而陳伯嚴堅拒不從，死後其子少帥以二萬金請墓志，仍拒之。風骨嶔奇，舉世絕倫。骨正則氣清，氣清則詩醇也。此數子者務盈守氣，故其詩亦剛健可讀。故劉彦和嘗云，怊悵述情，必始乎風，沉吟鋪辭，莫先於骨。余雖無大行，然於前賢節概之士，亦心慕之。故爲詩亦重風骨，不慕大王之風，不趨元規之塵，不跟時俗之風，不高浮薄之氣，不參權貴之班，不敲綺靡之韵。吟咏繫乎生民，寄興關乎國運。所感所嘆，模水範山，寫心寫志，不悖乎良知。吾詩有乎，諸君其察也。

詩亦貴真，無真則無詩矣。真者何物耶？莊子云：真者，精誠之至也。不精不誠，不能動人。故强笑者雖悲不哀，强怒者雖嚴不威，强親者雖笑不和。真悲無聲而哀，真怒未發而威，真親未笑而和。西子捧心，真也；東施效顰，僞也。阿瞞哭奉孝，真也；玄德摔阿斗，僞也。真自感人，僞則惑衆。真者不假言辭之華，僞者則多虛假之態。詩亦然，有真則魂在，無真僅殼存焉。揆之當今吟壇，余嘗慽慽焉。舉旗結社，追皮陸之奇風；敲句玩華，次蘇黄之雅韵。遇慶必歌，逢筵輒咏。嚶鳴競仿，唱和是從。浮流觴於曲水，比佳句於古人。分韵拈題，競一字之奇；雕肝鏤肺，追八句之麗。玄談夜永，矩矱嚴遵，逞才炫博，動輒千言。幾句網倡，和者百萬；一點閑情，賡者百首。互諛互粉，浮薄相高。索其情則無一真也，索其景無一真也，索其事無一真也。余深恨之。余服膺於劉伯簡『寧可數年不作，不可一作不真』語。故每作畢則捫心：真乎？廿年爲詩，矩矱是遵。然真之境實難臻也，勉而爲之矣。真也，余詩有乎？付諸君評也。

詩之爲體，雅俗共陳。清姚夢谷曾云：『大抵作詩、古文，皆急須辨雅俗。俗氣不除盡，則無由入門，況求妙絕之境乎？』點檢當今吟壇，其謬正昧於雅俗之分也。以應景而代寫實，以通俗而紋庸俗，以淺陋而拒雅正，以炫技而飾淺白，套話連篇，浮辭累牘，以俗創體，相詡自矜。殊不知俗從雅中出，雅自學中來。故東坡有云：『清詩要鍛煉，方得鉛中銀。』清張問陶亦云：『敢爲常語談何易，百煉功純始自然。』於鉛華中求樸俗，於研煉中求自然，於百煉中求平淡，蘊藉含蓄或成焉，平易中或有研煉焉。故俗語並非不可入詩，但需百煉之，雅化之。四溟山人深得此堂奧：『詩忌粗俗字，然用之在人，飾以顏色，不失爲佳句。譬諸富家厨中，或得野蔬，以五味調和，而味自別，大異貧家矣。』五味調和野蔬，一如詩書雅化直白也。故爲詩者宜多讀書，山谷老人云詩從學問中來，並非誑言也。讀書多，用語則無村俗氣，用事則無頭巾氣。知此當可言詩矣。余雖讀書不多，然不敢荒怠也。不敢趨俗廢雅，亦不敢炫雅忘俗。當雅則雅，宜俗則俗。然深愧未臻脱口之天籟，亦未達醇雅之至境。余當努力，達此佳境也。余詩雅乎俗乎，諸君讀之當可知也矣。

一言以蔽之，詩體譬諸人體，風骨其骼也，率真其魂也，雅俗其體也。骨氣在則體不斜，靈魂聚則體不散，雅俗陳體則正矣。此三者，詩之要矣，余與子共遵之。是爲序。丙申十二月初六，籬邊散人自識於木雁齋。

文永龍

生於一九六四年，湖南桃江人，自由職業者。中華詩詞學會會員，湖南詩詞學會、湖南辭賦學會會員。

周公賦

瞻彼洛矣，濰水泱泱。念兹元聖，丕享廟堂。聲名遥傳萬代，禮樂遠播八荒。嗚乎！聖人之行，脱乎世俗；君子之德，超乎尋常。夫其膝下承歡，篤仁孝而名著；軍中輔翼，伐暴虐而道昌。旄旆盟津，輔弼之才誰若？誓師牧野，勖勉之氣同張。傾參核之方，運奇謀而破殷紂；竭股肱之力，秉大鉞以夾武王。肇基之績不磨，世封曲阜而卓卓；守成之志豈改，親佐天子以煌煌。明義敦誠，願九州山河晏靖；愼終追遠，率諸侯垂拱平章。

蓋聞正人而先律己，舉綱而後張目。是以侍疾兄王，築三壇而質身；叩祈先哲，命元龜而問卜。其忠矣哉，垂範臣僚；其悌矣哉，流芳簡牘。至若武王晏駕，乃攝政而砥中流；群惡逆天，即揚威而芟亂黷。統正義之師，檄傳大誥而掃淮夷；明先人之法，刑殺武庚而誅管叔。於是東土妥寧，天下整肅。

是以思堯舜之郅治，闓開賢路；奠成康之阜基，大展宏猷。握髮吐哺，思賢若渴；鑑史立政，從善如流。顧命而執權，心血傾澆七載；應時以還政，肝膽披瀝千秋。授孺子以王道，何其繾綣；示諸侯以刑賞，未雨綢繆。治殷商之舊民，告其多士；營洛陽之新邑，扼此中州。知稼穡之艱難，戒淫戒逸；鑑古今之興替，思患思憂。位極人臣，愈重進退之禮；爵尊公伯，恒持内外之修。

夫國强而烽火靖，民殷而天下歌。偃武修文，極一時之熙盛；制禮訂樂，兆萬世之雍和。氣挾風雲，爲鴟鴞而諷天子；意敷文彩，欣王命而咏嘉禾。明官次於有司，周官功垂後世；使政事於百姓，立政光曜太阿。

且夫立言立德立功，福臻九鼎；輔父輔兄輔侄，勛蓋三朝。避流言之短長，常懷惕怵；省爲政之得失，尤戒矜驕。葆大節而終，動天威以彰德範；從文王而葬，尊國禮毋愧顯昭。

嘗聞弱國之興，必有達者；亂世之治，端賴能臣。然縱觀歷朝，開國元戎，時遭滅族；横覽史籍，撫孤顯貴，鮮不禍身。何哉？於臣也，或居功而作威，積盈百惡；或恃權而拔扈，紊棄五倫。爲君也，或薄義寡恩，固專權而烹走狗；或忌賢近佞，逞私欲而行不仁。唯公弘父兄之遺緒，忠心耿耿；導子弟以善行，誨語諄諄。出謙入恭，君臣盡禮；循規蹈矩，上下相親。佐三代之明君，固時運之濟美；舉萬世之綱紀，更精神之率真。爾乃炎黄之魂靈，見微而知著；實禮樂之淵藪，歷久而彌新。仰本固而枝榮，丰儀永光華夏；感源長而澤遠，風範足勵後人。

贊曰：偉哉周公，德範豐隆。崔嵬不朽，如嶽如崧。炎黄胄裔，永繼雄風。復興民族，一夢偕同。

吴化勇

號武陵樵夫。生於一九七八年，湘人居粤。承社社員、唐社副社長，書堂詩社社長。

書堂石戊戌詩集序

余乃瀟湘一客子也。浮生若蓬，顛沛在途。幸翁壤不棄，飽我食我，妻我子我，十有五年矣。別母赴粤，慈親每以『勿念我』寬余，又以『精忠報國』諄諄誨余。每至夜闌，益切斯言。若有芒刺在背，愈不自安。慈音在耳，豈敢忘心！然書生孱拙，力不足以振窮，智不足以達變。窮達不由己，故此朝昏兀兀，與時相違。養親不得，奢談報國？噫，天下事亦難矣！一日，讀書至《論語》，味夫子之言久之，則心豁然焉。夫子云：『惟孝友於兄弟，施於有政，是亦爲政，奚其爲爲政！』斯言大哉！直如驚雷豁暗，朗然澈空，余方知教化亦爲政也。又云『言之無文，行而不遠』，又知爲文之大且久也。後讀魏文帝『蓋文章，經國之大業，不朽之盛事』諸言，愈以爲是。以文喻詩，何獨不然？

設今日之文教昌熙於中國，風雅粲然於百衆，施以詩教，則國人乾乾，何愁不爲君子？每聞金石傳聲，頹思振發；若得大雅扶輪，邪氛退避。國中耋老自安，少年自奮。精神得以自振，道德得以自新，國人得以自信，則我中國必成梁任公所謂『少年之中國』也明矣！

是以我書堂立社之初，則以『承大雅，敦詩教，扶禮樂，易風俗』爲宗旨。立社以降，詩人雲集，唱和不絕。喜我書堂諸子，皆能繼先賢之志，崇邵子之節。戊戌之年，猶能揚書堂之遠帆，歌翁土之山川。騁詩懷，抽繹思；驅妍詞，達妙旨。招攜勝侶，悦集良朋，避囂遠俗，達心逞志。攬青雲山之煙霞，紛呈麗藻；賞書堂石之璧月，澹漾清光。熏風初起，吹草木之句萌；詩教日開，啓人文之鎖鑰。喜見郢曲欣操，應者漸夥。楚騷尤誦，韵風長熏。矧先聖之睿哲，明陰陽之化成。思何以正人心，重詩文以教化。

夫營廣厦，建高閣者易，何也？利速而功顯，故人皆好之。習詩文，重教化者難，何哉？利不速，功不顯，故人皆避之。然則，聞之欲求木之長者，必固其根本；欲流之遠者，必浚其泉源。然經邦利民，何爲根本；慎終追遠，何爲泉源？

前人曰：『所謂大學者，非謂有大樓之謂也，有大師之謂也。』以此寄我書堂詩社同仁曰：『所謂書堂詩社者，非謂有附風弄雅之社也，有詩人而已矣！』成一詩人者何？路漫漫其修遠也！是爲序。

戊戌年十一月十二日於書堂石畔。

陶揚鴻

生於一九九四年，湖南綏寧人。初中畢業輟學，乃自修不息，頗得《左傳》《史記》之壼奥，所作甚夥。

韓信論

吾讀史，未嘗不歆羡於殷周之功臣，而痛嘆於秦漢之功臣也。伊尹、太公、周公佐聖君伐無道，安天下，居高位，受厚封，垂頌百代，身名俱泰。君臣以義合，而相安也；道自秦而降，君臣多以利結，而功臣多不得保。秦惠王誅商鞅，秦昭王誅白起、放魏冉，秦始皇誅吕不韋，二世誅蒙恬、李斯。漢高帝之寬大，而不聞仁義，襲秦誅功臣之惡習，誅韓信、彭越、盧綰、英布等，惴惴恐其奪之也。雖秦漢君主之寡恩，亦諸臣有以自取之也。鞅、斯之刑人殺人無數，焚詩書，滅王道，受惡名於千古，而信之天才，佐漢祖以平諸侯，摧勁趙，滅雄楚，漢之得天下，多出信之力謀，赫赫之功，雖古之吕尚、召虎不過也，受大國之封，其宜也，而後詐斬於長樂，夷三族，何其功勛之卓而罹禍之慘也！後人多憫之，漢有負於信之深矣。雖然，信亦有取死之道也。

信，功名之士也，未聞仁義，忍受胯下之辱，自負其能，不欲以壹豎子累己也。及秦末之亂，從項梁反秦，欲因茲顯能，立功名，而梁不知。梁死，屬項羽，數以策干羽，羽又不能用。遂棄楚歸漢，高帝亦未之奇也。獨蕭何知之，薦於高帝，高帝拜爲大將。乃與高帝談取天下之略，彼以項羽雖喑噁叱吒，千人皆廢，然不能任屬賢將，不過匹夫之勇；於人恭敬慈愛，言語嘔嘔，人有疾病，涕泣分食飲，至使人有功當封爵者，印刓敝，忍不能予，實爲婦人之仁，知羽之短也。而羽之坑秦降軍二十萬，獨邯、欣、翳得脱，而王關中，秦民所怨也，而高帝之入武關，除秦苛法，約法三章，得秦民之心，勸高帝東征，以收三秦，知取天下之略也。至於勸高帝以天下城邑封功臣，而信之心見矣，脅高帝以封己也，然漢之大封侯王，反者四起，豈定天下之策哉？封之厚，而受戮慘，封建之不可復於三代之後也，信勸復之，壹己之私也。

雖然，斬封者，士之常情，猶非信之罪也。當信之背水伐趙，何其智而勇也！釋李左車之縛，師事以問攻燕齊之策，何其知用賢也！燕望風而靡，以破趙之威，不戰而屈人之兵，誠善之善者也！而蠱於蒯徹之邪説，貪功急擊已降之齊，以死酈食其，使歷下喋血盈野，楚將龍且救之，復破楚，斬龍且，爲成壹己之功，不惜隕數萬生靈之命，何其忍也！乃復請王齊，高帝怒而罵之，未央之斬，伏於此矣。秦之暴也，坑趙軍四十萬，積怨天下，諸侯以此益敵秦，而秦難以力取六國；項羽之殘也，坑秦降軍二十萬，亦以此失天下之心，而有垓下之敗，逞其嗜殺之心，民以不附。漢高帝之寬大，釋子嬰，矯秦苛法，而得秦民；攻城務以勸降爲主，不妄殺戮，隨何説英布以下淮南，而得天下諸侯。信非嗜殺之人，而以貪功伐齊，毒人而以自毒，勝齊而漢兵已疲，田橫寧死而不降漢者，豈非因受歷下之欺哉？甚哉貪功之害！信之功暴於天下，而罪亦毒於生民矣。

蒯徹欲以從信爲王佐，後又説信自立，與劉項三分天下，論者多惜信之不從，使從之，帝業可成也。以實觀之，豈易易哉？信之方破趙，高帝使使者亟奪信印而信不覺，詐遊雲夢以召信而不敢違，高帝有制信之術，兵雖在信，而權由高帝主也。且伐齊之毒，召諸侯之怨，徹之説：『割大弱强，以立諸侯。』諸侯豈復受其欺哉？内不足以反漢，外不足以得諸侯，信之謀未出，而早伏死於漢兵之手矣，信自知之，所以不從也。楚亡，而高帝復襲奪信之軍，信之權操於高帝明矣，豈有反漢之力哉？信誠不敢也。

太史公以信若學道謙讓，不伐己功，不矜其能，庶幾可與周、召比烈。信壹功名之士，其輔高帝，欲以成大功名於世，非有安天下之仁也，其受誅夷之禍，不徒伐功矜能，尤害於貪功也，壹啓貪功之心，而毒生民以怨諸侯，亦以疲漢，宜其難免也。君子正其義不謀其利，明其道不計其功，非謂不欲功利也，義正道明，而功利自在其中，壹有謀計功利之心，則爲不仁矣。且功者，豈在多殺哉？《孫子》曰：『善戰者無赫赫之功。』太公佐武王伐紂，使商兵多倒戈，而周以速勝，天下以速定，伐罪吊民，而民心大安。秦之白起、王翦、蒙武爲將攻六國，殺人多矣，動輒數萬數十萬，攻城而殺人盈城，攻野而殺人盈野，孟子所謂民賊也，固赫赫以震動天下，而積怨天下亦深矣，以多殺之暴立威，服人之力，而未能服人之心，秦雖壹統而甚僨，修長城以禦匈奴，銷天下兵以防六國之後，始皇方死不久，民乃揭竿而起，六國乘風而動，秦以促亡，甚矣，武力之不可恃，殺機不可逞也！信之誤用蒯徹，而逞殺機，以見忌於高帝，無人保之，不然，子房何以優遊雲外，而蕭何得衛尉之保也？白起之賜劍自裁，捫心自問曰：『我何罪於天而至此哉？』良久乃曰：『我固當死。長平之戰，趙卒降者數十萬人，我詐而盡坑之，是足以死。』二世之賜蒙恬死，恬亦喟然太息曰：『我何罪於天，無過而死乎？』良久，徐曰：『恬罪固當死矣。起臨洮屬之遼東，城塹萬餘里，其中不能無絶地脉哉？此乃恬之罪也。』太史公以秦之初滅諸侯，天下之心未定，痍傷者未瘳，而恬爲名將，不以此時强諫，振百姓之急，養老存孤，務修衆庶之和，而阿意興功，此其兄弟遇誅，不亦宜乎！何乃罪地脉哉？然皆死而知省其罪也。若信之將死，乃嘆曰：『吾悔不用蒯通之計，乃爲兒女子所詐，豈非天哉！』與項羽垓下之嘆『此天之亡我，非戰之罪也』同病，至死不悟。使果用蒯通之計，早亡矣，即能三分天下，而天下愈難平，生民愈受其毒，誠爲不仁矣。帝王神器，能庇天下之民者得之，非可以智力干也。項羽之勇力，震於諸侯；韓信之才略，蓋於群雄，皆禽於漢祖，非惟天之所授，亦爲人之所往。特論之，以爲貪功者誡。

論賈誼

才有餘，而道不足，則才不盡其用也。才者出於質，而道尚於修。古今治天下者，非惟才超群倫，而道亦迴流俗也。仲尼曰：『如周公之才，使驕且吝，其餘不足觀也已！』驕者，才之伸而氣盈也，氣盈則不知斂，而鮮不至於過，如周公之才，且不可驕，而況以下乎！

周公之多才多藝也，而愈謙恭，一沐三捉髮，一飯三吐哺，以不敢驕天下之士，攝政輔少主，不可亢也，亢之而天下疑之，周公且膺篡弒之誅，管蔡流言之禍，則不免也，而周公以恭轉安，裕於道也。論者謂賈誼有王佐之才，而惜漢文帝不能用，豈知賈誼哉！亦不識文帝之心也。文帝一旦而超遷其爲太中大夫，誠知其才也，然誼年少而氣不定，才盛而量不足。封建之廢，秦所以得罪於萬世也，漢高復之，剖土封王侯，襲三代之舊，不可驟易也。驟易之，則如秦之暴裂壹朝，而怨滿天下，而漢矯之以平功臣子弟之心也。諸侯之長，尾大不掉，足以危漢室，以文帝之明，夫豈不知？而待誼喋喋言之，甚乃發以痛哭之辭，昌言諸侯之大，將危漢哉？文帝有以持諸侯之敝而待之也，賜吳王濞以几杖而啓其釁，識周亞夫於細柳營，而稱爲真將軍，臨終囑景帝曰：『如有緩急，亞夫可任。』則知吳王之必反，諸侯之將亂也。

文帝學於黃老者也，『欲取故與』，所以待諸侯之術也；『不敢爲天下先』，以持諸侯之敝也。夫文帝之崩，四十有六，三年後而濞反，令曰：『寡人年六十有二。』則其長於文帝也，使文帝不早崩，吳楚之平，操之甚熟也，何待誼之慮哉！知亞夫之能平吳楚，不可謂不明也，而遷賈誼於長沙者何？誠以誼之氣躁，非可以當大事也，欲遷長沙以老其才，而誼不知，吊屈以自傷，事梁懷王，懷王逝而誼痛哭以死，氣動而不能定，情亦往而不能止，何足以周旋大事哉！使文帝傾心以任之，誼亦有不能任者矣。周公制禮作樂，大才也；爲成王之叔父，至親也，而謙恭如此，誼之才何與周公？親何與周公？超遷爲太中大夫，遂恃其才，上書削藩，以爲深識遠慮，袁盎勸立子而見刺於梁孝王之客，誼乃謀削諸侯，誼之身亦危矣！遷誼於長沙，以全誼之身，而誼不知，以爲譖潤之毀也，終痛哭以死，非文帝之負誼，實誼之負文帝也！

易小藩

生於二零零一年，湖南懷化人。闕里書院文言寫作班學生。

祭恩師舒先生文

癸卯正月初七，學生易小藩銜哀致誠，遠告恩師舒先生之靈：

余四歲習二胡，師從楊、鄧二先生。良莠同堂，繁弦錯落，彼我之聲難辨。嗣後拜於舒師之門，一師一徒，持胡相對而坐。一音不得律，一指不得法，師即知之。時余八歲矣。

初，余往拜先生。先生首考余求學之誠，復視余十指之度。二者皆得，乃許受業。余於是知非但徒擇其師也，師亦擇徒而已矣。

先生善二胡，亦善京胡，自言曰：『冶性而已。』比之以胡爲業者，則過無不及。有誠心求學者，則傾囊授之，不記財之多少也。余時年幼，不堪習琴之苦，常垂淚勉强而爲之。先生指點之餘，則又故作巧語以寬余心，如師如父，余於先生見之矣。

余十歲後學於浙江，二胡遂荒矣。雖然，每值節假歸省，必携瓜果與胡拜問先生。非但爲技故耳，亦感恩師之情也。先生見余喜，每厚相迎，問余功課燕居，又囑以『樂能養人，終身毋絶』也。

壬寅秋，余自學《空山鳥語》之曲。師聞之悦，曰：『來，吾爲爾聽。』時自赧技之未熟，因固辭之，曰：『來歲學成，再請賜教也！』

癸卯正月初七，余自返校途中，忽聞訃告云：『初六酉時，先生以新冠肺炎故長逝於家，享年六十有六。』余初不信，復而大慟。先生龍精虎健，意氣風發，喜以日出之時登嵩雲山，鮮有間斷。余謂先生其體其神，高壽不足爲奇，自謂來日方長，相見有時，不意一夕之間，竟成永訣矣！提携之恩，猶未得報；《空山》曲成之日，又誰來聽哉？嗚呼，何其痛矣！

先生靈堂，設於懷化。時余乘車適浙，不能往拜。謹以不盡之言，寓悽愴難狀之心，以代清酒，遠祭於先生靈前。

嗚呼哀哉！伏惟尚饗。

古典論壇集序

昔者孟子嚴夷夏之辨，人誤其説久矣。何則？曰：夷夏之分，不在界域，而在禮樂之和，政教之施也。韓退之所謂『諸侯用夷禮則夷之，夷而进於中國則中國之』者是也。今有一人，悖倫義，寡廉耻，孳孳干利，無所不爲，雖居中土，縉紳峨冠，吾猶以爲蠻夷而遠之也；今有一人，進能忠信，退而孝弟，貧窶不易其節，富貴不貳其心，縱處八荒之外，異舌之鄉，吾必曰諸夏之君子也。

晚清以來，國勢積危，内有昏君庸臣之壞政，外有英、法列强之侵吞。於是豪傑卓犖之士，紛紛而起，呼號奮發，求捄傾頽之勢。而持説者，多爲二端：或障目自欺，盲執古早之制；或譖師背祖，競踵西人之輒。塞耳閉關，固非所宜，而彼之媚於外者，既未得其能，又失其故步也，不亦陋乎！余嘗讀古人書，嘆聖人才德，舉世罕有；又覽西之典籍，其智思明辨，亦良可觀。苟能取彼之長，補此之短，相磨相蕩，相輔相成，其於天下也，不亦善乎？又何必抱一斑之見，争尺土之財，流血漂櫓，裂道術於天下哉！

文禮書院者，地處南越，院内師生，其心則在於天下也。是以三代之禮樂仁義，西人之科技民主，浮屠我空，耶教博愛，凡裨益者，悉敬服而願學之。其既志於中西學之融匯矣，乃於己亥之歲，設論壇於杭州，延意大利維真學院師友，並中、英、美、印數學者，悉才識兼備之士，稱名於一時者也。八方沓來，間雜比坐，縱論古今之學，漫談天下之勢。其議論所及，自禮樂藝術，以至地歷人文，莫不委備。容儀言語，雖不儘同，其爲君子則一也。余得幸與其會，退而感慕不能已，於是與師友數人刻録爲文，以便傳通。論者之中，有以西文言者，則使人譯之，庶能達其原意。至於文采詞工，則萬不及一也。

辛丑四月初四日，易小藩序。

登嵩雲山華嚴閣訪禪記

洪江之城北，有山曰嵩雲。幽僻森爽，不似人間，釋氏徒之勝地也。傍山爲寺，百年香客不絶，於是住持乃更擇地於山巔，爲小廟，曰華嚴閣，以給僧衆之有志者，令清修於是，取其險絶罕人迹也。

閣立於山陰，嵐蒸成闕，古木遮天，春鶯啼葉底，清泉出崖間。循其聲，而恍恍然迹不可得也。有僧號本結，不知何處來，登閣而愛之，曰：『是非招提之境乎！』於是歇杖脱屐，晨昏禮誦於堂中，自謂曰：『我心向佛，不繫塵緣，誓十載不下山，以求此道。』衆人高其志，乃爲補污漏，除塵網，又增葺草堂一間，請居其中。木魚開清曉，青燈照晚雲，麻衣草履，日食一飯，而自得於山中。久矣，不意賢名竟顯於世。於是平民富甲，信女善男，有愛斯道者，不畏山塗陡難，悉紛沓而來。本結心曾不動，聽客來往，而灑掃叩拜之本業不爲壞。客亦不怪，自適如居家然。或聽經於堂下，或撫琴於前除，快然忘物，爲一時之佳話也。

余聞而慕之，春老之日，携友攀山而上，造華嚴之門。石磴凌風，草深木長，而青瓦翹簷掩映其間。就之若聞人語，往視之，乃外客三兩對茶庭間，高談古今天外也。余問曰：『僧何在？』答曰：『采茶去矣。』乃延入座，折瓜果以遺之，味美而鮮。余與之閑話，頗覺有味，又坐對澄空，憑陵山水，一時不知身在何處也。少頃，見沙彌過，又叩僧蹤。答曰：『已歸誦經矣。謂今日功課未畢，不暇見客，請擇日復來，新茶或可試矣。』衆人相視而笑，徒勞而返，然心無不豫者，何也？曰：求見世外之人，不如與共世外之意也。

辛丑二月十八日，易小藩記。

申生不當死論

申生者，晋大子也。初，晋侯專驪姬，生奚齊。姬欲立其子，而構申生曰：『君老矣，大子曾不能待而欲弑代之也！』晋侯聽之。申生奔新城。人勸其辭，曰：『不可。』勸行，又曰：『不可。』乃自縊焉。後世之人多以申生之死爲忠孝，余獨以申生爲不當死也。何則？

初，晋侯之使申生伐皋落氏也，命以時卒，衣之尨服，佩以金玦，皆非常度也。左右以爲異，曰：『太子殆哉！君有心矣。君曰：「盡敵而反。」敵强難盡，況有内讒！不如違之。』申生不行，數年而後果遭其害。《易》曰：『履霜，堅冰至。』蓋言君子之見微而知著也。時晋侯内惑於女色，外幸於小人，嬖子配嫡，大都耦國，亂之源自此始矣。申生見之不及，是不智也；既見而不能遠禍，則不智又甚矣。

申生既奔新城，而曰：『吾辭，姬必有罪。君非姬氏不樂，吾不欲姬氏之得罪也。』又曰：『去而罪釋，是章父之惡也；罪若不釋，被此名也以出，人誰納我？』以是不辯不去，終死於新城。《穀梁》曰：『《春秋》貴義而不貴惠，信道而不信邪。』申生其死，是貴惠也，非貴義也；是信邪也，非信道也。何則？晋侯溺女色，薄賢臣，是君之不君也。申生不能止而反助之，則臣亦不臣矣。晋侯之欲殺申生，是父之不父；申生之以死遂父志，不辯不去，以爲隱父之惡而實成之，則子亦不子矣。廢天倫，忘君父，以行小惠小道，豈可以爲忠孝也哉？且申生之果欲死也，何不擊柱拋顱於君前，以明己志，而必戚戚奔逃如喪家之犬，至新城而後死耶？身死國危，徒負賊子逆臣之名，余爲子不忿之甚矣！

且也，晋侯死而奚齊立，晋國大亂。二公子出，里克殺奚齊，復殺卓子，晋侯之後幾無人矣！申生有賢名，使不死，晋將不至於是矣。申生之死也，其果爲當乎？其爲不當乎？

廣東

黄坤堯

生於一九五零年，廣東中山人。香港中文大學中文系教授。現任香港能仁專上學院中文系教授、香港中文大學聯合書院資深書院導師。著有散文集《翠微回望》《一方净土》，詩詞集《清懷詩詞稿》《沙田集》《清懷詞稿·和蘇樂府》《清懷三稿》等。多年來致力推廣詩詞寫作活動，籌辦『穗港澳大學生詩詞大賽』『粤港澳臺大學生詩詞大賽』『中華大學生研究生詩詞大賽』等。

活水彙草序

千禧盛世，詩詞復熾，傳統吟咏與網絡新聲叶唱，才子佳人上熒屏電視争輝。旗袍漢服，典麗優雅；樵歌漁唱，慷慨道情。琴笛笙簫，八音克奏；書畫揮毫，五采生輝。唐宋神魂，海陸絲路，風雲飛動，歌舞同場，屈宋方興，雅俗共賞，中華文化，藝苑雌黄，千姿萬態，相互配合，漪歟爲美矣。

黄君偉豪博士遊學四方，見聞廣泛；講課大專，神采騰飛。十年磨劍，發揚蹈厲；三生緣訂，瀟灑英姿。近日撰成《活水彙草》一卷，源頭正脉，情鍾朱子；詩教清流，競逐詞場。爲盛世添光，鳶飛魚躍；爲山河增艷，草長鶯呼。積學儲寶，根基穩健；富才酌理，雲錦新裁。其詩多寫生活實感，紀録日常經驗，言之有物，寄托無端。歷浸禮婚禮，綱紀人倫；復生兒育女，履歷風霜。往返港澳，結緣詩友，咏史論學，諷世怡情。其詩云：『混迹江湖九死生，十年菡萏也沾塵。』『賒得金風消白鬢，江湖十稔老童生。』『人我棋盤相博弈，黑車斜出馬行田。』『累歲築巢堪四代，托身卧榻又多秋。』，江湖凝恨，字句驚心，生涯多累，可勝言哉！惟塗轍已正，縱横何礙。千帆競渡，捷足者登，脱穎而出，衝飛後勁，是必有待於君者。丁酉端午，黃坤堯序。

陳楚明

號明在堂。生於一九七一年，廣東饒平人。中國書法家協會會員、中國散文學會會員、廣東省青年書協楷書委員會副主任、嶺南詩書畫會副會長、廣東白雲學院客座教授。著有散文集《人間有味是清歡》，以及書法集、詩詞集多種，其書多次入全國書法展。

西泠印社賦

孤山簇翠，三島搖芳。買山兮結社，勒陰兮鐫陽。名之西泠，印以其昌。

夫前擁平湖，來萬頃之白波，皆收門下；後依疊嶂，得百年之青樹，時見道旁。曉日初開，樓臺縹緲；暮雲未結，煙水微茫。春明則茶濃，題襟兮竹閣；秋淨則酒熱，藏印兮柏堂。晴則望卧影一虹，行人熙攘；雨則登盤山半徑，草木鬱蒼。乃見鐫經寶塔，循古道而通石室；漱玉潛泉，臨清流而歌滄浪。樹東南之高幟，領四海之清揚。此中人云：『人以印集、社以地名』，豈不然哉？

昔者八家開派，一地成宗。四子之創，咸踵其蹤。若山堂之言寡，文妍而字質；龍泓之才長，繼古而變風。俱四能者鐵生，得中道曰小松。秋堂工緻，曼生健雄。次閑棲心於内典，叔蓋雅好於絲桐。是以書畫兼修，四海囊括，名賢輩出，一時纓鋒。有初任之社首，即其名曰缶翁。因書因畫，見偉見宏。得學問之宗師，應知康盛；延丹青之妙手，不特李豐。湖帆同觀稚柳，抱石自與賓虹。中興賴數老，東渡有楊公。乃知前學而後聖，藝興而道隆，良有以也。

設若居高不振，守素難裁。雖百年而一瞬，則六藝而徒懷。思觀樂兮曲折，惟數峰矣雲霾。幸傾襟有肝膽，自百阻而不回。既振作於基本，得恢復其崔嵬。

於是登高懷遠，撫欄良思。惟斯文已衰息，寄金石之遊嬉。雖萬幾之暇景，耽千慮於門籬。豈蒼生之不問，卻神鬼其樂爲？湖光移其暮節，秋柳黯其斜吹。問先行以導路，覺來日之可追。

跋千秋萬歲磚拓本

沽上延堂兄所藏北朝千秋萬歲磚拓，方形，中爲蓮花圓紋，四羽人居四方，間以斜闌花飾祥雲紋樣，磚石畫像嚴整，繁麗豐華，較今之所能見者可謂備美矣。羽人之像，即古籍所載之千秋萬歲也。晉葛洪《抱樸子·内篇》卷三載：『千歲之鳥，萬歲之禽，皆人面而鳥身，壽亦如其名』。今人有以爲此佛門所言『妙音鳥』者。吾以爲未妥。蓋羽人之説，早於《山海經》即載，謂禺强、句芒、禺號也。豫中鄧縣所出漢墓，已見千秋萬歲彩像，且有文字旁注，足證非佛門之物也。千秋萬歲，昔人多以此爲長年之祝。《韓非子·顯學》言：『今巫祝之祝人曰：「使若千秋萬歲。」千秋萬歲之聲聒耳，而一日之壽無徵於人。』嗟乎！人欲千秋萬歲而不得，書此語之磚石，雖無千秋之願，由漢而及，今人猶可見之。豈所謂磚石無情，是以得其常形乎？陳楚明識。

陳興武

字步之，號步堂，網署黎元子。生於一九七二年，廣東大埔人。任曲阜孔子書院特聘教授、華南理工大學客研所特約研究員、浙江復興國學研究院顧問等。編寫及出版著作十餘部。主持點校《全清詩文》《中華全藏》等古籍約合三億餘字，輯録《上古三代及兩漢帝皇名臣集》等二百餘人合集。曾獲第十一屆臺北文學獎古典詩獎。

覆鄭欣淼先生書

鄭翁欣淼先生鈞鑒：

素慕徽猷，寔深欽仰。黃山拜晤，快慰何如。承示大著，每欲專書答報，一敘夙衷。惟自揖別以來，輒爲瑣事牽累，未克凝神致志，以故延宕至今。散質樗材，懶殘無狀，怠慢長老，愆曷可言。惟望仁翁雅量宥恕一二，則幸甚矣。

拜讀高文《清三帝詩歌評議》，引據翔實，持論平允。牖我良多，可爲嘆佩。清室入主中原凡二百餘年，康雍乾三朝幾居其半，他餘蓋不足觀。先生此著，可謂扼其衝要矣。

先生久主紫禁文政，建樹宏多，首創故宮之學，尤覺高屋建瓴，見地深遠，殊堪稱道。竊謂此舉實與清末王靜安先生二重證據法後先呼應，而此間文獻與實物符節契合，互相印證之妙，則有非當年王氏所得想象擬議者也。積以年月，可冀大成。深宮鴻寶，重放光華，斯固中夏之幸，抑亦人類之福也。

近年頗有學者究及清季學術，而好惡迥異，兩失其情。譽之者尊若神聖，毀之者詆如寇讎，互不相能，殊失精一執中之旨，要非承學之士所宜。竊不自揣，曾謂建州一朝史事，可以『滿漢洋三國演義』一語以蔽之。蓋滿人承明之弊，侈然僭有天下，可謂僥天之幸。第以小御大，用夷變夏，頗知力有未逮，是故殘賊屠戮，惟日不足，忌刻荼毒，至於此極。終其一朝，莫克與漢人和衷協恭，共御外務。於是遂啓洋人乘隙覬覦之機運，與夫操控顛覆之空閑。季清後百餘年變亂禍患，實胎於此。此係探究清史之關鑰所在，今朝重修官史，宜先識鑑乎此。譬如登堂窺奧，必自中門而入，始得不至偏頗。否則進非其道，徒鶩遊觀，縱或有所覽見，究非正大之途。將待求真實而供鑑誡，不亦難乎。

抑又進而言之，學者宜先明辨前後始末，始可與言治史。曩者竊稱元明清爲『後三代』，以與夏商周『前三代』對舉。今人之治所謂學術思想史者，多未出元明清範圍，漢晋唐宋之事，已匪彼所思存，至於夏商周以上，則尤夢寐所不及。甚者乃執後三代之事迹，以範吾國數千年之全史，此猶據黃浦江流之品質，而遂謂昆侖源以下全江之水盡污，不值識者一哂也。

故今欲救學術之偏弊，固須探本究原，取法乎上。於是不揣冒昧，揭櫫『周學』之説，以爲來者唱引。蓋華夏文明，肇始於三皇，繼興以五帝，三代而後大備，而以周爲尤要也。中國學問統系實奠於周，其中文王演易，周公制禮作樂，孔子删詩書而述春秋，六經具而周學成，然後天下學問大備矣。厥後歷朝若代，異域他邦，無非具體而微者也。

若夫華夏學術思想之絕大端由，則在古爲夷夏之辨，晚近爲胡漢之争，當今爲中西之别。要之皆不出虞廷十六字之範圍，所謂『人心惟危，道心惟微，惟精惟一，允執厥中』是已。至如孔聖君子小人之辨，孟子義曰利之争，朱子天理人慾之别，究之亦皆不過道心人心之分際，惟微惟危之趣舍。而允執之宜，厥惟『中』字。故吾所謂『周學』者，其實即『中學』也。是由虞舜發端，至孔子而集大成，漢學得其精細而失大體，宋明務尊德性而輕問學，清儒蜷曲，惟騖樸學之求，無復元氣之淋漓。子曰：『誰能出不由户，何莫由斯道也。』斯之謂矣。不盡欲言，聊表區區，敢以質諸先生，千祈有以教我焉。

耑此奉覆，順頌歲祺，並候潭祉。

辛丑春正朔日，大埔後學陳興武頓首謹言。

修祀論

修祀止戎，中興之始。傳曰：『國之大事，在祀與戎。』是爲一體兩端。祀修則戎息，祀廢則戎興，因果循環，昭然明白。蓋祀典既修，彝倫敘叙，宗廟社稷，犁然得當，君臣父子，相得益彰，君子在朝，野無遺賢，政治清明，四夷景慕，向化猶恐不及，矧敢興兵犯順乎？是祀之爲事大矣哉。迨祀典不行，名教不章，則民手足失措，無所仰止，彝倫斁敗，道德澆灕，政弛法廢，奸生詐起，國家内亂，仇敵外乘，而後兵戎相見，侵尋不已。稍幸其時民心未去，暫棄鬩闘而共禦外侮，然後宗社苟全，重修祀典，中興之計，猶可冀也。然則戎之爲事不亦大乎。余故謂祀之與戎爲一體之兩端也。惜乎域中久行耶教，明乎此義者寥若矣。噫！天下之大，同吾者誰與。

林琴南絶筆詩略述

林琴南絶筆詩云：

任他語體訴紛紜，我意何曾泥典墳。駑朽固難肩比席，殷勤應愧負諸君。學非孔孟均邪説，話近韓歐始國文。蕩子人含禽獸性，吾曹豈可與同群。

是持之宗兄鈔示，附識云：『琴南先生此意，今日復聞於吾友步堂之筆舌。此林琴南絶筆也。初越録於戊戌之冬。』箋中『歐』作『孟』，蓋涉前語手誤，持之囑爲聲明，因述之。其所謂筆舌，殆余近年詩句如『大都不下求賢詔，高考原爲退士科』，『曰利工商翻作本，云亡道德恐成訛』云云，多屬此意，藉抒膈臆也。

初余固與内子言，清、民之際，必多與吾同慨者，比索輓近文集，頗知所料不虚，今又得琴南先生詩，益證吾道之不孤矣。惟琴南爲一代譯人宗匠，述作閎富，影響百年不替。其通知海外大荒故實，非固陋如吾者比，卒亦竟發此言，殊出意表。

夫琴南譯筆騰譽内外，本人於外語則頗疏隔，所繙諸作，殆側聞於耳，直譯以意，所謂譯品，不啻重作也。推繹其故，或由番人麤鄙無文，純録語體，無關辭章宏旨，以故不屑屑於字句耶？所以云然者，前歲余與内子擷取法人嚻俄小説《巴黎聖母院》，編爲崑劇鐘樓記，遍索譯本，目厭心煩，礙難卒讀，未五十葉輒輟而不觀。時頗訝其何以見列名著，馳譽五大洲洋而不衰也。而今揆以琴南之事，稍知窾會矣。

度吾華辭章之學，正大堂皇，典重富贍，靡所不有，是最爲天下民族具瞻者也。考今疆域，相較西周製作之初，拓展不啻數十倍。案諸史實，非關武力征服，寔繇人文化成，而辭章固其利器也。自來亞洲諸邦人氏傾慕文華，輸誠向化，而畢生修習，亦僅得乎其中，難臻上境，足證領會之不易。至若泰西蚩氓，平素不知文學爲何物，益無論矣。

乃不幸近世漢風不競，戎勢日漲，彼邦自據上流，睥睨頤指，於中國一切文明故物，悉以糟粕污穢視之，掃除消滅，惟曰不足。文言既爲吾族精神載體，首當其衝，勢在必然。琴南身丁其會，殊難自外，謀事譯館，以應時需，然猶恪守古文家法，不肯委心俯就，故其創制迥異時流，别具一格。而譯林乃反稱賞不置，洵異數也。然而廣陵既絶，罕聞嗣響。身名俱滅，如大江何？

抑又有言者，近世譯人巨擘，無過侯官嚴、林二氏，第皆初迷而終反，頗堪追詰。惟彼初則自迷而迷人，終乃不克自反而反他，何哉？曰：無他，譬如洪水烈火，放縱固易，遏止惟難。矧非真知所獲，魄力能及，第以夤緣所致，操弄使然乎。故古人有毋爲戎首，不生厲階之訓，而君子重克己之功，守慎初之誡，如是執己終身，庶幾不失。至若自貽伊戚，復誤後世，果何取於《春秋》耶？

戊戌大雪日，步堂略識於武林竺本山房。

劉釋之

生於一九七三年，廣東翁源人，現居廣州。爲廣東中華詩詞學會理事，廣東省文藝評論家協會會員，廣東省書法家協會會員，廣州市美術家協會常務理事等。熱愛傳統文化。出版有《硯田蛙唱——嶺南書畫名家品鑑録》《邵謁詩注譯賞析》《翁山吟餘——劉釋之詩書畫作品選》等數種。

翁城記

嶺南曰廣，韶州爲大；三區七縣，翁源爲重；翁源之中，翁城爲儀。昔稱翁源名邑，蓋縣治所在也，今則以民淳樂居名播吾粤矣。

夫一城一地所以傳者，風光也，人文也，而翁城兼有。觀彼三面環山，秀拔豐崇。又一河北來，澤被斯土。宋楊誠齋咏獅嶺曰『排天雙壁起，度月一峰先』，此文宗爲翁源贊嘆也。

古曰地靈人傑，然非地靈先於人傑，實乃人傑先於地靈。翁城之靈，曰墨嶺温屋山崠遺址，此其古蘊也；曰元詹公三廟、明忠義祠，此其忠勇也；曰清翰林李林，此其君子也；曰近世英豪李祖恩、徐尚同諸子，此其浩然也。又曰明倫學堂、尚同中學，教化一方，涵煦百年。今翁城重光，舟車熙熙，商賈攘攘，民安畎畝，欒生敬終，此治化之功也。凡草木城渠，或浚或修，或續或興，一一並復。仰觀山川如新，飛脊流簷；俯察原隰成文，雲綺溪回。

噫！一城所繫，道脉而已；道脉所繫，治亂而已。向之翁城爲邑治，嶺南稱盛，而道在其中矣。及遭倭禍，城毁縣遷，抱德雖厚，榛莽荒凉，無所施之。今逢盛世，人興物豐，精神焕發，道脉歸來，卓然稱盛矣。足見人事之盛，足能弘道，道豈虚哉，亦繫於人也，吾於翁城興衰得之。是爲記。

庚子雨水劉釋之寫於羊城聞蛙草堂。

謝良喜

生於一九七三年，廣東惠來人，徙居江蘇高郵。滄海詩社社長，吴門詩社副社長。屢次斬獲全國詩詞賦賽大獎。

丙申年希聲集序

子曰：詩可以興，可以觀，可以群，可以怨，邇之事父，遠之事君。《詩》云：鶴鳴於九皋，聲聞於天。豈詩文之菲薄得以上達天聽，遠干君父乎？大儒咸以修齊治平爲畢生追求而不惜以身殉之，乃知詩文雖小道，然頗關國運，殊不可等閑視之也。若夫漢唐之文章，勃發剛健，而枚馬李杜應時出焉，魏晋之清談，玄奇索奥，而遊仙招隱諸什遂遍具朝野。至若齊梁之萎靡，國勢偏安，則後庭玉樹之篇乃波衍風生，欲拒莫能。此固非人力之可矯，而待天運之有時乎？是故，詩文一道豈惟小我而已矣。

雖然，詩文之載道，不可以大小遽分之。夫體裁有新舊，題材有巨細，大抵行循於表，情鬱於衷，繼而抒以心聲，形諸篇什。《老子》曰：大巧若拙，大音希聲，大象無形。又《易》云：或鼓或罷，或泣或歌。是皆情之所至，發而爲聲，聲以動人，不亦大乎？昔屈平《哀郢》憫世，《離騷》《天問》咸關國體民生，而人不以爲空假，何則？以血以淚也。陶彭澤拙守田園，寓情詩文，不過抒一己悲歡得失而已，然百代咸推之，以是乃知詩文之流傳，與取材之大小無涉，惟關性情之真僞而已焉。老杜所謂『文章千古事，得失寸心知』，洵乃至理箴言也。

嗟乎！道之不行也久矣。黄鐘絕響，大吕銷聲，木鐸之臨風自鳴亦復何言。吾輩俗子，固不敢自命黄鐘唄吶之鳴，然修齊警世之心，發聾振聵之願與先賢無異也。苟一以持之，則庶幾契乎前人，倘如是，則希聲自許，又何愧哉，又何愧哉！郎本粵東浪子，江左狂生，循道而僻居一隅，迍邅猶志存千里，雖秉性固然者，又爭知其安身立命之道非與前賢一脉相承乎？丙申歲暮，吾不揣淺薄，自選年中所作槀爲一集，命以希聲集，並撰文以示諸師友，兼抒己懷。

蘇　俊

生於一九七五年，廣東高州人。中國楹聯學會對聯文化研究院評論部主任、高級研修班導師。所作賦獲一等獎。數有作品刻於六十餘家風景區。

新桃花源記

桃花源者，晋陶淵明所爲記者也。

夫山川形勝，各有淵源。前賢題記，後人接踵，地藉此而聞於天下，傳諸久遠，良有以也。陶公靖節，千古之高士也。

桃花源記蓋寓其冥鴻高舉、超塵脱俗之志耳。或有論其地之有無者，竊以爲：若謂其地之必無，則陶公之志何所托歟？若云其地之必有，則後世藉其名者甚夥，真僞非法眼而莫辨也。而考諸實地，人文風土、山川草木與陶記所述毫釐而不爽者，唯酉陽桃花源耳。

酉陽古郡，在武陵山中。山自雲貴逶迤東來，繚青繞黛，屏列鼎峙，酉陽得其鍾毓之氣者也。道出城北一里，岩谷幽深，溪壑宛轉，而水尤清洌。日暖烘桃，千樹争開，紅妝弄影，碧玉凝香。溯溪而前，則有落英萬點逐水流來，此即武陵漁人逢桃林而問津處也。沿溪而進，山洞中開，太古奥區，都歸一覽，此則記中所云捨船而入者也。既出壺天，悠然送目，睹土地之平遠，屋舍之井然，恍自陶公記裏行來，而忘此身誰屬，斯世何時矣。近則桑竹茅廬，雞鳴犬吠之聲；遠則田園壟畝，荷鋤叱犢之影。老少相携，往來阡陌，此則去日秦人之華裔也。耳畔清音徐來，古坊之中，知秦樂之猶存焉。渴而思飲，叩門得桃汁之美，真能忘塵俗之累也。至如品葉曲、青艾而領秦趣，齦醢菹、嘉穀而知秦俗，歌且咏之，舞且蹈之，而不知日之將夕也。

嗟夫！桃源之於往古，避亂之所也。秦人之所棲隱，實無可如何之計耳。其人曰不足爲外人道者，可知矣。然則桃源之逢斯世，與往古隱乎世外者，寧無異乎？今海宇無事，旅遊斯興。千古仙源，盛妝以迎八方嘉客，慕名而遊者趾相錯也。入桃源而尋夢，滌塵喧以净心，誠可樂也。桃源之樂，樂乎心也，使人人心中皆有一桃源在，則天下無處不桃源，世無紛争而大同可立致焉。桃源人皆可有，此樂人皆可得，不待假漁人之緣而遺子驥之憾矣！

劉　勇

生於一九八五年，廣東吴川人。深圳市雜文學會會員，深圳市文藝評論家協會會員。

吴川吟誦記

余少鄙陋，總角時從先太父誦成語考及唐詩，隨誦隨忘，不復記憶。及長，離鄉十載，肄業南雍，又旅食鵬城八稔。凡一十八年，始聞李子文傑述鄉音吟詩之道，一曲未終，余幾爲之出涕。《吴川縣志》云：『吴川音較清婉而過於柔。』蓋古音之遺者也。吾鄉縉紳先生年七十以上，曾入私塾者，皆能吟詩。其調抑揚高下有致，而平仄自合；其聲悲凄婉轉，而餘音繞梁。以其音悉遵舊法，一字不苟出，故清而不弱，柔而有骨。誦文之道亦然。李子幼隨萱堂誦詩，長而好古，訪鄉之長老，盡傳其學，欲昌大之，然恒无知者。常人問讀書法，長老乃言如常即可。偶有一二知者，問以『口衣書』，微吟一首而已。當三五知己會於詩社，始得暢其聲情，一快心意。昔歐公治滁，欲訪遺事，而故老皆盡，發爲浩嘆。今之典型尚在，而知之者幾希。河南大學華鋒教授言曰：吟誦爲讀書之法，奈何諸君不讀書，捨本逐末。噫！禮失求諸野，野失而何求！李子短小精悍，精神内斂，篤志鄉邦文献，躬行不輟，誠古之婞直士也。

李海彪

號東園、折齋，生於一九八六年，廣東博羅人，現居北京。著有《東園詩詞稿》。

樹山亭記

去予廬五里餘有小山曰大樹，迭嶂環之。山上有亭，亭簡而樸，小而不峙，乃民私建者也。後接竹澗、魚塘、煙舍、田圃。阡陌交通，雞狗相聞，農人相唤，竊竊交語，或耕或憩，或歌或飲，清朗一笑，周遭之谷輒應之。前依古圍屋，雉過百丈，炮眼迭見，能禦萬敵；上置樓閣，閣瓦青碧，其色蒼蒼然。今賫菉叢生，椽桁敗坏，不知所屬誰何，惟二三耋耄孤獨者居之。

噫嘻！由此觀之，斯亭陋且僻矣，無巍峨韡煌之俊賞，鮮有外人至。松樗朧老獨茂，針葉鋪徑，子孫羅列，蔭於斯亭之外，亦無用物也。鳥咸得而巢，安於天命，且飛又止，也不畏人。予嘗饗罷之此，夜潦殘濁，秋風撲爽，雜花若隱，野蕨弄紫，山不足百米，亭不足一丈，俯卻能察人間烹宰之百態，仰猶日月來照，太清爲達者開。故我遁，新我來，所覺營碌之疲了無，行藏得失如浮雲矣。

丙申臘月撰於蓮塘。

王　奮

字豫之。生於一九八七年，廣東潮州人，卒業於韓山師範學院中文系，現供職於潮州市饒宗頤學術館。

蒙社記

夫日月星辰，天以垂象；山川草木，地之呈形。天地通氣而萬物化成。人者，天地之靈也。四體成於其外，七情備乎其中。人有情焉，故常睹物而感之，情動於中而形於言，言之不足故嗟嘆之，嗟嘆之不足故咏歌之。是知天人合一，然後有詩。詩者，志之所之也。先王以之經夫婦、成孝敬、厚人倫、美教化、移風俗，遂成詩教焉。

孔子删詩以爲三百篇，主文譎諫，言者無罪，聞者足戒，蓋欲以化成天下。後世或以抒情，或以言志，遷者足以怨，離者可以思。江山數改，風俗幾遷，詩教存而不悖，風雅作而無偏。

式觀當今之世，人心不古，言利者衆，而志乎道者鮮矣。何則？詩教之道弊也。或問：『今世有詩乎？』宜乎衆也。然鄙俚媚俗，文質俱失，風雅之墜久矣。此非厚古薄今，實真詩難求也。耿介拔俗之士多不出閭巷，每有吟咏，雖卓犖自賞，然苦於知音難覓，常有黯然自棄者。學界高雅廖若晨星，縱有心匡正，亦難成草上之風。嗚呼！其斯文將喪耶？

潮州閩越之地，秉中原之正氣，承江表之遺風，賢人高士，古亦有之，逮至今日，風流尚存，故常有流觴之雅聚。己丑季秋，同人聚於城東隔江草廬。翔而後集，豈非時哉！蘄存詩心於末世，追風雅於一隅。故躡先人結社之後塵，遂立『蒙社』。《易》曰：『蒙以養正。』取其義焉。曾子曰：『以文會友，以友輔仁。』吾輩何敢言仁，但知後學入門須正，立志須高，雖不能及，心嚮往之。或江月青山之下，清茶薄酒之間，鼓瑟調笙，吟咏唱和，信可樂也。爾時席上七人，臨江西望，秋水落霞，是知江山遼落，猶有萬里之勢。

李啓彬

號質齋。生於一九九零年，廣東潮州人。喜詩書畫文。

送林倫倫校長榮休序

蓋聞立功立言，乃聖賢不朽之業；懷仁懷義，爲君子濟世之方。然經天緯地之志，自古非易；鳳逸龍蟠之士，於今猶多。慨前賢之既往，幸後哲之挺生。今孰能優遊仕學而成不朽之業者？於吾潮林倫倫先生見之。先生系出西河，派衍澄邑，負芝蘭玉樹之姿，秉璞玉渾金之質。早采碧芹，負笈珠江之畔；繼遊泮水，鼓篋康樂之園。學成即授職汕島，司鐸鮀江。桑浦朝暉，氣聚龍泉之麓；宗山夕照，道溯中離之源。先生上追秦漢，下迄明清，稽考典册之章，網羅方域之語，謄録萬詞，乃成一典。遂揚名翰苑，馳譽文場。旋績著南越，暫别嶺東。頃復功成離穗，膺命來潮。韓山毓秀，刺史植橡之峰；鳳水漣漪，通判驅鱷之地。曩日流風曾聞，今朝餘韵再傳。治韓八春，振文風於海宇；傳道一脉，沐化雨於黌門。功勛日著，鴻業時新。仕學之暇，屢思春暉之報，常懷菽水之歡；萊舞翩躚，幸椿萱之並茂；江鯉縱躍，喜眉壽之共登。今歲清秋，先生將致仕賦歸，移席穗垣，韓園驪歌遍奏，長亭舊曲盡謳。風姿在望，雅範同瞻。棠蔭十里，惜文旌之已樹；葦航一别，盼皋比之重臨。先生潛心音韻，致力方言，化質俚爲高雅，纂辭藻成篇章。功被桑梓，澤及枌榆。况又屐遊東西，納江山於影底；身歷中外，收風月於毫端。是以學淵且博，識富而贍。顧予不學小子，幼嗜邦獻，聞嘉名之貫耳，讀鴻著而驚眸。徒嘆門墻之高，未能忝列；倍感堂室之奥，難以管窺。兹又適逢先生六秩壽慶，略依陋見，綴就蕪辭，用表獻芹之意，兼作祝嘏之篇。祝德業之隆盛，頌福壽之綿長。春風有情，定熏桃李於海内；文章無價，必耀光澤於鄉邦。歲次丁酉秋月穀旦，鄉後學李啓彬沐手拜序。

選堂夫子期頤榮壽序

蓋聞箕疇五福，惟壽居先；君子五常，以仁爲首。是以學者廣修其德，仁者多享其年。若吾潮之選堂夫子者，睿根早植，慧性天成。克承家學淵源，涵泳天嘯書海。耽五經而稽百氏，參六藝而冠群倫。紹衣德言，賡續藝文之志；感懷造化，吟咏優曇之花。江辯湘水滄水，志輯金山韓山。負神童之令譽，驚耆宿之老眸。弱冠涉足羊城，會高賢於志館；馳箋《禹貢》，辯古史於職方。已而遭逢國難，或寄寓孤島，或徙遷瑶山。雖如萍泛蓬飄，猶念焚膏繼晷。編中山之辭典，集清代之詞鈔。發故國之憂思，賦成斗室；懷前修之遺德，譜以繫年。所幸寇氛平靖，桑梓敉寧，纂方志於嶺東，獨開新例；采石器於韓水，覃發陳編。繼而揖别嶺表，移住香江。振鐸黌宫，續斯文以洙泗；設帳庠序，揚儒道於杏壇。復又渡東瀛、觀西海、涉黑湖、登白山，周遊四海，蒞趾萬邦。録楚辭之書目，釋戰國之簡文，箋老聃之道藏，譯近東之史詩。披卷法京，探敦煌之遺寶；扶桑曉月，考殷墟之貞人。門入婆羅，證菩提於佛國；屐遊天竺，得梨俱於梵天。頃復踏尋舊迹，考宋史於九龍；移席星洲，記古事於實叻。雪白榆城，盡奏寒泉之曲；蘆青耶魯，遍和清真之詞。逮逾耳順之年，論學巴蜀，稽古中原。荆楚暮雲，探曾侯之鐘磬；瀟湘夜雨，證楚地之帛書。五洲歷四，九州臨七。神遊四極，思接八方。挾春風而蹄疾，任煙雨而履輕。而後退居絳帳，搦管染翰。越逸少之藩籬，龍翔鳳翥；入米家之畫舫，采英擷華。椽筆揮來，腕底江山立就；夐思迭出，膺中風月頓成。染龍賓而寄興，發鳳藻以怡情。學藝雙携，福慧兼修，書推神州重鎮，畫開西北新宗。叵耐洎乎當代，新潮迭起，舊學式微。大呂黄鐘不再，陽春白雪難期。恨文脉之隳緒，惜世風之澆漓。幸有夫子，學究天人，才融今古，揚子建之鴻采，極東坡之風流。優遊聖域，直入奥區。上摩岱宗之峻，下極洞庭之深。敢問江淹彩筆，豈曾百賦；青蓮斗酒，何止千篇。氣象恢弘，纘乾嘉之餘緒；文章炳烺，承韓柳之流風。濟濟群儒，仰如泰斗；皇皇德業，懋似昆侖。播譽瀛寰，實翰林之盟主；蜚聲夷夏，洵藝苑之宗師。是可謂踵往聖之高蹤，道存百代；啓後昆以新轍，澤溉千秋。躬逢夫子期頤之期，合上椒花之頌，同歌天保之篇。景星慶雲，輝光曜於千里；日升月恒，福壽臻於萬年。鄉晚不學，後進無知。私淑日篤，仰慕時新。知堂室之難入，慨門墻之莫窺。謹陳芻蕘之辭，以作芹曝之獻。引北海爲樽，共祈黄耇；移南山作頌，虔祝長春。

陳一銘

生於二零零三年，廣東廣州人。闕里書院文言寫作班學生。

遊竹何路記

竹何路者，浙南竹里之幹道也，曲折迴轉。北接村口，南連山隅澗隙。而西陸之月，張師偕吾等遊之。見其横出腹地，道塗嚴整，有雕欄稚樹，花放鳥啼，行斯漸聞潺潺之聲，溪與陸膠也。溪側則鑱石以砌，故有奇花出於隙中。比年秋冬不湍，則溪水淺，而渚起於中，久旱則生蹲鴟、紫麻、薏苡仁。

南行七十武，始入山隅，舉目開闊。土人常開梯田於丘上，故旁皆農田。時值金秋，故稻穗垂芒，郁葉蒼翠；蜻蝶時入，舞戲其間。去三十步，過山隅，沿之數百武皆峭壁，高數十丈。有楓香攀隅上，繁枝廣蔭，虬根錯節。番番然，如良士，實二百一十餘年矣。反之則有苦櫧樹二，纏於兩溪交匯之地，枝格臨水，狀似老翁垂釣。

緣溪行，濤然過矴步而下，全石以爲底，數丈而成潭，鏘鏘然若雷公鳴鼓，遥望之，攝人心魄。復行則湑湑焉，嘗有白鷺栖於寒石，儼然入神，以待魚也。得之，乃張翅欲飛，疾行而去。

涉橋以行，有一路通山澗僻境，張師見行潦之所由也，遂俱往以尋。石泐其底，而水不復湍也。北折，漸行夾於穀物篁竹間。有潢汙之池，幾漫路，眛眛幽深，莫知其尺；中生蓮葉，逾陸之高，粗枝圓蓬，魚隱現其間，悠然游之，不覺人也。

路盡爲一村，曰：『何宅垟。』鮮見人煙，然稻田滿目，晨雞犬吠不絶。迫視之，户多呈圍院姿，審曲面埶，質皆瓦木，盔頂飛簷。與潮汕之風同，蓋明清之古迹也。又見一廟，榮木平正，立於村之中户，遂與友往，問之，始知土人資爲紡織廠，以敕其材，機械之聲嗡嗡然，予覺頗有怗懘之象，興致索然，罷而出。入其村，堂宇後皆土垣殘墉，微風起則嘩然墜地。有雜草出墻隙，廢置已久，而遺樓犹美。環視之，不禁悲愴。

張師歸而言曰：『此地幽篁漫山，景物嘉盛，户有景和之妙，自成一風。感物興懷，考究古迹，亦有一番生趣。惜人不識其趣，又建爲白話之樓。不倫不類，豈不謬哉？』言罷而嘆，無復語矣。

張師與吾等相邀，欲以爲遊記，故吾列諸景而成文，以記焉。

是日從張師游者二十又四人。

廣西壯族自治區

韋樹定

號散木。生於一九八八年，廣西河池人。《詩刊》雜志社詩詞編輯。著有詩集《北牧集》《那浪吟草》等。多次獲全國大獎。

胡璿畫跋

大凡世間筆墨文藝，其高格者，必以師古爲徑，寫神爲旨。師古，然後知取上法，脱俗胎，而明乎大道；寫神，然後知去滯板，掃蕪穢，而標乎骨格也。《禮記》云：『地載萬物，天垂象，取材於地，取法於天，是以尊天而親地也。』尊乎天，則知取高向，師古聖賢也；親乎地，則能取要材，樹己風格也。古之人未有不明此道，而成先賢者也。而今之人有能明此道，且恪守始終者，庶幾寥寥其人哉。

吾友胡璿，字梓於，湖南臨澧人也。少小耳濡湘靈鼓瑟之調，手挹沅芷澧蘭之芬，此屈大夫所謂『香草美人』也。及其長，通達秉異，博學多識，雖業從理工，未嘗釋乎經史文章。況其卜居長沙，賈太傅之宅爲鄰；往來嶽麓，朱晦翁之學可仰。肇自數年前，梓於君極喜繪事，寄情筆墨，以消永日。蓋繪之爲事，亦以技載道也。其技在水墨毫楮之間，而其心神徜徉於瀟湘花草性靈之外。方其初入門徑，幸得馬溆陽老師之引導；旋入京華求藝，復拜劉貞麟先生之指點，於是專攻没骨花鳥。數載經營，摹寫渲染，終得稿若干，即今畫册之作也。

吾自去歲始識梓於君於京華，時諸君亦集於蓬蓽，會其援琴而歌，輟筆而厨，談古論今，杯酒狼藉，酣然見其興致也。此後相别經年，而網間屏前交流，未嘗深阻。今觀其畫，吾庶知人論畫而已矣。蓋先知其人之性情格調，然後觀乎其畫之神采風格，則不悖乎古人論畫之義也。梓於之師古也，不汲汲於當代名家，不帖帖於古代神話，惟喜明人花鳥，特取法南田、白陽、沈周。惲南田者，師古人與造化之大成者也。其自稱『徐家傳吾法』，本出宋人徐、黄二家，清新雅麗，中含高古。又於造化中寫生，栩然出神，盎然得趣，此南田之取花寫神也。陳白陽者，疏爽簡潔，神形淋漓，雖一花半葉，淡墨欹毫，自有疏斜歷亂之致。沈周之輩、徐渭之徒，自是脱俗胎、掃蕪穢、標骨格之畫家，亦筆墨造像之能者也。此皆梓於所師焉。而梓於所標格寫神者，在乎其畫之清雅脱俗也。其畫雖曰没骨畫，而其骨實在格調間，非作尋常色相觀也。若觀其雪竹、梅花、牡丹、秋菊、萱草、牽牛、夭桃、猗蘭、菡萏、芙蓉、美人蕉之畫卷，風骨纏綿，姿態婉轉，豈阿諛媚俗、趨炎附勢之手筆哉。筆墨之間，勾陳點染，相因鋪渲，古樸而不失清新，靈麗而不失淡雅，精簡而不失餘味。要之不離謝赫六法、摩詰二論。流連顧盼，寄托性情，此梓於夢寐師古寫神之境也。世之大畫師者，積累代數紀之功，搜奇峰大川之稿，歷墨池筆冢之變，閱汗牛充棟之籍，繪傳神經典之作，乃能留名壇坫。梓於君方入道數載，堂奥待登，而畫作已露峥嶸之角，自是可喜。其前路之漫漫，惟求索不怠，乃有大觀。倘以師古爲徑，寫神爲旨，又能持恒守素，廣大精微，則吾深信梓於畫途可瞻也。

己亥立夏後十日，散木韋樹定奉囑於《詩刊》社。

唐秀慶

字醇甫，齋號識小樓、雲露泫花室。生於一九九六年，廣西河池人。現在南寧輔導機構工作。

七夕訪書記

粤以辛丑之年，七月初七，斗轉正西，牛女渡河，所謂『乞巧節』也。是夜也，余方課童未畢，斗室鼓舌，指生曰某爲詞，某爲詞，之乎者也，一通講貫，而懸於功令，高頭講章，亦不可多引故訓及王申伯、楊遇夫諸賢之説，事頗無趣。課童已畢，時逾人定，吾友冀州吕君久待余，與俱出，之桂大學旁之農路，稍近，已聞人聲喧攘。炎方地暖，永晝畏日當空，暑溽蒸騰，殊不堪出户，故土俗多喜夜遊。今逢節候，遊人轉盛，車流不息，迫肩連袂，挂害接轅。當是時也，夜氣拂地，華燈幻天，諸佳偶咸挽手勾腰，往來嬉樂，巧笑倩兮，美目盼兮。吕君窘極，回首，且笑且罵曰：『悔不該與君來此，匝地情侶，徒熱鰥魚之眼！』余亦不覺莞爾，蓋一笑中，有自嘲之意云。

農路平明爲通途，夜則辟爲市，兩頭設障，車不可過，所謂『步行街』也。市所鬻者，皆烹烤肉食，當季蔬果，脂粉衣冠之疇。商賈吶喊，市人雜遝。余與吕君步其間，無所欲沽，徒攝其繁華，增其鬧熱耳。

又步路之北，於食肆旁，有舊書鋪三間。蓋上庠之側，生徒買賣講義，書肆亦不可無也。食肆人稠，而書肆寂寥。余平素好書，吕君之所知。與吕君同入第一、二間，泛覽圖籍，大率皆兔園册，及其餘者，亦罕佳構。且書賈僊懶，不敬斯文，韋編每有斷爛者，隨手拾掇，委積於地。之第三間，狀亦如前，惟一架上之羅列，則大有可觀。余前，視其書脊，有姜亮夫之《楚辭學論文集》，唐圭璋之《唐宋詞簡釋》，繆越之《李賀年譜》，桐城高閬仙之《唐宋詩舉要》，皆有關集部者。民國初年蒔花植木之舊籍三小册，亦夾於其中。余心頗喜，一一檢出。書漸多，不勝把握，吕君爲余捧定。余逐册省視，其書封内葉均完好，無折角，無卷腦，並内葉無塗抹之痕，除一二册書根久蒙垢塵而顯污濁外，雪箋玉牘，觸手如新。每册扉葉，均屬『宋力』二字，蓋書之舊主也，此人亦愛書者與？觀其護書之誠，出此禁臠，料亦不捨也。

采擇既定，招書賈，問其值，書賈曰：『每册價二十，中二册薄者十圓。』余訝其昂，央稍損之，書賈拂然：『已是最低價！』余默然。賈言：『此左江一耄耋老翁所出，藏庋兩大架，珍若拱璧，吾往收書，其尚不欲售也！』余聞之，不復議價，給其資。人之於藝文，沈浸半生，而一旦出之，心之隱痛，何可支也，此翁必有不得已乎？或短於資乎？或無人可傳乎？慘澹典書，我爲老者一嘆。然觀之既往，圖籍亡散，亦屬不免，昔錢牧齋之絳雲樓，黄蕘圃之士禮居，珍護如彼，尚自雲散，況他人哉？且今入余手，或得其人與？持書出，覺有所獲，雖市聲在耳，而此心已遠。

出書肆，與呂君沽果蔬一盤，炸雞一包，至僻處廊下，席地而食，燈影人潮，已在隔街而外。清風入懷，星河渺邈，與呂君指箕斗而談玄，俯仰今昔，不覺夜半。余得卷帙，亦自陶然，言必及書，呂君顧余曰：『君正癡人，夫書冊有何看頭，飢不當食，寒不當衣，爲此無益之事。』余不答，然心有所思：夫人寄身天地間，日徘徊於庶物，氣力即有餘，而心已疲乏，倘無偷閑之地，將何以自處？《詩》云：『民亦勞止，訖可小休。』詩詞文賦，吾儕遊心棲神之方丈蓬萊也。若夫古人有懷，余同懷之。古人有遊蹤勝覽，余從其描摹而優遊之。古人有寄托，余亦得與其深致。境中生境，身外化身，口誦心唯間，正不知何者爲我，何者爲物。尼父聞《韶》忘食，莊生夢蝶兩迷，豈虛言哉？然此志此樂，或唯癡人可見，世之機心嗜慾者不與焉。

噫！讀書有至樂哉，余願爲癡人，一笑。

覃詩茵

生於一九九六年，廣西貴港人。闕里書院文言寫作班學生。

與秦四十子書

詠言白：時嬰霜降，秋桂紛摇。北風南漸，暄水易寒。樟櫧猶在，葉已盡嬗。庭前霜栗，實蓬罄空。目之所及，無不延念足下，不知何時克復來耶？

蓋足下庚子别後，之夷肄業，臨屬曰：若際怡景，舒賞悠愜，莫使劇繁蓬槁其心也。僕時時挂牽之。自是舒捲之外，寄懷山林，視草木之榮悴，觀四時之流行，察玄黄之萬變。適初旭既升，巒霧漸開，三五同硯，沐光迎風而走。秀鬟婆娑，朱顔晏晏，滿屏嶂翠，纖指溜英。煙露猶存梢杪，草馨輕縈隱約。循溪而進，蜿蜒如游龍，潺湲悦耳，心傾之而快，是以知山水之養仁智也。信足下之見深得我心之妙。至於左右之境，又何如耶？

書院素居清簡，食則飲，寢則寐。習武作文，諷經研義，無時間斷，其去塵囂遠矣。側於先生，故故垂橐而往，稇載而歸。洗心濯面，自新不已。習學以外，又時有宿舊歸來，鸞集簪盍，推觴交孚，話昔日之情好，於饜足中添歡謔。每臨至此，道學庶幾可見，麗澤殆乎益損，矜契填然悦懌，覺人生了然矣。唯恨左右飛鴻渺渺，不能共此時也。曩足下鯤抱乾坤，深造異域，必僕想見之而不得。今知其歸，而不見來復，是以僕爲蜩與學鳩與？若此，則願加聞矣。

深秋竊寒，朝夕慎護，切保玉體無恙。

壬寅秋咏言手書。

莫祖詩

字宗持。生於一九九七年，廣西柳州人。曾讀經於山東德謙學堂。

子路受牛辯

吕覽載子貢贖人與子路受牛之事。或曰：子貢散己之財而周人之患，卒無所取，夫子謂之有失而讓之；子路以己之能而免人之難，施善得利，夫子多之。吾也聞：『上下交征利，則國危矣。』子路之所行者善，固宜也；然子貢施善而無所取，則非義耶？曷責之也？

東里先生聞而答曰：善哉問！子曰：『君子喻於義，小人喻於利。』當世之時，人之爲善，勞而無取者，惟士惟能。小人無其德，若使之以義，雖爲之，内必有隙。然用以利，則其畏大人之言，君子不受，曷敢取焉？如魯連者，遊於異邦，撫趙説梁，退虎狼之秦，謝爵禄，辭重幣，終身不復見平原君；介子推割股啖君，國復身退，辟公使，逸車馬。隱於綿山，此二子者，皆蹈義無所取，勤勞無所求，固天下之義士，然使人敬而遠也。至若漂母施飧，哀王孫之不顯，得千金之酬；魏顆歸女，憐祖姬而奉治，拜令狐之封。此爲善而得報者也，比類者莫其多也，此勸民也宜。而自三代以來，獲麟及今，鮮見繩利爲善之事，其弗有乎？曰：否，著史者不傳之耳。

夫子徵三代而知百世，聞獲麟而察道衰，體物至微矣。多子路，因其導民行善也；讓子貢，是其使民以難也。子貢之善難及於人，獨善其身，此小義也；子路之善克勸於民，施及邦國，此倡義也。《詩》曰：『君子是則是效。』其此之謂也。

海南

周益德

生於二零零三年，海南海口人。闕里書院文言寫作班學生。

丁酉集序

自五四以來，文言凋喪久矣。世人徒以白話易曉，而取足於是，不知文分俗雅，詞有精粗，乃文言、語言之異也。文者，蓋欲傳諸久遠，通乎人志。若其詞鄙陋，雜語層出，又孰觀者？斯文之衰也，可無嘆歟？

余恩師如水，好喜文言。素日之間，以一花一人一事而記之，咸得其趣。有雜記數百篇，於丁酉之年，采文成集。其所記事雖小，而意趣甚夥，使人喜，使人悲。又於今之日，人皆以爲文言者去我遠甚。斯《丁酉集》之出，則見文言不離世用，舉目所見，皆可記之。其詞清而雅，其文約而達，比於白話，過之遐矣。

或曰：文言大雅，惡可記以民俗之事，柴米醬醋之屬耶？

余曰：文者，所以表其意也。初以言純，又則以雅詞，略其贅語，然後爲文，是文言也。苟欲言純，焉得不文？既文，焉得不爲文言乎？故文言之用，唯述其意，寓其情而已。若有記其民俗日用者，咸以文言，何不可哉？

《丁酉集》有文百餘，以雜記爲多，又有書說、贈序、論辯諸體數篇，皆一而足耳。

重慶

張建

生於一九六三年，重慶人。安徽電力安慶供電公司退休職工。曾參與《銅陵市志》《池州市志》的編纂。爲安慶市民間文藝家協會秘書長。

遇仙記

龍生者，字申陽，魯之嶧陽人也。購石成痼癖，謂其居曰『醉石居』。然好聽詓語，所購者多不入流。冬日，逢石市，囊無一文，唯觀石垂涎。踟躕間，見道左棄石，翻撿得一，袖之回。石長不足三寸，寬止寸餘，多裂，交垢甚固。去其污，膏其膚，煥然真寳也。其質也晶瑩，其色也紫粉。先之所見非裂，文也。其文若繪溪山巉崖，岩岫杳冥，景致空明，幽趣萬千。善繪者觀之曰：『宋郭熙之筆意，有「三遠」之况味。』愛極，命之以春山笑。妻謔之曰『購則得瓦甓，拾則得珠寳。』

無何，居漏亟補，財匱不給。欲售往昔所購，無果。唯春山笑所見皆喜。不忍售，匿於匣。屋漏甚，至舉傘而食。奈何，妻隱售之。彼佯不知，懷匣如故。

夕，枕匣卧。有簪花童，呼之曰：『龍申陽，董仙請。』叩問名姓，曰：『土離塵也。』路途荒僻，野草蔓蔓，林疏竹瘦。申陽心下猶疑，有茅廬半頽，童子令其往廬中，徑去。

候之久，腹餒甚，瞻望間，力士奉筍湯以進。如是者三，童子復至，睨之曰：『身輕耶？氣清耶？』復導之前。

行有時，朝日初照，紫氣蒸鬱。茂林郁毓，葉緑如碧，老幹銅聲，好鳥和鳴，瑞獸嬉戲，溪流淙淙，蘭蓀青青。山路蜿蜒，階覆苔草。童子頗喜跳踉，時行溪石之上。申陽不覺行路苦，唯飢渴難耐。童以白石饗之，恐齒槁不勝。童子曰：『此吾家玉食，無礙也。』遂食之，味如糯栗，甘美異常。欲再食，童子曰：『一枚療飢，二枚則填飯甑耶？』申陽諾諾，頗羞慚。

至嶺上，豁然開朗，萬壑千巘，桃花灼灼。艷者千紅萬紫，素者皎潔勝雪，並有綠蕊憐玉，皆世人所未見者。申陽瞠目，胸如錘擊，腦似斧劈，股栗栗跌坐於地。唯見雲氣氤氳，崖壁霞舉，弱虹飛橋。夭夭兮，爛然而霞；紛紛兮，悠忽而秀；輕風起兮，岑嶺翩然而舞；廋雨至兮，戀谷泠然而歌。童子亦不催促，自顧睡臥石上。良久，申陽嘆曰：『怪道人曰「此景祇應天上有」，果然果然！大美也，洗髓伐毛，吾亦非吾也！』對童子長揖，曰：『不意入得瑤臺，三生有幸也。』吟曰：『桃花争放淺深紅，誰潑雲霞湮淡濃。四面春山齊帶笑，個中幾多爛柯翁。』童子聞言大笑，曰：『待吾引汝見「仙翁」去也。』

穿桃林而行，跨瀑布三疊，轉山彎九重。遥見巉崖之上，花重之處，有亭閣翼然。恍惚間，聞鳳吹之聲，童子怪之曰：『汝行何遲遲也，勞仙子候。』言畢，有白霧如練，逾嶺越壑，徑達其上。童子引之，履之若階，一息而至。

童子報曰：『土離塵引下界龍申陽到。』有白衣女仙御風而至。申陽不敢仰視，覷得女仙著白衣，躡祥雲，綰高髻，持玉笙，將吹非吹。童子笑曰：『龍申陽見禮，此即桃花仙翁是也。』大窘，期期不能語。仙子曰：『鹿兒不可頑劣。吾董雙成是也。此間乃王母蟠桃之林，因汝之故，萬樹花放，特請賞之。』

申陽始悟『土離塵者，鹿也』，怪道周身簪花，梅花鹿是也。

董仙喚一青衣仙子，命其吹笙。仙子鼓朱唇、按笙管，其音嫋嫋，一時百鳥嚶嚶，彩鳳翩翩，落英紛紛。覺目不周玩，耳不周聽，鼻不周嗅，情不給賞，四肢八骸俱浸花香、迷五色，恍恍然若彩鳳，飄飄然若雲煙。正迷離間，忽聞雷霍之聲裂空而至。董仙嘆道：『凡俗之人，當不得桃花雨。筋酥骨軟，恐化于溪谷也。』遂進以紫芝。申陽食之，如嚼枯木。復取玉液一盞送之，始覺神魂歸位，履踐實地。

青衣仙子復携申陽游桃林。穿林賞花，越溪觀瀑，不知今夕何夕。忽睹雲髻上沾桃葉一片，申陽探取之。童子厲聲呵斥：『汝何敢爾！』推之。申陽直跌下溪。大呼驚起，環顧之，卧榻也。妻正梳妝，問之：『做何美夢，呼爾爾？』索水飲，口中尚存木渣也。飲兩三升方止，妻笑：『晨起飲牛焉。』申陽怔忡，見妻衣青，簪桃葉髮釵，恍惚如墜夢中。妻更笑：『美夢若此，何不久居？與汝共枕，何不携我同行？』

申陽急索衣翻撿，身無一物。開匣視之，有枯桃葉一枚，拈之，石也。妻曰：『此葉巧，汝得無阿堵購此物邪？』申陽握石而泣：『此仙子所贈王母蟠桃葉也。』妻訝曰：『非因春山笑之故耶？何而得神仙眷顧邪？』申陽思之：何德何能，得入瑶臺蟠桃？何德何能，得此仙妻？皆因情深爾。向妻施禮曰：『昔不識美，每妄爲之。且圖擁有，反失之速。春山虽远，幸能暢游，所得者甚也。唯美於心則萬物在，經眼是福也哉！』

今詢龍生，桃葉尚在焉。

張青雲

字寒楓，號夢漁。生於一九七三年，重慶雲陽人。現爲上海金山區圖書館古籍文獻部主任。上海文史研究館特聘研究員、中國同暉學社理事、中華詩詞學會會員、上海詩詞學會理事。所撰詩詞、辭賦、駢文、楹聯作品發表千餘篇（首），獲海内外巨奬二十餘次。曾以『特邀訪問學人』身份赴香港中文大學文學院講授國學，出任第三届『詩詞中國』傳統詩詞創作大賽復審評委。著作、點校古籍文獻多種。

王退齋詩選跋

夫海陵一地，雄鎮江東。漢唐古郡，賢哲代興；淮海名區，文章炳焕。翡翠蘭苕，邑富珠璣之製；申椒菌桂，家多騷雅之材。安定心齋，列儒林以並轡；孝威嘉紀，騁詩國而連鑣。惜乎代遠年湮，斯人不作；時移世易，古調寖荒。然則桑枯滬滅，猶有盡時；薪盡火傳，豈無來復？雅道別傳，行見俊人間出；鄉風不墜，終教英物挺生。若近世王退齋先生，蓋其人焉。

先生總角岐嶷，少年俶儻。克紹先芬，衍三槐之奕葉；纘承家學，獵四部之菁華。蚤歲則上庠負笈，嘗服青衿；鄉校執鞭，更開絳帳。曩成春筍之詩，震驚老宿；繼有秋蟲之咏，平揖前修。月泉分課，結白社於枌鄉；湖墅題襟，契素心于梓里。譚讌盡蘇黃之匹，縞紵相歡；交遊俱陶謝之儔，苔岑同臭。惟國家不幸，時生孛彗；閭里難寧，繼起欃槍。泰城淪陷，揭來猾夏倭夷；歇浦重光，莅至蠹民墨吏。先生恫邦國之危亡，攄風人之忠悃。短咏窈吟，心憂避地；獨謠孤嘆，志切收京。廢池喬木之篇，堪光詩史；橫海樓船之唱，足振國魂。迨至神州鼎革，海宇澄清，先生則移硯淞濱，長作辭家遊子；傳經滬上，永爲羈泊寓公。教壇杭寶筏，咸敬人師；史館薦蒲輪，共尊耆老。景麗桑榆，享榮期之三樂；質堅松柏，奮君子之九能。社結『春潮』，哀館老以昌詩道；韵澄秋水，麾髦士而振漢聲。盟締『半江』，凝聚域中勝侶；誼聯『四海』，招邀宇內高流。復出其餘熱，鼓吹休明。脱手千篇，雞林價重；騰聲萬口，驪頷珠多。堪謂元龍之豪情未減，龜堂之矍鑠依然。矧河嶽資其嘯咏，奄有勝情；杖藜供彼陟登，復含勝具。嘗東履蘇杭，西臨秦隴，南涉星洲，北遊燕趙。店月橋霜，驛旅之情既切；溪雲壑霧，山水之趣方滋。吟賞煙霞，遊蹤既廣；寄情篇翰，吟草遂豐。厥惟去國年深，越鳥積南枝之戀；棲遲日久，胡馬有北風之思。載書返里，預志乘之裒修；橐筆還鄉，耽園林之規復。捐匏樽而獻佳槧，豈吝秘珍；贈法繪而饋古泉，不遺鴻寶。是以譽馥鄉中，長存矜式；澤流邑內，永著典型。終先生之一生，少讀楹書，中恢祖業，晚頌昌期，得不謂爲琅琊華胄、滬瀆詩豪也乎？

至若先生所爲詩詞，自濬真源，別裁僞體，踵迹古賢而善承衣鉢，獨標真我而自具爐錘。佩實銜華，直造明清之畛；舒葩振藻，逕溝唐宋之郵。奏朱弦之雅調，韵奪笙簧；裁黃絹之好辭，篇成綺綉。骨氣珊珊，羚羊挂角以難尋；豐神奕奕，香象渡河其不礙。綺懷內結，情深而文明；古意外宣，味醇而音雅。沉鬱與少陵爲近，覃思淵渟；清新則太白之遺，逸情雲湧。五首滬上吟，人謂導源白傅；一篇蝴蝶曲，我推嗣響梅村。慕漁洋之神韵，秋柳迭賡；挹玉溪之風華，春情頻懺。所爲詩餘，亦妙解宫商，嚴符法度。心儀乎青兕，時涉沉雄；寢饋於碧山，多宗婉麗。檀板輕敲，端合小紅低唱；銅琵驟撥，是宜壯士高吟。嗟夫！異代放翁，萬首歆篇章之富；前身竹垞，一集嘆藻采之工。稿豐盈篋，業已精繕於蜀箋；句好籠紗，終將貴騰乎洛紙。

客歲孟夏，泰州市相關文化部門聯合上海市文史館，爲紀念先生一百十歲誕辰，擬精選其遺作，釐爲一集，俾資紀念，頃以選政諉於余。余樗櫟散材，愧稱作手；草茅下士，敢謂選家？惟夙仰清芬，懔瑶章之汩没；長懷潛德，期秀句以重輝。雖曰濫竽，唯當力任；既爲承乏，曷忍固辭。於是窮力研尋，測蠡於瀛海；悉心甄選，采銅於寶山。盱衡全稿，期審奪之無偏；杼柚群言，俾汰裁之有據。五夜攤書，室常生白；三餘伏案，集遂殺青。是集也，綜攬勝篇，首遵約采；獨掄佳構，不務廣收。篇唯三百，庶免『貪多』之譏；質尚一流，或符『愛好』之癖。馭繁於簡，不求窺文豹之全；以少總多，將以識詩虎之大。余選稿既竣，首蒙文史館吴孟慶先生精加斠訂，而先生女公子佩玲女史復以跋語見囑，爰濡筆敬叙先生行誼暨詩藝成就，喜梨棗之新鎸，不辭覼縷；欣瓊瑰之永壽，豈憚劬勞。小言詹詹，亦聊以申景仰之忱云爾！

蜀遊集序

蓋聞川原西亘，邑號蜀都；山水東襟，地稱天府。斯地也，抱崤函而窺隴陝，險鑿五丁；毗沅澧而帶荆襄，雄驅六甲。南通六詔，以滇黔爲藩籬；西拒三秦，藉褒斜爲重阻。劍閣峥嶸，闢蠶叢之棧道；峨眉崱屴，矗邛崍之仙山。玉壘巑岏，蟠郭外以堆青；錦江淡淹，流郡中而縈碧。幽闃青城，著洞天於劍外；高寒貢嘎，横雪嶺於雲端。若順流而下，江水又東，巴峽千重，路通猿鳥；岷濤萬里，氣合魚龍。山繚白鹽赤甲，鎖鑰夔巫；峽開滴翠黄牛，括囊湘鄂。高唐觀疑雨疑雲，邂逅神女；昭君溪飄煙飄霧，生長明妃。厥惟益州，洵遐陬之靈壤，禹域之奥區也。矧間氣所鍾，化爲韵語；靈芬所發，釀就文章。天開壯麗，騷人吐鳳之鄉；地積悲凉，詞客拜鵑之地。

溯自李唐伊始，趙宋以還，驛路宏開，宗風大啓。間關入蜀，揭來遊寓高流；輾轉蒞川，洊至謫遷巨擘。藻咏遍題，林泉以此而增重；鴻名四達，志乘因之而耿光。少陵卜築，賦秋風茅屋之歌；夢得謫居，發春日竹枝之咏。瞿塘峽口，白香山秀句采風；籌筆驛邊，玉溪生雄辭吊古。陸放翁飄蓬梁益，稿署劍南；王新城跋涉岷峨，集名蜀道。上述諸公，羈泊犍牂而訪勝，淹留巴蜀以尋詩。本海涵地負之才，爲鼇擲鯨呿之制，得助江山，格彌沉鬱；乞靈風物，境遂高渾。既熠耀於千秋，堪牢籠乎百世。

洎乎當代，舟車便利，轂輪藉鋼軌以通，羊腸失險；銀翼仗鐵鳶而達，鳥道不驚。過秦無待三朝，入蜀祇須一晌。於是錦里嬉春，彌富八方遊士；渝州消夏，寖多四海旅人。吾友陳君渺之詩人，蓋亦其一焉。君潮汕英髦，才華贍敏；古瀛傑士，學識閎通。歲逢癸巳，有事川西，希蹤工部，作裹糧之壯遊；擬迹龜堂，爲襆被之行役。周覽山川，既尋幽而陟遠；遍搜雲物，復攬秀而抉奇。嘗源溯岷江，清流照影；磴攀玉壘，雲氣蕩胸。縠旦則穿雲破霧，朝發嘉州；纁黃則沐月披霞，暮投灌縣。郫筒共醉，喜分北海之樽；孔席獨眠，欣借陳蕃之榻。訪武侯之祠宇，老柏森森；謁詩聖之草堂，枯柟赫赫。萬里橋邊，擘濤箋而題句；三峨頂上，著謝屐以賦詩。至若魂銷衆壑，聞杜宇之啼煙；目亂群峰，詫哀猿之嘯月。山鬼披蘿而帶荔，江豚吹浪而掀波。托望帝之春心，鵑花凝血；含文君之秋怨，邛竹生斑。亦可喜可愕，堪怖堪驚之殊俗耳。

陳君儲花筆於行裝，逢辰琢句；發淵思於途次，即景謀篇。時紀浹旬，稿裒一卷，顔曰蜀遊集。集内諸作鐫鑱造化，潤色山川，歷繪山程水驛，藻掞千珠；不遺馬足車塵，筆輝五色。外溢精光，含嶺南雄直之氣；内通真宰，取西蜀清蒼之神。逸響存駘蕩之中，希聲洞耳；瑶情寄纖穠之外，芳氣悦魂。瓣香獨漉，樹骨堅凝而有質；胎息翁山，吐辭瑰瑋而多芒。分井絡之俊彩，氣益沉雄；挹岷嶓之芳馨，味增綿遠。已恢廓乎心胸，不落恒蹊；况增靈於手眼，遂開新畛。自來蜀地雄奇，能昌詩道；巴山幽秀，堪瀹文心。謂予不信，於君有徵！頃者陳君此集將付剞劂，浼序於余，竊惟與君夙訂石交，通肹蠁於漲海；早聯霞契，結苔岑於申江。忝爲蜀人，敢不敬諾。遂鋪陳風土，不避槎枒；臚舉人文，忘其飣餖。歷歷燈前，幻故山之喬木；斑斑筆底，生舊館之蘭蓀。月旦雖持謹飭，敢曰知津；鑑衡尚欠精微，難言中的。佛頭著糞而貽譏，毋觀拙序；蠶尾增華而奪幟，請誦君詩！

丙申新秋，蜀東張青雲序於歇浦致遠齋。

鷺島行吟序

閩省域內有廈門市焉，其地雄窺左海，秀甲東南。一髮滄溟，臺澎在邇；萬重巒嶂，粵贛非遥。絶島螺盤，延平王屯兵之地；大庠鱗萃，嘉庚老興學之鄉。番舶遥臨，開埠素稱良港；炮臺高矗，設防昔號要津。市肆喧闐，闤闠之騎樓森聳；海天幽邃，郊坰之精舍衺延。矧乃全城帶水，影入鯨波；四面依山，樓翻蝶翅。得不謂爲名播寰中，聲聞夷服之大邑者乎。吾友詩人陳君靈澂，安溪俊彦，壇坫清流，卜居此郡三十稔有奇矣。總角鶯遷，文旌永駐；丁年豹隱，世網長逃。雋賞冥搜，文藻得江山之助；恬吟密咏，詩才緣間氣所鍾。自來地靈乃誕瑰才，積厚始生偉器，以君驗之，信不誣也。吾荒傖下士耳，生小巴渝，地爲蠻徼；性耽韵語，質限樗材。慕其人才可探驪，久附交親；羡斯地島能棲鷺，時縈夢寐。鴻鯉遥傳，幸通郵之有術；關山修阻，奈縮地之無方。

歲逢乙未，休沐有暇，君折柬相召，吾俶裝以赴。銀翼横空，宛若雁辭北地；樓船跋浪，還如鵬徙南冥。水浮陸行，匝日乃達。把臂炎洲，失喜故人無恙；濯纓海澨，翻欣鷗鳥有情。多士招陪，成文酒之嘉會；一麾容與，作蓬瀛之俊遊。爰與君浮海渡江，升巒陟岫，極濟勝之樂矣。踐千尋之杳眇，則策杖巑岏；凌萬頃之茫然，復泛舟漭瀁。晞髮臨風，岩觀日而焕爚；振衣踞石，嶼鼓浪以鏗鍧。厦大瞻絶美成均，黌宫傍海；篔簹訪幽深書院，講舍臨湖。稅駕名園，萬石岩賞絳葩奇卉；停驂古刹，普陀寺覓貝葉真經。披跣晴灘，睇金門於座右；騁懷霧岬，攬馬祖於樽前。嗟乎！沐山水之清暉，頓消塵滓；納煙霞之逸氣，倏動仙心。

至若熱帶風物，亟惹詩思，尤快旅情。紅灼蠻花，經四時而不謝；青蒼樛木，歷伏臘以長榮。送爽椰風，徐吹海湄之蜃氣；滌煩蕉雨，盡洗渤澥之龍腥。桄榔合抱其盈衢，棕櫚拏雲或夾道。朱實離離，人呼蓮霧；赭丸累累，名唤毛丹。荔子果圓，引齒牙之沆瀣；菠蘿蜜櫛，動舌本之饞涎。蔗汁鎮冰，雋逾陸羽之荈；蟹膏凝雪，腴奪五侯之鯖。海蠣生煎，汰侈或過於武子；烏參濃燴，精能實勝出易牙。曬網前汀，時遘冶容疍婦；湔裙別浦，多逢盛鬋珠娘。衣飾麗都，頻見翩翩僑眷；儀容整飭，竭來楚楚台商。鼉吼魚昏，初訝鮫人出水；鯊潛鼇匿，又逢漁子歸航。嗟乎！南服之風光飽覽，動心駭目；炎方之殊俗初探，盪氣迴腸。若夫茲遊之奇絶，又何言可譬耶？吾則曰：如東坡之遊儋耳，昌黎之去潮陽矣。

奚囊句滿，證此行之不虛；驛路花開，期重遊之可待。遂裒輯諸篇，匯爲一帙，總曰鷺島行吟。噫！雕蟲在我，覆瓿由人，聊以紀不佞之遊蹤，答陳君之盛意云爾。

葉兆輝

生於一九七四年，重慶人。渝州詩協理事，岷社成員，吟稿散見於海内外當代詩詞集，當代律詩鈔等。

棠城風華集序

昌州，山川闊遠。與瀘、普、渝、合、資、隆接壤，唐乾元二年割六州之地始置。轄永川、大足、昌元、静南四縣，治所初擇昌元，繼遷静南。大曆六年廢，十年復置。延治昌元，光啓元年移治大足縣，轄永川、大足、榮昌、静南等地。屬劍南東川，北宋屬梓州路，南宋屬潼川府路。元至元二十七年廢。歷時五百餘年，迄今一千二百餘年矣。

今棠邑四縣分襲昌州舊稱，一花四葉皆淵源有自。因海棠流香，淵材延譽，故榮昌世有棠邑、棠城、棠國、榮邑之謂。明曹學佺《蜀中廣記》云：『昌州，以介於榮、昌二州之間爲名。』於今諸謂，略泛指榮昌一隅。榮昌，物華天寶，地靈人傑，歷代宿儒以詩文書法名傳海内者衆。然歲月倥偬，余生也晚，有清一代，名士風流，亦淹没於逝波。況老成凋謝，舊志亦不及載。姓字猶存於縣志者，其著述惜難稽考。

近世亦有輯録棠昌明清詩集者，所録詩聯皆采擷自县志約二百首，概刊行量少，遍尋不可得。棠邑詩協，會刊棠香詩聯，僅刊今人之作。於前代人文，絶少追溯。棠邑有詩聯魁碩李相民先生者，老驥伏櫪，志在千里。長於賦，且雄於詩。於棠邑文脉，有起衰振弊之功。昔輯有棠邑對聯選，所載亦是吉光片羽，此書刊印甚少，亦難睹。而前朝詩文，今人偶見摘録，或律絶不分，或斷句失當。或零篇斷簡，或似是而非。大體是道聽塗説，以誤延訛而不自知。

棠邑人文雖日漸繁盛，然較之前代亦有凋零荒疏之感。去歲，治霖、肖弦二兄，相携尋謁昌州府衙，遺址在今盤龍鎮獅子壩。老杜詩云：最是楚宫俱泯滅，舟人指點到今疑。阡草曠陌，無復盛況。閑與農翁攀談，徒增嘆惋。歸後讀縣志，俱有按圖索驥之諾。重拾劫餘，悵寥無多。城郭猶在，人民已非，斯時亦有詩紀之。

嘗聞昌州邑曾亦分輯詩選，眼界輒侷促一時一地，尚無關乎全域。昌州建置以來之詩詞選本，其闕也久矣。有鑑於此，二兄囑弟選輯昌州歷代詩詞。治霖兄箋注并署其名曰：《棠城風華集》，弦公校誤兼手録縣志中之詩聯文章。吾等屠狗之輩，何意附庸風雅，頗堪笑也。俗事冗繁，幾經頓挫。今秋避疫棠國，不揣愚昧，管窺天海，鈎沉索隱，輯成此卷。本書以邑中人士爲主，域外詩家凡題咏棠邑之風物者，酌選之。共約三百餘家，詩詞千餘首，都爲一卷。乞林公題簽，歲暮卜能付梓。棠邑風華，歷千秋百劫之後，文脉不絶如縷。名山風雨，斗酒縱横。慚目力拙劣，珠遺滄海，憾難幸免，諒之。兆輝不才，是爲序。

黄哂西先生聯語序

黄哂西先生者，棠邑人也。寓居仁義之西門巷，育有三女一子，子不詳其名，早逝。公清末以塾師爲業，明醫理。昔日求其藥方者，絡繹門庭。公貌甚清癯，策杖緩步，書生氣濃，言談舉止，温文爾雅。坊聞，公幼承家學，亦尚武，然未見顯拳術於人前。或云：武爲强身，非爲逞强也。公之一生，文武皆備，俱無聞於世，異哉！

嘗記公携《中國歷代詩文》一書至，指問余曰：此爲何字，識否？余惶惶不能對。猶記某日，邑中諸耆宿之詩章，疊在家祖書桌前，絕句耶，律詩耶，今不能詳記。又記某日公携《龍文鞭影》一書至，笑曰：此書甚好，可增學養。余對曰：此書亦初購置。後吾棄學從商，閑適時多，曾書春聯饋與家舅，售於棠城街巷，公暮年栖居棠城，時出街偶見之。與家舅晤談甚歡，愧承謬贊，余後聞之亦常感念。

公之風範頗似陶靖節，安貧樂道，不慕榮利。鎮小街僻，與公過從甚密者，邑里僅莫建州、申吉榮及家祖數人而已。公之書法，娟秀飄逸，古意澹然。公能詩文，墨稿惜不及見。曾諸許家父題書條幅數幅，後歲月倥偬，先生倏然跨鶴，引爲憾事。

公與家祖友善，其年頗近，交亦最深。每見之，余皆呼其黄公。家中昔日亦曾訂閱《書法》《龍門陣》《民間對聯故事》《書法報》等報刊，亦偶置聯書詩集，公亦常相借閱。每見錯愕，輒批注之。於《隨園詩話》《中國古今實用對聯大全》批注尤多。先生卒後，余亦詢遺稿於其婿夏光久先生，曰：誤焚之。今聞夏公亦卒，余曾以詩挽之：駒光驚露電，鶴化惜歸遼。故邸門庭寂，長街車馬蕭。逾年違謦欬，轉瞬感飄摇。三世延風誼，忍看松柏凋。老成衰謝，調絶廣陵，惜哉！

某年，縣府擬編輯棠邑文史資料彙編，索文於家祖，家祖曰：此非黄公不能爲也。然斯時黄公已仙遊久矣。故此事轉托於夏名德、張人善草草寫罷。後亦有詢黄公遺稿者，皆不得而返。公之故邸猶存，余常過之。今高墻苔聳，鐵鎖銹横。余亦曾有詩懷之：門外樓臺起鬱峨，荒凉苔徑悵然過。詩箋惟賴婿焚盡，聯語都因客索多。問字遥同尋舊夢，染翰早信壯前波。江湖廿載陶朱倦，櫟散才疏愧奈何。公之外孫夏天，吾總角之交，筆硯之友，四世之誼也。回顧疇昔，余今日之詩聯亦或啓蒙於昔日，又豈忍見公之文墨飄零，故翻檢韋編，輯編成卷，署其名曰：黄哂西先生聯語。縱文字零星，後世應亦知棠邑有黄公者。以管窺豹，聊證鴻泥。兆輝不敏，是爲序。

梅疏影

生於一九八一年，重慶石柱人。嗜詩、古文辭及書畫、篆刻諸藝。曾從川中高僧昌臻上人研習釋教典籍，川大何崝教授習詩及古文辭，津門王蟄堪先生習詞，虞山王震鐸先生習畫。

口說

人之有口，吞五穀以養幻軀，發浩言以明鴻志。誦古聖之經典，啓童稚之愚昧。偶逢勝友，高談闊論，洞觀時局，針砭流弊。然則此乃君子之口也。君子之口，其吐辭也樸厚，其言事也明實，以勸誡爲宗旨。若夫怨婦小人，則動譏諷，興讒謗。其吐辭也巧媚，其言事也閃爍，而以粉飾爲能事。

然人必自爲君子，然後能識君子之口，賞君子之言，從君子之勸。若翼之受風，德業可一日而千里，怨婦小人則不然。其不獨惡君子之口，亦惡怨婦小人之口。若棉之納水，毒怨亦逐日以增深。君子之口可以興邦，怨婦小人之口亦可以禍國。口之大用於此可見一斑。自古以口興邦，以口禍國者皆不勝枚舉。

君子之口亦有和雅、智辯、憂患、機趣、求實、諍誡之辨。然皆源自明德，期助人以歸善。怨婦小人之口有尖酸、惡毒、挑唆、謾罵、誇耀、欺瞞之別。皆源於邪思，期毀人以實私。

或言：君子之口多利於國而毀於己。其所言當指龍逄、比干、屈平、馬遷之事。然夫求仁得仁，真有毀於己耶？怨婦小人之口亦何得有私於己。君不見秦儈遭千古之唾，魏閹罹非死之難，慈禧有曝尸之報。

然則以所受而定得失，其見猶淺鄙。夫君子處世，得也泰然，失也泰然。其情懷曠闊，心内少有煎熬。言與不言，全無挂懷。怨婦小人處世則得也戚然，失也戚然。其中心鬱結，言與不言，皆自縛於輪回。由是可知，怨婦小人之口誠有害於世，有害於己，然無害於君子。君子之口不唯有利於世，有利於己，亦有利於怨婦小人。可嘆今世之杜人口者，其不識君子小人也明矣。

己丑清和月上浣第五日，時有所感，聊爲斯文。疏影於舊時月色龕。

踽社雅集記

丁酉秋，予歸渝。緣豫州篤翁丈紹介，得識伯甫兄。因往訪焉。其人雅而多能，擅金石傳拓之藝，書畫亦高逸可稱。出諸近作示予，仰佩無任。由是暢談，至爲相契。心下暗忖，向在渝，未曾知有此等人物，以至於今始得相見。未幾，又來一客，闊論高談，識見精深。興起復操縵奏高山。真雅士也，乃訂交。其人孫姓，名峻峰。退而覽其藝事。書宗唐賢，楷法精熟，畫擅蘭竹及諸卉物，格在白陽南田之間。嘆賞不置。噫！經年不識，而一日之中得此二子，視爲畏友，幸何如之。伯甫兄欲集一社，承蒙青及，命予襄之。敢不從焉。社以踽名，以金石爲指歸，取勵精求真，同德共心，踽踽而行之意。然金石者何？古賢記事立言，恐其不能垂永久，以金石能壽故。乃勒碑刻銘，落筆作千古想，期能傳諸後世。其鄭重若此，吾儕不可不知古人之用心。金石之學，興於宋，如歐陽永叔、趙德甫，皆其卓著者。及清而臻其極，一時流風所向，名家輩出。究其實，實在考辨序跋之功夫，故不可不通小學。書寫、刊刻、傳拓，又其次也。一言以蔽之，尤在學也。吾渝人物，堪傳者鮮。近世之社集，無過飲河，且不論前賢風雅邈難追攀，即其社中諸賢，生長於斯者亦寡。黄山谷云：巴峽士大夫素無書種，吾輩聞之，當深以爲耻。耻而後勇，以謙敬爲宗，以學爲旨，切磨箴規，互相砥礪，以期有成，乃至於移易風俗，得其至樂，非徒令觀者刮目也。是歲大雪前三日，伯甫兄舊友、長安孫君大爲來渝，因謀爲初集，其所曰東籬，名亦可喜。伯甫兄夫人復布置精雅，實所謂四美具也。與集者另有朱唐、鄒杜文諸公，俱屬初識。然言談儀範，淵雅可知，俟他日一一請益。諸人各出所藏金石器物及法書名畫，藻鑑之餘，研古墨，出陳楮，恣意揮灑，不以工拙爲計，良可樂也。又聞有一精於鑄鐵之女史未能與集，殊以爲憾。一心兄爲諸友攝影留念，備極辛苦。滄浪女史後至。晚間燕飲，雖無曲水流觴之致，然頗得放浪形骸之趣。歸家則夜已深矣。意猶未盡，觀書數頁乃眠。石柱梅疏影記。

韋喬瀚

生於一九九五年，重慶人。闕里書院文言寫作班學生。

文言文寫作教材序

文者錯畫也，凡山川水雲，風波雷霆，獸蹄鳥迹，林影泉音皆是也。仰宗天文，俯察寓形，擬諸其形容，措諸其理式，致諸其深心，而後洗練淘汰之，方曰文章也。學者須觀摩思索，厭飫詩書，再放言遣詞，揮霍紛紜，行乎其所必行，止乎其所當然，方知斯文涣涣之内美矣！故文章者，發自天然，而含乎章式，非潛學深思，安可臻於善乎！

嗚呼！文之不傳百餘年矣。佩蘭置之溝壑，賚菉奉於正庭。白話之作，本言拙而喻鄙，僞文競興，蓋理屈而途窮，惑後學之眼，亂文統之緒。韓柳泣血於地下，歐蘇痛心乎九泉，百代之道傳，何喪亂至於是乎！如水張師傷世風之淺頑，慨真文之乖謬，乃振起孤孽，獨標文節，叩深流於墳典，取韵致於莊騷，抗世法古，宣揚正道，以先賢家式授人。學者聞其法言而信從者衆矣。滌蕩文壇，横掃僞劣，若大旱之降雨，絶流繼而萌孽生，張公樂其志，數十載不輟。今退隱雙峰山下，教吾儕弟子數十人，剪章裁文，授法傳心。條理古文源流，示之以得失，攬之以機要，嘔心瀝血，賜育後生。不閔其身老志堅，寄孤望於寸心，深恐吾人之不足也。張師鼓之舞之，提之命之。學子亦修之契之，悠之遊之，醉心於文章而自得之，陶陶然教學之樂也！

今整理張師平日所授於一册，付梓印行，以饗天下好學之士。或問：此文言教材，何以白話著？蓋今之去古也久矣，難以驟然而復也，所以委致其文，曲盡其教。乃今文之有喪，惟匍匐以救之，是張師之心也夫！

重　慶

跋里革斷罟匡君

天地者，萬物之所居也，造化之間，惟人最靈，故以領袖群倫，參贊化育，是百物之君也。人道正，萬物方可得其所也。

昔帝堯欽天，羲和歷四時。鳥獸草木之類，莫不與時消息。故先王置天官，以明四時之節氣，命水獸之虞，以輔鳥獸之衍續。法天之動，因時之宜，不甚取，故材用不竭。《詩》云：『彼茁者葭，壹發五豝。』蓋言其盛也。人者，萬物之君，宣公者人倫之君也。天生萬物有時，宣公之施罟，非其時也，故里革匡之，斷其罟而面諍。宣公之罟，固不能盡天下之魚。然宣公之爲君也，其身行道，而後天下可行。斷其罟，是絶天下之不正也，功何止於一罟哉！爲君之過，禍皆殃百姓，君道正，則人莫敢不正。故臣子之事君也，將順其美，匡救其惡。所謂『一言而興邦』，可不慎歟！

肖若昊

生於一九九八年，重慶人。自幼學習經典、書畫、古琴。現任五湖琴館常駐古琴教師，太湖大學堂特聘古琴老師，知止堂國學講師。

讀原道

退之曰：『仁與義爲定名，道與德爲虛位。博愛之謂仁，合宜之謂義，由是而之焉之謂道，足乎己而無待於外之謂德。』道者路也，由是可通聖也；德者，得也，行有得於心也。德有小大，大德者，聖人之德也。仁義因事而行，故曰定名；道德者不顯，故曰虛位。自玄學興，道學晦，兩宋精研義理，不能脱玄玄之風，故存理以明道，若伊川、紫陽之輩，學如太山，博似汪洋，考辯注論，無事不精，偶有差謬不能以爲過，乃下迄明清，至今尚有後焉。惜乎其於道也，語之不詳，雖贅百箋，亦多玄玄之論矣。

昔老子出，作《道德經》；莊子出，著《南華》。後人不明其意，竟入於玄虛之途，儒家者流，薄老氏之書，抑二子之過乎？聞其一不知其二，聽其言不曉其意，不明聖道，曉曉然爭乎末學，而不知其所以爭，此爲構黨之亂，學問漸梏矣。

自佛氏入漢，信從者衆。佛書之繁，非人力能盡，儒書有目録，若師存焉，學者精研典籍存目，亦可以爲學也，佛氏有目而無撮要之舉，故從有道之師，得受開明之法，千古不易矣。蓋世尊之言本爲萬物之極，然初學者不明其道，東揀西擇，讀書無法，易陷於寂滅之流，頹唐之勢，其學有所偏，其心且不正，而自以爲是，大談神怪之説，以爲此道爲上，不知佛氏典籍，無一字高神怪，無一句揚神通，飛天遁地終爲末技，老莊之徒或不能免此，有儒者學不知本，聞其一二便盡棄所學，從而慕之。噫！不亦悲乎！窮一生之力，終爲搔膚撓癢，聽僞佛之言，不知於道之極也。縱有崩山裂河之能，於身心又何益焉？降外物者爲小技，服煩惱者爲達道，三氏之學，皆立於此也。

退之言道，謂堯舜至孔孟，此爲道統，然道體之爲，退之論而不詳，兩宋之論雖精，尚有未盡處，歷來諸子論述，亦多有不同，故於此述之。堯舜孔孟相傳之道爲何道也？不過切己自反，改過遷善而已矣。此道貫通上下，亦聖者所行也。昔曾子言忠恕，即此意也，傳之『綱領』『條目』，書之『精一』，兩宋之『天理』，陸王之『日減』，皆此意也。此爲天下之正道，無疆域，無族類，無貴賤，無老少，自歐洲至於亞洲，自中原至於『蠻夷』，自天子至於庶人，自老至童，凡有人處，皆有此道之存。是故結黨者，何其陋矣；別流者，何其固矣。人稱有三教之徒，今某曰：『有佛老之儒，有儒之佛老，三家者同出而異名，同求而異形，如江河之匯於海，其勢一也，其歸一也，其行殊也，和而不同者，此之謂也。』

丁酉秋冬之際，吾友何氏贈佛書數卷，觀之而驚，某自幼雖誦佛經，然不諳其旨，而今初窺一毫，便覺神往，其中論之言，邏輯嚴密，義理精微，儒家不能望其項背，於是棄儒從佛，起清修之念，生剃髮之心，以爲聖人不及佛陀也。及戊戌春夏之間，懷卿贈象山之書，某嘗尊朱，故於陸王之學多不覽，以爲空言居多，實學爲少。然此一觀，振起而作，嘆爲天人，其務本之語，撼乎心神，知向時空言義理，以至於謗聖廢學，其陋甚也！又始知儒家之學與佛氏之學一也，蓋三代之儒多務本，故鮮義理，非不知也，是不言也，多言無益，不如實行也。夫子曰：『敏於事而慎於言。』又『夫子之言性與天道不可得而聞』。或有此意歟？下學而上達，淺人多以爲儒道不能造極，不知必下學之實者可以上達，不堅乎内者，必輕乎外；不實乎下者，必虚乎上，儒家此理，佛氏亦此理也。又以爲佛氏較之儒家，造極更捷，不知古之賢人有言：『欲速則不達。』佛氏亦曰：『慢修速成。』必慢修然後可以速成矣！彼之非儒，貌似衛佛，實則畏難，有此心而欲通乎至境，不亦妄乎！且又毁儒，不亦小乎！

故曰：『斯道也，非儒家之道也，乃生民之坦途也，堯以是傳之舜，舜以是傳之禹，禹以是傳之湯，湯以是傳之文、武、周公，文、武、周公傳之孔子，孔子傳之孟軻。』軻之後，聖道述之已明，非獨一人以傳，播之於衆，世代傳焉。夫子曰：『文武之道在人。』由此可知矣。今之人何懼道衰，盡人事，聽天命，其庶乎可也。

陳佳蕊

生於二零零零年，重慶南岸人。闕里書院文言寫作班學生。

豢猫記

余家始喬山中，不堪鼠暴，大者如缶，夜則飢啸飽嘻，視若無人。衆欲乞猫而不得，值一幼者遊戲院中不捨離，故就而豢焉，於是鼠止。時余求學於外，不得見。

迨初見，則白毛怒長，二目藍黄異色，迥然而視，山東獅子猫是也。叩其名，答尚無，均以猫呼之。余且名之曰猫咪，蓋其實猫咪也。其爲猫也，馴狎温順，身手矯敏，又極聰慧，似能通於人。每晨起，必側身盤旋，引之入茶室，以糒糧食之而後止。日俯仰遊戲院中，姿態各異。忽背高跱之，尾如劍立，喉低嗚吼，蓋呵鄰之猫犬也。又俯身低平，縮背膦眈，四脚疾走，猛撲入叢，而得一鼠焉。或沙沙作聲，枝葉翻飛，仰首觀樹，衆緑間一白耳，細覷，猫瞪眼相視，似哂笑之。畹晚遠觀山色，不意瞥屋脊，猫悠然立坐，亦望遠，尾繞覆爪上，落日半規，白毫熠煜，盡其研雅。夜俯首案几，聞喵喵喚呼，舉目見猫探首引頸，欲入門不得，敲抓撓推，似小童焉。平日衆皆愛憐，閑皆與之戲玩。而猫亦知之，常以鼠鳥饋。列之檻外，人皆驚笑連連而不敢受。

及次見時，母云：觀其腹，似字矣，不日將産。又數日，腹忽小，似已娩。母呼余尋之，余思及平日行蹤，往之，果在。雛四，二白二花，花者白黄黑間雜。其嚶嚶呀呀，目尚未開，茸尚未覆，狀如幼鼠。稍大，横毛直豎，盡態極妍，茸茸可愛，似稚虎焉。待略可翻撲，則移之紙箱，中有先生文集數册。母見之大喜，贊曰：果讀經猫焉，知幼則當學矣！

時有惡疫，不得出户，滯家犂地豢猫。又三月，則幼成，饋人三，留一花。因其色，名之曰三花。不月，其母之腹又大，似又孕焉。其臨産時，余、正觀皆居家中。一日，欲出户，猫忽盤旋身側不肯離，余與正觀皆不明，臆其欲助之産，遂留觀之。猫果引余二人入室，縮櫃中，脉脉望之。俟二刻，隨慘然叫唤，一猫出矣，余人皆驚不能言。見其幼稚，毛髮尚漉，數舐，始蓬。輒半時，誕三猫焉。二白一花，一白首少豎黑，似髮焉。觀其甚憊欲寐，悄然離，不欲擾之。翌日再觀，多一白，蓋夜又産焉。迨其大，惟留首豎黑者，名之曰灰，餘皆饋之。

至今日，則三花與灰亦誕子矣，其母則不知所蹤。數月，三花亦不知蹤，蓋散養故也，或誤毒之死焉。人皆言猫之漠淡多疑，不可與處。今見之，以猫之冥，而可通人、信人如此，豈可一語定哉！然余亦未更得聰慧若此者。世事之緣若此，奈何！

三花之子有三，一曰橘，一曰狸，一曰花，皆以色名。現豢於院，懼人，多驚走，少可與處。

壬寅虎年正月初五，巴蜀陳佳蕊記。

張世齊

生於二零零四年，重慶萬盛人。闕里書院文言寫作班學生。

遊前溪記

竹里廣場之東，襟龜山之西麓，有前溪焉。始莊惠橋，至韓憑樹匯後溪而爲竹里溪也。溪水澄澈，蜿蜒清深，乃竹里一景也。

水出莊惠橋，兩岸多生雜草，不詳其名，求諸曉者，乃知有芒萁、紫麻、薛莎之屬，品類繁多，難可辨析。時逢日出，光照其間，則清波粼粼，光影流煥，信可悦目也。前有一石梯，可緣梯而下，近臨溪水，然而無梁，或專爲搗練而設也。溪流緩緩，一淌數百步。水抵斷崖，瀉出其上，過崖而往有丁步，規矩方正，序列井然，係兩岸往來之途也。水爲丁步所阻，乃激湧石間，奪其罅而出之，前又有亂石一灘，敧嵌盤屈，錯落無章，祇見湍水觸石洄旋，飛漱其間。溪流至是則水勢盛大，其聲如雷，浩浩湯湯，使居岸上樓宇之岑，亦爲聲所擾，不能安眠。於是南墜小潭，復還徐徐。小潭者何也？蓋前溪寬闊静深處也，幅員可四丈，其中多錦鯉，偶見石斑、溪白。初，未嘗有錦鯉，自鄉府肇『旅遊竹里』以來，蓋增美前溪之個，使人養之以供遊人觀賞，雖發心未純，然今潭中鯉魚皆肥碩，則亦一生之善事也。西岸有餐廳，每至饔飧之後，或有殘餚者，皆傾之以飼魚，魚亦無不食。至於日久，則群魚不啻訓狎不驚，甚者一旦有人臨溪，輒嘩然擁於前，以待投食，摩鰭接尾，實可趣也。過此而往，經一限而折東，匯後溪而滚滚緝流矣。

或謂『觀水有術，必觀其瀾』，孔子有『水哉水哉』之嘆，蓋夫子何取於水也？觀此前溪滚滚，不捨晝夜，盈科而後進，放乎四海。而今吾書院同儕，承繼聖賢家業，幸受文言正宗，前路漫漫，能不取法前溪，而終日乾乾、至誠無息歟？嗟予小子之志，孔夫子之嘆，意在斯乎？意在斯乎？

辛丑秋某日，古文三班同學隨張師同遊，有感於斯，歸，作文以記之。

袁隆平傳

袁隆平者，江西德安人也。世代簞食布衣，曾祖繁義嘗太平軍之遺金，遂爲鉅富。行有餘力，則使其子盛鑑以學文，鑑舉於鄉而後仕，又使其孫興烈入塾，卒業南京中央大學，初筮督學，後入孫連仲幕。興烈有五子，隆平仲也。

平八歲入漢口扶輪小學。因戰起，輾轉於南京、武漢、重慶三地。民國三十五年升高中，有泳事，平水性好，欲往，蓋少時嘗溺，爲縴夫所救，毅然師之，謂之曰：『今公會水而救我，我既習水，以備他日救人。』然師友皆小平，不與往，平竊隨之，竟奪魁。高中既卒業，其父欲使之入上庠，平曰：必學農也。蓋少時嘗與母遊神農洞，感於神農之迹，又時中國新立，民生多舛，常不果腹，因以體念民艱，悱惻衆庶，意以此爲志業也。共和國元年，肄業西南農學院，欲工於稼穡、效神農之所爲。四年學成，發湘支教，一旦獲異稻一株，越明年春，輒證此乃天然雜交稻也，平意既有天施，亦可人爲，輒可雜高産者、雜耐旱者，庶幾克冀一粒萬顆之景也。於是夙夜耰勤，遍試配種。明年大饑，民有嗛樹皮、觀音土腹脹而死者，平見之而志彌篤。十六年春，大進，得不育種四。越明年『文革』起，以嚴入孫連仲故，貶平爲『右』，研究因以迫止。十八年春，草水稻雄性不孕係選育計劃，諸志士立水稻雄性不孕科研組以助平。二十二年春，湘農科院肇雜交稻研究協作組，平押之。當是時，洋媒譏中國人多産少，不克自足，或奪世界之糧。平振臂曰：國人將固握己之飯碗。言已出躬必逮，越四年，竟育雜交水稻，畝産十餘石，震爍中外，自此中國不憂食也。

隆平國之傑士，毅然決心，於習水、學農、攘謡等事可見。稻種曾爲人所毁，而平卓然不懈；科研曾爲『文革』所阻，而平矯然無輟。耄耋之年，亦没脛持耜，至不能行，而每旦視田。平無黨派，但爲天下蒸民，嘗謂：『天下百姓皆足食，蓋吾畢生之願，是以吾非閑居，即在田，非在田，即在往田之由。』有行星以平名命之，有共和國勛章以授之。

與妻鄧氏育三子，伯定安，仲定江，叔定陽，皆擔荷家業，小有成。七十一年四月，平壽終，享年九十一，舉國無不哀悼。

業師張先生六十三壽序

余總角入私塾，嘗讀《詩經》，至『終南何有，有條有梅』『節彼南山，維石岩岩』，而心嚮往之。夫終南之爲山，秦嶺之峰也，脉起崑崙，尾銜嵩岳，瑰奇偉麗，鍾靈毓秀，古來神人遺佚之所居也。有太上仙君之講經焉，有全真王重陽之創派焉。

業師張公西航先生，陝西鄠邑人也。少於役時邂一道士，以生性敏見悦，得其傳，茅山術士之地功也。歸輒廣授之，從游者衆。時陝西報有刊氣功熱，張師則其草上之風也。而後十餘年歷世事變遷，洞嗟類叵測，慨人心不古，世風日頹，乃閉門遣徒，躬耕於終南山麓，而爲隱士焉。昔盧藏用干禄不得，聞時上有尚賢希隱之心，乃逸居終南，果見用超遷，同隱司馬承禎者亦爲上所舉，然拒之，乃笑盧曰：『余以終南爲避世，而汝以終南爲捷徑也。』若張師之居終南，不慕功利，乃同承禎之心，絶非盧藏用汲汲禄位之類也。

余志學之年，嚴慈以故見張師，從修椿功，有得而可療病，乃俾余從之，又以大母時爲疾所擾，又俾大母從之，期年而祖子孫三代皆得其益，受其澤也。鄠邑產葡萄，張師亦種植之，而絲毫不以農劑，自采草藥而爲之，是其不合俗流如此也；嘗在其家，見張師祀師爺師祖，竭誠禮敬，與余言及師承之事，淚滴沾衿，是其忠厚追遠如此也；習椿之間，勉余等皆好自用功，循循不倦，是其愛子弟又如此也。

夫大德者，必得其壽，張師所傳之功，以余家之淺嘗而能愈病，師必能康健其體也，而况其德之盛如此乎？壬寅六月廿三，張師六十三之初度，小子感念德恩，略述所聞於張師，是以爲賀。

魯迅剃髮

一日，魯迅欲短髮，之髮肆，工見其襤褸絺綌，以爲丐户人也，遂慢之。事畢，迅隨意取幣予之，而價倍於常，工甚喜。越旬迅又往，工於是兢兢如也，以爲又有倍價。然迅則歷數錢幣而付，分毫不侈。工怪之，乃答曰：『向子慢我，我則慢付之；今子謹我，我則謹付之，子何怪乎？』工忸怩。

四川

劉雄

生於一九七七年，四川自貢人。岷社社長，南雅詩社副社長。

岷社成立啓

歲逢乙未，節邁重陽。萸菊飄馨，朋酒斯饗。襄勝事於東粵，倡建旄於蜀西。岷江泯泯，雪消初發之源；峨嶺巍巍，秀出南斗之側。神化所至，司馬群推賦聖；人皆翕之，桓譚獨識文雄。蜀道縱難，太白尚留高咏；漢嘉爲守，東坡未遂夙心。歷覽前修，殊增感激。江山猶在，大雅云亡。然乾坤間氣，何代無之；巴蜀鍾靈，於斯爲盛。今分壇坫一廛，會看芝蘭九畹。求它詩道，且嚴駕而即長路；凡我同人，試援毫而發正聲。

唐龍

生於一九七七年，蜀人客閩。静山賦院理事，岷社成員，唐社成員，逸社祭酒。浸淫詩詞文賦二十年，輯有《彈指間詩詞文賦稿》《小倉百人一首解讀》《謝枚如酒邊詞箋注》《花痕録》等。

滕王閣賦

韵用『滕王雄閣，瑰偉絶特』

彭澤蒼茫，贛天廖廓。勾勝景之素懷，赴洪城之新約。彌秋水之寒蒸，眷蒼岑之華落。若憑鴻翼，將海使以歸來；還馭動車，與騷人之商略。良宵眸洽，小酌輝生；旦日身携，高談情灼。奈逆旅於牽拘，唯捫心以審度。雖慕湖上之清嘉，焉辜域中之卓犖？探捷道於三叉，摒車輪之四角。方按索於掌圖，復遥瞻以杠彴。近愈踟躇，親臨恍覺。輿歷繁華，思縈渺邈。想覆簣而起丘臺，欲浮槎而抵洲堮。猥蒙延款，且緣慳於仙女湖；償釋宿酲，正夢幸於滕王閣。

若夫仰鶩雲降，巡訝玉堆。徘徊芳址，突踞江湄。過牌樓而入瓊苑，行福地而踏瑶墀。匾具以雄州霧列，客争於俊彩星馳。方鼎兀蹲，頌鐫明府；祭爐伺用，彰表有司。蹬廣場之徐步，轉廊廡而指棲。下轟聲於涵洞，上闊賞於明畦。飛三丈之崔嵬，駢聯層闕；佑千年之安穩，獨抱固基。書重修之紀石，文鍍刻於銘碑。儼魄凝於秦字，忽神接於昌黎。白玉鋪箋，昭穆風之宛詡；赤岩框幅，陳巨卷之壯宜。女墻規仿，城堞如依。形捫舊制，格自今爲。玄石雕以獅贔，青銅鑄以鶴龜。疑含騰而撫拍，恐栩去而難追。更招兩亭而列勢，矗一閣而標姿。思壓江之豪者，問挹翠之能誰？徐徐流靄，蔚蔚收霞。匡嶺阻眸，帆並張而風雲隱約；鄱陽鄰榻，鵬欲簸而氣象殊瑰。

陟高築，顧悠悠；循璐階，行蹀蹀。丹柱偉長，朱楹整列。采神木於廬山，借郢斤於月窟。聯引王辭而彩鎏；匾存韓語而金貼。劍吞鴟吻，正脊豈容斜窺；蓮托祥雲，懸欒尤待考閲。座抱須彌，枋聯朝笏；瓦覆琉璃，椽描黼黻。滴水圖孤鶩而相機，勾頭字秋風而序節。盈盈乎緑鬢紅裙之姝，磊磊乎舒襟崛骨之傑。明三暗七，融巧構以渾然；斗萬拱千，化天工於施設。定水筆而雍容，眺繩金而競拔。城障錦而光鮮，浦涵珠而麗潔。信瓊屋之架憑，惝蜃樓之幻疊。春去兮櫨飄泰世之花，冬返兮簷積兆年之雪。鈎楯規連，基扃妥切。樓隔以廳，梯旋以闥。導轉雕軒，觀迷綉闕。桂殿言嘩，芝房影攝。飾裝周敷於金粉，頗布堂皇；藻井參繪以螺旋，恒當詭譎。間明晦於玄玄，穿古今於徹徹。續成佳話，敬宇内之殊常；襄此大觀，慕人間之奇絶。

乃賞洪都之禮樂出，吳國之物華興。抔斯樓以薈萃，集天下之豪英。白玉浮雕，勃也舟懼風阻；柔光變影，神之力推浪生。此酣勝會，彼奮砥行。幻時空於妙手，表人事於炫屏。且覽西江之金匾，尤斟滕閣之模型。宣知人傑，教繪地靈。壁輝被畫，捲氣雄呈。進士牌增許光範，狀元榜允昭文明。江如舞帶，湖似落星。梅關庾嶺，龍虎三清。是審贛中名山之排蕩，浩水之流形也。繼而辨遺珍於旁室，觀法器於小廳。煌煌乎重現鑾駕，洽洽乎幸治升平。像逼滕王，思縱歡於蝴蝶宴；曲傳湯氏，夢頻遇於牡丹亭。華裳兜帽，霞帔翠翎。琵琶簫笛，笙鼓阮箏。咸懾喑於精美，焉遑及於視聽。更恢張於科技，還運匠於光燈。樓然於興廢，姬惑於貌聲。漢武哀於絳帷，少翁幻術；唐皇慨於破陣，今者奇能。遂催鬼神以搜畢，伺樓閣以鋪滕矣。

至若登頂極眸，倚欄側耳。萬户延入青旻，數舟憩餘灝氣。川傾冶語，共煙樹而逶隨；渚漫輕歌，雜野花而旖旎。三洲候季而潮連，兩岸有情而堤對。樓遐邇以摩肩，壩高低而並嘴。蒼鷺雪鷗，江黿銀鯉。翻浪撥鱗，回空拽尾。橋抖摟於龍身，嶼醉眠以鼇背。新晴漲以長寧，風雨搖而將起。再若斜瞰林池，俯觀街市。曲道弦微，攢溪芳逸。飭草坪而亮色，修竹掩波；亂洞巘而滄桑，山茶結屣。曾淑女之撲扇，若嫦娥來遺佩。偕童叟而歡喧，別友朋而挹袂。繞樓簇閣，卉種王苑之根；瀧石分流，民承贛江之惠。故而囊槖郡府之文，互昭山川之禮。遥追甌越，早成異代衣冠；仍控蠻荆，又是新番天地。北辰高遠，應在車迅機乘；南溟迴深，聞矜朝發夕至。攀桂誠堪，濯纓樂比。慣煥爛而鬱蒸，獨修明而俊偉。

又夫載城樓之圮葺，紛際遇而莽蒼。曾風流之殢屬，終淹没於何方。念子安窮途邂逅，逸興飛揚。愓愓筵遊，成絕篇而名具；兢兢赴海，忽星逝而爍光。張九齡登臨而自惱，白居易餞送而慨慷；蘇子由輕笑於同酹，文履善頗愁於獨航。水引清風，山沉翠靄；詩題人老，墨淡閣涼。引燹火之無情，塵經卅劫；抗昊天之不憫，事造千昌。日月東西而旋泛，身心動止而失忘。此乃冲虛之過迹，唯窺本色之弛張。候其犴濤奔止，倦岫收翔。城耽歌舞，樓散脂香。由解古人之寂寞，莫追今客之彷徨。與漁樵之閑話，競臺榭之新妝。來往熙熙，渾懵然於蝴蝶；是非草草，遽大悟於滕王。

旅瑣摧顔，囁嚅持默。觸物情交，捫襟難得。征夫在宇之孤鴻，在池之困鯽，在殿之摹圖，在窗之藻飾。體暢宗風，目侔塵色。釉廡鮮青，蘇裘敝黑。企明道之恢弘，銷翳心之慳嗇。羞破虜之竊稱，枉縛雞而乏力。昔文斟誦，已如晤而致憂；今我浪遊，更將離而添惻。人來閣兮等蜉蝣，閣去人兮長相憶。既遘洪都，受滋玄德。斯閣當前，斯人並側。假秋日而夢歸，撩遊絲以吹息。恍他世之如真，尚幾維之懸惑。異哉！衆熙攘乎九重，吾瞬凌乎八極。海牘山經，烏鄉朱國。頓悟些些，幽懷特特。

幻翳耶？一樓遞瑑於三地，三地各垂於禮容。惜滕州之淹世，徒望影於爪鴻。憐閬中之招隱，若醉後之新豐。唯此蓬壺鎖地，重劍刺空。扶桑完碧，蓮蒂常紅。雖良時之代隔，信雅致以誰同。豈未逢而思從洄從溯，豈別後而嘆其雨其風。於是攬圖吐鳳，把酒雕蟲。非前賢之妄效，實名閣之感躬。況乎影映三臺，病緒抽銷而英發；魂交一日，畢生領沐而誇雄也！

瘦西湖賦並序

世謂天下西湖三十六，獨揚州美於形瘦耳。余初聞而惘，今會則嗤之。維揚風流，盡在西湖，凡一畚土，一酌水，一步景，一時人，皆跌宕自喜，足稱勝概，豈約以瘦爾？戊戌清明，與逸社諸子乘興往，盡興歸。眷眷之情緬縈數日，遂賦而紀之。同遊者：常州流年，揚中大夢，太原待梅也。

淮左青衣，江南紅袖。集勝地之豐華，伸維揚之錦綉。餘城脉而倚山坪，接蜀崗而延水畝。綿邈蓬瀛之際，碎鏡浮光；婉流昆閬之間，柔絲漫岫。乃穿西寺，溯宗源；陟棲靈，瞻華茂。依稀盆景之忽超，仿佛瑶池之遺覆。碧影蕩於虹橋，粉妝塗於白牖。運河誰造，賴樞紐而争航；春水天來，殢纏綿而互侑。望兹籠煙彌沼，派潤分流；動舫移圖，留香嫋阜。審巧匠之匯精，想鹽商之聚富。擅今古之才名，證往來之世胄。幽幽三徑，環九折之客心；累累一園，藏千家之黛首。遂教煬帝沉宵，乾隆嘩晝。争入窟而銷金，繼傾身而縱酒。念昔撫册而夢縈，幸今驅車而邂逅。靈府一逢，空桑三宿。步眷徐娘，眸新豆蔻。唯卿見我，定粲發而將腴；待我詢卿，何相思而太瘦。

方其花趁清明之節，柳歸煙雨之時。與諸子並肩行，連袂移。下平山堂而輕雀囀，出大明寺而冶風吹。過門沿岸，循道繞池。櫻蓬蓬而搓粉，水湛湛以流脂。俯園林之縮景，錯山石而凝姿。漸寬鏡面，分雙泉而虹吸；頗皺紈裙，聳花嶼而霧彌。鳳嘴旋噴而氤氳蕩，魚鱗翻漾而瀲灩隨。牌樓矗水，玉柱浮基。樹遮別墅，葦折池湄。揣規流乎元豹，祈降瑞乎靈龜。繼而賞雜花而同艷，逢鬥草而矜奇。轉玄機之雅室，導滑净之芳蹊。姍姍竹影，忽忽寒漪。貼假山於淙響，坐回廡而瀑窺。飛龍矯不知疏瀉也，泉魅泠固料潛騰之。不兆何風，當筳摇曳；未雲竟雨，鎮日霏迷。若故地之重遊，怡紅快緑；懷初心之懵懂，噙淚蹙眉。謝絳根而有寄，唯濁玉而莫知。悵爾顧仄幽而階難上，罷乎辭水竹而遙指西。

聞夫八怪鄰園而遺名，金農隱此而終養。棲身若許，書屋静香；天性何如，墨章流宕。見風骨於楹聯，摩精神於塑像。返硯几之餘澤，親且俯身；映漆匾之斜輝，過皆抬顙。會瓊海而盈眸，踱梅林而遲賞。愁接踵於折欄，羨悠然於畫舫。廿四橋玉人曾歌，千餘載檀板猶唱。忽驚喧闐人海，時流時滯，蹣局兮躋汗而來；還念朗潔蟾盤，誰照誰簫，飄颻乎躡虛而往。繁花綴玉帶而香生，春水纏霓虹而情漲。紫藤新挂，遊者擷歡；紅藥尚無，詞家尋悵。鬢頗追白石之清疏，身未悔青衫之放浪。登臺雩舞而熙春，分渡撩歌而掄槳。濟楚駢羅，衣冠逐訪。曲繞柳塵，光侔雲嶂。涵暮景於瓊樓，倒晴波於絳帳。留戀乎隋堤，逡巡乎花巷。心犯玲瓏，目開曠朗。恍瑶圃之描蒙，疑蕊宮之裁樣。漸茶肆之列呈，更酒簾之在望。遂嘆參廢興而址守，鼇彩橫前；萃南北而橋張，龍驤翻上。

觀夫五亭飛角，四翼連裾。百丈絲兮歌蹈玉，十五洞兮渦貫珠。欄挽低飛之鳥，閣回欲躍之魚。面面清波，月影候春宵而涵也；頭頭空洞，雲橈許梅雨而過乎？腰身遍沾柳絮，首尾倏隱芙蕖。眺遙層於洇色，攬環景於縹圖。莫問當年，數風光今已勝古；堪歌聖代，論氣象揚不遜蘇。順橋而塔，離河近廬。方咨巧構，又贊規摹。若净瓶之卓立，若高士之盤趺。若乾坤之鎮鼎，若得失之幻壺。率堵波渾，體情婉婉；須彌座厚，寓法如如。天相輪巡天而轉，重簷角隔重而弧。龕生肖而祈運，儲舍利而播譽。昔傳番界，今價名隅。乃信諸生穆穆之功，紛呈色相；一夜冥冥之力，遽現浮屠。藕香橋慧影乍爍，蓮性寺佛音嫋餘。覺拂水之曲廊，晏然壤蚓；比御風之臺榭，自在塘鳧。誠料乎主人倦浮沉於堂廟，甘澹泊於江湖也。

忽若縹緲之間，兀兀而浮孤島矣。人稱梅嶺，訝從贛楚聯姻；籍載金山，疑自鎮江分址。惠掘陳泥，功成新壘。迥絶塵寰，高侵瑤水。堪江北之峨冠，承西湖之集萃。中藏勝景，可擬太虛；留住句芒，允推幽秘。雖錯肩於踏雪尋梅，卻假鬢而對流捋蕊。且咏於風亭兮，八面爽來，陶陶乎欲招列子。且思於月觀兮，兩光凝射，脉脉乎還箋陳氏。且立於吹臺兮，久釣龍魚，漣漣乎濯浪同喜。且潛於琴室兮，輕挑沙雁，落落乎掩襟獨涕。若歡逗於簪釵，有蓄親於羽雉。何擬雲雨於巫山，豈慕奢華於朱邸。風月無邊，煙霞有寄。當風怒怒，昆侖之柱安斜；逢雨霖霖，滄海之鼇將起。還察其疊屏帳以情羞，聳樓臺而貌恣。鶴挂飛泉，蘭依香履。摇竹參差，環流迤邐。實壺中未有之天，真化外琳琅之地。去橋櫻燦，唯當珍河漢之緣；回首煙遥，孰不念蒹葭之美。

又若聆素屏之壁，過花拱之門。眷別金谷園，息夫人向隅不語；夢回桃花塢，唐破虜對枝銷魂。睹徐園之妙字，感軍閥之舊勛。曾憂離於劫火，尚遺獲以斯文。數進之園，諳風流而別味；一窪之水，映世景而同淪。回廊新致，卵徑嶙峋。枯藤浥露，鐵鑊鏽塵。躡導遊之紹介，摩篆記之輪困。聽鸝館隱約餘音，尚念乎雙柑斗酒；望海樓飄零羈客，猶嗟乎孤掌拏雲。遂而溜湖玩浪，佇埠問津。横數橋而各異，紐一帶而良馴。當其煙雨之時，染圖水墨，惝春波嫋足，蓮花動袂，如吴娥之綽約；恰此晴光之候，攬勝園林，喜大虹豐身，玉版削肩，恰仕女之清淳。朦朧春曉，靉靆秋氛。驚鴻照影，打槳留痕。或盍簪兮修禊，或漢服兮踏春。或拍欄而懷古，或尋杵兮寄身。悲欣隨我，進退任君。自幸逢載酒之金友，何須想吹簫之玉人。

於是緩步長堤，顧張煙渚。流波碧釅而拂毵，夾道空濛而飛絮。水袖依依，緑鬢處處。色耀丈餘，香吹數武。若浮白羽，追而何忍踐蘭芝；有挽青絲，殢而猶争旁玉樹。念昔窮萬姓之力才，成一人之私欲。慨今醒堤柳於何年，問江山而誰主？水酒堤茶，柳郎花女。揚者江潮，埋之泥土。紛繁其類而難名，爛漫其姿而嘉詡。乃辨芍藥卧枝，玉蘭殘露。風信撲懷，郁金摇步。晚櫻乍褪唐妝，碧桃猶謳吴曲。瓊花尚醞媚顔，綉球頗矜抛顧。弱植欹危，嫩梢襞楚。含暈待暉，顰眉向雨。承畫閣而展裙歡，擁假山而偎耳語。恍惚兮翦緗綺，碎明霞；舞霓裳，唱金縷。霓旌掩苒春程，鳳葆葱蘢歸路。定料陌上清明之客，意興闌珊；曲江上巳之娥，風塵嬌妒。噫！花耶人耶，皆一會而足交親，畢生而無拘束。

興哉！就春色，舉春醪。青山隱隱，緑水迢迢。沐西湖之駘蕩，追奕世之風騷。草木四人，雲山寂寞；煙花三月，杖屨逍遥。春何情而未解，湖何態而未撩。庾信華辭證於今日，潘安別恨付於明朝。吟汪沆之名句，默杜牧之詩篇。境以誘人，人焉遽舍；心之感物，物莫能銷。歌曰：揚州秀兮春夢遥，西湖瘦兮共誰憔。飛瓊一笑，許慰二毛。儻賜重生湖邊草，願長伴於美人腰。

張珺

生於一九九六年，四川瀘縣人，今居上海。

平倭頌並序

僕聞荆蠻薄伐，周宣用而垂烈。戎狄雲擾，齊桓所以伯世。天保未定，寔修三略；獫狁孔熾，爰整六師。豈不以國有七患，惟戎惟劇；壘被四郊，無私無貳。粤我中華之爲邦也，誠文明之所興，而衣冠之故土，風霑四海，道化八遐。匪無武備，仁義是視。匪無英豪，侵凌弗爲。蠢爾倭夷，不以爲德。乘我之隙，寇我邦家。吊伐不作，無以安黎庶；凶醜不誅，無以定坤元。是以億兆一心，龔行天罰。義聲既唱，勢過雷霆。捐軀赴難，有死無恤。誓翦鯨嚚，卒靖海隅。於是倭人以西元千九百四十五年，納兵請降，俯首惟命，迄今七十有四載。臺灣之麗，復歸我有；關表之富，再入輿圖。清季以來，全勝之局，未有尚於兹者也。予既嘉我總戎之英猷，又感我人民之偉烈，慷慨之情，溢於胸臆。盛功如此，而無謳咏之事，非禮之所如也。小子不材，謹作頌曰：

倬彼昊天，惟德孔休。鍾厥淑靈，寔造神州。始備禮儀，肇作典章。昭明九有，儀刑萬方。云爾倭人，昔蒙我德。律令是成，民用不忒。運有興替，道有隆夷。時逢百六，禄莫我綏。險爾倭人，貪譎無度。犯我東封，索我厚賂。割我臺灣，喪我水師。九區板蕩，四海群飛。厥心何厭，厥慾焉窮？蠶食齊魯，虎噬遼東。奉天受令，棄城不守。榆關以東，非復我有。三十萬軍，不作男兒。行道焉歌？其唯黍離。爰藉七暨，肇禍三河。薪之不盡，其奈炎何？婦孺何辜？萬里伏尸。山澤何辜？靡有孑遺。幸哉國共，深識大義。同仇禦侮，拯於將墜。八億軍民，堅苦卓絶。越人且駭，捐顱喋血。長城勇壯，平型獻捷。虜酋氣喪，虜卒膽懾。李公人傑，部旅精强。斃敵兩萬，威振臺莊。奇功蓋世，無可或刊。伯陵智略，克構天爐。撫民通變，征緬勛殊。蕭君之義，張君之忠。並著青史，毅列鬼雄。移山不懈，爲功惟久。十有四載，終逐群醜。更新寰宇，大濟群生。今我同儕，幸際昇平。恒銘肺腑，無忘前英。

貴州

馮堯

字玉堯，號月篛。生於一九九六年，貴州印江人。現爲逸社、南雅詩社、荀社成員。辭賦徵文比賽屢獲獎。

觀滄海賦以『洪波湧起』爲韵

時逢己亥，初入江南。與會名流，獻賦金港。皆欲共商賦社，同題錦篇。憶前日嘉興采風，幸臨滄海，恍惚間失形忘骸，飄然已絶俗離塵。神暢太虚，若有所得焉。及題賦騁巧，予擬狀海而不著斯詞於文也，乃賦之。

雲低鯨浪，水蕩鵬風。浴天地而焕采，割昏曉於彌蒙。淵兮似萬象之宗，静篤虚極；柔兮似無爲之物，微妙玄通。方其始也，蒸陽精以崇嶺，沐陰魄於短蓬。扶桑引耀，螮蝀近融。匯溪成川，衆流歸心於域下；散星如餌，何者釣鰲於槎中。若有若無，慌見鮫人之影；即出即没，若隱仙吏之宫。尾閭赴勢，沆瀁龐洪。

及其望舒執輪，泣珠映泛於潭淪；飛廉在御，潛君運流以漩渦。鯤翻則渟潏亂捲，暮沉而星斗攢羅。銜石來時，浩淼而停帆百度；騎麟去後，峥嶸已揚塵幾何。挂鵲橋於遠岸，吞若木之衢柯。絶地凌虚，可訪三山之勝境；推潮蓋浪，欲阻八仙於浩波。

每感斯若終途，幽同歸冢。無角無峰，未氷未洪。運四時於呀呷，載衆生之欣恐。何異乎世，容萬類之浮沉；莫拘於形，秉一德於緩㵝。及深水亂心，驚濤迷踵。懷其夢者，志登道岸；失於途者，神歸松壟。蕩玄氣而飄摇，濯碧波之洶湧。

固知其人有涯，朝生暮死。未睹麻姑之相，惟肖蜉蝣之鄙。由斯而較乎大者，同忽同微；類於小者，無邊無始。以之見予，若煙似塵；以予察之，忘形觀止。慨其綿綿渺渺，唯日月而迭起。

雲　南

李光平

生於一九八一年，雲南武定人，雲南省雙柏縣文聯職工。

先府君事略

先君李公，籍本武定田心，先祖父入贅萬德，遂家焉。數十載積厄致疾，於辛卯夏見背，春秋僅五十有七。

先君嘗入學，以貧，三載輒輟。年十二即秉耦自立，浸及梓人諸藝。敏乎算術，『文革』後掌村中會計，賬務無紕。

余入小學，家遷村委會集市，起新屋，置商肆，以多銷薄利爲則。父又涉苗村彝寨收購雞，不以斤兩誤人，所獲盈籃。

值鄰鄉集日，爲省車費，徒步四十里鬻貨，余課暇，隨父遠行，其荷雞十餘隻，吾三四隻。倘值風雨，時滑撲，泥濺竹簍，履聲鏗鏘，父不愁，兒無怨。家漸温飽也。

尋置瓦廠，聘蜀匠三四，事欲半，因選址失當，雨水滲窑，遂坍。父無回天思力，將集市屋以二千價賤售，回村業農，自此家落矣。邇來余歸鄉過當年商鋪舊址，新樓高矗，價逾數十萬，時異人渺，不禁感慨係之矣。

予登鄉學迄縣學，所需書學費，多蒙親朋施濟。逢入學日，母時依門低泣。猶憶先君送余負笈之玉溪，中途，父子迫於枵腹，乃勉就一飯一湯，吾食畢未及半飽，而弗忍言，蓋數千學費悉賚貸者也。

余上庠卒業，父逾五旬，任村長。鄰里争端，必爲排解；村中飲水、電網改造諸役，胥竭力主就；更捐地數畝，以資修路。

先君謹於菽水之奉，與先叔棠棣深情尤爲村中罕覯。雖析居，而屆事多共酌，從未忤友恭。曩者，先叔罹車禍，危，醫問：『百之一二可得存。雖存，亦癱瘓，治否？』嬸及妹言：『治，寧惜財也哉！』先君決然曰：『汝家本寒苦甚，若强治，汝母女來日生計何從？未如憑吾弟去矣。』語未既，已淚盈兩頰矣。

先君少欲從戎，以心臟有虞而止，爾時家人未遠謀，實已肇後來之禍已。素體健神旺，叔父離世半載後，深感氣息壅阻，旋爲舍弟送至禄勸就診，醫曰：『此心肌梗塞也。』舉家不知兹疾之惡。悲乎，不孝男十數年學有何益也歟！欲假期復送省垣醫治，詎知已爲時晚矣，哀哉！

吾家自祖父、侄女、叔父相繼謝世，又遭父難。嗚呼，天於吾家何其酷也！今歲清明，余因塵務鞅絆，未能歸鄉杯酒以祭，故惟先君生平追維一二，淚眼愁腸，不知此生之何以爲兒也已。

莫豐銘

生於二零零三年，雲南昆明人。闕里書院文言寫作班學生。

中秋望月記

壬寅中秋，非書院歸省之時。古云：『人有悲歡離合，月有陰晴圓缺。』二事相繫，圓以尚合，是中秋也。然此事，古之難全也。若夫封疆戍邊、行役流賈、求學問道之人，其身常有任，非能自主。是人也，未嘗不願於歸，焉有望哉？惟夫天道，必涵人之情。故季謙先生率予小子諸生，列長案珍點，聊以賞月。或曰：『此亦團圓也。惟是以義相聚，以道來合耳。先生大父，余等皆是小子；而以長幼齒德，又列尊卑焉。』余慨然曰：『有是哉！今諸部師生，逴論遠近，悉來一堂，正若昔之大族中秋，一脉萃乎九州四海，見皆相視而笑，蓋以同宗同原故也。吾等身命雖非一出，然慧命有所同來也。祖述堯舜，憲章文武，宗師至聖，啓於孟子，中繼陸、王之絶學，下逮唐、牟之遺風，而今私淑於先生，附乎中華之正脉，何期之幸！』與相視而笑。笑未既，忽聞播曰：『來取手機，期以月升之時，與父母話。時可半辰。』皓魄升，人影攢，余顧而笑曰：『古事未全今已全，且看千里共嬋娟！』

季謙先生六五文集序

余初入書院門下，嘗拜閱先生之《六五文集》，因之大進。所謂『六五』者，先生耳順五載，從者裒先生昔之言文以成一集，即以時名之曰『六五』也。余今立門墻四載矣。復讀之，未幾，覆卷久嘆曰：天地之生，蓋有其道。是道也，不以久玄而高，不以遍行而卑，不以萬物爲華，不以獨立自簡，唯以一念生生，永啓乎天地而不已。其所以存乎六合之内外也，非空懸以使人拜，必如源泉滾滾，發乎人心，盎乎人體，成聖賢豪傑，然後人可得而見之也。其在上古，則爲堯舜；在周，文武周公；振在春秋，尼山陟降；興乎戰國，生爲孟子。其所以繼起，則太史公也，武侯也，韓公也，朱子也，陽明也，輔國定世諸將相也。迨乎當代，慧喪文敝，異端争雄，吾國五千載真識，盡蕩然矣。人固不知，然豈彼大道，亦隨之蕩然耶？故天地之道，盛衰之運，莫之致而自見於先生矣。

先生初學時，常戚戚於己之不免於鄉人。每或見先賢書傳，輒曰：『何以彼得高峻如是，而我不得爲之哉？』彷徨二十，終遇掌師、牟師，得接聖賢之典，智光乍透，復燭天理造化於人心紅塵之間，截然而振之，滿心而發之。及於其枝節知解之學，則左右俱逢其源，無不通焉。自喜於學曰：『有趣！有趣！此蓋人性本然之求也！』有成，誨人數十載不倦。時未嘗不欲普正道於當世，然人見六經四書，闇闇赧赧，曾不能知一言。於是以一身之力，作子規啼，勸使一人讀經，而十人，而百人，而千人，而萬人；而臺灣，而大陸，至於南西北方諸國，無不有經之聲焉，無不有書之誦焉。昔方之大陸，登於蜀中。先生甫落於地，曰：『是不可留矣。』一衆不解。乃急出長江，過洞庭湖而下，至乎浙。甫至，新聞道云：『蜀中震矣！死者不知凡幾。』一衆驚惶。先生西望而哀逝者，不幸己存。

先生與國同歲，今七十有三矣。余私淑先生四載，似有所進；然身命愈進，愈覺先生之高，如泰山之没於雲霧，若徒小丘，而彼且登且高，且復有路，茫乎不知其頂何在也。噫！先生有道，則與道同高矣。先生體道，則與道同生矣。道豈可謂高耶？道豈可謂生耶？思議不足以見之也。然余見先生，余見之矣。

古若有大典當世，必請時之達文者爲之序，故所筆者皆文言焉。今《六五文集》見矣，然所序者皆白話出之，或於其分有所差也。小子不才，願盡薄力以補其闕。於辭瑕文疏，固無所逃其罪；若後有賢達長者覆之良作，余亦無所憾也。壬寅初冬，不肖生若虛謹序。

陝西

朱森林

號桃源堂主人。生於一九七二年，陝西渭南人。陝西省作家協會會員。研究國學三十餘年，喜好文言寫作及舊體詩創作，有未刊作品集《桃源堂文稿》《桃源堂詩稿》等。

餘樸堂記

余好讀藏四十年矣。累歲薪奉所得，居家糊口之外，多付之於書賬也。迄於癸巳之冬，所得萬餘卷，盈滿爲患，妻每讓曰：『積書如山，君能俱讀乎？何不擇其無用者售之？又可補以家用。』余望之慨然。甲午春，會魏生所營書店將轉讓，乃來尋余，遂以接手。經營逾年，日漸凋敝，遂東遷老城。新店狹小，不能全容，故於三賢路西小巷中覓得一室，以所餘置其中。内多縣志、史料、筆記之類，皆爲丙戌調遷東府以來所得者。初，室祇一間，但爲書庫而已，并無名字。余素好雅潔，常爲悉心整理。居數月，余料諸書皆分類鄰架，甚便翻檢。後又於其側再賃一室，凡二間。其地頗近椿萱住所，周月拜謁之暇，余或入之閲讀，樂之不疲。丁酉春，房東來電云：其將整飭屋宇，言將於室内吊頂，四壁皆貼以墻紙。余怪問之，對曰：『以備拆遷耳。』乃大悟，其意在索賠也。余因嘆息，久之不樂。數日工竣，修葺一新。乃以室燈昏暗，固請彼易之以新。從之，遂有通徹明亮之狀，更宜誦讀也。嗚呼！古來鄉邑民風，固以樸厚爲美。今時澆薄詭譎如此，誰之過歟？寧不傷哉。而今之世，敦厚誠樸者少，奸詐刻薄之徒多，學界尤甚。學人或以士君子自詡，又以博雅沽名，以尚時風。觀其所學，多徒具虚妄而并無其實也。誚讓攻擊，刻毒刁鑽，令人戰慄。兼有蟻聚蜂集，恃衆凌弱之狀，何堪枚舉。數歲以來，余每於目睹耳聞之間，不勝憤慨。丙申秋冬間，余以故南遊桂、浙，得觀境域習俗，另有感受。

因悟而今宇内風土皆同，無論北南也。丁酉春二月甲申，余以書室新成，又感於無名不美，因命之以餘樸堂云。

沙苑記

大荔縣西南二十里有沙苑，渭、洛二水交匯之處也。境在蘇村之南，毗鄰華陰北壤。東西廣約八十里，南北可三十里，地勢平闊，望之無垠。三代以上事失稽考，今不可得而與聞。惟舊史云，昔周秦之際，渭川有竹千畝，林湖相依，水草豐茂，馬牛遍野，素稱善地。漢興，以故被征爲禁囿，號曰『沙苑』，歷代或有興廢，間歷征伐。東魏天平中，宇文黑獺大破賀六渾於此。是役也，東師凡喪甲士八萬人，棄鎧仗十有八萬，賀六渾僅以身免，東西對峙之局遂定，史稱『沙苑之役』，斯地繇是知名。唐時，物候濕暖，鳥獸滋殖。豐草青青，冬猶不死，復爲皇家禁苑，專事牧馬。濈濈群羊，茫茫大鹵，群畜遍野，尤稱剽壯，海内聞名。安史亂後，唐室衰微，藩鎮跋扈，大河之北不復爲天子所有，沙苑以地接河東，鄰境相望，亦屢被襲擾，多罹戰禍。大中、咸通以降，羌戎雜處，虜或縱其梟騎，每驚牧圉。黄巢亂平，李克用盤踞是境，覬覦京畿。光啓元年乙巳，大破邠寧節度使朱玫於此，遂定渭北之地，乃收關中，肇造後唐之基。以下千餘年間，歷以戰事無數，草木被殃，黎元流離。洎清季以來，地被流沙所覆，不生五穀，民國之際猶然。鼎革之初，荒蕪殘破，雨滲爲鹽滷，野無人迹。秋冬之間，多大雨雪，水積成湖，今之馬子池、太白池、管子池等皆是也。春時狂風飈起，蔽日鋪天，沙磧流侵，吞没田壟，入夏乃已。幅員四百里内，猶若西域塞外，沼澤遍布，伏丘如陵。鹽滷沼澤，水堿草沙，無處不有。鄉民患之，因謂沙之高者曰『阜』，低者曰『窪』，有水者曰『地』，多堿曰『鹵』，草衆者曰『灘』，平坦者曰『板』，連片者曰『漠』，沙礫大者曰『磧』，首皆冠以沙名。情貌千端，風姿萬幻，堪謂宇内之奇觀也。庚寅以來，省縣於其地設造林局，以遏流沙。甲辰春，初設林場。數十年間，傾資以億萬之巨，事遂改觀。今其地也，鹽滷絶迹，更爲良田。渭河之陽，楊柳成林。洛水之側，蘆葦叢生。春來桃李紛然，槐花漫天。夏時瓜熟，荷花綻放。秋實蒲桃，蘋果飄香。冬收碩棗，温室卉妍。至於花生橪柿之類，稷粟稻麥菽麻之屬，不可勝計。阡陌縱横，河湖滋潤。水鳥翔集，獾鼠嬉戲。舊時瘠苦之地，今日更稱爲富饒。嗚呼！安可不稱嘆哉。丁酉春二月丙戌，余侍張、喬二公遊沙苑，幸入槐園觀瞻。追懷之下，不無感慨。及歸，因考録舊聞，遂敬録其事云。

雪中遊紫柏山谷記

丁酉歲杪，余以故南至漢中留壩縣，宿留侯祠右館驛中。紫柏山，域内名勝也。久懷忻慕，每欲遊之，惟以庶務繁劇，身不得閑，遂寢其事。居數日，至臘八節。天寒微雪，晨起，侍者來呼以粥。食畢，圍爐閑話，因問紫柏情狀，惟企一遊。對曰：『隆冬封山，并無車輛，今其不便也。』余默然，因計以步游焉。既出驛門，仰見漫天飛絮，遍地縞素，依垣後徑以行。長澗繞驛而過，有聲淙淙。前日殘雪猶在，今又覆以新矣。仰行數十步，過留侯祠後院門墻。亭樓高聳，獨踞丘上，卓然不凡。垣下有竹林，鄰亭而立。前一日余嘗遊此，睹彼修長挺拔，枝葉茂盛，蔚然成群。今見其斜身被雪，形容枯藁，枝條㮴栝，群同哀凄，若不能自勝者。蓋是横遭一夜急風驟雨，今日又雪所致也。循山道而上，地勢漸高。過觀音峽、五龍洞、九疊泉，路側或有舊民居，門堂皆鎖鑰，雖未圮壞，亦杳人迹久矣。周遭山勢陡峭，落葉遍地。褒水伴路，清流湍急，枝蔓紛出，泉溪不竭。水鳥跳躍石上，間或振飛。雲霧繚繞，高巒峭嶠，如仙界然。途中多橋，流水中穿，山道或闊或狹，在左在右，皆依溪水之暢洩也。群峰匝繞，如臂環抱。中有壩子，多植樹木。松林列路，針葉碧緑，多綴堅果。並有五味子樹，樹葉落盡，碩果累累。周以雜生欒樹，葉亦凋殘，半山盡赤。烏鵲群集，棲枯樹上，列隊翔天，向穹而鳴。空山無人，縈繞迴蕩。至陽爐子村，雪漸大，寒風凛冽，道上積成寸許。偶有汽車來，緩緩龜移，見人輒鳴笛，余側身避之，振衣抖晶，昂然徐移。又行數里，至大壩溝。廬舍皆新，粉墻墨頂，雞犬之聲相聞。時腹内飢，欲尋食肆，遍覓不可得。問村叟，對曰：『臘寒少客，此時無鬻售飲食者，但有山貨而已。』所謂山貨者，木耳、蜂蜜、臘味之屬也。因問此與紫柏間距，叟遥指前山，對以三十里，又聞余將步往，摇手笑止曰：『徒步不可，遠矣！遠矣！』辭以行，忽有犬隻三四環繞狂吠，余揮斥不去，竟躡後以從。余心憂怖，恐爲其所傷。但作從容狀，依路緩行。彼等見余無懼色，又見余出村，故自散也。又上行數里，至路坪村。臺地高峻，樹木茂密。林間有屋宇人家，猶見燈光，幽然而明。時天色已暮，寒風勁吹，落英紛然。余仰望前路，群峰聳峙，風雪瀰漫，茫然不能知前路之所在也。將行，忽又聞犬吠聲復出，吼音狂怒，遂不敢復近，仍依故途以歸。行二時許，乃至館驛也。昔王荊公曰：『世之奇偉、瑰怪，非常之觀，常在於險遠，而人之所罕至焉，故非有志者不能至也。』余幼有素志，常仰古賢之節，每恨不與之同時。及壯而久歷世難，乃悟古人之遭遇睹聞，但與余同也。於夫！塵路之險，何異攀山。世情之僞，古今猶然。昔荊公以火盡不至爲辭，余乃以犬怖也。余於紫柏，力不能至，心嚮往之，世之常情也。聖賢有云：『知者不惑，仁者不憂，勇者不懼。』余固非敢以君子居，而其立身行事，但以無負聖訓爲念，故平生以謹言慎行爲重，豈是怯懦而畏於險遠禽獸者哉！

辟穀亭記

丁酉之歲，吾兒病恍惚，卧榻數月不能起。余患之，數延醫藥，終不能解。涂月朔，余携其入於陝南留壩縣萬山之中，宿留侯祠右館舍之間，暫爲安養也。余偶以夜出，踱步於庭中。會以天清，衆星歷歷，銀河若帶。斗柄北指，七子燦然。余於俯仰之間，瞻望踱步，怡然忘情。忽有女驛丞携一女子出，遂與共賞。其人也，未睹相貌，惟見長髮垂腰，音宛北人。問其所來，並不答。將去，忽遥指左鄰曰：『祠中有辟穀亭，聊可觀也。』拱手而别。翌日，問丞情狀。對曰：『女爲閩人也。素眷於此，數月或入祠一遊。遊必至辟穀亭，或爲求入定也。』異日復問，其人已杳矣。未幾，山中大雪，數日不絕。稍霽，余欲思一遊，乃以故遲滯，遂不得入。臘及盡，余將束裝北歸，忽憶前事，懼以失機，遂過遊之。既入祠，遊靈官殿、三清閣、東華殿，及越主殿，過碑廊，登榭臺，見祠宇巍峨，房間周匝，楹聯牌匾碑碣無數。將尋辟穀亭，更不知其所在也。繞至後園，但見松柏池臺。遥望前有一亭，側有立石，書以『英雄神仙』四字。余大喜，以爲即是。近視之，則爲柱石亭也。山頂有一樓，雲聳雄峙。尋階而攀，須臾至頂，乃知爲授書樓也。内有壁畫，繪以圯上老人授書故事。意境雖美，并無甚可觀也。更取别道下山。忽見後山别有洞天，緑竹猗猗，廣袤無垠。院落四合，若城垣狀，號爲『五雲樓』。院中有大池，如若圓環，側柏挺立，中有六角亭，有石橋與岸連，額書『辟穀亭』三字。岸有泉出，清冽汩汩不絕，而橋下池中凝冰甚厚，猶稱奇焉。亭上亦有壁畫，中并有石桌椅，貌狀平凡。但不知當日留侯於此，且是如何打坐入定也。余嘗聞孔子云：『飯疏食飲水，曲肱而枕之，樂在其中矣。』已是至樂也乎？而留侯獨能於此辟穀，數百日無食，竟至於不死。蓋其已得至道，從赤松子漫遊於紫柏雲霧之間，足與天地同壽也。昔蘇子瞻云：『古之人，有高世之才，必有遺俗之累。』於夫！留侯之累，在於勛名之重，而余之所累，則在世務之艱。但不知何時能了此宿業，悠遊歲月，亦得辟穀之樂。倘能讀書於此，其棄塵寰萬鍾之祿，猶敝履也。

定軍山記

戊戌暮春，余公幹漢中，宿沔縣驛，凡三日罷。適偶得閑，因思出遊。侍者言：『城南定軍山下，有故諸葛武侯冢，君其可赴也。』大喜，遂往謁焉。驅車南行十數里，越沔水，徒步青山之下，尋石階行數百步，乃見園冢。會天清，群山逶迤，白雲繚繞。柏林蒼蒼，静謐幽深。因顧問導者：『何峰且爲定軍？』伊人微笑，遥指環山曰：『皆是也。』余不解，繼問其故。乃言主峰在某所，絶頂有石碑，書以『定軍山』三字。狀若平緩，實坎坷崎嶇，甚難攀行。馬超墓亦在山麓，將昏不及訪之，或可俟異日之遊也。暮靄將歸，余駐足園後柏林中，撫古木而愀然，遥思武侯軼事，恍然有悟焉。以愚臆忖之，所謂定軍者，蓋天下大事，必定於軍事之謂也。故孔子云：『善人教民七年，亦可以即戎矣。』又曰：『以不教民戰，是謂棄之。』嗚呼！其義大矣哉。孟子亦有言，天下大事，定於一。夫一者何也？混一區宇，天下大同也。既亂之世，何以得大治？必以軍旅加之也。以余臆度之，其取名定軍之意，或更有深識長慮在焉。

夫定軍山者，南鄭之門户要隘也。定軍失則南鄭危，南鄭危則漢中不可全，漢中不全則巴蜀、成都俱不保。唇亡齒則寒，户破堂必危。守蜀者必守漢中，一如守江必守淮之故也。故據蜀者必舉國以争斯處，不争不足以圖存也。建安末，劉先主已收兩川，復命大將黄忠西征，陣斬魏將夏侯淵、趙顒於此，遂定漢中，是爲蜀漢肇基之始。未幾先主崩殂，武侯受托孤之重，蒞位丞相，南征北伐，皆以漢中爲根本。其理政也，又以軍事爲先，六出祁山，征伐不息，終身乃已。武侯既歿，姜維繼其遺志，經綸大業，九伐中原，至亡乃罷。二人重軍如此，實苦心之遠略也。昔漢季運衰，天下多故。四海沸騰，匹夫横起。建安章武之交，三國鼎立，互相征伐。雖各立名號，而以大義論之，自有正僞。曹魏，簒逆也；孫吴，僭賊也；蜀漢，炎漢之正朔也。而以口誅筆伐而討賊者，終空言耳。以軍旅王師討賊，方是正道也。故先主有言：『漢賊不兩立，王業不偏安。』武侯深然之，及受托孤之重，蒞政治蜀二十餘年，俱以軍事爲先。故後表曰：『故知臣伐賊才弱敵强也。然不伐賊，王業亦亡，惟坐待亡，孰與伐之？』以攻爲守者，蜀漢立國之本，亦爲彼自全之道也。知不可爲而爲之，其以區區一州偏僻之地，乃能與富庶中原及江東抗衡四十餘年，其緣何耶？蓋以千秋道義在彼故也。而安不忘危，居不忘戰，是以其能持久也。

嗚呼！昔伍子胥爲伯嚭所譖，及將就誅，自請抉其目懸於姑蘇城上，以睹越師之滅吴也。余觀武侯遺命落葬定軍之意，無乃同與子胥乎？其以良、平之才，負尹、霍之任，力扶漢室，志安天下。鞠躬盡瘁，死而後已。臨陣操兵，身在行伍數十年，經歷百戰，誓恢土宇。不幸大運將終，天心已改，雖六出祁山，勞而無功，病殁五丈原。以愚陋見，其將終也，遺命卜屷於定軍山，豈非欲以英魂護蜀乎！不然，以彼丞相之尊，縱不得歸葬南陽、瑯琊，豈不得埋骨殖於天府之國乎？於夫！當是忠其宿志之故也。後數十年，鄧艾伐蜀，諸葛瞻、諸葛尚父子戰死綿竹，并殉國難。自有生民以來，忠良三世殉國者有若此者乎？忠烈之節，慷慨之義，無乃感慟天地耶？至矣。故蜀漢雖終覆亡於曹魏，而大義常垂，精魂常在，千秋可稱焉。於夫！定軍岩岩，沔水浩浩，其能瘞收烈士忠骨，何其幸哉！

侯　偉

生於一九八四年，陝西合陽人。愛好國學，孜孜自修數年。

韓城散記

丙申冬月，予以休沐，得往韓城一遊，時在韓小學同窗棟梅亦有暇，乃得同遊。始至普照寺，其在城東北二十里許之吴村，乃一元代古刹，始建於元延祐三年，近年陸續遷入市内他處元代建築者數，故又名元代建築博物館也。寺門建築古樸渾厚，簡勁非常，據聞原爲天圓寺獻殿，己卯年遷來者，既入東行，有建築四座比列二排，前後各二，皆爲原高神廟建築，亦己卯年搬至此處者。近前諦視，斗栱宏壯勁健，出檐深遠有力，較諸此前予所觀之宋、遼、金建築，所異乃在一大圓木横貫左右，通擔檐栱，渾然一體，而枋昂間雕刻尤其精美，向者予讀梁思成中國建築史，謂元構較宋金爲粗糙者，他處或多如此，然稽之以普照寺諸建築，則恐失之稍偏也。蓋自金代已流行減柱造，今元構以一大木通擔左右，寧知其不爲簡化結構，改進施工之法耶？且高神殿建築雕刻如是之精美，當時匠心可知矣，安得謂粗糙乎哉？俄予又講曩梁思成、林徽因考察諸古建事，梅聞之入神。已而至西側，其處亦有前後建築者二，則自楊村玉皇廟遷來也。比入南側者内，但見佛教器物滿室，云皆經開光者，稍駐而出，梅問我何以視開光之物，彼固不信，予謂如一人内心險惡，即開光之物盈室，又安可消其深罪耶？若慈善處世，則復需開光物何爲？禍福誠人心之所自造也。俄自中部臺階而上，經普照寺山門，隔數階有一圓洞形牌坊，依山向陽，超逸絶倫，上書禮儀圓明，辭義美贍，配此山門，固其宜也。繼上即至大佛殿，門口有碑刻二，皆清代之物，入殿拜佛而出，復視殿外斗栱梁架，殊宏大勁健，令人遐想無窮。殿後數武復有一院，院内數建築，皆自原紫雲觀遷来者，惜院門上鎖，不能入内諦觀，是可憾耳！據云此觀原在象山中學，曩梅讀書時，諸建築嘗作爲宿舍者，今乃得遷此專門保護者，誠諸建築之幸矣。及回大佛殿前平臺，予愛其處日光澄暖，視野遠闊，因稍駐留影，無何沿階而下，經高神殿及寺門時，頗留戀不捨，遂復駐足片刻，寺門柱乃石制，精美無比，門者謂此乃金代物云。

坐車而返，至韓城老城，梅先行接兒，予獨行至城隍廟前，廟門斗栱檐架粗壯有力，當亦元構無疑，依次過政教坊、威明門，至一場地，則左側一戲臺、中部廣薦殿、德馨殿、靈佑殿、含光殿等依次比列，布置森然有法，氣象非凡。而德馨殿前東西兩廡，柱礩檐長，尤爲古健也。及至後門處，望見墻外有基督教堂，高大新潔，老城誠中西文化薈萃地焉。返自前門而出，則文廟適在對面，入内依次有關聖庙、尊經閣、明倫堂、大成殿。大成殿結構精嚴宏闊，殿前古柏蔭蔽，水橋成幽，據聞韓城孔廟規模全國第三，仅次北京國子監及山東曲阜者，及今一見，信不虛也。時廟内人殊少，予徜徉其間，凝想千年文教之盛，不禁感慨萬千，夫敬儒尊孔者人倫之所維繫，然自五四滅裂禮教以來，倫微禮淡，民無倫理精神之淬勵，則處工商社會，唯有趨追名逐利之一途耳！以故人情之淡薄，亘古以來未之有也。哀哉！

已而出廟，適遇梅帶其兒涵旭至，亦殊乖巧之兒童也。旋沿古街俱西行，至美食廣場，稍憩而食，未幾天黯，四周燈火驟亮，流光滿市，而場中人稀景明，殊覺夜氣清寧，人語暖切也。食已出廣場南口東行，路側時見小店，燈甚明，光籠石路，清暖異常，若時光倒流，而回廿年前者，方沉浸間，忽見數少女圍一食肆，談笑風生，青春洋溢，而涵旭亦買一而執，歡躍奔前，始驀然回神，此皆古城之無限生機處也。既而至隍廟巷，其内商肆星羅棋布，亦華燈璀璨、清美夢幻之世界也。及出，梅與涵旭送予至客棧而別，予夜分始睡。

侯信祐

生於一九九八年，陝西寶雞人。闕里書院文言寫作班學生。

張子厚墓志銘

先生諱載，字子厚，姓張氏，世居大梁。父迪，仁宗朝知涪州，病卒於任，家人欲歸葬於開封，故越巴山而還。途中遇兵燹，不克歸，以僑寓爲鳳翔眉縣人也。

先生少孤自立，胸臆豁落。曾與邠人焦寅遊。寅喜談兵，先生説之也。年十八，慨然以功名自許，欲結客取洮西之地。初，宋仁宗康定元年，西夏入侵，宋軍大敗之。歷四年巨金議和，舉國窮厄，黎庶患苦，范公仲淹授命兵討西夏，先生謁范公，以進建白，公知其遠器，欲成之，乃勉之曰：『儒者自有名教可樂，何事於兵。』勸習《中庸》。先生折節讀書，雖博覽而猶以爲未足，究其釋，老累年，知無所得，乃反求之六經。嘉祐初，至京師，舉進士，受邀於學宮講《易》，聽從者甚衆。遇外兄之子二程，共語道學，自以爲弗如，故不復授《易》，而讓於程子，因欣然曰：『吾道自足，何事旁求。』盡棄異學，純如也。先生之學，不由師傳，持文册而自悟造化之理，俯讀仰思，冥心妙契。嘗秉燭夜讀，曰：『吾學既得諸心，乃修其辭命。命辭無失，然後斷事。斷事無失，吾乃沛然。』蓋志道懇懇，未始須臾離也。以聖人之詣爲必可至，三代之治爲必可復。嘗語云：『爲天地立心，爲生民立命，爲往聖繼絶學，爲萬世開太平。』先生謙納人才，以創『關學』，宛如津梁，以正千秋學者。先生生於宋真宗天禧四年，卒於宋神宗熙寧十年，年五十八也。嘉定十三年，宋寧宗賜謚『明公』。淳熙元年，宋孝宗賜封『郿伯』，從祀孔子廟庭。銘曰：

烈烈張子，民人所望。秉心翼翼，敦篤清祥。考慎斯學，既明且臧。君子萬年，聖道永煌。

送王君鶴儒序

余嘗問疾於吾師，師言：疾者有二，一曰體疾，一曰心疾。今人食精膾，居廣厦，夜寐魂交，晨覺形開，終日役役於塵壤間，豈能無疾無患乎？濁躁寒熱，痿蹶膿腫，此體疾也；喜怒姚佚，哀怨慮嘆，此心疾也。前者或湯液，或針砭，而後者唯賴歸静復命方可愈矣。人之生也，體質不一，形狀各異，然持志養氣，克惟精一也。吾師季謙用德潤身，沐化於善，人相與交，則疾者舒、羸者泰。雖未嘗致心乎藥石，然謂其不諳醫理也者，可乎？

古人云：不爲良相，則爲良醫。世之相位不易得，而四方爲醫者多矣。夫醫者，醫其身也，療其心也，濟其人也，治其國也。王君鶴儒，少時雒誦典籍，有樸厚諧趣，濟世憂道之心。及其長也，務醫不移，外無所慕，唯治人於辛苦也。荀子曰：「玉在山而草木潤，淵生珠而崖不枯。」珠玉在懷，則可參天地，潤萬物矣。王君懷其寶而念其本，藹然泰定，所識於診療者，往往可觀，此非足以饗世之醫者耶？辛丑正月，君來竹里，訪吾師季謙，問答仁醫之道，心悦而誠服。復聚昔日同窗，歡言學堂故事，而滿座樂樂。同窗二三子問診，所言皆切中不偏。今又將去，聊贈片言，序以識别也。

張子璇

字荆璆，别署蒙瓿齋。生於一九九九年，陝西興平人。南京師範大學古典文獻學本科在讀，留社社員。

成陵記

成陵者，周太祖文皇帝宇文諱泰之陵也。在富平縣城北二十里、莊里鎮西十五里之宫里鎮。周書·帝紀第二云：『冬十月乙亥，崩於雲陽宫，還長安發喪。時年五十二。甲申，葬於成陵，謚曰文公。孝閔帝受禪，追尊爲文王，廟曰太祖。武成元年，追尊爲文皇帝。』太祖崩時，仍爲西魏柱國，文王、文皇帝之謂，蓋周代魏之追謚也。其陵閎鉅，封土甚厚，勢若崇丘，環行一周則五十步矣。陵上草木垂榮，刺槐發花，氣味尤香。宫里南三十里，有鎮曰留古，亦有一陵，里人謂之曰『冢疙瘩』，實西魏文皇帝之永陵。永陵依漢陵故事，高四丈許，環行則豈止百步。由是觀之，成陵雖閎鉅，亦不逾矩。乾隆中，知富平縣事吴六鰲立碑於成陵，中有隸體六字曰『北周文帝成陵』，蓋畢纕蘅所書也。其右書『賜進士□□兵部侍郎兼副都御史陝西巡撫畢沅敬書』，闕文或爲『及第』。因其碑年久，文已難辨，況經圮裂，鄉人或以水泥補之，則愈掩其文也。左側之文，仔細辨之即『大清乾隆歲次丙申孟秋　知富平縣事吴六鰲立石』。國朝六十四年，復樹新碑於其側。西魏之時，崇周禮，尚厚葬。況北魏舊儀亦竟厚葬也，《古今圖書集成·禮儀典》卷一〇三喪葬部云：『北魏俗竟厚葬，棺厚高大，多用柏木。』西魏去北魏不遠，宇文泰擁孝文帝之孫南陽王爲帝，以爲正朔，故其儀亦多依北魏，封樹皆全。然察北周之儀，則不尚封樹。《北史·周本紀上》第九云：『葬日，選擇不毛之地，因勢爲墳，勿封勿樹。且厚葬傷生，聖人所誡，既服膺聖人之教，安敢違之。』周武帝之孝陵亦『墓而不墳』，不封不樹也。其中嬗變，待今後細思之。戊子日，余與熊君比竹沿咸銅綫北上，午時發長安，申時方抵成陵，所遇富平縣人多好客，性爽直，此亦感余至深也。丁酉甲辰月辛卯日，張荆璆記於金陵。

宗藤遠

生於二零零一年，陝西西安人。關里書院文言寫作班學生。

六五文集序

書云：人心惟危，道心惟微，惟精惟一，允執厥中。蓋夫天理之彰，九州黎首之幸也。堯舜識之，以綏諸夏；周公得之，訖制禮樂；孔子傳之，師法萬世；精一之訓，天理之樞機，而率性修道之血脉也。後世有賢哲者，取斯先王之道以濡其身，世稱之曰『儒』。儒之爲言柔也，克安人以仁，服人以遠之謂也。自杏壇立教，三千徒受之，言籍册《論語》，自是黄髮垂髫莫不識孔門。後曾子擎其旌旗，述《大學》；傳以子思，至誠爲心要，而作《中庸》，性命天道之理於是而益彰。復鄒有孟軻，自謂私淑聖門，義利之辯明而仁義昭昭。北宋則程氏二夫子出，浹洽聖學；至晦庵先生，大發格致之理，集釋四書，於聖門有大功，然於孔門心傳未得徹爾。撫州象山自謂得孟氏真傳，從而正之，遺《象山集》二十八卷，後學可徵。逮及陽明，於龍場幡然有所醒，獨倡『致良知』以爲宗骨，廣演言教，門人集之曰《傳習録》，心學於是而大閎焉。顧諸集册以親古哲，淑慎吾身，可謂尚友矣！

然自滿清入漢，强訓詁，博名物，精一之學於是而日晦。甲午叩關，國之怏怏莫甚，或稱之曰『東亞病夫』。嗚呼！天地閉，賢人隱，華夏之瘳，王道之塞，百姓之喪考妣，未有甚於此時者也。於是毁古濫經，破文而恣意，唯物之説横流，獨金帛兵甲而爲之媚，天下霸者功成，而不復知仁義。儒門慘薄，聖教湮誨，莫甚乎斯世。幸而天閔斯道，斬草不亡，於是有熊十力、馬一浮、梁漱溟三先生者，開新儒家之志，復有牟宗三、唐君毅、徐復觀諸仁人而繼之，本精一之訓以貫中西之學，欲立千年人極以爲斯世之鐸焉。季謙先生者，師事牟宗三先生及掌牧民先生，顧『新儒家』爲己任，倡『讀經教育』，以冀華夏道統之興；弱冠至古稀，歷冀、兗、青、徐、揚、荆、豫、梁、雍，講演逾千數，而日爲之孜孜，心致教化。自古治天下國家者，皆以王道爲要，然王道之興，其本在人，人之明覺，必本諸教化。法禮樂之教以化習秉之雜，頤善養志，跂入聖域，斯先王果行育德之意也！子曰：我學不厭而教不倦也。儒者行之，其意在斯歟？

余嘗竊觀《六五文集》，總諸講論答述而爲一，誠於中而行爲言，不矯揉以爲文，胸襟直暢而義理燦然，豈古之所謂出口成章也哉！易簡爲辭而述先王之道，至其淺近，雖愚夫愚婦可通其意；然其微旨，則開聖學之要，立王道之基，皆本之儒門正傳而出其言。讀之，如三月沐春，鳥舒其翼，冰破暮寒，竟不知足之蹈之手之舞之，好不快哉！予知先生之德，固不待文而顯，亦不恃文集以芳名，然其於聖門之興、教化之功，則未可量也！是爲序。

黄一軒

生於二零零六年，陝西西安人。闕里書院文言寫作班學生。

張愛玲墓志銘

愛玲，本諱煐，姓張氏，有筆名曰梁京。冀州豐潤人也，生上海。家世赫名，外大祖李鴻章，大父張佩綸，皆清末重臣也。

四歲入庠，七歲能文，誦詩書之餘作一短文，蓋論一慘悲之家事。歲十八，與英國倫敦大學入學試，越明年受録，然申城困戰亂不得出，則往習文學於香江大學。不日，展其初作《天才夢》於《西風》刊。越二年，書《沉香屑·第一爐香》《傾城之戀》等作。天下皆驚，名鵲起申城文壇。

年二十有四，歸胡君蘭成。愛玲憐胡深甚，嘗言：『余面汝，則愈低愈低，幾如塵，然吾心歡喜，且綻花於斯。』然胡後爲奸與倭寇，又心泛愛廣，愛玲聞之，悲近絶，終與之分道。

後愛玲往美國，歸作劇者賴雅，二者甚相惜，惜賴雅十一載而逝。後愛玲則孤居洛杉磯二十三載，卒年七十有五。骨灰遵其囑揚於太平洋之上。

惜哉！愛玲作小説一世，其筆間多情愛之語，然其一世有二情史，皆不順。算盡女子心性，獨不明己，實可悲也。又其著涼薄之語多有，世人常言愛玲之性薄涼，然又孰知玲幼時之淒，家中之事無人可言，心間澀苦言與誰哉？

銘曰：曉情明愛，文慟四方；言語流轉，萬古宣彰。少生亂世，考妣相傷；不敢言語，幼心斂藏。七歲顯智，筆盡世殤；少時多作，盛名滿鄉。惜歸胡氏，媚寇反良；雖憐比獄，絶毅相將。又遇賴君，相恤相憐；本約白頭，早逝涕滂。終卒異地，骨飄南洋；巾幗文豪，萬世名揚。

甘肅

何伯勤

名畢傑，號潛夫，又號潛夫閣主人，以字行。生於一九七七年，甘肅鎮原人。嘗從軍二十載，現爲退役陸軍中校。長期研究古代哲學、儒家心性學及中西方哲學比較。曾發表論文《孔孟心性探微》，並呼籲全面恢復文言文教育和應用。

復興文言論

夫人秉五行之秀，實爲天地之心。心發而爲言，言立而成文，此自然之道也。《易》曰：『鼓天下之動者存乎辭。』是以夫子贊《易》，首立文言，千古之文，莫大於斯。道沿聖而垂文，聖因文而明道，人文化成，端賴此也。《左傳》曰：『言之無文，行之不遠。』爲文章者，必務協音以成韵，修辭以立誠，以通天地萬物，以儆國家身心，始能達意，始能行遠，此則捨文言而無由成也。先聖設教，文行忠信，念其終始，闡其幽微，其在此乎！若雜以俗語，縱橫恣肆，動輒千言萬字，罔顧離經叛道，此非言之有文者也。

古人升學，前有秀士、選士、俊士、造士之階梯，後有秀才、舉人、貢士、進士之差等，名雖各異，其實則一，必以文德爲先，始可期之以任。而學士、碩士、博士之稱，皆文德之雄傑，經綸之楷模。是以古人尊德貴文，由小學而大學，始乎庠序之間，迄乎天子之殿，一是皆以文德爲統，文言爲體。

然文辭之事，章采爲要，必也酌文質之宜而不偏，盡奇偶之變而不滯，始能載天地之道，正萬民之俗。是以夫子曰：『質勝文則野，文勝質則史。文質彬彬，然後君子。』後世文體雖經數變，自有振衰起弊之效，然文統一脉相承，未失金聲玉振之用。華夏之綿延，斯文之不絕，揆其大要，端在此焉。

近世以降，人皆倡白話而棄文言，務西學而廢經教，文言幾成絶響，士人不復存在，師尊不立，風俗由此大壞。至若言不成文，書不成字，俗語充斥書籍，惡聲響徹報端，是則罄竹難書，不忍再言。嗚呼！斯文墜地，無過於此。若不回頭猛醒，長此以往，勢必人將不人，國將不國。

夫文以載道，道以文傳。統在文德，體在文言。學者不能爲文言，焉能繼乎絶學？師生不能通辭章，焉能達乎幽賾？必以文言爲本，白話始有濟世之用；要以文教爲統，天下漸可回歸其正。是以復興文言，勢在必行；倡行文教，捨此無由。教以文言，爲白話不學而能，易如反掌；行以文德，安百姓不呼而至，捨我其誰？今欲復興傳統而端正人心，首當復興文言而倡行文教，可謂綱舉目張而事半功倍者也。兹事體大，世之君子，豈可忽焉？

是以我輩學者，當恥乎沉默，應乎斯世，爲倡行文言而身體力行。兹倡議曰：

文倡文言，書行正體；以文育人，以文取士。課以文言，試以文章；文言爲本，白話爲輔。以文行政，以德治國；崇文尚武，文質相宜。文行忠行，化民成俗；德被四海，文化萬國。

何伯勤戊戌六月初八日於潛夫閣。

常如冰

字鑑清。生於一九八四年，甘肅通渭人。中華詩詞學會會員，甘肅省作家協會。著有《秦嘉徐淑詩文論稿》《而立存稿》，編有《養蒙齋拾零》。嘗於《詩刊》《中華辭賦》等發詩文百餘篇。

跋吴鑑宦涯編

吴君拾愛我，惠賜有華章。所示諸詩，皎皎秋月，潺潺澗流，氣通古賢，韵接晚唐，不類今人所作，可與古人亂真。再三吟誦，受教良深。

君言：無常宦海總無情，位後位前天兩重。君久在宦海沉浮，切身之感，直點穴道，誠爲至言。冰以爲，宦海無常乃是常理，宦海無情亦是常理，位上位下判若天壤更爲常理，古依然、今依然，中依然、外依然。

當其御位之時，公權附於私體，一人掌數人乃至百千人之升遷去留、榮辱予奪之權，人皆畏之，故行必前擁後呼、言必諾諾唯唯。此勢也。然則，人所畏懼者，非人也，權也；畏權是真，畏人是假。當其解組之後，權歸勢去，手無所予，人無所求，故門庭冷落、形同陌路，此時也。而當權者不自知，以爲己生而有威，而人尊服天然。於是仰天長嘆曰：『世態炎涼甚矣！』此非世人不善，實宦者明察不深也。世有恒權，人無永壽。大位常開，主人常替。權出各門，輪流執掌。或云：河東河西各有年、江山代有才人出，其斯之謂歟？故霈雨再凶，總有過山之時；幼苗雖弱，也有凌雲之際。故世有經常之百姓而無恒久之帝王，有經常之屬員而無恒久之上司，有經常之下位而無恒久之上位。且夫位上有位，下位之於上位，一如己之下位。而履宦諸君子只見其屬員爲屬員，全不念自身亦爲上司之屬員，聲色俱厲，視若私僕，頤指氣使，不予尊嚴。然則世無無緣之恩、無無情之好，既未投誼之舉，自無報情之理。蓋宦海之前浪後浪多如是也，一如釋家所謂冤冤相報，無窮盡矣。嗚呼悲哉！冰目寸光，見識鄙陋，獨服聖人『爲政以德』之論，每欽服於德政之賢。彼人履任之時，行仁施德，不令而從，既畏且敬，垂拱而治；雖下野，畏去敬存，而敬之彌重也。是故在位之人，當思位下之屬，在位之時，當思位下之時。凡果皆是自種其因，所作總要自家承受。

昨日接書之時，樓外飛雪如絮；今日擱筆之際，窗前旭日噴薄。乙未冬至前一日，通渭常如冰謹跋。

厚德第銘並序

富貴者，人所共願也。然世人多見其富形貴影而鮮知其富因貴由，於是仰天嘆曰：『其命哉！』夫富家必有富德，貴家必有貴德。今之富貴，昨種之德果也。雖既富貴，不更加德，則德盡之日，亦是富消貴匿之時。世家興衰，不過爾爾。丙申臘月，董兄通喜新屋將成，囑余題名。思忖良久，慨然有所感。董兄，余同窗同事也。庚辰之秋，同入邑庠，穎敏過人，能文能理，有赤子之心焉。越六載，同登杏壇，共事一校，兄教地理，余課語文。課間則或切磋教法，或品茗談心，或抒發懷抱，知之甚深。嘗語余曰：『願行正道，以積善果。』戚戚而有惻隱之心焉。性寬簡，無論公私，雖遭不平，一笑而已，有忍讓之心焉。夫赤子之心、惻隱之心、忍讓之心者，德之體、道之本也。三心既彰，德富德貴，克昌門第必然之至矣。思至此，乃命筆題曰『厚德第』。越明年，第成，又銘之曰：

地覆穹廬，君結華屋。鬱鬱之麓，欣欣而居。既美且固，泰户祥樞。朗月入户，左圖右書。高陽出岫，利攸有無。能和能睦，可利可圖。昊天厚土，惟德是輔。

張　峰

字薇士，號志耕堂、願若齋，原籍河南偃師。生於甘肅天水，今居江蘇泰州。

志耕堂記

志者，心嚮往之而未即之能之謂也，則志耕云爾，特寄余嚮往之意而實未有是堂也。嘗讀書記，古之高士有數十年不履城市而偪偪於耕者。心高其義，恒思一旦鹿車入山，携舊書一簏，春祈秋報，從稼荷蓧之氏；朝耕暮讀，問禮眉介之老。野鷗狎而不起，無機心故也；甲子不知，雙丸與遊戲故也。無乃怡怡然太古之氓乎？雖然，此負累人之夢囈語耳，焉可及乎！焉可及乎？

或曰：耕者，田畝之賤業也，昔者樊遲見屏於夫子，豈非卑其志也！今吾子之志出乎此，亦異矣哉！曰：唯唯否否。往者周先王篤於農事，明民共財，以奠王業，故《周書》訓誥之文，多以稼穡爲喻。周公作《七月》之詩，復悉陳成王以農事。周業之隆，頌聲之作，其所由來豈不在是乎！大夫忠而士信、民敦、工樸、商愨、女憧、婦空。風俗之淳，民德之厚，其所教養豈不在是乎。攸介攸止，烝我髦士，三代人才之所以獨盛於古今者，可以知矣。

布指知寸，切問近思，爲學之道，庸異乎耕。顧以余之荒落，誠甂農也，構堂方寸之地，井畝經傳之間，豈第歌哭乎是，生死乎是，亦將穮蓘乎是以追攀上古三代也。則雖無是堂，庸何傷乎！乃復鈍齋其室者何。噫！耕以見志，鈍以表德，不亦可乎？是爲記。天水張峰薇士甫自記於壬辰八月。

與子健兄書

子健吾兄，別後兄書郵不通，音問久曠。每過南京，輒引領倚望，以咫尺不得面爲恨。不審兄近況何似，弟亟欲知之，則江山阻隔，亦少慰戀戀之懷。憶及頃時猥淺，所恃者第赤子之心，踽踽凉凉，與世相忤，宜見擯於人矣，而吾兄獨憫其狂惑，宥其訑言，齒録扶掖之，誘之學，始稍知鄉道之方，所愧汗者，年來碌碌，無所成遂。近偶董理舊詩，追懷昔游，以不獲其人，而亟欲其詩而讀之，乃竟數度播遷，並吾兄之詩稿泯不存矣，則獨寤嘆之而已。今《芸香叢刊》二輯已鐫板，並一輯奉寄吾兄，輯中弟詩文以晚成兄命，不得已略裒擇舊作應之。而今觀之，幾無稱意者。當以少許附進之，弟之爲文辭，但求如面，不願過辭欺人，則兄觀之，亦差足知弟景况。夫子曰學以聚之，問以辯之，寬以居之，仁以行之，意所慕望也，恒思相與名山共隱，以事此語，豈可得也？而後欲達音問，當復如何，亦願告及。弟峰。

與某書

比來公私叢冗，久滯裁復，歉仄未已，尚祈見諒。唯師者，於古名義至重，禮敬至重，非其德不敢居也。今輒蒙辱問，於兄則深見樂善不倦之意，殊爲感佩，於某則徒重愧悚。蓋疏迂之性，不能精一，不免古所謂五伎鼠之譏，多解而不通。而詞學一道，自有清爲專門之學，或有才藝之士竭其生涯而俄空，無所輕重於世，豈某所敢染指。雖然，以兄不棄，敢竭心腹，質以眇聞，或不無裨益。唯祈平輩論交，以免罪戾，亦古誼也。

《語》曰『興於詩，立於禮，成於樂。』然頌聲之作，敬天法祖，饗於宗廟，禮孰大焉。國史采詩配樂，瞽矇陳獻，四始之音，正始之道，樂孰盛焉。然則詩禮樂，三而一與。是知古之人也，興於詩而成於詩。今則否，有以興之，無以立之，遑論其成也。何也？其趨偏也。古之人學詩導性情言志向而好善之心逾篤，今之人學詩慕風流企婉孌而囂薄之氣益盛，並與世風江河日下，佳者不過名士派頭，猶麒麟楦也？詩之如此，況詞者詩之餘而音節揚漾尤易陷溺人心者乎？

今兄且自問吾之學詞，此誠何心也？然某讀兄詞亦復不少，時見巧思，大概泛濫於納蘭一路，或喜其情悰屈曲能道小兒女心思乎。此於納蘭已非上乘，真則真矣，然非雅道，不豫士君子之流，況後之人乎。兄倘以此爲鵠，則某無可復言矣。且文章之事，寸心自知，意會之妙，難以言傳，非可代庖者也，以兄下問，姑言三事。

一則端趨向。當通讀五代洎清諸大名家詞，此明源流也。參伍以張皋文、周保緒、陳白雨、況蕙風諸先生詞話，此辨僞體也。源流既明，僞體爰辯，風雅自昭，按圖索驥，於諸大家中掇以性情針芥者，日相討求，自然有得。二則正語言。詩、書、執禮，皆雅言也，宜慎哉。詞之爲體，造語尤精致，市井語與夫白話語斷非初學可羼入。且今人於詞，每多時語，復被以美名，欲雅而不能故也，遂以此爲逋逃藪。三則習長調。小令非大騰挪手段，絕難佳好，爲之者必鈎心鬥角以極巧變。初讀情思渺渺，實則尖纖俗惡，可以媚與人，不可以論風雅，洵非初學所宜。習長調則否，似難實易而有效獲，兄其裁之。

言或戇直，然莫敢別出機抒而求異乎古人，所願者爲先民之舌人，習古之事，述古之道而已，所懼單陋失學，或不免郢書燕説，見責君子，亦唯兄照鑑。

青海

卓倉·扎西彭措

生於一九九三年。藏族，青海民和人。青海省作家協會會員，民和縣書法家協會會員。詩歌散文見《青海湖》《青海青年報》等。

遊龍合寺記

丙申九月，列屬三秋，如上師之期乎，乃初遊龍合寺。

龍合寺者，黃廟也。其名歷有不一，清康熙礙伯所志謂之湯爾源寺，蓋以地命之。《青海志》謂龍合寺以至今。始建於明萬曆四十七年，已四百年餘。其中雖有補繕，然不具規模。辛卯令月初，衆資以增其舊，有今之大觀。

自入正門，僧舍儼然，彩幢赭墻，彌勒金殿，高危凌空，衆佛各異，法相莊嚴。廣目至微，惠及蠻荒之散客；慈海無盡，浸濟悲海之蒼生。經籍浩瀚，集衆師之至慧；法輪悠轉，證因果之輪回。虔之者，挈檀香風馬之屬以拜之，往來者繁。清風徐徐，桑煙繚繞。法音鍠鍠，肅而不絶。

向之西南，皆山也。青松蒼翠，遮天蔽日。灑清暉於碧潭，鳥翔集於林間。草木凄凄，鳴蟲初歇。閑雲弄姿，薄暮遲遲；秋水擊石，調如琴瑟。登高覽遠，怡然而自得。

東南百餘步，見黃童嬉於巷陌，白叟牧於山埂。其悠悠然乎！

於是吾有所感。廣林納物，百鳥棲焉；自然大德，福予萬物。夫人者，常有惠人之舉，心存仁慈之志。常思人之所思，常憂人之所憂。亶其然則安矣！

河灘隨記

自居所東行數百步，草木葳蕤，楊柳蔽蔭。菜稼百畝，蓊葧逸香。麻雀相集，嬉於林間。旁有溪流，自北南奔，疾湍拍岸，一瀉而下。顥顥乎如大漠之流雲，有屈轉洄流者，聚沫以成輪，其聲潸潸，轉而即逝。吾箕踞百草之中，遥看西山之落暮，近察百物之競華，藤麻相扶，以共其長。流水擊石，鍠然不絶。霞光餘彩，影於石上。友有擅畫者許，見此，感之，遂墨。

吾常好静，又獨行至上遊。擇一青石，雙手著膝，臨溪而坐。閉目清塞，聞蟲鳴於荆棘，鳥唱於花間，流響時近時遠。神如飄渺之輕煙，隨風而起，風止而息。無煩事以亂耳，隨流水以閑遊，聞天籟以静心。

時人常迷於塵緣，而寄情於山水者鮮有。自然廣物，相愛相德；青林宿鳥，鳥戀其家；春雨潤物，物感其德。心煩意亂之時，觀自然之净逸、無争，得之者亦匪淺。清風徐來，意猶不盡，陰雲離散。俄而友呼，遂返。同遊者許、車二人。丁酉五月十六記。

陳學棟

字牧白，號青唐居士。生於一九九四年，居青海。有詩詞作品見《星星詩詞》《詩潮》《文思》諸刊。現爲青海省作家協會會員、西寧市作家協會理事。

行夏瓊寺記

是日，朝乘公交至終點，欲之夏瓊寺也。緣其友還願拜佛，余陪之。

行道遲遲，車輪緩緩，間或帶人，余心已不悦。及行百里，始向高速，一路飛馳，葉漸黄於兩側，路折曲於山脚，行許久，至化隆紮巴。行百餘步，黑車者衆，戾氣依舊，然無公車通夏瓊寺，惟坐黑車往之。車行小道，兩側田黄。農夫携妻子刈麥，或陳麥粒道旁以曬之，使之不潮也。山巒起伏，梯田相連，有天空湛藍，樹木青黄交接，車盤其彎而旋於頂，道隱其角而轉後寬，參差錯落，節節攀之，景色各異，峰巒、林木、坡地相次。一時入山巔，如行空中，俯視其下，村舍交互，阡陌時無，列布谷澗。車亦緩，程亦遠，經久始至。

夏瓊寺也，初建於元，乾隆嘗賜名『法静寺』，爲宗喀巴上師剃度之地，因山形如大鵬，藏音夏瓊，其名之由也。東、西、北峰巒層疊，其南則陡立萬仞，其形如此，乃爲聖地。適以秋日，遠眺則有金光爍爍，殿堂林立、佛像流光，僧衆往來其間，有修葺者、有朝拜者，雖地之偏，然往來者者繁。循路行之，藏狗成群，列次卧於路央，不顧行人亦不避車，竟自散漫。及近之，有經聲入耳，轉經筒羅列。同友進殿，堂前雙手合十，雙膝落地，三叩而後起，入殿之内行一周，見奉諸菩薩、度母，一一叩首，而後置方孔於前，法相莊嚴，酥油燈不滅，熠熠通明，無人喧嘩，唯有咒從口出，抵額於像，虔者之心，其可見也。從殿出復入他殿，依次叩拜。見有長頭者，地鋪一毯，啓之雙手合十過頭，下至胸前，跪而全身平展，以頭接地，口持咒語，俄而又起，復雙手合十又扣之，終而復始，莫不心震。及拜畢，出殿堂而徑往上師宗喀巴聖像前。上師聖像之大，爲世界之最，同友順行三周，旁有藏狗側卧不睁目，鴿立不飛還。静立良久，見天時將晚，欲下山歸家，然地勢偏，無行車之便，返寺中，逐一而問，終有下山人，驚喜之際，乘便車而歸。一路逶迤至山脚，見河床裸露，濁流滚滚，聞之，乃爲山洪暴雨衝刷之狀，路亦凹凸，顛簸而行至鄉鎮，轉車歸舍，已日落夜臨矣。

新疆維吾爾自治區

陳飛卓

字修遠。生於二零零二年，新疆烏魯木齊人。闕里書院文言寫作班學生。

風扇車記

風扇車，亦名風車、揚穀車。

高四有五尺，長亦同，寬一尺。以木爲製，竹而固之，風腔爲圓，風道爲長，扇葉木製，側有曲柄搖手。其入料倉，高十四寸，其周呈正方之形，故寬長皆二尺。四足垂地，形似烏犍。

風車之用，在於攻稻。穀脱其殼，入於漏斗，以手搖柄，帶扇葉，經斗閥，穿風道，糠秕之雜出於風口，穰精之實落於糧盒。去秕之佳物，唯風車也。

風扇車始於西漢，至今浙南獨餘一座，而落於泰順竹里後山王家老宅。己亥孟冬十一月廿一日，張師趣余等十餘人往觀之。其主王衛卿，樸實老農也，聞吾等欲觀，慨然而允。謂曰：『此吾祖傳之物，自民國至今數十餘年矣！』鑑賞之間，或有疑難不明者，彼悉皆作解。余感其用之妙，傳之稀，存之古，製之奇，又願今人不迷於西技而能固其本，故作文以記之。

臺灣

顏昆陽

生於一九四八年，臺灣嘉義人。臺灣師範大學國文研究所博士。現任臺湾輔仁大學中文系講座教授。多次獲獎，出版小説散文集二十餘種。

古體詩選序

予髫齡誦讀唐詩，雖不深解其意，卻由聲調與朦朧所覺詩境，爲之感動不已。從此各方尋覓古人之作，得即反復誦讀。中學，由鄉野遷居城市，於舊書攤獲《唐詩三百首》《千家詩》，狂熱背誦，日日吟咏。斯如蠶之飽食青桑，非吐絲以成繭不可；故及志學之年，無師自通，始創作古典詩；以至於今，年逾古稀，雖學術、教學、講演，諸事煩冗，卻猶詩心未泯，筆墨難偃。而積學儲寳，經歷萬端，益深厚其作矣。回顧前塵，則予之樂爲詩人，實根於天授之才性，信非學業之所迫。詩者吟咏性情，其本質如此；故爲情造文，莫不感物而動，緣事而發；無所感、無所緣，則不作。即使友朋酬贈，亦必出乎真情實感，不爲虛矯諂媚之言。而詩者非僅抒發個人之情，亦當諷諭一代之事；則其體制雖故，其物事、情志、理趣彌新。詩人而不能感於己、察於世，與時俱化，徒爲格套，不過骸骨而已。新舊詩之争，庸人所見，可止於通達者。至於體制、格律、章句、修辭，或守常或達變，或正或奇，或齊言或雜言，或比興或直賦，皆可雲行水流，因情以適變，隨體而制宜。蓋法自内出，非由外鑠；不僵固於繩墨，不瑣細於規矩，創造之鑰也，斯爲得之。

王財貴

字季謙。祖籍福建泉州，一九四九年生於臺灣臺南。畢業於臺灣師範大學國文系，先後獲碩士、博士學位。臺灣臺中教育大學退休教授。曾師事隱者掌牧民先生、書法家王愷和先生，爲牟宗三先生之入室弟子。繼承儒家道統，賡傳陽明心學，爲當代新儒家代表人物之一。首倡兒童讀經教育，創始文禮書院。其主要著作有《教育的智慧學》《讀經二十年》《六五文集》等。

文思創刊賀辭

文者，言之記也，言者，心之聲也。在心爲情意，出口爲語言，以其淺近直捷，號爲白話，白話出於口，止於耳，倏忽而滅，故先民發明文字，記其語言以傳久遠，謂之文。故文之濫觴，必以我手寫我口，是爲白話之文。然天下之學者，學既博通，情既濃郁，意既偉岸，話語絮絮猶不能竟其意，若一一録以爲文，恐漶然無歸，龐然無廓。故有意爲文者，必統理其思使有序，精練其言使整潔，而英華大蓄，篤實輝光，下筆爲文，吐囑典麗，聲情並美，漸與口語有間。斯文之言，非語言之言，乃文言之言矣。因口白而有白話之文，繇白話之文而晋乎文言之文，古之學者，莫不兩者兼擅。神思所寄，則爲文言，率爾而操，則爲白話，然既有文言，則白話不登大雅之堂，此人類文明發皇自然之大勢也。

古之人，其志慮深矣，似乎其有先見於千百世之安危也。蓋若純依語言而爲白話之文，凡語言莫不三百年一小變，五百年一大變，故前人之白話，後人讀之爲難，至有千古不得其解者。故吾每謂白話文者，短命之文也。若自古之文通用白話，則中華將常處蓁莽，神州且無噍類矣。可幸吾族之文章，自始即不純乎白話，而已近於文言。《易》之彖爻，《書》之謨誥，中原之白話文言也；屈之騷賦，則兼楚地之白話文言也。後人讀《易》《書》《楚辭》之文，其易解者，必文言之句也，其難解者，必白話之語也。漸至孔氏及曾有、遊夏師徒，文言乃成形制，後之作者，不論散駢詩歌，率以文言。故孔氏而後，典籍著述皆暢順可讀，華族之智慧所以流衍不替，民心之所以團聚不散，雖亡國而無不旋踵即復者，以其智慧民心存乎典籍著述，古今可以沿習承傳也。故吾每謂文言之文者，長壽之文也，不唯作述得以史垂而不朽，亦保我華族永壽長視之干城也。

且文之可貴而可傳者，以其志意聲情也，初不論白話文言焉。然自古無無學之真學者，無非文之真文章，我華族自六藝四子以降，汗牛之簡牘，充棟之典籍，既皆以文言相繩續，則不通文言之文，將自外於學問之門徑，自絶於民族之智慧，亦將自斷其著作之通途。故古人垂髫就學，所讀之書，文言之書也；稍長習文，所作之文，文言之文也。先人之智慧，以文言而承繼，後人之成就，亦以文言而流衍。習文言而通也，古今之學術得以共傳習，遠近之情志得以相慰勉，故吾每謂文言之文者，膏粱之文也，不唯學人賴以滋養之資糧，亦民族文化所以富有日新之旨膏也。

近世戊午己未之歲，胡適之、陳獨秀、錢玄同、魯迅諸公，或誣文言爲貴族頽廢之專學，譏之爲已陳之死文，或以文言難學難解難作，欲以白話代之，遂攘臂高呼打倒文言，朝野洶洶，不唯廟堂之文轉用白話，乃至學校教本亦用白話，使吾國傳之數千年護國護民之雅言，頓成可卑可賤之芻狗。夫文之可貴可賤、爲死爲活者，以其志意聲情，不在貴族平民、古昔現代也。古者貴族文言之作，固偶有無病呻吟者，然今世平民白話之作，其無聊鄙陋，豈復少見？故不務於志意聲情之薰染承傳，徒呶呶於文言白話之争衡，是謂不知本。而文之難讀易讀難解易解難作易作，在於是否實之教之學之倡之，若實之教之學之倡之，日就月將，習與性成，豈有難者乎？若絶棄之，不教之，不學之，不倡之，則一代、二代，至於三代，不唯百姓視文言爲畏途，學者亦罕有能讀經史子集者矣。故不務於實愛教習，而徒囂囂於難易者，是謂不知幾。

見識不知本，教化不知幾，國民之志意學術無以薰染承傳，民族之生意斷裂而瀕於滅絶。華族近世之奴役於人，不唯政治經濟之奴役於人，率心靈亦奴役於人者，以其忘本違幾也。若唯政經之奴役於人，猶可興復也，至心靈而爲人所役，且自甘其役，則永無興復之望矣。聞有魯夫偶食而噎，遂絶食以至於餒，又聞愚婦爲兒洗浴，傾倒污水，並嬰兒而傾之，遂絶其嗣。噫！可哂亦可哀矣。顧寧人所謂亡天下者，其此之謂乎？

今也平心論之，文言白話非必水火也，且有文言以來，真白話者，當從文言破殻而出，哺鷇而長，曹雪芹之《紅樓夢》是也，吴敬梓之《儒林外史》是也，劉鶚之《老殘游記》是也。不歷文言而直徑白話者，欲言之有文，不可得也；欲傳之久遠，不可得也。君不見水上之萍，浪裏之鳧乎。不歷文言而弄文者，終其一生，水萍浪鳧耳。繇文言而進於白話，則白話植其本矣。故今欲興華族文化者，欲擅白話之文者，皆當厚植文言之根柢。

今者文言疏遠雖久，然天理常在，人心不泯，舉目廢墟之下，不乏三五好古敏求之士，學博而文雅，惜其散落四方，聲氣無以交通，情采無以焕映。乙未之春，有張公俊綸先生創《荆江文學》於武漢，蓋五四而後百年首倡之文言刊物，網羅當代文言之作，表而出之，文風爲之一振。其後因故中斷，友朋憾之。前月，張公入職我文禮書院，談及文言之興衰，不勝嘘唏，余感其意，乃請就書院繼其志業，主編文言雜志，依清人姚鼐《古文辭類纂》之類爲其欄目，復依南梁《昭明文選》之制，詩文並舉，版面正體豎排，以肅古雅，余竊取《堯典》欽明文思安安之意，榜其名曰文思。於是有志於文言者，猶農夫之有佳園矣，誠願天下士子負耒來聚。外有讀經之兒童，不輟乎弦歌，此有能文之君子，相靡以好爵。有教者，有習者，有作者，有倡引者，國人因知所寶愛，則文言之興復，指日可待。文言復，而華族文化之興自在其中矣。

兹值文思創刊之際，且喜我族文化之有望，謹綴所感以賀。孔元二五六八年，歲在丁酉冬月，王財貴序。

龔鵬程

生於一九五六年，臺北人。獲臺灣師範大學國文研究所博士學位。曾任臺灣淡江大學文學院院長、南華大學及臺灣佛光大學校長等。二零零四年起，任北京師範大學、清華大學、南京師範大學、北京大學特聘教授。現爲美國龔鵬程基金會主席。當代著名學者，古文詩詞皆精，著作等身。

序書史

岳西劉夢芙先生，好稱人善，示我季惟齋著作數種。題籤梗稚如小兒，甚以爲奇。發卷讀之，乃瞿然驚，以爲有古尊宿風。

已而過杭，惟齋訪我於龍井山莊，書陶令《停雲》詩爲贈。闊筆重墨，神恬氣王，始知書類其人，蓋骨鯁士也。彼以讀書自樂，不慕榮利，志在聖賢。而又棲心禪悦，於漢學、宋學兩不相契，欲獨造以得性天。能詩文。文由桐城入，然博染語録雜纂與六朝儷辭等，遂在古文及四六之外自行其是。詩由江西入，頗學近世沈乙盦、馬湛翁，漸則欲上溯於唐。此在今日，何可多得哉。

述學，別有《徵聖録》等作。此書史則鬯論吾中華書道者也，上下古今，旁涉日韓，米顛《書史》、陶九成《書史會要》，俱非其比，不徒爲今時之傑作而已。論書取徑，亦頗異於自來譚藝者。重心氣、達性命，非苟矜技巧、堆垛知識之類；且不雜用泰西理論、附會視覺藝術。故雖譚藝之作，實爲論道之書。儒佛相參，自悟其心，於古今書論中別開一格，猶此道中之達摩也。

宗旨如是，故評書以心氣高下邪正爲斷，蘄於高明正大，以矯今世頽風。此與古之以人品道德忠姦評書，或標舉逸格、艷稱顛酒以反常合道者，俱似而非；與今人專技藝、不貴内養者，尤相涇渭。

至於具體史論，以鍾張王爲三聖、以魏碑爲上座部，謂北齊始宏開大乘，而大成於初唐歐虞褚薛；顏柳以降，劃然異道，爲古今轉關。此其大脉絡也。内中晋有六門、唐分兩派、元有三系，清代碑學則一遠祖鄭道昭，三宗鄧完白、伊汀州、趙撝叔，猨叟、廉卿、乙盦、缶廬，略如宋之陸范楊尤云云，乃其小區分。書史古今之變，由此不難概見。

而惟齋之説，又不徒恃此宗旨準繩及大框廓大架構，立理限事，挾天子以令諸侯。於歷代書迹摩挲遍考，穿穴典籍，輔以遊旅目驗，用力甚勤，獨見遂夥。評述書人書事，輒多可觀，有迥不猶人之慨。方其與昔人書評反覆詰辯之頃，如聞魏晋人清談，未嘗不使人忘倦也。

其中辯難尤切者，爲阮元以後尊碑抑帖、重南輕北之説。康南海卑唐而重北魏，惟齋則尊唐而崇北齊，故於清人之碑學亦不謂然。然並不因此而遂爲帖派，歸趣蓋在隋唐南北混一之際。此與今人之反清人北碑説者又不相同。如啓功先生《論書絶句》，既譏碑刻多是刀鋒，又薄棗帖翻摹失真，以爲俱不及墨迹可據。夫今之考古搜遺，大勝於古，照相彩印，復極精良，以此鄙薄昔賢，未免勝之不武。傳世碑帖，韵趣亦有在墨迹之外者，曷可盡非。兼資爲善，斯爲可矣。惟齋於碑帖不偏執不遍棄，或得其中者耶。

書史之作，宗旨綱維及其持論大要約略如此。讀其書者，將嘆其能發明吾國書學之奥也。其持論，有過於駿利者、過於獨斷者、語病者，溺於禪者、考證可商者。則一家之言，通人不廢；群玉之山，文采可觀，吾必以兹爲藝林龜鑑焉。辛卯穀雨，廬陵龔鵬程序於燕都小西天如來藏。

手書札記

讀東坡詩題記一卷。非讀東坡詩，乃讀其題也。詩家制題，最所講究，謝康樂、杜子美允爲典型，東坡非最善者也。題或率或蔓，各依其情，或記日常，或恣諧戲，偶或同於日録。詩家效藝，時以爲戒。然一種生活氣息撲面而來，令人喜愛之，咸曰：是吾友也、是吾鄰也、是吾師也。微斯人，吾誰與歸？因雜寫讀記若干，以示景慕。云詩話乎？不知也！

東坡乃逍遥地仙，詩則逍摇録也。記録生活，不避瑣屑，一切悲喜愉戚、親串往來、友朋調笑、飲食遊賞、物事經心者皆寓其間。生既不枉，活斯誠然，人能如此，乃無憾焉。六朝三唐人不能也。

詩有歷來言東坡者所未及注意處。如張子野年八十五尚買妾，東坡賀詩云：『詩人老去鶯鶯在，公子歸來燕燕忙。』柱下相君猶有齒，江南刺史已無腸。』固已膾炙人口矣。然紀昀曰：『遊戲之筆，不以詩論，詩話以其能切張姓，盛推之。然則案有《萬姓統譜》一部，即人人可爲作者矣。』評語太苛，正不知遊戲神通適爲詩家妙諦。東坡可愛處，豈不在斯？

此詩得趣處，亦實不在其切張生鶯鶯事，而在調張生年老而色心不滅也。夫人有色心，王陽明所謂良知良能也。東坡自有之，故亦能體會張子野老詩人之心情，調笑至有『一樹梨花壓海棠』之謔，此不必以詩論，然而詩又豈不在斯？《關雎》所謂『窈窕淑女，君子好逑』，非耶？

此心之發，在東坡亦不罕見。如《趙成伯家有麗人，僕忝鄉人，不肯開樽，徒吟春雪美句，次韻一笑》《成伯家宴，造坐無由，輒欲效顰而酒已盡，入夜，不欲煩擾，戲作小詩，求數酌而已》《成伯席上贈所出妓川人楊姐》《立春日，病中邀安國，仍請率禹功同來。僕雖不能飲，當請成伯主會，某當杖策倚几於其間，觀諸公醉笑，以撥滯悶也》（二首）等詩皆其例。中有『試問高吟三十韵，何如低唱兩三杯』之語，自注引『陶穀學生買得黨太尉故妓，遇雪，陶取雪水烹團茶，謂妓曰：「黨家應不識此？」妓曰：「彼粗人，安有此景？但能於銷金暖帳下淺斟低唱，吃羊羔兒酒。」陶默然愧之』事爲説，且曰『莫言衰鬢聊相映，須得纖腰與共回』，則是意不在酒也。自注又曰：『聊答來句，義取婦人而已，罪過，罪過。』言涉不經，自顧未嘗不知，然友朋諧謔，豈無此一格哉？紀評於川妓楊姐一首，全施抹勒，前三首亦以爲原不當入集，正可見真人與道貌岸然者之别。紀輒以道學家爲迂爲腐，不意持以較東坡，真趣遠不逮也。

惦記美人，又有《王鞏屢約重九見訪，既而不至，以詩送將官梁交且見寄，次韵答之。交頗文雅，不類武人，家有侍者甚惠麗》、《韓康公坐上侍兒求書扇》（二首）、《循守臨行出小鬟復用前韵》、《戲贈田辨之琴姬》、《張無盡過黄州，徐君猷爲守，有四侍人，姓爲、孫、姜、閻、齊，适張夫人携其一往壻家，既暮復還，乃閻姬也，最爲徐所寵，因書絶句云》均屬此類。他人集中甚少見。至於《携妓樂遊張山人園》之類，則當然，反而常見。

今考《野客叢書》稱洪駒父作《侍兒小名録》，王銍所補《侍兒小名録》則自謂補洪適書也。無論洪适、洪駒父，顯然惦記他人侍兒之風必與東坡有關。駒父即黄山谷外甥，《侍兒小名録》中亦備載東坡朝雲事。續補其書者，蔚爲南北宋之交一景觀，孰知竟啓自東坡哉？

東坡之好奇，不祇形之於此，詩中多載異人、異事、異物、異夢，亦爲一大特色。異事者，如《唐道人言天目山上俯視雷雨，每大雷電，但聞雲中如嬰兒聲，殊不聞雷震也》。異夢，如《數日前，夢一僧出二鏡求詩。僧以鏡置日中，其影甚異，其一如芭蕉，其一如蓮花，夢中與作詩》。異人，如《是日，偶至野人汪氏之居，有神降於其室。自稱天人李全，字德通，善篆字，用筆奇妙而字不可識，云天篆也。與余言有所會者。復作一篇仍用前韻》。

凡此之類甚多，且多相雜錯。如《圓通禪院，先君舊遊也。四月廿日晚至，宿焉。明日，先君忌日也。乃手寫寶積獻蓋頌佛一偈，以贈長老仙公。僊公撫掌笑曰：『昨夜夢寶蓋飛下，著處輒出火，豈此祥乎？』乃作是詩》，又《子由在筠作〈東軒記〉或戲之爲東軒長老。其婿曹煥往筠，予作一絶句送曹以戲子由曹過廬山，以示圓通慎長老。長老慎欣然亦作一絶，送客出門，歸入室，趺坐化去》。此皆奇僧奇事，而詩或夢又相與俱也。

亦有他人異夢而爲東坡所記者。如《秦少遊夢發殯而葬之者，云是劉發之柩。是歲首，薦秦以詩賀之，劉涇亦有作，因次其韻》。

另有異事而爲東坡所信，不以爲異者，如《軾始於文登海上得白石數升，如芡實，可作枕。聞梅丈嗜石，故以遺其子》。此即唐人詩『歸來煮白石』之石也。道家有此術，故軟之可使如芡實、硬則可爲枕，東坡學道養生，信此不疑。其在文登，尚有一事可記，詩題曰《頃年，楊康功使高麗，還，奏乞立海神廟於板橋。僕嫌其地湫隘，移書使遷之文登，因古廟而新之，楊竟不從。不知定國何從見此書，作詩稱道不已。僕不能記其云何也，次韻答之》。

文登海市，夙有盛名，東坡亦嘗見之，故主張立海神廟於茲。余嘗過煙臺牟平棲霞、萊州等處，稔知海神廟終不獲立於文登，今僅萊州尚存遺址而已，蓋崇祀不如南海之祝融也。唯東坡有神仙之思，故仍以立廟爲亟。

至於仙家人物，亦其最所關切，頗欲探知彼等消息。如《題毛女真》曰：『霧鬢風鬟木葉衣，山川良是昔人非。祇應閑過商顏老，獨自吹簫月下歸』，以及《次韻子由書清汶老所傳秦湘二女圖》曰：『隨魔未必皆魔女，但與分燈遺歸去。丹元茅茨祇三間，太極老人時往還』等，均可見其想象足以繼武漢皋遊女及楚騷之女蘿山鬼也。《十一月九日夜夢與人論神仙道術》，則仙家語。

至於回道人，殆指吕洞賓，云《回先生過湖州東林沈氏，飲醉，以石榴皮書其家東老庵之壁云：西鄰已富憂不足，東老雖貧樂有餘。白酒釀來因好客，黄金散盡爲收書。西蜀和仲聞而次其韵三首，東老沈氏之老自謂也。湖人因以名之。其子偕作詩有可觀者》。詩云『但知白酒留佳客，不問黄公覓素書』，蓋猶憾未能獲其傳授。噫嘻，先生之好奇也！所謂神仙可致、道不遠人，坡公誠以爲真實不妄也。故《子由將赴南都，與余會宿於逍遥堂，作兩絶句，讀之殆不可爲懷，因和其詩以自解。余觀子由，自少曠達，天資近道，又得至人養生長年之訣，而余亦竊聞其一二，以爲今者宦遊相别之日淺，而異時退休相從之日長，既以自解，且以慰子由云》，備言其賢昆仲學道之情。

此非虚語，故煉養食療内外丹，彼等均一一實修親證，當時友生後輩多受感染，《獨酌試藥玉滑盞，有懷諸君子。明日望夜，月庭佳景不可失，作詩招之》，足以作證。詩云：『鎔鉛煮白石，作玉真自欺。』『呼兒掃月榭，扶病良及時。』紀謂此衹代柬耳，不以詩論。誠然！唯生活情狀，恰則見於此，且稍早另有《十月十四日以病在告獨酌》云：『銅爐燒柏子，石鼎煮山藥。』『泠然心境空，仿佛來笙鶴』，出語未嘗不清灑自在。故知東坡之煉養非徒在形壽間，亦養心方也。

《在彭城日，與定國爲九日黄樓之會。今復以是日，相遇於宋。凡十五年，憂樂出處，有不可勝言者。而定國學道有得，百念灰冷，而顔益壯，顧予衰病，心形俱悴，感之作詩一首》頗泄其心形俱修之關竅於此。東坡每自驚以爲工夫不足，實則夷曠平和，足爲萬世欽仰之也。斯所以彼雖傳海上道人《以神守氣訣》，而吾更賞者，則爲《吴子野絶粒不睡，過作詩戲之，芝上人、陸道士皆和，予亦次其韵》所云：『聊爲不死五通仙，終了無生一大緣。獨鶴有聲知半夜，老蠶不食已三眠。憐君解比人間夢，許我時逃醉後禪。會與江山成故事，不妨詩酒樂新年。』

飲饌叢談序

談藝之什，舊有《書藝叢談》《武藝叢談二種》，今復輯比剩稿，成此新編。徇焦桐之命，預易牙之盟，名曰飲饌叢談，並序其端云：

余非饕餮，亦嘗飲食。徒求療飢，敢云知味？幸而黄粱易熟，綠蟻能餐。遊半天下，慣食馬肝。或山麓水涯，染指雉膏熊膩之鼎；或酒簾茶竈，洗心蓴美蟹腴之盤。雖愧無伊尹割烹之力，且喜有田夫鼓腹之歡。又嘗歌大酺、咏鹿鳴、鄉飲酒而怡豫；擁豪俠、招狗屠、日傳席以汗漫。非山家之清供，鄙隨園之食單，舌福不淺，經驗可觀。

兼以性好幽奇，索隱行怪，譜求燒尾，術要齊民。歸來曾煮白石，居處久服青精，既窺飲德食和之奥，亦餌春蘭秋菊之英。即事窮理，略通儒者養民、道士辟穀之故；徵文考獻，且釋闍黎戒殺、回民宰牲之争。因飲啄之恒情，上質政禮醫藥倫彝之常經，豈僅爲飲食男女逸樂之品評？

此余飲饌文化之大凡也，取途或異夫苟耽滋味之徒。文則莊諧競作，短長弗拘。如室女之貫珠，仿衆仙之行厨，志浪遊之鴻爪，爲灌頂之醍醐。知我罪我，盍共醉兹一壺？

己丑中元，方普度於燕都。

林昕瑶

生於二零零零年，臺灣桃園人。闕里書院文言寫作班學生。

癡辯

癡者，不慧也。或癡情，或癡物事，一見其長，而卒不拔，不慧於其他也。似傻如狂，然於癡處，非人能及。如怡紅院賈寶玉癡於情，而蔽於學。尾生癡情抱柱，至於没頂之厄。癡於情者不壽，癡於物者難偶。此癡之弊也。

世人之惡癡者甚矣！以爲泥小道且不可加矣！然奇才之所以成，非癡而何？嵇康作《聲無哀樂論》《琴賦》《琴贊》，撫《四弄》及『廣陵從此絶』者，非癡音者耶？辜鴻銘，幼時出衆，能九國語，後獨尊王蓄辮，人戲曰：『荷盡已無擎雨蓋，菊殘猶有傲霜枝。』擎雨蓋者，前清紗帽也；傲霜枝者，辮子也。此癡國情者也。不啻果過人之資，非癡者，才無從長，亦徒糊口耳。如是觀之，癡何可惡焉？

曩昔唐君毅所言『宴安鴆毒』者，今之謂也。雜務繁，精一鮮，學何能成？《詩》云：『靡不有初，鮮克有終。』此今人之病也。操琴者不習耳，庖厨者不養刀，而終日馳騁顔色間，而能有所小成者，吾未見之也。向使癡於一事，摒雜務，致精一，潛沉其中，三年，可運其技於掌上。當今之世，欲通技者，非癡而何？

食醪糟記

戊戌暢月，霡霂霏霏。時東日方明，余同守樸、柔吟過張師居。守樸者，姓林氏，名佩杉；柔吟亦林氏子弟，皆臺灣人也。張師者，名俊綸，字如水，號荆南棟翁也。今年幾古稀，日日聞雞而起，故應門時尚裹厚襖，其行也，如龜而欲馳。見余等，急命入室，並示以《漢語大詞典》，曰：『此民國之遺賢所共撰也，今人無可爲之者。』復言明喚余等之意，蓋欲知我臺灣之風俗也。

延入座，曰：『新釀甜酒，其糟味甘。今置雞卵、元宵子而烹，試食之。』又曰：『此誠吾大中華之瑰也！惜乎後進皆不習之，習之而不精之，精之而亦不傳之。近世以來，滔滔皆崇洋者，孰肯與之温故？汝所處幸免於斯，民俗之淳，亦吾華之幸也。』言訖，托碗歡之。余亦嘗之，其糟本是江米，粒粒可見，食之但知其糠，餘者不知其蹤；而醪因沸故，已無酒氣，獨得其味。而又佐之雞卵、元宵子，足以果腹。冬日食之，了無凛冽之感。

張師又問：『臺灣得見此物否？』守樸不答，柔吟但言依稀，余曰：『然也。幼嘗見祖母烹之，時以酒氣而惡之。今雖可見於市，實乃機心機術之果，不得其神也。』張師曰：『「然。機者無情，食非食矣。文何唯獨不然？孰可使復潛心句讀間？觀今天下，願授文者，獨文禮書院也。汝等韜晦於此，常念吾華昔日之盛，當自發奮向學。勉之哉！勉之哉！」』

既退，以張師言詞之切，期盼之深，余深感其情，遂展箋而志之。

時孔元二五六九年十一月十一日。

日新序

《日新》者，詩茵學姊之日記也。戊戌仲夏，余諸生習古作文於張如水師，張師示以二寶：一曰卡片，一曰日記。卡片者，於閑暇讀書時，見雋美生僻之詞，輒以今語迻記之，逌作文之取用也。日記者，每日必記，或異事，或家常，不拘所言；所以别於其他者，純以文言記之也。

曩昔，希臘哲學者蘇格拉底命其徒曰：『日甩手三百。』月逝，一半遵之；季逝，十一遵之；年逝，獨一人遵之，此人柏拉圖是也。

初，諸生皆效之，若衆徒然。今每日必記者，獨詩茵學姊一人而已。始讀《日新》，文字多有琢磨之迹，後數頁，則趣雅之語横生，或有頓悟之語。《日新》者，取典湯銘，日新又新之意。於字句間幾可見之。

己亥孟夏，臺灣林澤静序。

劉尚明

生於二零零一年，臺灣新北人。闕里書院文言寫作班學生。

年夜争玉記

發紅包者，中國傳統也。納錢於金箔紅紙以爲禮者也。今有電子紅包，書院諸友家各四方，以是爲之。往年如是，今不可廢。

是夜，於微信諸群，首紅包出，悄然是破，而鬩墻争玉之戰發焉。七十餘人，同爲一綫。雖差之以毫秒，失之不過幾毛，猶必秒而一顧，豈容或息之懈？蓋得失寸心知，且夫百萬亦積以五毛，不可失也。識得此理，以誠敬存之而已。《大學》所云『才散則民聚』者，兹可徵焉。千字掏心，不如一包歲金也。忽爾投之，則群衆扼興，千夫同指，得者喜，失者悵，猶未盡而有待焉。余輩之朋，新舊去留非所問，同樂乎年節也。

辛丑除夕，記於杭州臨安。

三人環島記

嘗聞吾臺灣人有必爲者三，而環島其一也。甚或謂爲其首，亦所當也。島者，謂臺灣本島；環之則或駕或騎，或踏或行，一或五日，旬或半月，卒致其一周，皆可稱焉。

或問其旨，豈其有定耶？固有懷田鄉而投者，亦有抱山海以奔者；有掠光影以爲足樂者，亦有獵長征以爲能，逐疾風以爲快者，各因所異而已。余生於斯土，長於斯土；不饜其縠，亦足味其俗。但聞天地有大美而不見，吾道下具風景而遺目，坊間皆人情而無緣，可付之心，良而無以。

壬寅夏初，執之告友誠一，遂得同心，皆謂今不以，枉其年尚。故彼於役，余當職，雖免三月之聚糧，已籌如行。後得維羅來意，以其持港證故，可簽入境，乃行出三人，而得誠一爲號『我師團』。余嘗怪其稱，然卒未之易也。

是歲四月十八，三人兩騎，而『我師團』以出。騎者，摩托也。於發桃園，西南之，東北還，日行百餘里，到處識之。入於深，則隱其山而匿其林，貫乎五大縱脉是也；出於外，則臨其海而包其天，循乎一周環岸如之。經國姓、滿州、奇美、南山之簸，則輪飛乎險壑也；過嘉南、高屏、花東、蘭陽之平，則伏騎乎遼原也。間復何處聞勝，便驅不辭。所謂『出入無時，莫知其鄉』，或亦此行之謂也。

要之，勝者何必開偉而出奇？衹察乎邅回之曲理，則秀姑、立霧之谷，月洞、石門之窟，清水、燕口之壁，北海、東岸之岩，足見天工之妙矣；復近乎寡户之老巷，則湖口、聖龍之街，池上、東大之市，牡丹、鹿野之鄉，梨山、環山之部，皆可偶前代之先生老嫣焉。故嘗謂臺灣之勝，常隱然耳，或當以静觀，以默察，而水里雲鄉之柔，或將湧然於心；天嶺際洋之壯，則益安然於胸也。夫一我斯途者，豈無同然之心乎？

越十有一日，總行千六百餘里；高不避稀，遠不辭僻；乃囊四方中凖高之七極，括『國家公園』、風景、地貌、奇岩、巨林、首區、隱村等地有百餘；兩度峰頂，三番浪裏；間逢同而在環者數十，和而相待者不計，寸遍之土、盡簾之色、飽納之風，不可勝數，亦不可勝量也。且夫極高則形險，窮深則迹絶。故嘗尋途於霧裏，懼首於壁下。此無他，必二中横之謂也。憶時四周濛然，方行於崖，忽石欲驚，則已逮乎輪下。但張口而未呼，拊幸既逃，不敢分毫更思所自，頓然即去矣。此二中横之危也。猶然進者，非無知也，誠當危懔恐以赴也；安以歸者，非善走也，實地絶人還而來也。去矣，肥膽既消，猶相笑曰『不知幸運曾何有，敢信此生不多存』云爾。

若夫尤當稱者，則維羅也。嘗聞入鄉而問其禁者，未聞初至而窮其境者也。且夫向者，余嘗及其灣仔碼頭，今彼來此港仔沙漠，亦作互問友意矣。

旅於七日，途與誠一各揚，彼先歸也。余二者亦隨其後而終環。三人復會之，存其像，以終也。始而有終，行而有歸，莫善乎是矣！

浪　賦

寶島四境濱海，周涯際天，來風八方，引浪萬般。荒唐徒聞其雄而大贊，好稱談之。語友笑誕，笑誕不信，必親觀於海。問其大者，曰東海，遂與往焉。觀之，具大呼曰：『雄哉！』

蓋夫十里連岸，洶滔拍斷，冲沫激濺，勢不可辨，溯漱撲衍，裂響轟亂。荒唐曰：『此乃浪也邪！臨當乎此，必變色而作，焉苟爲安？余雖聞矣，亦頗驚爲初見。』笑誕曰：『遽爾聞睹，猶未敢信其耳目。雖然，何以連城之浪、無盡之水？斯必有所自也，汝知之乎？』

荒唐曰：『聞夫東海遥末，有窮日出之際；遠洋瀕止，無越天涯之界；航發而難至，慮出而難契；若存若亡，如出方隅之外。亦而央居四端，各距十萬八千；中處兩間，並貫玄霄九淵；有稱海上天下之中央，不可置目而視，不可須臾而至，初縐縠紋，終於積波瀾之狂勢者，是其所自也。』笑誕曰：『既有所自，必有所緣也，汝亦知之？』

荒唐曰：『聞夫其初，思入太茫，無明之先，判分天洋。太空静止，太洋鏡止，虚含幽照，闇容混晦。間而蠢然，相摩生光，虚空可度，大海可量。引其息而始盈，曳其流而初溶，繼而上下相鼓，厥有震氣發洪。夫若無所緣者，其所緣也。』笑誕曰：『夫入者亦怪矣！夫蠢然者，亦可疑矣！雖然，亦以起矣。夫其始也必静，其狀若何？』

荒唐曰：『聞夫浪之弱也，進桴木而猶豫；浪之静也，聲潄訴而齟齬；和和融融，盈盈栩栩。豁然晶日絶朗，則霎靆而蒸陽；通海既濟，乃銷鑠以波光。浮沫如網，兆集兆破；滌練冲澹，昱熙如灑。聞鵬之搏翔，嘆鯤之馭浪；湛湛焉以復其形，溶溶焉以没其象。浹洽和中，斯則静之狀也。』笑誕曰：『美哉！如想見矣。然豈可以終静，必受之以狂焉。其狀若何？』

荒唐曰：『噫！聞夫作狂，可勝喻況，不禁受惶。甫欲作愁，驀然寡柔，收焉魂游。微方蕩漾，洄溯瀆滂，暗涌深沆。忽焉震怒，交發叱吒，驚洪動厦。追激如飆，濤起天高，浪挺陰霄。奔湧箭促，石析壁鑿，訇崩炸瀑。闃昏澒洞，潰蕩暴涌，搏幕滅空。既顛極而覆風，既傾海而翻岑，忽乍淹之，盡以没沉。其力欲宕解穹蒼，形將嗜捲漠曠。已矣乎！間得難寧，忡忡僥幸，唯幸無生。』笑誕曰：『可勝言哉！可勝言哉！然豈終狂？必進於止也。夫又何如？』

荒唐曰：『觀夫或湃如滔，或文如漣，或融而混，或瀅而涣，或自千里，或出深澗，究其所止，必歸於岸。故夫爲土必厚，爲仞必拔；沙島則没，游陸則決。欲爲無動，必也神州以爲涯涘，后土以爲依止，横山連嶺以作天構，盤地拔霄以當砥柱。則萬浪以深飲，洋流以融納，云云風潮，竟歸其涯。』笑誕曰：『如斯乎！如斯乎！然而已矣焉哉？』

荒唐曰：『殆矣。然余嘗聞，或有乘浪而渡者，衡眥其涯，知非斗升可數；度思其方，比絶江漢之屬。目恍於滔滔，忘身於溟溟；挾彼卧風之沉雲，執此隨波之浮生。忽失進退，遑發孤粟之駭；恒留晝夜，空起獨夢之疑。乍消乍見，如劇如幻。無以聊解，而生大恐怖。』笑誕曰：『噫！汪汪大洋，終爲虚幻矣乎？』

荒唐曰：『未也。夫粼粼泛泛，遼袤於表者，皆止於聞見。然在其下，有厚而大者存也。雖不能與目其大充之體，且聊以同受夫厚藴之資。蓋夫深處之有闇潮也，動地摩殼，曳引流沙，冲化其形骸，斯有以扇九州之基；至於溶素解分，咀含和光，交感而構精，乃有以孕萬靈之胚。於是有鱗尾悠悠，瑚藻莽莽，而鷗鳥翩然喙至，蛟龍玄然息藏。生機無盡，相續綿延，斯悟生生之心。』

又曰：『夫游衍相羈，逶迤互化，豈浪有知而作？信乃乾坤之所爲也。』

笑誕哂之，曰：『所言五六奇景，曠世鉅況，歸結其奥，竟乃所以行健而不息、勢厚而化物者耶？然則浪起浪落，既知所自，復知所爲矣。』

師評：掉髮之作，慘淡經營，非不掉髮比矣。寫浪，初起泡沫，既而泛濫，至於波翻浪吼，鋪天蓋地，驚心動魄。略有《七發》之仿佛，能追《子虚》之磅礴。吾子辛勞矣。

菜根譚序

吾華夏道學之統也，三王基之，仲尼成之，始以仁義彰焉。後歷魏晋隋唐，釋老之教益盛，遂淪落隱没，如棄之階磚。雖然，猶未失其本位，至宋明，乃與之相融而相發。而仁義之道，粹然益精；諸教之説，燦然大備。使夫運者自運，豈必至此？是乃人物之功，運者則助之耳，子曰『人能弘道』是也。夫道何在？乃在人也。所以世代相繼而不墜者，人心之使然也。但懷此心，庸據聲聞權勢，一可以承傳斯統。明代洪公應明，篤斯學者也，史幾無録其人，而其學傳之。

當是時，甚哉諸教之間，各執其道以相斥。世傑猶然，其衆亦爾。特洪公者，兼學三教之説，合於一身之行，有所會得，乃纂其言，以爲《菜根譚》。然三教間豈不異乎？而兼之，則所取者何也？蓋夫教有同者，有不同者。教之爲教，必使人善，此其同也。洪公知之，但取而爲言，其有咎乎？而其不同者，非有爲惡之教也，乃其所以至於善者異也。此則涉乎立教之本、修身之功、證成之境，固心性與學之精微處，所謂深細難知者，豈宜以語於衆哉？蓋由是故，洪公取諸教之意，因居處、進退、語默、應對之人所常過者，而爲《修省》《應酬》《評譯》《閑適》諸篇之言，若人讀之，能格其心之非，雖或不入於室，亦必爲孝悌忠信之善人也？

其名『菜根譚』者，余左右思之，誠洪公之謙辭也。夫菜者，下民以至於王公所賴以飽，如日用之至常者是；其根則猶其道也。然至常者，最易忽之，故孟子嘗言：『行之而不著焉，習矣而不察焉，終身由之而不知其道者，衆也。』喻當察其道、反其本也。且菜者素，其根則又素焉。若人之行，能甘乎此，其去善而遠乎？故名者，喻至常之道也。

孔元二五七三年立冬前日，新北劉尚明序。

師評：文適當其言，或可爲洪自誠著作付梓之序也。其論菜根之意甚好。吾鄉俗語曰：要得菜根香，則百事可爲。或可爲子此文之助。

香港

潘新安

齋號小山草堂。生於一九二三年，祖籍廣東南海，生於香港。少從謝誥康、黄慈博、黄思潛讀書。後營商致富，性耽吟咏。著有《小山草堂詩稿》《小山草堂文稿》。

招飲小柬

先哲有言，無與合之則調孤，有與偶之則和起。此所以嚶鳴求友，相應同聲，一往爲騷人墨客重之也。爰循其意遣辭曰：倍添神爽，又屆秋清。略無宋玉之悲，猶有杜陵之興。城南韋杜，相招尺五之遥；甕裏乾坤，奚惜十千之數。朋同氣類，有別趨風；佛説因緣，尤應結軌。佳日論文論道，儒家不忮不求。即看朋黨喧豗，褎如充耳；堪笑豪門弋釣，展矣勞心。日削月朘，管甚朱顔漸改；良辰美景，時哉腹尺同寬。鱸膾蓴羹，黄雞紫蟹，朵頤大快，逸興遄飛。是用弄大斧於班門，檢退筆於僧舍。青衣飛屣，爲獻雕蟲篆刻之蕪箋；多士盍簪，期作碩果愉社之嗣響。佇聆塵教，早降鴻軺。二零零五年乙酉季秋。

彭偉傑

字維羅。生於一九九八年，香港人。闕里書院文言寫作班學生。

罗睺寺大藏經閣記

太原之北有群峰峥然者，五臺也；群峰所簇而謚然其間者，羅睺寺也。然此寺之名播海内，奚以哉？曰：『以「花開見佛」也。』其寺有大藏經閣，菡萏佛臺煒然正置其中，此宗教木雕也，下藏機構可旋，而菡萏亦或開合，則四面佛隱現閃爍矣。閣牖之上繪佛畫，百有餘年矣，皆書釋迦牟尼之業。鄰牖列四石條朝閣所向，偶有藏民跪而伏之，合手過頭，更起而重復無已，此其禱佛之儀，號『五體投地』，肅肅然甚虔也。閣側有梯通二樓，横阻以塑料綫，一僧旁坐守之。智藏教習曰：『試爲登梯叩之。』遂藏文呼此僧，意示暱也，僧竟啞然無以應；其雖信藏教，然内蒙古人故也。易以漢文復語之，僧諾，引余等登二樓觀閣。閣中當菡萏處得一柱，有佛千萬韞匵而鑲其表；若屬旋菡萏時，則柱亦法光煒煒而轉，堪賽靈鷲峰也。柱後供臺，其盡牴東西二側，上置元季以來泥塑，色猛而膠，亦菩薩之類。西側立一櫃，陳建寺迄今諸法師之寶：有轉經筒、景泰藍、貝葉之屬，更有堪哂者奶茶壺；吾與悉達居藏旅宿，始居時，每啓一房之門，輒羊躁羝腥充户，揚窗數日猶不散，藏人好以電壺烹奶茶於室故也。因戲曰：『試揭此千年壺蓋，則必「在邦必聞，在家必聞」矣，諸君之鼻能堪乎？』衆皆局局。會出閣，教習解其師所與之珠鐲賚僧，僧回贈之以佛像，餘者皆服二人之德厚，遂盡興以歸旅宿焉。同往觀者，教習、悉達之外，尚有老師黄意誠、同學芭喱嘎。香港維羅記。

海外

李瑞鵬

又名烈聲。生於一九三三年，喜掌故。嘗任中外多家報社主編及專欄作家，擅長短篇小説。後移居加拿大，棄文從商。後於二零一三年重返港澳，現爲《澳門日報》副刊《新園地》之『冷月無聲』專欄作者。出版有《冷月無聲》《回首風塵》《聽雁樓詩集》《白銀》等。現任香港詩詞學會顧問，香港詩詞文藝協會顧問等。比賽曾多次獲獎。

老熊河記

老熊河者，予壯歲某年居住加拿大度夏之地也。居此數月，感觸良多，不可無記焉。予生長於抗日戰爭年代，歷險無數，是故平生不喜平淡之城市生活。予任職之工廠，有一加國工友雲生者，原爲加國北陲育空省獵户，每年僅在城市工作數月，以賺取工資購買荒原生活必需品後，即回荒郊過漁獵生活。邀予同返度夏，予欣然諾之。既抵該地，始知乃該國接近北極圈之高寒荒原，雲生數代居此。春夏間，生活於北太平洋之鮭魚游返原生地産卵，施網捕之，醃製冷藏，即市面所售之『煙三文魚』也。索價頗昂，雲生家族業此，已歷數代，頗有名氣，不愁凍餒，久乃樂此不疲。

其家爲一所小石屋，雲生喪偶，孑然一身，邀予度夏，實欲得一談伴耳。屋之側，爲一滔滔滾滾之大河，即老熊河也。河之得名，乃由於鮭魚返鄉故里産卵，多由河口溯河而上，該地之黑熊，乃於河中捕魚爲食，熊立水中，見魚洄至，即以掌撥擲之於河岸草地，積數十尾，乃登岸而食。其所以異於他地者，乃該地之老病黑熊，無力覓食，倚壯熊捕魚供養，居民義之，乃呼此河爲老熊河焉。

予初抵此，即爲鮭魚所感，蓋鮭魚産於此河，稍長，即循河水流至太平洋，覓食成長。迨至翌年春夏間，始迴遊故土而産卵，世代繼之，從無間斷。

鮭魚返故土，溯河而上，河石嶙峋，河流湍急，使其遍體鱗傷，皮破血流，黑熊截捕，漁民網撈，險阻艱危，不一而足，然猶奮不顧身，百折不回，不惜耗盡精力，奄奄一息，必至産下後代而後已。反觀予躬，離國廿載，從未歸里，逍遥海外，置祖先父母廬墓於蔓草荒煙間，視此戔戔微物，能無愧乎？

予協助雲生捕魚時，常見壯熊自河中捕獲鮭魚，擲之岸上，不久，數頭老弱失明之黑熊，施施然執魚而大嚼，旁若無人，食畢，又施施然而去。俟其食畢，捕魚之壯熊，始拾其餘餕而食。予既訝其敬老，更訝其有乖動物弱肉强食之天性。

一日，予與雲生泛舟獵雁，途中忽聞野獸咆哮聲，乃急划舟至聲發處，見現場一片狼藉，草地上一黑熊與兩野狼相鬥，斯時獸鬥已近尾聲，勝者爲黑熊，一狼已死，另一狼腹破腸露，仍作困獸之鬥。咬緊黑熊股部不放，黑熊肉裂骨見，血染沙草，忽作怒吼聲，反身一擊，野狼筋疲力竭，喪命於壯熊鋭爪下。壯熊亦負創深重，血肉模糊，疲莫能興。而此時，予始見草間陳一鹿尸，其旁爲一老瘦黑熊。

雲生告予曰：壯熊獵一鹿，銜鹿至河畔飼老熊，兩狼聞味而至，與老熊争食，老熊不能禦，壯熊奔至與鬥，雖身負重創而不惜，似此護老扶弱、行俠仗義之行徑，身雖獸類，予實敬之。

至此，予二人已不復有獵雁清興，回程時，雲生喟然嘆曰：予平日摒棄城居而寧瑟縮荒野者，蓋有因也。夫天生萬物，悉莫能逃生老病死之途，無論賢愚，歲月駸駸，必歸老病之境，少壯者雖乏惻隱之心，亦不應欺老逐孤，落井下石。然而，數十載以還，予混迹都市間，所見所聞：欺老者有之，騙老者有之，辱老者有之，逐老者有之，殺老者亦有之。林林種種，與言及此，徒污予舌，而所謂仁人義士，視之如無睹，聽之如無聞，猶惺惺作態，動輒以慈善家自居，凡此徒輩，曾野獸之弗如。故予耻與此輩爲伍，寧居荒郊，與鳥獸爲隣，不願每日目睹此輩之齷齪行徑，以污予目耳。

予聞斯言，憶及在都市所見所聞，不禁黯然，殊不料在山窮水盡之境，得見此人，得聞此語，遠勝身處鬧市，聆聽萬人一例之假仁假義謊言，古人云：禮失求諸野。信然！未久，予假期已屆，不得不向雲生告辭，握手以明年再來爲約。不料，風雲幻變，人事舛錯，雲生突患惡疾，不旋踵且以不治聞，來年之約，竟成虛願。玆者，夏日又臨，予翹首雲天，故人安在？偶憶前塵，爲之泫然。

閔庚三

生於一九六七年，韓國驪興人。韓國高麗大學碩士，中國南京大學中國古典文學系博士。韓國白石大學語文學部教授，南京師範大學中韓文化研究中心韓方主任。於中韓大刊發論文三十多篇，出版著作及譯著十餘部。研究中國儒學，與同門師兄創辦懷仁書堂，尚延續六百餘年前儒家讀經教育之傳統。

黄河孔子學堂記

古昔盛時，家有塾黨有庠州有序國有學，無適非學也。迄及西學東漸，教陵學弛，則書院鄉校之制僅存於文獻，家塾黨庠之度寥寥無幾焉。雖有抱經扶道之士，無所據以施教而傳聖謨也。亂極必反，碩果不食而後必見用矣。幸有王師季謙焉，獨耿耿於陰旺陽微之勢，先天下之憂而憂之，周遊九州，講學唱文，勉勵讀經，以繼洙泗之絶學，後天下之樂而樂之，跋涉山川，卜築塾庠，修建書院，以寄千年之期約。其德之崇與泰山侔，其業之廣如東海比也。山東濱州者，坤向接泰山之陰，艮向臨渤海之濱，繞於黄河之洲，地靈俗美，世出群賢，可稱人才之淵藪也。此地有名黄河孔子學堂者，董斯文可賢兄應季謙先生之倡所構之庠序也。董姓者，世傳忠厚之家。斯文蒙其家風，承其傳業，其幼也，入則盡昏定晨省之道，出則竭恭敬誠信之義；其壯也，有志於畜人才與教化。及拜謁王師，感服於其德，契合於其學，從而肄業，隨而薰陶，已焉十餘星霜也。

歲次丁酉仲冬，堂主董斯文聘余於學堂。庚三雖處於隔水萬里外，欲與諸生共樂磋磨之會，悦而應之，涉水奔飛而至焉。以余觀之，學堂居鄒魯，依古愜今用；講舍數十間，藏書幾萬卷；良師勤教誨，諸生勉孜孜。下而灑掃應對起居之節，上而格致遏欲存天應世之際，無不畢舉，可謂無餘蘊矣。家國天下之治隆，常繫於讀書知義之君子；家國天下之衰亂，必起於異端尚利之小人。今之所謂學者，徒有斐然狂簡之志，而未免於追利求欲之習焉。唯有董斯文，篤遵王師昌讀經之志，卜基學堂於黄河渚洲之邊岸，以聘賢師招英才，一國之篤志俊秀咸萃，自異邦負笈而來者亦復不少，皆資之使學焉。故聞其訓誨，蒙其德化，則愚者漸明，智者愈哲，悍者漸淳，賢者愈慧矣。其開物成務化民成俗之功倍蓰於前賢也。展矣君子，斯文也哉！余宿二夜而講畢將歸，堂主與諸生索記於余，庚三辭之不得，忘其賤陋，草草具字，賦陳實情，以自警而勉諸生焉。

丁酉復月，槿域驪興人閔庚三謹記。

早川太基

字子敬，號蓉堂居士。生於昭和六十三年（一九八八年）。日本國山梨縣人。年甫十五，師事石川岳堂，受詞章之學，後獲二松學舍大學文學學士、京都大學文學碩士、北京大學文學博士，讀於日本京都大學，專攻宋代文學，學業之餘，從事詩文創作。神户大學講師。

擇韵論

夫物之既生，乃時勢也；用之者，人事也；然擇之者，己心也，故作詩之韵亦可自問於内而擇之也。古今之語，四方之言，音韵無定，嬗變多端，故作詩用韵之法，三代漢魏，六朝隋唐，古風唐律，洪武正韵，及詞韵等，皆不同也。然詩人騷客，至今千載，專用唐宋之律，以爲定式。近世先有《詩韵新編》《中華新韵》等，頃者亦據當代之音而編韵書，名曰《中華通韻》，欲借虎威而盛行於世，遂起用韻之争，文壇兩分，或稱作詩必遵古，或力推新韻，或焦脣抵掌，嘲笑痛駡，或至絶交，亦不啻無益於詩學，而背温柔敦厚之教也。

二者互攻者，觀詩之相異也。守古音者，以其音韻爲體，改則非詩也。推新韻者，以音韻爲用，故變之亦爲詩也。以用攻體，則求其非詩；以體攻用，則求其泥古，是二者所以不和也。

若夫唐宋用韻之法，皆據韻書，而詩人口耳之音，不必與此爲一，屢大異也。切韻者，六朝正音，南北之異，各執其中，而日用之音，方言各殊，故其序曰：『吴楚則時傷輕淺，燕趙則多傷重濁。秦隴則去聲爲入，梁益則平聲似去。』盛唐已來，中原平聲，始分陰陽，全濁上聲，化成去聲，四聲錯雜，當時元庭堅《韻英》、張戩《考聲切韻》、武玄之《韻銓》等，皆以秦音編之，亦詩壇不用，後遂散佚。譬如杜工部五律《客舊館》，庚、青混押；閭丘曉五律《夜渡淮》，潭、咸混押，後人或稱孤雁出群、入群之格，皆出臆斷，蓋亦作者因平生之習而誤之耳。宋時閩地之音，以高爲歌，楚地以南爲難，以荆爲斤，又東坡古調時見出韻者，或蜀音也。殊方之士，語音雖異，格律所依者，皆歸一處，乃後世平水韻之流。是以詩韻者，體式之本，不變之理，而無涉歲月之過、山河之隔，可以超宇宙而自立也。世之推新韻者，或曰『古人用當時之音，故可押韻，今人亦用今音，始可也』者，未得其實。明初出《洪武正韻》，全據時音，亦殆不行焉。詩客或慕太祖之德，稀用之，如徐文長恭謁《孝陵正》韻等是也。故詩中之韻者，心音也。耳聽之而口言之，不必全同，而深契於心，無所虧也。今人讀唐宋詩及樂府，豈因其古今音變而減意境之妙乎？作詩亦一理也。

然新韻者，皆今世口耳之音，配同韻於詩文，耳聞而能解之，口言而能知之。太古之世，押韻原義，正如是耳，故説之亦合乎理也。但韻部之分，太細則不可用，太粗則同於無韻，故如《中華通韻·十六兒》者，孤險難用，徒供笑資；又得之與學，英之與風，情之與澄，兩音齟齬，俱屬一部，殆今之平水韻也。

是以二者之觀詩韻也，質若水火，不可相容，亦思過半矣。用口耳之音，則違心也；用心音，則逆口耳也。然若論優劣者，各有其理，抑難定焉。

或問曰：子之論韵，心與口耳，二分之説，誠然也。但書生通弊，欲佇中區而覽之，未切於事，若今有人作詩填詞，抑可用何韵乎？心與口耳，孰取乎？

答曰：從己所欲，則可也。

或曰：有是哉，子之迂也。然則子親作詩，何韵之用？

答曰：余惟唐宋之法是用也。身雖九死，亦不屑用當世之韵也。

或曰：敢問胡爲？

答曰：昔者清兵入山海關，滔天泯夏，斯文墜地，而若吴梅村、柳如是、詩僧今釋等，詞章之作，故用《洪武正韵》者，因其所擇而示不屈之志也。自古夷齊不食粟，歌《采薇》於首陽山，遂餓死，是何邪？周之粟也。陶靖節著作，永初已來，惟云甲子，是何邪？所以慕典午氏之德也。陳後山冬月不借裘，得疾而卒，是何邪？渠家之物也。心有所守，擇之無悔，不顧身命也。天道順逆，是耶非耶，人智不可知之，亦能行所信，而仰不愧於天者，乃君子之樂也。今據口耳之音，編俗韵之書者，不學墻面，妄竊名號，混入士林，斗筲之人，何足算也？專用之而賦詩者，彼何人斯？千篇一律，可稱高厚之體，徒費心血，亦未曾見其功也。古之心音，孰者用之？唐則李、杜、韓、白，宋則蘇、黄，明則錢牧齋、吴梅村，清則王漁陽、黄仲則、陳散原也。君子猿鶴，小人沙蟲，而其成群，以類相聚，余之所以用唐宋古韵者，君子神交，尚友千古，詩客次韵之本義，不在兹乎？且夫口耳之間，僅三寸而已。靈臺雖小，固無涯也。豈能違古人之法而棄心音之幽響邪？豈能捨申椒而取糞壤，背繩墨以追曲邪？余實不忍之也。仲尼曰：『視其所以，觀其所由，察其所安，人焉廋哉。』今世詩人，先覽所擇於韵者，其志所存，可得而知也。

嗟夫！作詩之法，固不易也。黄山谷曰：『詩者，人之情性也。』疏於詩者，求諸身外之語；深於詩者，探諸己之情性，故改詩韵，稱之新味，沾沾自喜者，淺薄亦甚矣。余雖不敏，吟哦境界，期以日新，而非言語音韵之謂。故曰：余所擇者，惟心韵也，非口耳之音也。

陳魯齋先生二十四節氣印痕序

嬴皇騎白虎，携寶璽以鎮神州；蜀帝致黃龍，望彩光而探漢水。陽刻陰文，皆則二儀之契；秦章漢印，即經萬里之邦。蘇季子之遂功，已聯六國；張天師之施法，立喚五雷。象龜文以陳玉節，懷藻蘊珍；封鳳詔而緘詩筒，閑邪防僞。瑶殿秘藏，上則統玄黄之節序；鐵函深鎖，下則符信義之常綱。圖章大義，一理相同；點畫妙形，百言難盡。爰有禮鄉書客，南土雅人，陳子炎城，號曰魯齋。洗硯閲年，池塘盡涅；揮毫送日，氣格自高。綺閣常供遊目，潮汕雄州；瓊杯須伴吟詩，海天勝景。久嘗青欖，漸覺坡仙回味之甘；細聽銀箏，深憐陸傅銷魂之恨。韓文公揮健筆以逐妖魚，威靈長在；饒博士脩幽禪而興絶學，盛譽遠傳。名賢多出，地脉所宜；古禮尚存，民風信美。榕樹垂條，樓雨滴鮫人之淚；瓊枝吐蘂，江煙飄神女之衣。臨窗林月，凉簾含秋桂之寶薰；滿袖海風，素碗啜春山之嫩茗。繙緗帙而挑青燈，遥馳幻想；酌幽泉以磨朱墨，静練文心。僕觀魯齋之作，特用珠篆以代瓊章，續脩演雅；更通玄機而聯奇字，可刻仙書。風片雨絲，正應人間廿四節；雷鳴電影，足驚雲上卅三天。伶倫截竹，餘粟增則喪黄鐘；匠石運斤，一毫損則流殷血。方無盈寸，可托宇宙之曠懷；材是非常，巧雕風騷之妙趣。奮雪翼以翻曉雲，清都舞鶴；躍碧鱗而感秋笛，幽壑潛虬。靈夔擊石，百獸齊跳；穆滿伐蠻，一軍盡化。鳳毛麟趾，精刻多奇；螓首蛾眉，秀姿絶俗。廣比壺天，藏桃源之日月；微如芥粒，苞佛國之光輝。昆山玉碎，塵寰終獲良材；葛井丹生，宇内尤稱美質。蘭亭叙上，盛仙果於銀盤；輞川圖中，添海棠乎翠錦。印書畫以愈靈，鳥蟲若活；閲星霜而不朽，金石有恒。鐫穿絲結，編以一書；鬼護神呵，傳之千載。流水繁弦，惟待賞音君子；冰刀絶藝，冀逢知己高人。平成廿八年八月十四日，東海日本國留學生蓉堂居士源基序。

李君頭恩詩集序

檀君聖域，臨碧海之鴻波；箕子舊邦，抱白山之龍脉。虞淵吐日，紫槿含暉；縣圃經年，血蔘多潤。八道美材，上金殿乃獻親民之良策；兩班雅會，鋪綉筵則傾切桂之香醅。深衣素袖，淨不染塵；高笠珠纓，燦兮照眼。宰相風流，執玉匙而招玄鶴；書生儒雅，研麝墨以咏紅梅。崔桂苑多年刺腿，雁塔題名；丁茶山萬首綴葩，雞林馳譽。瓊窗竹影，繭紙新裁；綺閣雪光，鼠鬚輕染。鞆浦古樓，直懸洪公子龍蟠之迹；蓮峰靈廟，長仰安慎齋鸞舞之姿。李君頭恩，生彼樂土。東京望族，瓢岩瑞草呈祥；南岸文人，珍島晴煙助興。雅言精熟，身已升堂；斯學緝熙，意期入室。穗城花塔獨高，可訪莊嚴寺；珠水石門相對，乃通康樂園。讀書瘴雨，茹古涵今；閉户青燈，插籤披卷。萬餘州之驛樹，秋懷遥憶廣寒樓上風；三百顆之天漿，曉夢猶遊般若峰頭月。專修詩法，吞篆胸中；細練吟魂，摘花夢裏。妙技羅星，韓吏部授之昌谷；仙方點鐵，左真人傳有稚川。感緣物起，意境清新；聲以情生，性靈俊逸。内凝妙緒，宜因格律之賓規；外托幽襟，莫若宫商之玉韵。耳聽變其焉窮，七絃琴趣；筆逼真猶不及，一片丹心。若乃華箋始展，彩比瑯玕；秀句數吟，甘同橄欖。岳陽樓悲歡之勝景，苦咽在喉；永定縣淳樸之美風，精神入字。鄭子霑巾，浮雲豈捉；宓妃啓齒，秘鑰始通。迎客長松滴翠，洗耳清風；登天奇士踏雲，開襟爽氣。僕本海國儒冠，正值狂瀾之季葉；燕都騷客，每欣高韵之盛唐。志學而進聖門，互鄉童子；遷喬其求佳友，幽谷孤鶯。元白唱酬，泣鬼清音非俗；歐梅邂逅，驚人秀味逾新。塵寰争利，玄覽其人心惟危；輿地殊言，静尋其詩興乃一。蜻島雅風，必憑神聰之士以起；辰韓文運，須待天悟之材而開。事同功倍，此時乘勢爲然；任重道賒，終世鞠躬而已。

平成廿八年正月廿六日，扶桑國留學生蓉堂居士源基拜序。

日本漢詩文百家集序

夫詩文者，人之情性因語而盡之者也。然余每觀本朝古人所作，竊惑焉。散體叙事之文猶可，而詞章徒寫風月花鳥之態，老生常語，紛紛滿紙，專乎賦，疏乎興，不切情性者衆矣。至若違格律，誤用方言，文義難通者，余惟爲尊者諱之耳。

海東瑞穗之邦，豐原八洲，四面環海，而周公天地之中，去此甚遠，禮俗大異，民風不同，矧伊言語乎？太古之世，刻木結繩，應神天皇十六年春二月百濟博士王仁來朝，國人始知漢籍。後弘文皇帝天姿英邁，居春宫時，獻《侍宴》一首，大雅正聲，乃開先路，寧樂、平安之世，使節往來，文風鬱起，而比諸萬葉及清、紫、赤染之筆，豈得無遜色乎？佳者十之一二也。五山詩僧，出入元明之朝，今讀二三首，語妙意深，殆中土之人，然讀全集，多用一律於千篇，雞卵同形，彼此難分，若比諸藤定家、卜兼好之文，未能陵焉，佳者十之三四也。斯蓋異域之語，不能熟於方寸，偶有所感，亦言不盡意，心憤憤而口悱悱，無可奈何。又其所法，效白（樂天）則舉國皆然，習蘇（東坡）、黄（山谷）則萬人雷同，相似則自誇之，實未能及。譬如山歌村笛，自有所宜，強奏陽春白雪，非天然之音而僞也。偶或足觀者，黄金燦爛，亦淘諸泥沙，常苦寡耳。情性之文，誠不易也哉！德川氏承亂世之後，偃武修文，民樂其生，此時明德將謝，中原已陷，遺民絶海而來，國人師焉，遂翰墨之法，鴻漸於陸，見其進也，未見其止也。或蘐園之徒，鼓吹古文辭；或竹堤、玉池，標榜性靈；或黄葉夕陽，山紫水明，各揮其才；或咸宜園中，弟子三千。爰逮明治之聖代，舊邦維新，清、韓雅客，踵武響臻，唱和不絶，遂小人道消，濫等者盡逃焉。三島中洲、川田甕江、重野成齋等，古文巨筆，語勢雄奇，氣薄雲天；又二森，國分青崖、土屋竹雨等，皆蓄盛藻，興寄高遠，誠遒麗之辭也。我蜻洲文苑，卓絶之材，鳳舉龍翔，是亦前世所無之，可冠青史也。斯時之士，何能爾耶？善乎菅相之言曰：和魂漢才。魂之與才學，猶人之骨肉也。日東之國，山遠海曠，林深泉潔，內含英靈，凝之而成東人之粹氣者，是其骨也。孔孟朱王之道，李杜蘇黄之詩，韓柳方姚之文，得而學之，深熟乎心，猶探諸囊中，是其肉也。骨與肉，豈可支離乎？合而生，割而死，此乃魂和而才漢，不可暫分。彼善用語者，情性所赴，人焉廋哉！故亦心法也。如賴子成、廣瀨吉甫、森槐南、夏目漱石，皆感之所震，直吐而舒之，無遺焉爾。心之與語，融而如一，能以所視言之，以所聞言之，以所感言之。是以所咏者，非泰山而蓮嶽，非洞庭而淡海，非羅浮山而芳野，非崖山而壇浦，各盡筆力，或雅健或精緻，托其風景，探其史事，而東人情懷，自成漢字之文，亦非漢而必和也。靈均香草，靖節田園，康樂山水，岑嘉州邊塞，各因所居風土而作焉；子建奇高，叔夜幽憤，青蓮飄逸，杜甫憂怛，浩然清芬，各緣所禀而作焉；是皆切於己，故能詩史而兼心史也。東海之文，彼其所至者亦如是耳，情性可見，若入其境而接其人也。余今觀百家文集作者之名，不能無感。余之外族，本菅原氏，係天神穗靈，中古出菅丞相及菅三品，世以文事立朝。建武間，盡忠朝家，敗於竹下之戰，流離江湖，改氏曰萱沼，農商爲業，而好雅事，外王母誦漢詩而常樂，兒孫環坐而聽之。余亦少嗜六朝唐宋之詩，年甫十五，師事石川岳堂，學詞章之法。岳堂師平紫陽，紫陽師竹添漸卿，漸卿師其父筍園，筍園遊於咸宜園，師廣瀨淡窗及其弟旭莊，二氏馳名天下，如賴山陽、梁公圖、田君彝，皆友焉。余之不敏，生於季葉，居斯學之末流，惟恐墜先人之緒，安能無感哉！

平成三十一年正月一日，甲州鶴縣早川太基序。

陳　勛

字德言。生於一九九九年，馬來西亞人，祖籍福建金門。畢業於英國威爾士三一聖大衛大學漢學系。

與友人論學書

劍一兄大鑑：

分襟數載，迹阻神馳，折梅贈春，縈思不盡。聞兄於東瀛一切如常，慰甚，慰甚。辱承華翰，垂詢近日讀書所得，切磋風義，能無感發？弟年來家事蹭蹬，親罹痼疾，奔波醫院，於日課不得不有所取捨。唯侍疾有間，時從所讀書中勾稽古人孝友之事以自惕勵，每有感浹肌髓，垂涕不能自已者。中國自古以孝道敦穆人心、激揚風俗，故經傳正史之外，戲曲小說、稗官筆記，或傳靈變之説，或藉因果之談，大抵皆諄諄導人以善者。然古風往事，既流播衆口，相傳遞代，施諸梨棗，登諸油素，不免傳訛失據。益以上智下愚，其數懸隔，好仁者多，好學者寡，故事增其實，辭溢其真之例，屢見載籍。此王充所謂『俗人好奇，不奇，言不用也，故譽人不增其美，則聞者不快其意，毁人不益其惡，則聽者不愜於心』也。試舉數例言之：王祥卧冰求鯉事，《晋書》本傳、《初學記》引師覺授《孝子傳》皆載其「解衣剖冰」，未嘗以身卧之。焦里堂《易餘籥録》曰：『解衣者，將用力擊開冰凍，冬月衣厚，不便用力也，非必至於裸體。』辨之甚明。余季豫先生考卧冰之説，蓋始於宋人《記纂淵海》所引無名氏《孝子傳》，上距晋世，其亦遠矣，恐不足爲據。《孝經》論父母生時之孝曰：『身體髮膚，受之父母，不敢毁傷』；論父母没後之孝曰：『無以死傷身，毁不滅性。』雙親物故後，猶不得哀毁損身，況在世時？又如老萊斑衣，師氏《孝子傳》云：『常著斑斕之衣，爲親取飲。上堂脚跌，恐傷父母之心，因僵仆爲嬰兒啼。』至後世所編《德育故事》，乃改作：『欲親之喜，又嘗取水上堂，詐跌卧地，作嬰兒啼，以娱親意。』前後立意懸絶。夫孺子之心，豈有詐僞存焉？情出自然而已。以詐悦親，失於機巧矣。魏晋時志怪小説盛行，流俗所漸，即志人之野乘别傳，亦多浮辭虚響。此二事本甚純樸，而後人求奇，附麗過甚，遂亡於中正而涉矯激，此恐與時人好名之風有關。如鄧攸棄子全侄，固人所難能，然其子啼呼追之，竟繫於樹而去，無乃絶情太過？故謝太傅雖嘆其絶嗣爲『天道無知』，《晋書》史臣則以爲攸『若力所不能，自可割情忍痛，何至預加徽纆？斯豈慈父仁人之所用心也？卒以絶嗣，宜哉！勿謂天道無知，此乃有知矣。』其行反常若此，而劉臨川乃列於《世説》之德行篇，可見時俗所尚。王船山嘗曰：『以天地明察之至德要道，而僅以爲窮愁失所者之畸形，其害名教爲不小。夫子之稱武、周，孟子之推曾子，豈亦有不慈之父母以使得炫其名乎？』可與此義相發。弟獨憂後人采之爲開蒙之資，髫童無識，易執相而昧理，不諳『慕賢當慕其心』之旨，此不獨弘道而反害道，益貽後人愚孝之譏也。張教授舜徽曰：『大抵奇詭之士，斬絶之行，違乎中道以立名於後世者，足以驚俗，不足以化衆，皆古人所不取。故如上世所傳許由、務光之事，信爲清遠，而不見稱於孔孟；屈原、嚴光之行，信爲超卓，而不見録於《通鑑》。先民去取之際，要必自有其故，蓋有見於奇詭譎怪之事，不必求之於人人，故不加宣揚耳。』佛家不輕談神通奇迹，亦同理也。魏晋六朝時雖常撰《孝子傳》，然所宣揚多乖夫子之旨，而『忠臣出於孝子之門』，竟不足徵，如王祥、王綏，世稱其孝，而前者不免黨篡之譏，後者難逃附賊之責，季豫先生《世説新語箋疏》謂：『魏晋士大夫止知有家，不知有國。故奉親思孝，或有其人；殺身成仁，徒聞其語……爰及唐宋，正學復明，忠義之世，史不絶書。故得常治久安，而吾中國亦遂能滅而復興，亡而復存。覽歷代之興亡，察其風俗之變遷，可以深長思矣。』此言容有過激武斷處，然聖學不講，邪説横流，使似是而非，胥臣蒙馬之行，充塞耳目，其流弊昭昭，可爲後人戒也。比年觀世事，覽時評，愈覺戾氣勃發，人心頽喪，使季豫先生生諸今世，《箋疏》中忿慨之語，或將倍之。而網絡之興，尤使淺學之徒，肆逞妄談，流毒非淺。此輩殆難以口舌争，争之不惟對牛彈琴，且有損中和之氣。唯多講學論道，正本清源，縱不足力攬狂瀾，尚能自闢桃源，以待漁者。然此際設座，攻之者亦不乏人，輕者或譏爲迂腐無用，重者或斥爲誤國愚民，可知道術之裂，尤甚於前代。夫銷大釁於曲突徙薪，而勛名有所不必取；蒙極誣於明珠薏苡，而心迹有所不必明。若以直聲正道見毁，而心有忿忿不甘，此亦好名之病未剗盡，故觸緒即起，緣事而生。此雖念頭極細微處，攸關乎存心偏正，稍有不慎，恐淪自欺，無裨於時。讀書人最易發高論、暢空談，筆墨狡獪，振振其詞。弟曩亦屢犯此病，思之汗下。黄道周嘗曰：『吾輩頑石，搗骨合藥，無補於天，猶冀後人嗅此藥氣耳。』異代讀之，愴然霑巾。書不盡言，願與兄以頑石相勵焉。臨楮依依，伏祈珍衛。耑此拜上。順頌時綏。

弟陳勛敬上。

上真師書

真師道鑑：

自丙申離馬，負笈臺南，參商睽隔，星曆六逡。久違杖屨，孺慕殊殷。間雖承晤於極樂寺，憾未能一侍董帷，旋以匆遠渡英倫，不克當面拜別，負疚寔深。敬啓者：生去歲本科卒業後，天方薦瘥，喪亂弘多，乃歸里鍵門，備考碩士。甫數月，痛悉老友牧謙竟嬰沉疴，綿綴簣床，風燭無恒，幽明遽隔，披尋曩契，萬緒紛然。聞其屬纊之際，見師友環侍，猶匑匑惶恐，欲投袂行禮，不禁北望攣涕，撰五古一首以懷之。噫，斯人也，而有斯疾也！而造化小兒，造門頻仍。今年初，家父亦因急性腎衰竭入加護病房，生奔走醫院，夜不交睫，一日數驚，況瘁悒憂，筆墨難罄。父雖萬幸於一周後還家療養，至今猶不能作劇談，拾級數階，即胸悶氣短，故竟日寐寱，奄奄枕蓆。入春以來，萬物莩甲，瓦縫窗臺，浮青潑翠，對此當有欣動春容之感，而顧父以槁木羸軀，獨不與於春風之化，傷哉！孟子曰：『人之有德慧術知者，恒存乎疢疾。獨孤臣孽子，其操心也危，其慮患也深，故達。』中宵對月，徘徊誦之，悲境侵尋，吞聲達旦。

及冠以來，迭遭無常，人生露電之感，彌日倍增。悠游家衖，安適讀經之日，渺不可得。但覺世間一切樂事，如飲食男女、聲色耳目，皆彈指陳迹，倏乎澌滅，唯讀書能暫覓安閑。然死生之際，縱萬卷撐腸，亦無一用。『名教中自有樂地』，是耶非耶？已固未得之也。憶師嘗以儒釋兼修爲勗，而生謝以夫子『未知生，焉知死』之教。比維人事蕭條，心無所安，乃留神因果三世之説，潛心禪浄二宗之教。寖悟生死原非兩端，未知生，固不知死；不知死，亦不知生，惟有知生所從來，即知死所歸去，方能向死而生。由是爽然心開，塵慮漸消。

昔以爲事神奉佛之俗，自古有之，然或焚香捐款，或改過遷善，所求無非禳灾祈福，直是以幽冥爲市，故蔑如也。逮聞正法，讀元典，始知二氏所言，殊塗合轍。儒家郊社之禮，五祀之修，王者之禘祫，士庶之蒸嘗，禮儀三百，威儀三千，率皆以誠心爲本。而佛家以香花水果爲供，亦有表法存焉，如香喻戒定，水喻清浄之類，旨在使人見色聞香，均能自反。豈意以諸佛神靈爲貪圖祭享者哉？後人徒以商賈之心事之，謬甚。且佛家之自度，本爲度他，此所謂『倒駕慈航』。祇求一己安樂者，品位僅止小乘阿羅漢，不足圓成佛道也。二氏之學，有同有異，固不當强爲牽合比附，然所同者，體也；異者，相也，聖人爲教不同，一歸於爲善而已。擣昧之質，以相揆理，執河伯之拘見，幾失法海之要津！

生復嘗疑，南軒曰：『無所爲而爲者，皆天理；有所爲而爲者，皆人欲。』以因果報應之説勸世，良有顯效，然使人因畏禍而去惡，求福而就善，不亦功利之心乎？退而思之，此蓋先聖觀機應世之説。夫唯上智下愚不移，而下愚者多，求其達於心性天理，殆非易事。印光法師曰：『以吾觀於君子小人之心，無所爲而爲者至少也。君子之作善也多近名。苟不徹於十方三世之因，必不足以滌其名根。小人之作惡也多爲利，苟不惕以罪福報應之果，必不足以奪其利根。程朱勉君子無所爲而爲善，獨不慮小人無所忌而爲惡耶？』斯言甚碻。生幼見李越縵曰：『世有以芻豢爲養，有以藥石爲養，有以服氣導引爲養，而吾儕則以道爲養。所謂道者，讀書安貧賤而已。』喜而引以爲箴。近細繹之，『以道爲養』云云，無非疏闊大言而已。古今有幾人能企此境界？觀越縵生平行事，亦惶惶乎衣食，汲汲乎恩怨。求世如顔子之簞食瓢飲者，蓋寡矣。養心莫善於寡欲改過，而中人以下，雖聞聖教，苟無慧根，不免牽於夙習，因循沉浮，若知修短隨業，悚然振慴，自有破釜沉舟之力。而上士負憂世之心，尋鍼膏之艾，若諱談因果，以爲鄉里愚夫愚婦之言，不足深契，此目見千里，而不見其睫者也。净土十二祖徹悟大師云：『善談心性者，必不棄離於因果。而深信因果者，終必大明乎心性。』姑不論因果之有徵與否，其化民之功，史傳述之詳矣。執門户之見而棄教化之大權，豈不違於夫子無適無莫之旨？心性因果，合則雙美，離則兩傷，此生慨然有感者也。

佛家有轉煩惱爲菩提之説，世間一切顛連困躓，疾病愁苦，皆是聞法解脱之因緣，顧其人之能自反與否耳，而生藉此事得親近三寶，其亦幸事乎？古之援儒入佛者不少，師獨誡以勿效東坡，以彼洵爲卓犖奇偉之士，然博大學問，不能自反，竟爲入道之障，終生學佛，而僅成一佛學家。生自揣亦世智辯聰之輩，若重蹈覆轍，而宿慧不逮東坡，恐得其下。然竊思陳義過高，躐等躁進，亦同歸空談，爲初學當慎。故常以『敦倫盡分，閑邪存誠』八字自警。學雖出三界之外，言不離五倫之中。蓋世諦乖舛，已爲名教之罪人，侈談擔荷如來家業？伏承廑念，因略陳近事，妄附瞽見，用承明教。惟冀日後有暇，定北上隨侍，延佇跂望，忻躍無既。厲疫未靖，伏祈珍攝。肅此拜上。恭請誨安。

生陳勛叩稟。

跋

張俊綸

時在闕逢敦牂之年，余在荆州主編文學刊，乃以文言版塍之。海内外豪俊，多錫文章。然陽春白雪，和者蓋寡。聞書院有方白鹿者，執雅頌文化之大纛，傳孔孟聖學之道統，乃南行而歸之。季謙先生見而大喜曰：『是輔翼經典者也。』乃易其名曰《文思》，蓋取諸《尚書·堯典》『欽明文思安安，允恭克讓』也。爰親題刊名，定雙月一刊。一時作者，風起雲捲，僉具陳思王之抱握也。其作姚黄魏紫，雖不能誇美於洛陽；而鬥彩五色，亦庶幾近乎長安矣。嘗舉全國文言大獎賽者三，與者可五百士，獲一、二、三等獎者二十有八，皆卓然絶出，文采爛然，與清末民初諸子比駕而並轡可也。所謂縣圃積玉，無非夜光；龍門跳波，一片鯉魚。閲五年有三月，遷徙曲阜，因逾越省閾，《文思》不行，遂乃申請《中國文言文年鑑》，蓋冠以《中國散文年鑑》《中國詩歌年鑑》《中國小説年鑑》者不寡矣。承國家文化之昌明，復蒙湖北人民出版社之不棄，遂有《中國文言文年鑑》之肇始也。隨園云：『今區區鉛槧，得登聖人之蘭臺、石渠，爲書計，業已幸矣。』余亦移皃《中國文言文年鑑》云。荆南棟翁張俊綸跋於曲阜闕里書院。